职业技术·职业资格培训教材

五级

汽车美容装潢工

主　编　林皓琪

编　者　（按姓氏笔画为序）

　　　　门　勇　石传有　张中华
　　　　孟繁江　袁晓强

主　审　许幸玮

中国劳动社会保障出版社

图书在版编目(CIP)数据

汽车美容装潢工：五级/人力资源和社会保障部教材办公室组织编写．—北京：中国劳动社会保障出版社，2013

职业技术·职业资格培训教材

ISBN 978-7-5167-0245-1

Ⅰ.①汽… Ⅱ.①人… Ⅲ.①汽车-车辆保养-技术培训-教材 Ⅳ.①U472

中国版本图书馆 CIP 数据核字(2013)第 097503 号

中国劳动社会保障出版社出版发行

(北京市惠新东街 1 号 邮政编码：100029)

出 版 人：张梦欣

*

新华书店经销

北京地质印刷厂印刷 三河市华东印刷装订厂装订

787 毫米×1092 毫米 16 开本 19 印张 358 千字

2013 年 5 月第 1 版 2013 年 5 月第 1 次印刷

定价：43.00 元

读者服务部电话：(010) 64929211/64921644/84643933

发行部电话：(010) 64961894

出版社网址：http://www.class.com.cn

版权专有 侵权必究

如有印装差错，请与本社联系调换：(010) 80497374

我社将与版权执法机关配合，大力打击盗印、销售和使用盗版图书活动，敬请广大读者协助举报，经查实将给予举报者重奖。

举报电话：(010) 64954652

内 容 简 介

本教材由人力资源和社会保障部教材办公室组织编写。教材以国家职业标准为依据，以企业对汽车美容装潢工技能人才的需求为导向，以职业能力为核心，力求突出职业技能培训特色，能够满足职业技能培训与鉴定考核的需要。

本教材从强化培养操作技能，掌握实用技术的角度出发，较好地体现了当前最新的实用知识与操作技术。全书共分5章，内容包括汽车美容咨询、车貌检查、车辆清洗、车辆美容和设备保养与劳动安全。

本教材可作为汽车美容装潢工（五级）职业技能培训与鉴定考核用书，也可供全国中、高等职业院校相关专业师生和本职业从业人员参考使用。

目 录

第1章 汽车美容咨询 (1)

第1节 汽车概述 (1)
学习单元1 汽车之路 (1)
学习单元2 汽车的分类 (4)
学习单元3 汽车编号、技术参数及使用性能 (7)
学习单元4 轿车车身构造 (12)

第2节 汽车美容基础知识 (24)
学习单元1 蓬勃发展的汽车美容业 (24)
学习单元2 常见的汽车美容作业及操作工序 (29)
学习单元3 汽车美容常用术语与用品 (34)

第3节 接待礼仪 (37)
学习单元1 仪表仪态 (37)
学习单元2 礼貌礼节 (41)

第4节 回答咨询 (44)
学习单元1 咨询中的倾听 (44)
学习单元2 咨询的语言技巧 (48)
学习单元3 咨询接待操作实务 (49)

第5节 车容保养咨询 (52)
学习单元1 新车保养 (52)
学习单元2 汽车的季节性保养 (54)
学习单元3 汽车保养中应注意的问题 (63)

第2章 车貌检查 (65)

第1节 汽车外部涂面的检查 (65)
学习单元1 汽车涂料的一般知识 (65)

学习单元2　汽车涂面的检查方法…………………………………（81）
　第2节　汽车内部检查……………………………………………………（83）
　　学习单元1　汽车内部构件常用材料……………………………………（84）
　　学习单元2　车内篷壁的检查……………………………………………（86）
　　学习单元3　仪表台及空调出风口的检查………………………………（87）
　　学习单元4　座椅、坐垫及枕垫的检查…………………………………（89）
　　学习单元5　汽车地板与桃木装饰的检查………………………………（96）
　　学习单元6　视听装置的检查……………………………………………（97）
　　学习单元7　安全装置的检查……………………………………………（103）
　　学习单元8　车内常见饰品的检查………………………………………（114）
　　学习单元9　防爆膜及电动窗帘的检查…………………………………（118）
　第3节　汽车其他部件检查………………………………………………（122）
　　学习单元1　汽车轮胎的检查……………………………………………（122）
　　学习单元2　汽车玻璃的检查……………………………………………（134）
　　学习单元3　汽车灯具的检查……………………………………………（139）
　　学习单元4　刮水器与风挡洗涤器的检查………………………………（143）
　　学习单元5　活动天窗的检查……………………………………………（145）

第3章　车辆清洗……………………………………………………………（149）

　第1节　汽车外部清洗……………………………………………………（149）
　　学习单元1　传统洗车与汽车美容洗车的区别…………………………（149）
　　学习单元2　常见外部清洁用品简介……………………………………（150）
　　学习单元3　清洗准备……………………………………………………（154）
　　学习单元4　手工水冲淋清洗操作………………………………………（159）
　　学习单元5　各种功能的手工清洗………………………………………（170）
　　学习单元6　其他节水型清洗……………………………………………（174）
　　学习单元7　全自动洗车机清洗…………………………………………（176）
　第2节　汽车内室护理……………………………………………………（181）
　　学习单元1　常见内室美容用品简介……………………………………（181）
　　学习单元2　汽车内室的清洗……………………………………………（185）
　　学习单元3　汽车内室的美容……………………………………………（198）
　　学习单元4　汽车内室的杀菌消毒与熏香………………………………（200）

第 4 章　车辆美容 ···(207)

第 1 节　车体上蜡 ···(207)
学习单元 1　常用车蜡简介 ···(207)
学习单元 2　车体上蜡服务及操作 ···(210)

第 2 节　车身涂面的镜面处理 ···(217)
学习单元 1　常见涂面处理用品简介 ·······································(217)
学习单元 2　涂面研磨、抛光的准备 ·······································(220)
学习单元 3　涂面研磨、抛光操作 ···(222)

第 3 节　封釉 ···(226)
学习单元 1　常用封釉产品简介 ··(227)
学习单元 2　车体封釉服务及操作 ···(228)

第 4 节　镀膜 ···(232)

第 5 节　汽车涂面小伤的恢复性美容 ······································(237)
学习单元 1　汽车修补涂料简介 ··(237)
学习单元 2　汽车涂面小伤的处理 ···(241)

第 6 节　汽车其他部位的美容及保养 ······································(248)
学习单元 1　轮胎美容及保养 ···(248)
学习单元 2　车门饰板的漏水处理 ···(255)
学习单元 3　汽车玻璃美容及保养 ···(256)
学习单元 4　灯具美容及保养 ···(264)
学习单元 5　保险杠的护理 ··(266)
学习单元 6　车身镀铬件的护理 ··(268)

第 5 章　设备保养与劳动安全 ···(269)

第 1 节　清洗设备的使用保养 ···(269)
学习单元 1　手工清洗设备的使用保养 ···································(269)
学习单元 2　全自动清洗设备的使用保养 ································(273)
学习单元 3　洗车污水循环设备的使用保养 ·····························(276)

第 2 节　常用辅助工具的使用保养 ···(281)
学习单元 1　常用机械辅助工具的使用保养 ·····························(281)
学习单元 2　常用手工辅助工具的使用保养 ·····························(284)

第3节　环保与劳动安全 …………………………………………………（287）
　　学习单元1　车辆美容装潢作业中的环境保护 ………………………（287）
　　学习单元2　防火防爆安全知识 ………………………………………（289）
　　学习单元3　劳动卫生与安全防护 ……………………………………（292）
　　学习单元4　其他劳动安全防护知识 …………………………………（295）

第1章

汽车美容咨询

第1节 汽车概述

学习单元1 汽车之路

学习目标

了解汽车发展的历史
了解中国汽车的发展历程
了解未来汽车的特点

知识要求

一、汽车发展简史

作为近代工业文明的标志——蒸汽机的发明,为人类的交通运输观念带来了一场翻天覆地的革命。1769年法国军官古诺研制成功了世界上第一辆装用蒸汽机的汽车。18世纪末到19世纪出现了一个蒸汽汽车的全盛时期。由于受到当时技术条件的限制以及旧势力的严重阻碍,到了19世纪中叶蒸汽汽车事业日趋衰落。

内燃机的出现是汽车发展史中的一个崭新的起点,使人类进入了一个新时代。1860年法国人雷诺创造出煤气二冲程内燃机。1876年德国人奥托又发明了四冲程煤气内燃机。1883年德国的代姆勒和迈巴赫共同研制出世界上第一台真正实用的汽油发动机。1892年德国人狄塞尔又发明了柴油发动机。1886年1月29日德国人本茨研制成功一台四冲程小型单缸汽油机装在一辆链条传动的三轮汽车上,该车的功率1.103千瓦,时速6公里。并于1886年1月29日取得了正式的"汽车制造专利权",这是世界上公认的第一辆三轮汽车。这一天也被公认为汽车诞生日。同年代姆勒又在马车上装用了他自己研制的汽油单缸内燃发动机，使之成为世界上第一辆四轮汽车。为此，本茨和代姆勒同被称为"汽车之父"。他们组成了世界著名的西德代姆勒—本茨汽车公司。1936年本茨公司又造出世界上第一辆柴油汽车梅塞德斯260D型。

继德国出现汽油机汽车之后。法国在1890年、美国在1894年、英国在1896年、日本在1907年、俄国在1910年也相继造出了自己的汽油机汽车。德国人发明了汽车，但是促使汽车发展的却是法国人。1889年法国标致公司成功研制了齿轮变速器差速器，并在1891年首先使用前置发动机后轮驱动。1891年摩擦片式离合器也在法国开发成功。1898年法国雷诺公司制造了雷诺一号车。它采用密闭箱式变速器、万向节传动轴（用以代替链条传动）和中齿轮主减速器。1902年法国的狄第安采用了流传至今的狄第安后桥半独立悬梁。

二、中国的汽车之路

1901年中国大地上出现了汽车，而中国人开始制造（从严格意义上来说应当被称为组装）汽车则是在1929年，由当时的沈阳迫击炮厂用美国的全车散件组装了一台载重汽车。以后汽车工业虽然有所发展，但因战乱等多种因素，发展速度极为缓慢，直至1949年我国的汽车保有量仅为5.1万辆。

新中国的成立为中国汽车工业开辟了快速发展的道路，建国初期我国汽车工业在国家计划经济指导下发展，集中资产建设了第一、第二汽车制造厂两个中型货车生产基地，并于1956年10月开工投产，从此结束了中国不能制造汽车的历史。20世纪80年代，在"改革开放"的正确方针指导下，我国汽车工业进入了大发展阶段。至2003年我国共生产汽车444.37万辆；2004年一季度全国累计汽车产量已达129.6万辆。在经历了50多年的艰辛发展后，中国汽车工业已逐步建成了生产门类较为齐全、产品品种日趋丰富并形成系列化的汽车工业体系，形成了几个比较雄厚的大型企业集团，建成一批科研院所和人才培养系统。我国汽车产量到2010年已达到600万辆，成为国民经济的支柱产业。我国将步入世界汽车工业强国的行列。但是，近二三十年来，像许多发达国家一样，随着我国汽车保有量的迅速增加，不可避免地给社会带来了一些负面影响。它们主要体现在：能源危机、环境污染、交通事故等方面。这些当今世界汽车技术的三大难题也同样成为我国汽车工业亟待解决的重要课题。

三、未来汽车的特点

现代汽车基本都利用电子控制技术来管理发动机、自动空调、变速器等。其好处是，当同等排量时，发动机采用电子控制系统可提高功率约10%，燃油消耗下降8%左右，且大大改善了有害气体的排放量，同时降低了发动机的故障率。目前发动机已有装备废气涡轮增压、燃油缸内直喷、分层燃烧等技术，使发动机功率提高，油耗、排放减少。排放能达国Ⅳ标准（国Ⅳ标准与欧Ⅳ标准差别在于国Ⅳ标准启动后 20 s 检测，欧Ⅳ标准启动即检测）。另外，降低排放的措施还有电子节气门、二次空气供给等等。混合动力汽车其油耗可降低 50%，纯电动汽车其排放为零，新能源汽车等都成为今后发展方向。

另外，柴油机发展也很快，要降低颗粒排放，就要提高燃油喷射压力，于是电控共轨柴油发动机被开发出来，其工作原理是在燃油系统中有一个专用高压泵给公共管道（共轨存油槽）提供最高可达 200 MPa 的压力，并将压力保持在存油槽内，当喷油器的电磁阀在 ECU 控制下开启时，存油槽的高压燃油喷入相应缸内，由于采用电子管理系统的精确控制，使发动机性能得到了优化，并更好地控制了排放和油耗。

未来国际汽车市场的车型结构将会出现以下特点。

1. 柴油机被更多的轿车所采用

由于柴油发动机有着许多汽油发动机所不可取代的优点，各国目前装备柴油机的轿车已越来越多。

2. 混合动力汽车及新能源汽车崭露头角

3. 电动汽车将进入实用阶段

随着低价格、高能量和长寿命新型电池的不断研制开发，以及人们对环保呼声的日益强烈，电动汽车将逐渐在各大城市成为一种代步工具。

4. 汽车安全标准将会更加严格

为保证汽车的可靠性和稳定性，ABS（防锁死刹车系统）也将逐渐成为一些车型的标准装置；安装保障乘客安全的气囊装置的数量将逐渐增加，一些车型甚至装备侧面气囊；三点自动上肩式安全带、防侧撞杆及钢制链都将装备到各种类型的汽车上。

5. 将更多使用轻型材料

随着材料技术的发展，汽车将更多采用轻型材料来取代目前的钢材，以降低车重。铝合金、镁合金及碳素纤维等轻质材料在汽车制造上的应用将逐渐增多。

6. 电子装置将更多地应用

各种电子装置将在汽车上更多地应用，如电子发动机锁，它会使偷车的窃贼无法下手；全球卫星定位系统将使驾驶人员无论身在何处，都不会迷路。

7. 载货汽车将改进现有的动力装置

载货汽车将会采用一种更加有效的动力装置，共轨电控柴油机、涡轮增压、空气中冷等技术的采用可以使目前的载货汽车拉得更多，跑得更快。

学习单元2　汽车的分类

学习目标

了解我国汽车分类的标准

熟悉汽车的各种分类

知识要求

汽车是依靠自身的动力装置来进行驱动的，具有4个或4个以上车轮的非轨道无架线的车辆。汽车的主要用途是运输——载送人或货物以及作为牵引车辆之用。

我国先后在1988年和2001年颁布过两个汽车分类的标准。在这一过程中，对于1988年以前生产的汽车按照GB/T 3730.1—1988分类方式进行分类，对于2001年以后生产的汽车按照GB/T 3730.1—2001进行分类，目前对于这两种标准尚处于混用阶段。为了便于大家对照比较和全面掌握，这里将两种标准均列出，以供参考。

一、按照GB/T 3730.1—1988分类

按照GB/T 3730.1—1988的分类方法，汽车可分为货车、越野汽车、自卸汽车、牵引车、专用汽车、客车和轿车七类，同时，按照汽车的主要特征参数来进行分级。其中，轿车按照发动机排量，客车按照车辆总长度，货车、越野车按照汽车的总质量分级（见表1—1）。

表1—1　　　　按照GB/T 3730.1—1988的汽车分类表

序号		分级	发动机工作容积（L）
1	轿车 可乘坐2~9个乘客（含驾驶员） 主要供私人使用	微型	≤1.0
		普通级	>1.0~≤1.6
		中级	>1.6~≤2.5
		中高级	>2.5~≤4.0
		高级	>4.0
		分级	车辆长度（m）
2	客车 可乘坐9个以上乘员（含驾驶员） 主要供公共服务用	微型	≤3.5
		轻型	>3.5~≤7
		中型	>7~≤10
		大型	>10~≤12
		特大型	10~12 （铰接式客车和双层客车）

续表

序号		分级	汽车总质量（t）
3	货车 运载货物，驾驶室内可容纳 2～6个乘客	微型	≤1.8
		轻型	>1.8～≤6
		中型	>6～≤14
		重型	>14
4	越野车	分级	汽车总质量（t）
		轻型	≤5
		中型	>5～≤13
		重型	>13

二、按照 GB/T 3730.1—2001 分类

按照 GB/T 3730.1—2001 分类方法，将汽车分为乘用车和商用车两大类。商用车又分为客车、货车和半挂牵引车3类。

1. 乘用车

乘用车在其设计和技术特点上主要是用于承载人及随身行李、临时物品，此类汽车包括驾驶员在内最多不超过9个座位，它还可以牵引挂车。乘用车包括如下几种：

（1）普通乘用车。

（2）活顶乘用车。

（3）高级乘用车。

（4）小型乘用车。

（5）敞篷车。

（6）全背乘用车。

（7）旅行车。

（8）多用途乘用车。

（9）短头乘用车。

（10）越野乘用车。

（11）专用乘用车。

专用乘用车又包括：旅居车、防弹车、救护车、殡仪车等。

2. 商用车辆

在设计和技术特性上主要用于运送人员及货物的汽车，并可以牵引挂车。商用车辆

包括：

（1）客车。客车又包括：小型客车、城市客车、长途客车、旅游客车、铰接客车、越野客车、专用客车等。

（2）半挂牵引车。

（3）货车。货车又包括：普通货车、多用途货车、全挂牵引车、越野货车、专用作业车、专用货车等。

在此标准中取消了"轿车"的称呼，但考虑到衔接，标准允许乘用车中的(1)～(6)（即普通乘用车～全背乘用车）仍可按通俗叫法称为"轿车"。

三、按动力装置型式分类

1. 活塞式内燃机汽车

根据其使用燃料不同，通常分为汽油车和柴油车。目前还开发了各种代用燃料如：压缩天然气（CNG）、液化石油气（LPG）、合成液体石油、醇类等。

活塞式内燃机还可按活塞运动方式分为往复活塞式和旋转活塞式等类型。

2. 电动汽车

指以电动机为驱动机械的车辆，其供能装置有化学蓄电池、太阳能电池或其他形式的电源。

3. 燃气轮机汽车

与活塞式内燃机相比，燃气轮机功率大、质量小、转矩特性好、对燃油无严格的限制，但耗油量、噪声和制造成本均较高。

4. 喷气式汽车

这是依靠航空发动机或火箭发动机及特殊燃料，并以喷气反作用力驱动的轮式汽车。

四、按行驶道路条件分类

1. 公路用车

指适用于公路和城市道路上行驶的汽车。这种汽车外廓尺寸（总长、总宽、总高）和单轴负荷等均受到交通法规的限制。

2. 非公路用车

它分为两类：一类是本身的外廓尺寸、单轴负荷等参数超出了法规限制而不适合在公路行驶，只能在矿山、机场、工地等处的专用道路上行驶。另一类是能在无路地面上行驶的高通过性汽车也被称为越野汽车。越野汽车可以是轿车、客车，也可以是货车或其他用途的汽车。常见的轮式越野汽车都配备了越野轮胎，并采用全轮驱动的结构形式。

五、按行驶机构的特征分类

1. 轮式汽车

可分为非全轮驱动汽车与全轮驱动两种型式。汽车的驱动型式一般用符号"n×m"表示。其中 n 为车轮总数（在 1 个轮辋上安装双轮辋和轮胎仍算一个车轮），m 为驱动轮数。

2. 其他形式行驶机构的车辆

其他形式行驶机构的车辆，如履带式、雪橇式、步行机构式等。

六、特种用途汽车

特种用途车是根据特殊要求设计改装而成。主要是执行运输以外的任务（具有装甲或武器的军用作战车辆不属此列）。可分为：

1. 特种作业汽车

是指在汽车上安装专用设备并进行特种作业的车辆，包括：商业售货车、环卫环保作业车、医疗救护车、公安消防车、市政建设作业车、农牧副渔作业车、石油地质作业车、机场作业车等。

2. 娱乐汽车

专供假日娱乐消遣的汽车。如装备卧具和炊具的旅游汽车（流动住房）、高尔夫球场专用汽车、海滩游玩汽车等。

3. 竞赛汽车

按特定的竞赛规范而设计或改装的汽车。如 F1、拉力赛的赛车等。

学习单元 3　汽车编号、技术参数及使用性能

学习目标

了解国产汽车产品型号的编制规则

了解 17 位车辆识别代码（VIN）规则

了解汽车的 4 项主要技术参数

了解汽车的各种使用性能

知识要求

一、汽车编号编制规则

1. 国产汽车产品型号的编制规则

汽车产品型号是为了识别车辆而指定的由一组汉语拼音字母和阿拉伯数字组成的编号。我国先后在1959年和1988年颁布过两个汽车产品型号编制规则。目前执行的编号规则是1988年国家标准GB 9417—88《汽车产品型号编制规则》。1988年以前生产的在用汽车仍用第一机械工业部汽130—59《汽车产品编号规则》标准编制。国产汽车的基本产品型号一般用2个汉语拼音字母表示企业代号，数字表示汽车的特征，旧型号用3个数字表示（第1位数字表示汽车的种类，第2位数字表示参数代号，第3位数字代表企业代号、类别代号和主参数代号都相同的车辆的产品序号，"0"表示最先生产的车型）。例如：EQ140、CA771、SK661。新型号用4位数字组成：第1位数字表示汽车的种类；第2位和第3位数字表示汽车主参数代号〔其中，载货汽车、越野汽车、自卸汽车、牵引汽车、专用汽车与半挂车的主参数代号表示汽车额定的最大总质量（t），客车主参数代号表示车辆的长度（m），轿车主参数代号表示汽车发动机的排量（L）〕；第4位数字则表示产品的序号。例如：EQ1090、CA7221、SK6119等。在基本型号的后面，企业可以按需自行规定补充代号，可用汉语拼音字母和阿拉伯数字表示，位数由企业自定，主要用于区别同一企业生产的、在结构上发生变化的（例如汽柴油发动机，长、短轴距，单、双排驾驶室等）同一种类汽车。

部分汽车制造厂的企业代号见表1—2。

表1—2　　　　　　　　部分汽车制造厂的企业代号

工厂名称	企业代号	工厂名称	企业代号
第一汽车制造厂	CA	南京汽车制造厂	NJ
第二汽车制造厂	EQ	重庆汽车制造厂	CQ
北京汽车制造厂	BJ	济南汽车制造厂	JN
上海各汽车制造厂	SH	陕西汽车制造厂	SX
天津汽车制造厂	TJ	上海客车制造厂	SK

2. 17位车辆识别代码（VIN）规则

车辆识别代码是制造厂为了识别车辆而按照国际的统一规定给每一辆车指定的一组字码，也就是说这辆车的身份证号。

目前世界各国汽车公司生产的汽车大部分使用 VIN 车辆识别代码，我国规定在 1999 年 1 月 1 日以后所有新生产车必须使用车辆识别代码。VIN 车辆识别代码由一组字母和阿拉伯数字共 17 位组成，可保证 30 年内每辆车的识别代码在国际上是唯一的。每位代码代表着汽车的某一方面的信息参数。17 位识别代码位于车辆前半部分的仪表台上或直接打印在车架、车身等部件上。

车辆识别代码由 3 个部分组成。第 1 部分（第 1~3 位），是世界制造厂识别代号，第 1 位字码是一个标明地理区域的字母或数字，第 2 位字码是标明一个特定地区内的一个国家的字母或数字，第 3 位字码是标明某个特定制造厂的字母或数字。第 2 部分（第 4~9 位）由 6 位字码组成车辆说明部分，能识别车辆的一般性能。其代号顺序由制造厂决定。第 3 部分（第 10~17 位）由 8 位字码组成车辆指示部分，第 10 位表示车型年款，第 11 位表示装配厂，第 12~17 位是顺序号。

但在 17 位识别代码的实际使用过程中，各国又根据自己的国情在编码的方式上略有不同之处，如在编码 JT1GK12E7S9092125 中，J 表示国别为日本，T 表示制造商为丰田汽车公司，1 表示车辆类型为乘用车，G 表示发动机为 1MZ—FE3.OL V6，K 表示车辆品牌为佳美，1 表示汽车种类为 MCV10L 型，2 表示汽车系列为 LE 系列，E 表示车身类型为四门轿车，7 表示检验位，S 表示车型生产年份为 1995 年，9 表示装配厂为日本，092125 表示汽车的生产序号。

VIN 代码一般会在其开头与结束处用实心或空心五角星作为分隔符。其所在的位置一般是仪表台的左前角风挡玻璃附近，或前围部分。但由于各生产厂商都有自己不同的标注习惯，故可以通过查找相应车辆的使用手册来获得。

二、汽车主要技术参数

1. 整车装备质量

汽车完全装备好的质量（kg，以下各质量参数相同）。除装备有发动机、底盘、车身、全部电气设备和车辆正常行驶所需要的辅助设备及加足的润滑油、燃料、冷却液的质量外，还可加上随车工具、备用车轮及其他备品的质量。

2. 最大总质量

最大总质量指的是汽车满载时的总质量。

3. 最大装载质量

最大总质量与整车装备质量之差被称为最大装载质量。

4. 汽车外廓尺寸

（1）车长 L。汽车前后最外端突出部位之间的距离，按我国有关规定，公路车辆的极限尺寸是：货车、越野车、客车不大于 12 m，铰接式客车不大于 18 m，汽车带挂车不大于 20 m。

（2）车宽 S。车辆两侧平面最突出的部位（除后视镜、侧面标志灯、转向指示灯等）之间的距离。按我国现行的有关规定，公路车辆极限总宽不得大于 2.5 m。

（3）车高 H。车辆在没有装载的情况下，支承平面与最高突出部位之间的距离。按我国有关规定公路车辆的总高不得大于 4 m。

（4）轴距 B。通过车辆同侧相邻两车轮中心点并垂直于车辆纵向对称平面的两条垂直线之间的距离。

（5）轮距。在支承平面上，同轴左右车轮两轨迹中心间的距离，分前轮距 K_1 和后轮距 K_2（轴两端为双轮时，为左右两条双轨迹的中线间的距离）。轮距越宽，汽车的稳定性能越好。

（6）前悬 A_1。汽车呈直线行驶位置时，汽车前端刚性固定件的最前点到通过两前轮轴线的垂面间的距离。

（7）后悬 A_2。汽车后端刚性固定件的最后点到通过最后车轮轴线的垂面间的距离。

（8）最小离地间隙 C。满载时，车辆支承平面与车辆最低点之间的距离。

（9）接近角 α。汽车空载时，前端突出点向前轮引出的切线与地面的夹角。

（10）离去角 β。汽车空载时，后端突出点向后轮引出的切线与地面的夹角。

汽车外廓尺寸如图 1—1 所示。

三、汽车的使用性能

1. 汽车的动力性

汽车的动力性是汽车最基本、最重要的性能，直接影响汽车的平均速度和运输效率的高低。汽车动力性主要由汽车的最高车速、汽车的加速能力和汽车的最大爬坡度这 3 个方面的指标来评定。现代汽车为了增加汽车的动力性，采用了涡轮增压、汽油缸内直喷、空气中冷、进气谐波增压等技术。

2. 汽车的燃料经济性

汽车的燃料经济性是指汽车以最少的燃料消耗完成单位运输工作量的能力，是汽车的主要性能之一。汽车的燃料经济性用单位行驶里程的燃料消耗量，即 L/(100 km)，或单位运输工作的燃油消耗量，即 L/(100 t·km) 作为评价指标。为了提高燃油的经济性，目前采用了可变气门、可变气缸、VVT（可变配气相位角）等新技术。

3. 汽车的制动性

汽车的制动性是指汽车行驶时，能在短距离内停车且维持行驶方向稳定和在下长坡时

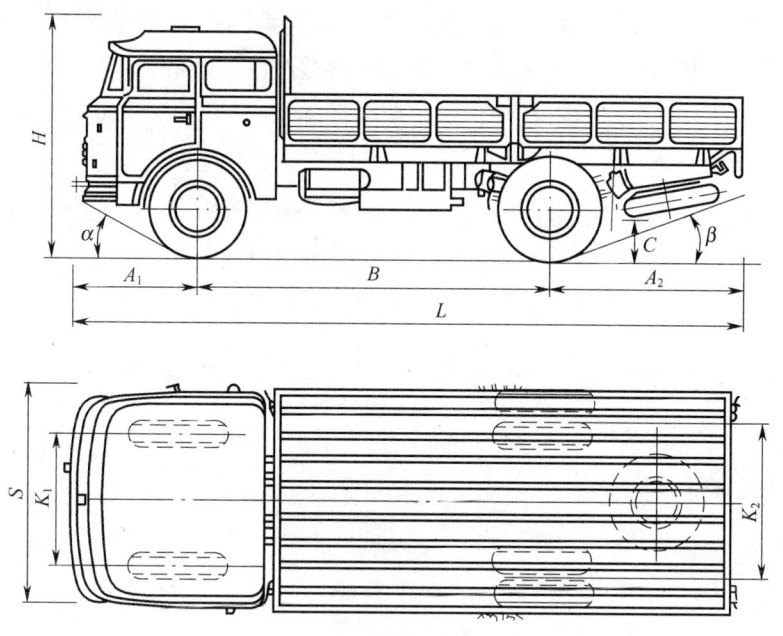

图1—1 汽车外廓尺寸图

能维持较低车速的能力,是汽车的主要性能之一。制动性用制动效能、制动效能恒定性、制动时的方向稳定性3方面作为评价指标。目前普遍采用了ABS+EBD（电子制动分配）、电涡流缓速器等辅助制动系统新技术。

4. 汽车的操纵稳定性

汽车的操纵稳定性是指在驾驶者不感到过分紧张、疲劳的条件下,汽车能遵循驾驶者通过转向系与转向车轮给定的方向行驶,且当遭遇外力干扰时,汽车能抵抗干扰而保持稳定行驶的能力,汽车的操纵稳定性常用汽车的稳态转向特性来评价。为了提高操纵的稳定性,现代汽车采用了ESP（防滑移行驶稳定系统）、EPS（电动助力转向系统）等新技术。

5. 汽车的行驶平顺性

汽车的行驶平顺性又称为乘坐舒适性,是指汽车在一般行驶速度范围内行驶时,能保证乘员不会因车身振动而引起不舒服和疲劳的感觉以及保持所运货物完整无损的性能。行驶平顺性主要是根据乘坐舒适程度来评价的。目前,中高档汽车采用了EAS（汽车电子控制悬挂系统）,使乘员更感舒适。

6. 汽车的通过性

汽车的通过性（越野性）是指汽车在一定装载质量下能以足够高的平均车速通过各种坏路和无路地带（如松软地面、坎坷不平地段）和各种障碍（如陡坡、倒坡、壕沟、台阶、水障等）的能力；表征汽车通过性能的主要参数是汽车的几何参数及支承和牵引参数。中高档轿车采用了车身升降系统以提升车辆的通过性。有的汽车还采用了前轮转向时后轮同时可以转过一个角度的新技术，使转弯半径减小。

7. 汽车被动安全性

汽车被动安全性是指发生事故后，汽车本身减轻人员受伤和货物受损的性能。汽车被动安全性又可分为内部被动安全性和外部被动安全性。评价被动安全性的指标有许多，其中最简单的是事故的"严重性因素"。目前安全气囊已在现代轿车中被普遍使用。

学习单元4　轿车车身构造

学习目标

了解轿车的类型

了解轿车的造型

熟悉车身及构件组成

熟悉车身壳体结构及门窗

熟悉汽车空气调节系统

知识要求

轿车的构造基本上与大客车、货车相似，只是它的装备、车身的涂料、室内装饰、性能等更加精良。轿车是用于载送人员及随身物品，且座位布置在两轴之间的四轮汽车。

一、轿车的类型

轿车的类型繁多，许多国家的分类方法都不尽相同。但目前国外轿车大多还是以发动机排量来进行分类。按照我国的国家标准规定，我国对轿车的分类也是根据其发动机的排量来进行划分的（具体见表1—1）。

此外，世界各国对轿车的分类称呼也各不相同，但大致可分为以下几种：

1. 三厢式轿车

三厢式轿车由用金属材料或其他材料制成的车体前钣金件组成的发动机舱、乘客（座）舱及车体后钣金件组成的行李舱三大部分构成。大部分三厢轿车的发动机舱在前面，行李舱在后面，也有的将发动机舱布置在后面，行李舱在前，使重心后移以减低舱内噪声，增强爬坡能力。

2. 两厢式轿车

两厢式轿车其实是在三厢式轿车的基础上变形而来，它将乘客（座）舱和行李舱合二为一，成为两厢式轿车，在国外泛指旅行轿车。

两厢式轿车如图1—2所示。

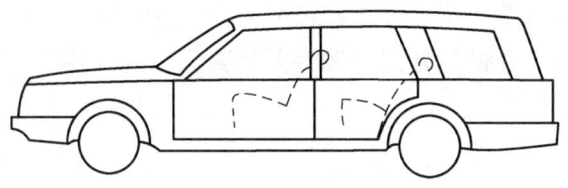

图1—2　两厢式轿车

3. 单厢式轿车

它取消了发动机舱，而将发动机舱置于乘客（座）舱之中，后部和两厢式轿车相同，称为单厢式轿车。一般指多用途车或休闲车。

单厢式轿车如图1—3所示。

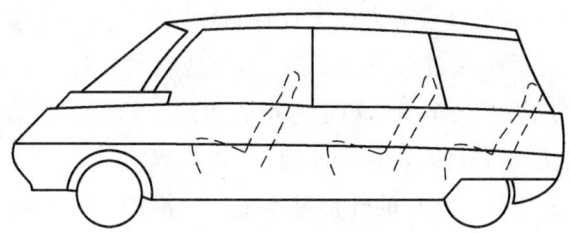

图1—3　单厢式轿车

除此之外，还有以内装饰舒适、豪华的程度及高档装备为特征划分的，一般分为普及型和高级豪华型。

高级豪华型轿车必须具备以下主要特征：

以后排座位为主座，具有足够的空间、最高档的装备、精美的装饰，有一个豪华而舒适的乘坐环境；具有良好的动力性，发动机还要和传动系统有极好的匹配性能；必须具备最好的安全性，优秀的制动性，优越的操纵稳定性、平顺性，还要有极高的可靠性。

这些主要特征必须综合为一体，而不是以某一单项性能作为衡量是否是高级豪华轿车的依据；同时，也不以个别指标（如发动机功率、乘坐空间、轴距、车长等技术参数）作为划分普及型和豪华型的依据。因为单独的某一特征并不能完全代表高级豪华轿车的全部功能。例如欧洲、日本、美国等发达国家常见的运动型轿车（亦称跑车），其发动机的功率相当大，最大行驶速度也相当高，但它主要是用于越野旅游等用途，所以不能将其划归到高级豪华轿车之列。还有如德国大城市中的奔驰出租车及英、法大城市中的出租车,轴距长,乘坐空间相当大,但其主要用于出租,可以多乘人,亦不能算是高级豪华轿车。

目前世界上基本为大家所公认的著名高级豪华轿车的品牌有:Ferrari(法拉利)、Bentley(宾利)、BMW(宝马)、Rolls-Royce(劳斯莱斯)、Jaguar(捷豹)、Porsche(保时捷)、Cadillac(凯迪拉克)、Pagani(帕格尼)、Bugatti(布加迪)、Lamborghini(兰博基尼)等。高级豪华轿车在世界各国一般都是作为国家礼仪用车,象征着高级、豪华及华贵。

二、轿车的造型

无论什么样的汽车,展示给人的首先是它的外形,而构成外形的就是汽车的车身。车身不是随意制造的,而是经过精心的造型设计,以艺术手法巧妙地表现汽车的功能、材料、工艺和结构特点,并符合审美规律的形体,使人们对它产生美感。例如,汽车外形的高速感和稳定感,内饰造型的舒适感和安全感等。但是人们心中美的概念和时代感也不是固定不变的,它随着时代的科学物质条件、时间、人的审美格调和经济水平而发生变化。在 20 世纪 90 年代前,车身造型设计方面大致每隔 8~10 年为一个流行周期,每次变型都会在车身线条、风格、色调、装饰、材料等方面出现新的式样。自轿车进入人类社会的 100 多年来,它的造型经历了马车形、箱形、甲壳虫形、船形、鱼形、楔形等不同发展时期,如今的轿车车身造型千姿百态,争奇斗艳。

从汽车发明到 20 世纪初,汽车的外形基本上还是沿用了马车的造型。由于马车型汽车很难抵挡风雨的侵袭,1915 年,美国福特公司生产了 T 型箱形车。到了 20 世纪 30 年代,随着轿车车速的不断提高,原有的箱形造型由于空气阻力大,有棱有角及台阶状的外形已开始明显妨碍车速提高,并造成车身在行驶时不稳定。在这种情况下,汽车车身的造型开始逐渐趋向于流线形。如克莱斯勒的气流牌轿车和德国的大众甲壳虫形轿车。而 50 年代又推出了船形轿车,解决了甲壳虫形对横向不稳定的问题。但后来发现船形轿车尾部过长,在高速行驶时会产生较强的空气涡流,于是鱼形(斜背形)轿车便应运而生,这种造型使轿车车厢宽敞、视野开阔,侧面形状阻力小,行李舱空间增大。但它的后窗倾斜度大,大面积玻璃车窗也会使整个车身强度变差,且采光面积大,车厢内温度升高快,高速时产生的升力,使车轮附着力变差,稳定性差,因而楔形轿车便开始逐步取而代之。随着冲压技术的提高及新型材料的投入使用,60 年代后车身外形逐步趋向简单化。进入 80 年代和 90 年代,空气动力学的研究进一步深入,使轿车造型与空气动力学紧密结合,车身外形既有优美的流线型,还有极低的空气阻力系数,使轿车的稳定性、燃油经济性大幅提高。未来的汽车造型必然在楔形汽车的基础上加以改进,为了减小空气的阻力,会把前窗玻璃和发动机罩进一步前倾，尾部去掉阶梯状，成为真正的楔形，甚至发展成为水滴状车身。

翻开汽车杂志，会看到很多精美的汽车图片上都标注着某某概念车。概念车是由英文conception car意译而来。它可以理解为未来汽车，汽车设计师利用概念车向人们展示新颖、独特、超前的构思，反映着人类对先进汽车的梦想与追求。概念车往往只是处在创意、试验阶段，也许永不投产。与大批量生产的商品车不同，每一辆概念车都可以摆脱生产制造工艺的束缚，尽情地夸张地展示自己的独特魅力。随着时代的进步，概念车已经从高科技、强动力走向低耗能、求环保，例如标榜零消耗、零污染的叶子概念车。

世界各大汽车公司都不惜巨资研制概念车，并在国际汽车展上亮相，一方面了解消费者对概念车的反映，从而继续改进；另一方面也是为了向公众显示本公司的技术进步，从而提高自身形象。概念车是汽车中内容最丰富、最深刻、最前卫、最能代表世界汽车科技发展和设计水平的汽车。概念汽车的展示，是世界各大汽车公司借以展示其科技实力和设计观念的最重要的方式。因而概念车也是艺术性最强、最具吸引力的汽车。

三、轿车车身及构件组成

轿车车身的结构与普通的载重汽车、客车相比要复杂得多。轿车的车身自身质量较大，约占整车质量的40%～60%。

轿车车身结构主要包括：车身壳体、车门、车窗、车前钣制件、车身内外装饰件、车身附件、座椅以及通风、暖气、冷气、空气调节装置等。

车身壳体是一切车身部件的安装基础，通常是指纵、横梁和支柱等主要承力元件以及与它们相连接的钣金件共同组成的刚性空间结构。轿车的身份号码或17位编码都标示在车身壳体上。轿车的车身盖有钢印，不准随意变更。客车车身多数具有明显的骨架，而轿车车身则没有明显的骨架。车身壳体通常还包括在其上敷设的隔音、隔热、防震、防腐、密封等材料及涂层。

车门通过铰链安装在车身壳体上，其结构较复杂，是保证车身使用性能的重要部件。

对轿车来说，车前钣制件包括散热器固定框、发动机罩、翼子板、挡泥板等。这些钣制件形成了容纳发动机、车轮等部件的空间。

车身外部装饰件主要是指装饰条、车轮装饰罩、标志、浮雕式文字等。散热器面罩、保险杠、灯具以及后视镜等附件亦都具有明显的装饰性。

车身内部装饰件包括仪表台、顶篷、侧壁、座椅等表面覆饰物，以及窗帘和地毯。在轿车上广泛采用天然纤维或合成纤维的纺织品、人造革、多层复合材料、连皮泡沫塑料等表面覆饰材料。

车身内外还有其他附件，如：门锁、门铰链、玻璃升降器、各种密封件、风窗刮水器、风窗洗涤器、遮阳板、后视镜、拉手、点烟器、烟灰盒等。在轿车上还常常装有DVD、电视机等视听设备。有的还装有卫星导航仪、加热食品的微波炉、小型电冰箱等附属设备，有的豪华轿车还设有酒吧。

车身内部的通风、暖气、冷气以及空气调节装置是维持车内正常环境、保证驾驶员和乘客安全舒适的重要装置。座椅也是车身内部重要装置之一。座椅由骨架、坐垫、靠背、调节机构等组成，坐垫和靠背应具有一定的弹性，调节机构可使座位前后、上下移动以及调节坐垫和靠背的倾斜角度。有的高级轿车座椅还带有记忆功能，以适应不同驾驶者的不同体型，使驾驶者始终能保持最舒适的感受。

为保证行车安全，在轿车上广泛采用对乘员施加约束的安全带以及汽车碰撞时防止乘客受伤的各缓冲和包垫装置，如头枕、气囊等。

四、车身壳体结构及门窗

1. 车身壳体结构的分类

车身壳体按照受力情况可分为非承载式、半承载式、承载式（或称全承载式）3种。

（1）非承载式车身的特点是车身与车架通过弹簧或橡胶垫作柔性连接。在此种情况下，安装在车架上的车身对车架的加固作用不大，汽车车身仅承受本身的重力、它所装载的人和货物的重力，及其在车辆行驶时所引起的惯性力和空气阻力。而车架则承受发动机及底盘各部件的重力，这些部件工作时通过其支架传递的力，以及车辆行驶时由路面通过车轮和悬架传来的力（最后一项对车架或车身影响最大）。

非承载式车身如图1—4所示。

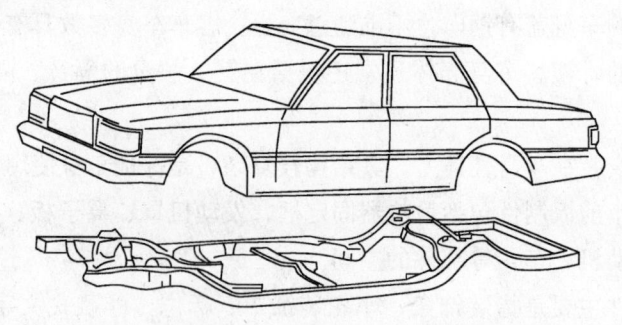

图1—4 非承载式车身

（2）半承载式车身的特点是车身与车架用螺钉连接、铆接、焊接等方法刚性地连接。在此种情况下，车身除了承受上述各项载荷外，还在一定程度上有助于加固车架，分担车架的部分载荷。

（3）承载式车身的特点是汽车没有车架，车身就作为发动机和底盘各总成的安装基础。在此种情况下，上述各种载荷全部由汽车车身承受。

承载式车身如图1—5所示。

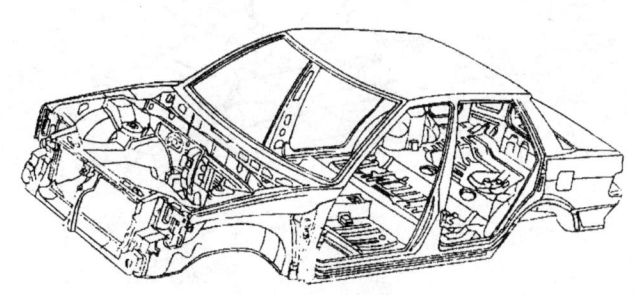

图1—5　承载式车身

为了减小汽车的整车质量，节约材料，大多数中级、普通级轿车车身常采用承载式结构。高级车如果为了提高汽车的舒适性、减轻发动机及底盘各总成工作时传来的振动及汽车行驶时由路面通过车轮和悬架传给车身的冲击，则车身可采用非承载式结构。没有完整的封闭构架的开式车身（敞篷车）也很难采用承载式结构。

2. 轿车车身壳体

轿车车身没有明显的骨架，而是由外部覆盖零件和内部钣金件焊接而成的空间结构。非承载式轿车的车身壳体结构与承载式轿车的车身壳体结构相比较，后者更为坚固。承载式车身的地板有较完整（厚度也较大）的纵、横承力元件，其前部有两根断面尺寸较大的纵梁，它们往往与两侧的前挡泥板和前面的散热器固定框等焊接成较好的空间构架，以便直接安装发动机和前悬架等部件并承受其工作载荷。与此相反，非承载式轿车的车身前部就较薄弱，其车前钣制件通常不是焊接在车身壳体上，而是用螺钉相互连接起来并安装在车架上。

现代轿车的承载式车身壳体前部都有副车架，在副车架上安装发动机、传动系、前悬架和前轮，组合成便于装配和维修的整体。副车架与承载式车身壳体前部底面用弹性橡胶垫连接，以隔离振动和冲击，提高车身的舒适性。

典型的轿车车身壳体图如图1—6所示。

3. 车门、车窗及其附件和密封

车门是车身上的重要部件之一。按其开启方式可分为顺开式、逆开式、折叠式、外摆式、旋翼式、水平移动式、上掀式等。

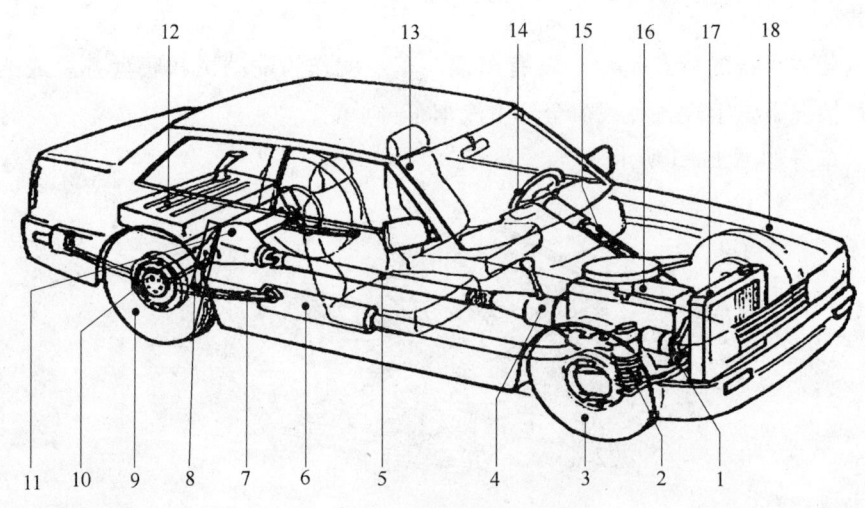

图 1—6　典型轿车构造示意图

1—前桥　2—前悬架　3—前车轮　4—变速器　5—传动轴　6—消声器　7—后悬架钢板弹簧
8—减震器　9—后轮　10—制动器　11—后桥　12—油箱　13—坐椅　14—方向盘
15—转向器　16—发动机　17—散热器　18—车身

顺开式车门即使在汽车行驶时仍可借空气的压力关上，比较安全，而且便于驾驶员在倒车时向后观察，故被广泛采用。逆开式车门在汽车行驶时若关闭不严就可能被迎面气流冲开，因而用得较少，一般只是为了改善上下车的方便性及迎宾礼仪需要的情况下才采用。水平移动式车门的优点是车身侧面与障碍物距离较小的情况下仍能全部开启。上掀式车门广泛用做轿车及轻型客车的背门，也应用于低矮的汽车。

轿车车门通常由门外板、门内板、窗框（有的车上还装有三角窗）等组成。门内板是各种附件的安装基体。在其上装有门铰链、升降玻璃及导轨、玻璃升降器、门锁、车门开度限位装置等附件。有的轿车门内还布置有暖气通风管道和立体声收放音机的扬声器等。

车门借铰链安装在车身壳体上。在车辆行驶时，车身壳体会产生反复扭转变形。为避免由于这种情况造成车门与门框摩擦产生噪声，在车门与门框之间留有较大间隙，靠橡胶密封条将间隙密封。

轿车的前、后窗通常采用既有利于视野又美观的曲面玻璃，借橡胶封条嵌在窗框上或用专门的黏合剂粘在窗框上。为便于自然通风，轿车的侧窗玻璃可上下移动。在玻璃与导轨之间装有呢绒或植绒橡胶等材料的密封槽。某些汽车的侧窗还采用利于汽车布置的圆柱面玻璃。侧窗玻璃采用茶色或隔热层可使室内保温并具有安逸宁静的舒适感。具有完善的冷气、暖气、通风及空调设备的高级客车常常将侧窗玻璃设计成不可移动的，以提高车身的密封性。

五、汽车空气调节系统

空调系统是现代汽车的一项重要装置，它能够根据气候环境的变化调节车厢内的温度、湿度及车内空气的流动和净化。汽车空调由采暖装置、制冷装置、通气装置和净化装置组成。

1. 采暖装置

汽车空调在冬季利用采暖装置升高车厢内空气的温度。冬季车内空气的平均温度推荐值为15～18℃。车室内外空气温度相差宜保持在10～12℃范围内。轿车和中小型汽车的暖气装置是将发动机的冷却循环水通过热水阀流经暖风散热器对空气加热，然后由风机把加热后的空气通过管道强制送入室内或者导向风窗玻璃进行除霜。温度的高低可通过调节热水阀的开度来实现。大型客车则采用独立式加热器作为热源。

2. 制冷装置

汽车空调在夏季利用制冷装置来降低车内空气的温度。夏季车内空气的平均温度推荐值为25～28℃，车室内外空气温度相差宜保持在5～7℃范围内。汽车的制冷设备通常采用压缩式制冷循环原理来制冷。空调压缩机将蒸发器送来的低温低压气态制冷剂压缩为高温高压气体，经过冷凝器散热后变为中温高压液体，在节流减压装置的作用下，制冷剂又变为低温低压气体，车厢内热而湿的空气通过蒸发器碰到冰冷的金属管芯和传热片，空气骤冷下来，空气中的水汽凝结并附着在金属壁而往下流，冷而干的空气经风机被送入车内。从蒸发器出来的制冷剂，经过回气管，从压缩机的吸气口进入压缩机。就这样周而复始地进行循环。

目前常用的制冷剂有R－12、R－134a两种。但由于R－12制冷剂一旦泄漏进入大气后会破坏地球的臭氧保护层，危害人类的生存环境，引起地球的温室效应，因此这种制冷剂已被列为淘汰产品，被R－134a所取代。国家规定2000年以后生产的新车，不准再使用R－12作为汽车空调制冷剂。

R－12和R－134a不能互换。一般在发动机罩下或空调软管、压缩机上都有警告标签。R－134a维修阀采用快速接头，管道接口和修理工具全部采用公制（R－12空调系统则采用英制），以防止与R－12系统误装或交叉污染。

3. 湿度调节

车内相对湿度一般保持在30%～70%为宜，超过此范围，人就会感到干燥或闷热。普通汽车空调一般不具备调湿功能，只有高级豪华汽车采用冷暖一体化空调器，才能对车内湿度进行适量调节。它通过制冷装置冷却降温除去空气中的水分，再由采暖装置升温，以降低空气相对湿度，但汽车上目前还没有加装加湿装置，只能通过打开车窗等通风设施，靠车外新鲜空气来调节。

4. 通风装置

车内每位乘客所需新鲜空气应为 20~30 m³/h，二氧化碳体积分数应保持在 0.19% 以下，由于车内空间小，乘员密度大，车内极易出现缺氧和二氧化碳浓度过高的情况，所以必须吸入新鲜空气，改善车厢内的空气质量。某些高级轿车还装有空气净化器来清除空气中的灰尘、花粉等悬浮物，大大改善空气的纯净度。

汽车使用的通风装置有自然通风装置和强制通风装置 2 种。自然通风可依靠车身上的进、出口和装在车门上的升降玻璃及三角窗实现。进风口通常布置在风窗玻璃下沿的前方或车身前围两侧，出风口通常布置在车身侧面向后部的拐角处。

强制通风则利用鼓风机等装置强迫空气穿过车辆。小型汽车将空气过滤器、鼓风机、暖风水箱和冷气蒸发箱安装在一个复合式箱体管路中，既可强制通风也可选择制冷或制热。提供的空气可以是车外的新鲜空气，也可以是车内的回流空气，取决于系统选定的模式。空气被加热或被冷却后既可从地面出风口也可以从仪表台出风口或除霜出风口被送进车内。

汽车空调的控制有手动和自动 2 种。手动空调和自动空调的根本区别在于自动空调具有恒温的功能（车内温度不会变化）。也就是说环境温度、阳光强度、乘客人数的变化空调电脑都能识别出来，并通过调节鼓风机的转速、混合门的位置，甚至进气门的位置，使车内温度维持在设定值的范围内。自动空调又分为半自动、全自动空调。半自动和全自动空调系统的主要区别在是否有自诊断功能，半自动空调系统没有故障码存储器，全自动空调系统具有监控系统，监控系统的随机存取器（RAM）存储诊断码。另一个差别是所用执行机构和传感器的数量。虽然两类系统工作方法不同，但它们都是设计成按预先设置的舒适程度控制车内的温度与湿度，使车内保持的温度湿度与车外气候条件无关，车内湿度保持在 45%~55%。大众公司开发的双温区自动空调前两个出风口还能分配不同的温度。

5. 汽车空调机性能检测要求

汽车空调机性能的检测不是以乘员的感觉为准的，应按下列要求进行：

（1）参照说明书，在规定的发动机转速下，空调风速开最大挡，打开全部出风口，关闭车门窗，在规定时间内测定出风口风温及风速，查对说明书，测得值应在规定范围内。

（2）关闭发动机及空调机，进行系统密封性能检查。

（3）空调系统工作时，检查各部件工作是否正常，是否有异常声响。

例如桑塔纳轿车空调机制冷工况时，出风口温度的检测要求如下：

发动机处于热态（即散热器风扇至少已转过一个周期，依靠温控开关已停转过一次以上），开始测量前 30 min 内没使用过暖气，将 A/C 按钮按下，空调风机开四档（最高速），所有出风口打开并放正位置,发动机罩打开,车门窗关闭,右出风口温度达到10℃时的所需时间及车外温度的交点应在图1—7的极限曲线左方的阴影区域内。温度传感器放在右出风口中央,伸进30～50 mm,压缩机第一次自动停转的时间应位于图1—7压缩机停转曲线的左方,而出风口温度则应在图1—8的阴影区内,中间出风口温度比右出风口温度最多可以高3℃。环境温度与时间曲线图如图1—7所示。

环境温度与出风口温度曲线图如图1—8所示。

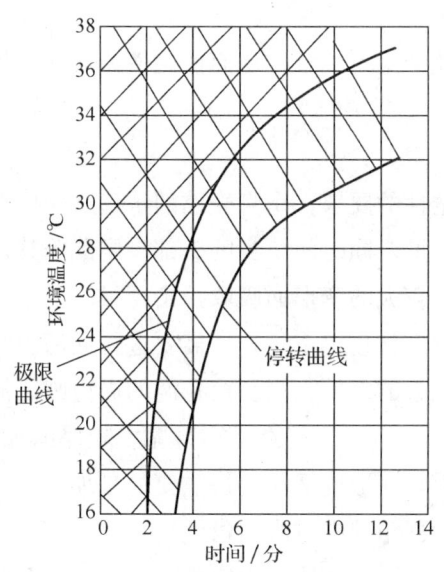 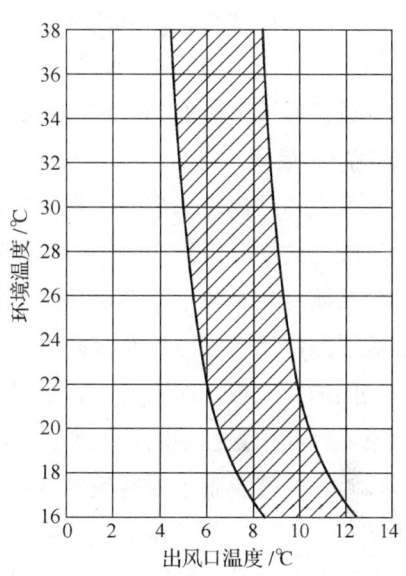

图1—7 环境温度与时间曲线图　　图1—8 环境温度与出风口温度曲线图

六、安全防护装置

1. 安全防护装置基本功能

随着汽车数量增加以及交通运输日益繁忙,车辆事故也逐渐增多,所引起的人员伤亡和财产损失日趋严重,并已成为一个不容忽视的社会问题。针对这一问题而设置的安全防护装置是现代轿车结构的重要组成部分。在发生车辆碰撞事故时,安全防护装置能有效地减轻人员伤亡程度以及车辆损坏程度。

发生车辆碰撞时,前、后保险杠或车身侧面的护条等构件首先受到冲击,随后便是与这些构件相连的车身构架产生坍塌与变形,并危及车内乘员。车辆前面受到撞击时,车内乘员由于惯性作用而离开座位向前冲。此时,仪表台、转向盘、风窗玻璃、风窗框上横梁等往往会与人体的胸、腹或头部相撞,成为主要致伤构件。车辆与行人碰撞时,保险杠、车前钣制件或车身前围等部位最易使行人受伤。行人受撞击后,其头部很可能倒向轿车的发动机罩、风窗框下缘或风窗玻璃等部位。由此可见，对轿车车身构架及上述各结构部分均有较高的安全要求。

发生车辆碰撞事故时，运动急剧停止、缺乏缓冲距离以及人体与尖硬物接触都会导致严重伤亡。因此，汽车安全防护装置的基本功能可归结为：

（1）对乘客施加约束使之避免在汽车碰撞时与车内物体撞击或被甩出车外。

（2）产生软缓冲作用，即构件以适当的变形来吸收缓冲和衰减撞击能量，或者说使速度逐渐下降而避免出现较大的减速度和碰撞力。

（3）加大人体与车内构件的接触面积，避免产生点接触，从而使碰撞造成的单位面积挤压力减少或使碰撞力转移到人体非要害部位。

2. 车外防护装置

（1）车身壳体结构防护措施。根据碰撞安全性的要求，车身壳体的正确结构应是能使乘客舱具有较大的刚度以便在碰撞时尽量减小变形，同时使车身的头部、尾部等其他离乘员较远部分的刚度相对较小，在碰撞时得以产生较大的变形而吸收撞击能量。显然，如果车身乘客舱按照汽车行驶时的载荷来设计，其刚度就显得不足，还需要进行局部加强。乘客舱较易加固的是地板、前围内板、后围板等宽大的部件。门、窗孔洞的周边则是薄弱环节，但风窗支柱和中立柱的断面尺寸又不宜过大，所以只能在其内部贴上较厚的加强板。在汽车碰撞时，为避免整个乘客舱的构架产生剪切变形或坍塌，最重要的是加固门、窗周边的拐角部分，可在这些部位贴上加强板或加大拐角处的过渡圆角。

要使乘客舱获得必要的刚度，不能仅靠局部加强的办法，而应就整个车身结构通盘考虑。众所周知，杆件或梁在弯曲时变形较大而在拉伸或压缩时变形较小。因此，车身乘客舱构件应合理布置，使之尽量少承受弯曲载荷。在汽车头部或尾部受撞击时，可通过倾斜的构件将力传递至乘客舱的纵向构件，使之承受压缩或拉伸。

为了使车身头部和尾部的刚度较小，可以在粗大的构件或坚固的部件上开孔或开槽来削弱其刚度，或者使构件在汽车碰撞时承受弯曲载荷。车身前部安装发动机和前悬架的纵、横梁截面都较大，因此某些现代轿车的前部纵梁不是平直的，而是前部有意弯折成X形或Z形，以便在碰撞时折叠变形并吸收冲击能量。

为使乘客舱侧面较坚固以便承受较大的撞击力，车身的门槛截面也通常较大，并用横梁将左右两根门槛连接起来共同受力。此外在门板的内表面还常常贴有瓦楞状的加强板。

（2）保险杠与护条。汽车的最前端和最后端都装有保险杠，许多新式轿车（例如帕萨特、奥迪等）左右两侧还装有纵贯前后的护条。保险杠和护条的安装高度应符合规定，以便在汽车相撞时两车的保险杠或护条能首先接触。

保险杠的防护结构应包括两部分的功能：首先是减轻行人受伤的软表层，主要由弹性较大的泡沫塑料制成；其二是能吸收汽车一部分碰撞能量的装置，有金属构架、全塑料结构、半硬质橡胶缓冲结构、液压或气压装置等形式。车身侧面的防护条与行人接触的可能性很小，一般由半硬质塑料或橡胶制成。

（3）轿车其他外部构件。除了保险杠外，经常致使行人受伤的构件主要有前翼子板、前大灯、发动机罩、车轮、风窗玻璃等。这些构件不能造得尖锐而坚硬，最好是平整光滑而有弹性。某些轿车包括保险杠在内的整个正面都用大块聚氨酯泡沫塑料制成并将发动机罩的顶面用软材料包垫，使安全性大大提高。

3. 车内防护装置

（1）安全带。安全带是最有效的防护装置，可以大幅度地降低碰撞事故的受伤率和死亡率。这一点已被国外大量使用实践证明。

（2）安全气囊。安全气囊在汽车正面碰撞时能防止乘员与其前方的物体撞击。气囊平时折叠在转向盘毂内或仪表板内，必要时可在极短时间（碰撞开始后 $0.03\sim0.05$ s）内充满气体而呈球形，以填补乘员与室内物体之间的空间。气囊通常采用氮气。

安全带和安全气囊的详细介绍见第2章第2节学习单元7。

（3）头枕。头枕是在汽车后部受撞击时限制人的头部向后运动的装置，这样可避免颈椎受伤，而严重的颈椎受伤可能使其内部神经（脊髓）受伤，导致颈部以下全身瘫痪（高位截瘫）。

（4）安全玻璃。汽车正面或侧面碰撞时，乘员头部往往撞击风窗玻璃或侧窗玻璃而受伤，并且玻璃碎片还会使脸部和眼睛受伤。

目前在汽车上广泛应用的安全玻璃有两种：钢化玻璃与夹层玻璃。

采用钢化玻璃的前风窗破裂成细小网状裂纹后，还会严重地影响驾驶员前方的视野。因此，现代汽车的风窗玻璃应尽可能采用 HPR 夹层玻璃。

（5）门锁与门铰链。在现代汽车上，门锁和门铰链都应有足够的强度，在汽车碰撞时，能同时承受纵、横两个方向的载荷而不致使车门开启，从而避免了乘员被甩出车外，减少受重伤或死亡的危险。此外，在事故结束后，门锁应不致失效，车门应仍能开启。

目前，不能承受纵向载荷的舌簧式、钩簧式、齿轮转子式等门锁已经过时，而能同时承受纵横向载荷的转子卡板式门锁则被广泛采用。

七、其他

许多轿车的尾部行李箱盖外端都装有一块像是倒放的飞机机翼的装置，很多人都以为这新颖美丽的汽车尾翼是厂家为了美观而给轿车安装的装饰件。其实它主要是为了能有效地减少轿车在高速行驶时的空气阻力和节省燃料。在我国的一些地方常常将"汽车尾翼"

称为"汽车导流板",其实这种叫法是错误的。"汽车导流板"在轿车上确有其物,只不过是指轿车前部保险杠下方的抛物形风罩,而"汽车尾翼"则是指安装在轿车后箱盖上的装置。国外一些人根据它的形状形象地称它为"雪橇板",国内也有人称它为"鸭尾"。比较科学的叫法应为"汽车扰流器"或"汽车扰流翼"。

根据空气动力学原理,汽车在行驶过程中会遇到空气阻力,这种阻力又可分为纵向、侧向和垂直上升3个方面的作用力,并且汽车的车速与空气阻力的平方成正比,所以车速越快,空气阻力就越大。一般情况下,当车速超过60 km/h时,空气阻力对汽车的影响就会表现得非常明显。为了有效地减少并克服汽车高速行驶时所受空气阻力的影响,人们设计使用了汽车尾翼,其作用就是使空气对汽车产生第四种作用力,即对地面的附着力,它能抵消一部分升力,控制汽车上浮,减小风阻影响,使汽车能紧贴着道路行驶,从而提高行驶的稳定性和安全性。目前大多数汽车尾翼都是用玻璃纤维或碳素纤维制成的,既轻巧又坚韧,并且它的形状尺寸是经过设计师精确计算而确定的,既不宜过大也不宜过小,不然反而会增加轿车的行车阻力或起不到应有的作用。

近年来,随着我国高速公路、高架路和高等级道路的建设及投入使用,汽车车速有了较大的提高,汽车尾翼的作用也就显得越来越重要。以排气量为1.8 L的轿车为例,如果装上尾翼,空气阻力系数就可降低20%。在一般道路上行驶时,耗油量的减少或许不太明显,但如果在高速公路上以120 km/h的速度行驶,则能省油14%,此时汽车尾翼的作用就很明显了。

第2节 汽车美容基础知识

学习单元1 蓬勃发展的汽车美容业

学习目标

了解汽车消费带来的商机

了解汽车美容业的产生与发展趋势

了解汽车美容业所存在的问题

掌握汽车美容与汽车维修的区别

知识要求

一、汽车消费带来的巨大商机

随着社会进步及人类文明程度的不断提高,汽车作为大众化消费品正以极快的普及速度介入人们的生活。这种消费的背后,同样蕴藏着一个巨大的市场。

由于汽车制造业是一个关联度很高的产业,其发展不仅对提供原材料的产业,如钢铁工业、橡胶、塑料、玻璃、电子、机械、物流配送等产业以及提供装备产业的发展有着巨大的推动作用,而且还对石油化工、汽车销售、汽车维修、汽车护理、驾驶员培训、道路、房地产、餐饮、旅游等相关配套行业的发展有不同程度的拉动作用。这一拉动作用提供了众多相关行业的配套发展和就业机会。在德国,每七个工作岗位中,就有一个与汽车的生产、销售或护理有关。应该说,汽车产品主要的获利方式,除了整车销售外,更多的是庞大的售后服务系统。有关统计数据表明,汽车工业每增值1元,会给上游产业带来0.65元的增值,给下游产业带来2.63元的增值。同时,汽车工业每提供一个就业岗位,上、下游产业的就业人数就可以增加10~15个。可以说,汽车的百年辉煌,创造了巨大的商机和财富。总的说来,在人们的汽车消费背后蕴藏着如下商机:

1. **售后维修服务**

一些发达国家的统计数据显示,汽车销售商的利润来源中,汽车销售占10%、售后服务占50%,零部件销售占10%,二手车经营占20%,其他收入占10%,这说明售后服务大有开拓余地。丰田汽车公司在全球有7 300多家销售服务网点,将近10万名员工,是从事生产制造员工总数的2倍多。国外汽车售后服务发展主流是4S形式,即整车销售、售后服务、零件供应、信息反馈四位一体。汽车的售后服务是汽车正常使用的前提条件,因此,国外往往把销售和服务结合在一起。售后服务的另一个趋势是从对车辆事后的修理转向定期的维护和保养,注重对用户的技术培训和技术咨询。目前,国内的汽车售后服务网点还不多,许多业务没有开展起来,所以大有发展空间。

2. **汽车养护**

目前我国的汽车售后市场,劣质汽车用品泛滥,修车店、护理店鱼龙混杂,汽车相关服务远远跟不上蓬勃发展的需求。针对这一现象,业内人士认为,谁能抓住汽车时代引发的"养护商机"和"服务商机",谁就能够挖到中国汽车时代最大的财富金矿。其实在国外,汽车养护早已形成一个成熟的市场。在20世纪80年代的美国,汽车养护企业已占到整个汽车保修行业的80%以上,年营业收入超过1 000亿美元,减少车辆报废率达21.7%。在国外,汽车护理业已经形成了一套成熟而完善的服务和技术质量经营体系,并发展成了一个有着巨大市场和丰厚利润的行业。但到目前为止，我国的汽车养护业还没有形成一整套严格的行业标准和服务体系。

3. 汽车停靠

停车难是世界上许多国家曾经面临或正在应对的课题。停车难，是挑战也是发展经济的机遇。欧洲一些国家的停车产业发展已有50年多的历史，并初步达到了良性循环和有序发展的阶段。停车产业也已成为年产值数十亿美元的大产业。美国的停车产业每年收入约达260亿美元，并解决了100多万人的就业问题。停车产业已成为美国国民经济举足轻重的产业。

近年来，随着我国城市机动车的拥有量呈井喷式的增长，城市交通压力越来越大，停车难问题更是日益突出。有统计资料显示，在我国，一辆车平均一年当中停放时间为80%以上，而在路上行驶的时间仅为20%。因此，停车难现象同样蕴藏着巨大商机，一个富有活力的"停车经济"正逐步形成。

4. 配件和精品零售

有些汽车配件通用程度较高、价值不大，采购也非常方便，适宜在一些汽车配件商店零售。随着汽车普及率的提高，汽车内装饰、外装饰及汽车防盗、养护用品甚至汽车改装业务将会变得越来越兴旺。

5. 汽车保险

目前，汽车保险已经占到世界非寿险业务的60%，我国汽车保险营业额也在财产保险中居第一位。据日本提供的资料，从20世纪的60年代至70年代，汽车的保有量增长了4倍，而汽车保险费收入却增长了11倍，汽车保险的增长速度远高于汽车保有量的增长。国内汽车保险业目前存在的主要问题是险种太少，操作不规范，理赔服务不尽如人意，因此未来的发展潜力也很大。

6. 汽车融资

这包括汽车业资本经营、汽车租赁、汽车消费信贷等。国内金融业对汽车融资普遍看好，但由于种种原因，到目前为止还没有真正形成市场。

7. 汽车资讯

汽车资讯包括市场调查、市场分析、行业动态、统计分析、政策法规等方面的内容。从广义角度来看还可包括汽车报刊、汽车书籍等。这是真正的软科学，投资很大，直接效益并不明显，一般容易受到忽视。目前人类已进入了21世纪的信息时代，信息资源在人们的生活中正发挥着越来越大的作用，而其重要性也正为越来越多的人所接受。相信，汽车资讯在不久的将来一定会异军突起，发挥越来越大的作用。

8. 汽车广告

在发达国家，汽车广告是所有广告中的大户，甚至是最大户。汽车特别是中、高档汽车，在一定程度上是批量制造的工艺品，因此其品位较高，要求的广告设计不同凡响，目前已成为专业门类。在一些发达国家，汽车样本的印刷制作已达到了很高的境界。相反，国内企业的样本与之相比则显得有些相形见绌。

9. 智能交通

智能交通系统包括车载系统和公共系统。车载系统主要有信息接收系统（收音机、影碟机、车载电话、车载电子计算机、车载办公系统），公共系统有交通信息、行车向导、事故救援、联络通信等。智能交通更重要的是软件系统，尤其是交通信息中心的建设。

10. 汽车娱乐

包括音响系统、CD 系统、电视接收系统、DVD 系统、电子游艺系统。汽车娱乐系统的营业额有可能会超过汽车本身，因为一套高档音响中心的价值往往会超过汽车本身的价值，而人们驾车行驶的里程越多就越需要得到轻松愉快的消遣。从广义角度来看，汽车娱乐还可包括汽车体育（如 F1 赛车）等项目。

11. 汽车俱乐部

汽车俱乐部有多种形式，如品牌俱乐部、车迷俱乐部、越野俱乐部、维修俱乐部、救援俱乐部等，目前在国内也正方兴未艾。

二、汽车美容业的产生与发展

汽车美容起源于西方发达国家，英文原名为"Car Beauty"或"Car Care"。20 世纪 20 年代末、30 年代初，由于汽车工业的发展，社会消费时尚的流行，以及个性化消费热潮的兴起，无论是汽车的款式、性能还是其整洁程度，无一不体现出车主的个性、修养、爱好与价值观。围绕着这些社会需求，这一行业率先在美国、英国等西方工业发达国家出现，到 20 世纪 40 年代，汽车美容业日益壮大并逐步形成规模。70 年代后期，这一行业得到了更为迅猛的发展，在这一时期，汽车美容业开始走向亚洲，到 80 年代，汽车美容业在全球已发展成为一支不可忽视的产业大军。

时代的进步和科技的发展，为今天的汽车美容业赋予了新的内容，由于其借鉴了人类"美容养颜"的基本思想，又被赋予了仿生学的新内涵，正逐步形成具有现代意义的汽车美容业。因而，近年来汽车美容在国外被又被称为"汽车保养护理"。作为专业性很强的服务行业，汽车美容目前已不再是一般概念上的给汽车冲洗、打蜡、去渍、除臭、吸尘及车内外的清洁服务等常规汽车保洁美容作业，它还包括了针对汽车各个部位不同材料所需的保养条件，利用专业美容系列产品和高科技设备，采用特殊的工艺和方法，对涂面进行增光、打蜡、抛光、镀膜及深浅划痕处理，全车涂面美容，车身覆膜、车身彩绘，底盘防腐涂胶处理，发动机表面翻新以及汽车内饰翻新等一系列汽车护理技术，以达到"旧车变新，新车保值，延寿增益"的功效。

在现代社会，汽车与人类的活动息息相关。美国有 2.2 亿人口，汽车拥有量为 1.4 亿，平均每 1.5 人就拥有一辆汽车，被称为"生活在车轮上的国家"。在中国内地，近年来汽车消费也正呈暴发性增长，许多人已将爱车当做自己第二个家。另一方面，我国各大中城市虽然发展速度很快，但许多设施配套尚不完善，例如，由于缺乏停车场所，使大量汽车只能露天栖息，饱受风吹、雨淋、日晒之苦，致使汽车老化加快。这就为汽车美容护理业的存在和发展创造了很好的发展空间。因而我国汽车美容护理业所蕴含着的巨大市场潜力不言而喻，谁能较早地发现和介入这个市场，谁就能够得到丰厚的经济回报。

三、存在问题与解决途径

目前，专业汽车美容护理对大多数车主来说，还是一个比较陌生的概念。由于汽车美容护理业具有灵活、操作简单、投资少、利润较高、风险较低等特点，因此国内大量的洗车店、汽车配件精品店、轮胎店、汽修厂及个人纷纷介入汽车美容市场。但是汽车美容是一个专业化程度较高的行业，是一个全新的概念，它与一般的洗车擦车、打蜡上光等传统汽车保洁作业有着很大的区别。由于目前我国还缺乏对这个新兴行业一整套标准化的管理体系，再加上消费者对这一行业缺乏了解，导致汽车美容装潢市场鱼龙混杂，良莠并存，给行业的健康发展带来了极大的隐患。因此，如何使我国的汽车美容装潢业能真正得以立足并不断发展壮大，已成为每一个业内人士所关注的问题。

早在 1995 年 8 月，国务院就在一次电话会议上明确要求各级市政府对马路洗车摊予以取缔。1996 年 5 月，又在成都召开了全国"关于规范清洗车辆管理的会议"，目的是要进一步对汽车服务业进行规范化管理。随着城市管理日趋完善、对汽车美容知识在广大私家车主中的普及，以及汽车美容业市场的逐渐成熟和发展，中国内地的汽车美容业也一定会沿着健康、快速发展的轨道不断向前迈进。

四、汽车美容的含义

1. 什么叫汽车美容

汽车美容（auto beauty）是指针对汽车各部位不同材质所需的保养条件采用不同性质的汽车美容护理用品及施工工艺，对汽车进行全新的保养护理。"汽车美容"的概念最初在我国出现是 1994 年，如今这个概念已被公众普遍接受，而且汽车美容中心已遍及全国各地。

汽车美容主要包括车表美容（汽车清洗、除去油性污渍、新车开蜡、旧车上蜡、镀件翻新和轮胎表面翻新）、车饰美容（发动机美容护理、行李箱清洁、座套坐垫清洗和仪表盘清洗护理）、涂面美容（涂面失光处理、涂面划痕处理和喷涂）、汽车防护（粘贴防爆太阳膜、安装防盗器、安装语音报警系统和安装静电放电器）和汽车精品（汽车香水、车室净化、装饰贴和各种垫套）5个方面。

2. 汽车美容与汽车维修的区别

在人们将汽车的功能局限于代步和运输的年代，汽车美容装潢的业务量非常小，因此，这部分工作主要由汽车维修人员来担任。随着私家车的普及，和汽车个性化消费的日益盛行，汽车的美容装潢就逐渐开始分化成一个独立的专业。正因为汽车美容装潢业脱胎于汽车维修业，对这两个行业的界定就成了汽车服务行业广大从业人员所共同关心的问题。

下面就来探讨一下如何界定汽车维修与汽车美容装潢。在汽车行业常有"车况车貌"一说，这种借用人体状况来喻示汽车的说法，较为形象生动地描述了汽车的存在状况。"车况"即相当于一个人的身体健康状况，而"车貌"则相当于一个人的外貌与穿着打扮。如将这一说法用于区别汽车维修与美容装潢，则汽车维修业注重的是汽车的车况（相当于医院注重的是人们的身体健康），而汽车美容装潢业则注重的是汽车的车貌（相当于美容院注重的是人们的外貌与打扮）。此外，这两者所需掌握的专业知识也有很大的不同，从某种意义上来说，汽车美容装潢从业人员（特别是初级工）所需掌握的主要是以操作和模仿为主的技能，而汽车维修从业人员则需掌握更多的专业基础知识（如机械、电气、力学等）。但由于汽车美容装潢脱胎于汽车维修业，再加上现代社会中，行业间相互渗透的现象也越来越普遍，因此，目前在这两个行业之间并不存在一个特别明显的分界线。

学习单元2　常见的汽车美容作业及操作工序

学习目标

熟悉汽车美容的常见项目
熟悉汽车美容的常见工序

知识要求

汽车美容主要能起到保护汽车、装饰汽车和美化环境3个作用。为了使从业人员能对这个行业有一个大致的了解，下面就简要介绍一下目前较为常见的汽车美容作业和操作工序。

一、常见的汽车美容作业项目

1. 车身清洗

车身清洗是采用专用设备和清洗剂,对汽车车身及其附属部件进行清洁处理,及时清除汽车表面的尘土、沥青、油污、焦油、酸雨痕迹等污染物,以保持车表清洁,防止涂面及车身其他部件受到腐蚀和损害,使之保持或再现原有车貌的最基本美容工序。

车身清洗从作业内容上来划分,有新车开蜡清洗、车身除蜡清洗、车身静电去除清洗、车身交通膜去除清洗、车身增艳清洗等。

车身清洗从使用介质上来划分,有用水洗车和无水洗车。用水洗车方式从用水量上划分,有水冲淋洗车和微水洗车,常见的微水洗车又有蒸汽洗车、汽水混合洗车等。而无水洗车则是以化学药物替代清水来对汽车进行清洁。

车身清洗从使用工具上来划分,有手工洗车、小型清洗机洗车、半自动洗车设备洗车和大型电脑自动清洗设备洗车等。近年来又出现了汽车精洗的新兴项目,融合了优质服务、环保材料和先进设备,成为受高端车主欢迎的高品质高利润项目。

2. 新车开蜡

新车,特别是原装进口的高档车,在出厂时车身外表涂了一层蜡。因为进口车需要通过远洋船海运进行托运,为了防止海水侵蚀,隔绝空气和紫外线,车身必须涂上一层封蜡。所以在新车进行涂面护理前首先要将这一层蜡膜去掉,这一工艺被称为新车开蜡。

3. 车身上蜡或封釉

车身表面的涂料一般分为3层:涂面、色漆、罩光漆。汽车涂面光泽主要来自于罩光漆(俗称光油),也就是直接接触空气的面漆。为使新车面漆免受外部环境的有害影响,需要增加一个与外界环境进行隔绝的保护层,使其不至直接受到紫外线、空气污染和酸雨的侵蚀,这就需要对涂面进行必要的处理,否则时间一长,涂面就会受到一定程度的损伤。对汽车涂面的护理一般采用的是上蜡或封釉。其作用就是在涂面外表再形成一层蜡(釉或膜)层,这样,即使当蜡(釉或膜)膜受到污染后,还可以重新进行上蜡或封釉处理,而不会伤及原车涂面。车蜡(釉或膜)作为汽车涂面保护剂,不但能给车身以光彩亮丽的视觉效果,还具有防紫外线、防酸雨、抗高温及防静电功能,能最大限度地保护车身涂面不受或少受损害。至于选择何种保护剂,则可根据汽车的不同档次以及车主自身的爱好而定。

4. 涂面处理

由于汽车平时停放或行驶在露天的环境中,经常遭受风吹、雨淋、日晒、紫外线照射、酸雨腐蚀和空气中强氧化物的侵蚀,涂面会逐渐变色和粗糙,以致失去原有的光泽。

再加上行驶过程中因不留意而被剐擦造成创伤的情况也时有发生，导致涂面出现深浅不同的划痕或破损。这些涂面瑕疵如不进行及时处理，不但会影响汽车的美观，还会使涂面更容易受到腐蚀，并降低汽车的使用寿命。在这种情况下，就需要使用专用设备和用品对汽车的涂面进行必要的处理。

涂面处理的主要项目有：太阳纹处理、腮纹处理、氧化退色处理、飞漆处理、涂面垂流处理、涂面橘皮现象处理、涂面深浅划痕处理、局部刮伤处理、露底漆快速修复处理、全车涂面还原处理、全车涂面超亮处理、涂面封釉处理、涂面镀膜处理和整车喷涂等。

5. 底盘封塑

目前，我国的道路状况还不尽如人意，污染情况时有发生，由外部环境对汽车底盘造成的损害也比较严重。除了平时路面碎石、积水对汽车底盘所造成的损害外，中国北方有些城市在大雪过后，为消除积雪所使用的融雪剂对金属也具有较强的腐蚀性。这些都对汽车底盘造成了一定的危害，而在车辆底盘上进行保护层喷涂处理则可在一定程度上起到保护底盘免受侵蚀的作用。这一工艺又被称为"底盘装甲"。

6. 贴膜

夏天紫外线辐射强烈，气候炎热，目前市场上的优质防爆膜运用先进磁控溅射技术制造，汽车玻璃贴上此类防爆膜后可有效降低车内温度，减少因空调长时间工作而产生的油耗，同时还可防止车内各种设备在强光的照射下产生老化变质的现象，更可降低在玻璃爆裂时对乘员所造成的危害。

7. 内室美容

汽车内室的饰件大多由塑料、橡胶、皮革、纤维等材料制成。这些饰件在汽车的使用过程中由于受到风吹、日晒、污染和腐蚀会产生一系列的变化，如塑料件会因氧化龟裂而失去光泽，皮革件会出现老化、磨损、退色，纤维制品会受到尘埃脏物的污染或因氧化退色而影响汽车的舒适性和美观，并缩短其使用寿命。因此，在一般情况下每隔一段时间都需对汽车内饰进行清洁护理，并在除尘、清洁的同时，对内饰施以特殊的工艺，进行必要的上光保护、翻新修补、杀菌及空气净化，使汽车真正成为车主温馨、恬静、舒适的第二个居所。

汽车内室美容的主要内容有：顶篷除污、地毯清洁养护、脚垫清洗、丝绒及真皮座椅清洁养护、仪表台清洁养护、方向盘清洁养护、音响区清洁养护、空调风口除臭、车门内饰吸尘清洁保护、蒸汽（化学）杀菌消毒、全车内室异味消除、全车电路系统清洁防潮养护、行李箱清洁养护等。

近年来，汽车内室甲醛超标已日益受到关注。甲醛是一种无色、有强烈刺激性气味的气体，可经呼吸道吸收，易溶于水、醇和醚。甲醛是一种重要的有机原料，主要用于人工合成黏结剂，有加强板材硬度、防腐、防虫功能。用甲醛配制的脲醛树脂胶黏结剂有很强的黏合性且价格低廉，被广泛用于生产装饰、装修材料和纺织品。这些材料在使用的过程中会逐渐释放出游离甲醛，通过人体呼吸道及皮肤接触引发呼吸道炎症和皮肤炎症，还会对眼睛产生刺激。甲醛能引发过敏，还可能诱发癌症。

车内环境的污染一直都是困扰着汽车族的难题：紧闭车窗难以忍受车内空气污染，而敞开车窗又得饱受尾气危害。2012年正式实施的，国家环保部与国家质检总局联合发布《乘用车内空气质量评价指南》填补了这方面的空白。该指南对苯、甲醛等8种常见的车内挥发性有机物浓度设定了限值。这一文件的发布，标志着我国治理车内污染进入了一个实质性的阶段。

车内的甲醛主要由装饰材料、油漆、胶水、黏合剂中缓慢释放。甲醛的释放周期比较长，一般为3~15年。因此，短时间的通风透气并不能有效去除甲醛。尤其是在汽车内，由于环境密闭、空间狭小，通过累积效应，更容易增加甲醛浓度，加剧甲醛污染。因此，在平时汽车使用过程中，也应注意经常通风，同时应避免暴晒，因为高温会导致甲醛等其他车内污染物的大量挥发。为此，已有越来越多的甲醛去除技术问世，但其有效性还有待于有关部门的测试及车主的体验。在车内放置炭包和开窗可以一定程度上降低车内的甲醛浓度。平时还应注意：

(1) 在停车较长时间后，不要马上开空调，开窗行驶5 min左右后再关窗开空调。

(2) 冬天不要长时间开热空调。

8. 发动机美容

尘土、油污及各种酸碱物质特别容易附着在发动机机体等部件上，这些物质会与金属产生氧化反应而腐蚀机件。同时，长期的高温和氧化作用还易使发动机的橡胶、塑料制品因老化而失去弹性，进而产生龟裂，严重时还会导致发动机故障。现在车辆发动机舱还安装了控制电脑板，清洗不当会引起重大故障。专业的发动机美容就是采用环保美容清洁用品和专业工具对发动机进行清洗，以有效延长其使用寿命的一种操作工艺。

发动机美容的主要内容有：发动机冲洗清洁、发动机免拆除炭清洗等。

9. 轮胎表面翻新

轮胎表面翻新，就是在对汽车轮胎进行清洗后，再使用特制的轮胎增黑剂喷施于轮胎的表面，使药剂迅速渗透到橡胶内部，从而起到分解有害物质、延缓轮胎老化并使其增黑增亮的作用。

10. 其他美容护理

除上述内容外，还有使用专用的护理品，对通常采用镀铬处理的部件如轮辋、轮辋罩、保险杠、装饰条等处进行翻新作业，使其再现原有光泽；使用专用的玻璃清洁剂，对全车的车窗、车灯、倒车镜等玻璃制品进行清洁养护。

二、常见的汽车美容作业操作工序

1. 全车外部泥沙、污物冲洗。
2. 全车外部油污、静电去除。
3. 新车开蜡，深度清洗。
4. 涂面焦油、沥青、鸟粪等杂物处理。
5. 玻璃抛光增亮翻新。
6. 玻璃清洁、防雾处理、加装防冻清洁剂。
7. 发动机表面清洁、翻新、系统护理。
8. 车体局部除锈、防锈、防腐处理。
9. 底盘清洁护理。
10. 涂面橘皮等特殊现象的处理。
11. 涂面一度抛光翻新，去除深度氧化层，轻划痕处理。
12. 涂面二度抛光翻新，去除太阳纹，斑点处理。
13. 涂面增艳养护处理。
14. 涂面超级上釉、镀膜护理。
15. 保险杠装饰清洁翻新。
16. 车裙、挡泥板去杂质清洁护理。
17. 全车灯光及左右倒车镜清洁抛光翻新。
18. 轮辋飞漆、焦油、氧化层的去除及增光翻新处理。
19. 轮胎清洁增黑、上光护理。
20. 涂面深度划痕、局部创伤快速修复。
21. 车内室全面除尘处理。
22. 车内室顶篷除污翻新。
23. 转向盘、仪表台清洁上光护理。
24. 置物区、烟缸、音响区清洁。
25. 空调出风口清洁处理。
26. 全车电路系统清洁防潮、防老化护理。
27. 车门内侧清洁翻新、上光护理。
28. 真皮清洁、上光护理。
29. 车内丝绒表面的清洁、柔顺护理。

30. 行李箱除污清洁护理。

31. 车内室去异味、杀菌处理。

32. 全车镀铬件表面去除氧化层、抛光翻新。

33. 全车检查。

学习单元 3 汽车美容常用术语与用品

学习目标

掌握汽车美容常用术语

掌握常用汽车美容用品的性能

知识要求

一、汽车美容常用术语

1. 不脱蜡洗车

通过专用的洗车液，对汽车进行清洗，以清除汽车涂面的尘土、污渍等，但不会去掉原有涂面上的车蜡，这是最普通的日常洗车。

2. 脱蜡洗车

使用能去除涂面原有车蜡的洗车液进行汽车清洗。现代车蜡的主要原材料是树脂，脱蜡液主要是去除这层树脂。市场上有些低档车蜡油性极大，往往需要使用除油功能很强的洗车液进行脱蜡。经过脱蜡清洗的汽车在出门前必须重新进行打蜡，否则会加速涂面的老化。

3. 精洗

使用专用工具及中性的环保材料，以低压水对车辆进行清洗，对涂面几乎没有伤害，但成本较高。

4. 研磨

研磨属于汽车修复护理的范畴，它主要用来去除氧化层、发丝划痕、微划痕等不同程度的涂面损伤。

5. 抛光

因研磨剂本身会在涂面留下划痕（相当于 P800～P2000 砂纸划过的痕迹），因此涂面研磨后必须进行抛光处理。

6. 洗车蜡

洗车液中含有水蜡成分，在洗车的同时也对汽车涂面进行了上光处理，但光泽保持时间较短。

7. 研磨剂

为含有各种摩擦材料的乳剂，用以去除汽车涂面的损伤。摩擦材料一般有浮岩、陶土和化学物品等。

8. 深切研磨剂

深切研磨剂是切割（摩擦）能力最强的研磨剂。

9. 中切研磨剂

中切研磨剂是较柔和的研磨剂，切割（摩擦）能力适中。

10. 微切研磨剂

微切研磨剂是柔和的研磨剂，研磨时对涂面损伤最轻。

11. 抛光剂

用以去除研磨时留下的划痕，平时也常作为打蜡前的去污剂使用。

12. 上光蜡

不含任何研磨材料成分的高分子聚合物车蜡。

13. 抛光蜡

含极柔和研磨材料成分的车蜡。

14. 镜面釉

镜面釉是内含高分子釉剂的抛光剂，常用于涂面的二次抛光，以去除抛光作业时产生的光环、划痕，并在涂面形成釉质镜面保护膜。

15. 镀膜

镀膜是一种含钛元素和玻璃素的聚合物，在涂面形成更持久的保护层。

16. 表面涂层保护剂

含有高分子聚合物的清洗剂或上光剂，在清洗或上光的同时能对制品起到防老化、防腐蚀等保护作用，具有很强的拨水性。

17. 溶剂

溶剂是表面清洗剂的主体，它能溶解表面活性剂等添加剂，共同对污垢起化学反应，以起到清洗除渍的作用。溶剂主要有水基溶剂和油基溶剂两种，水是水基溶剂的主要成分，汽油、煤油、松节油等是油基溶剂的主要成分。

18. 透明漆

用于在色彩漆上进行覆盖的一层清漆。

19. **普通漆**

普通漆是色彩漆上没有覆盖任何透明涂层的油漆。

20. **零售产品**

指专为直接用户设计的产品，性能一般较柔和，通用性较强，且包装较小。

21. **专业产品**

指专为汽车美容护理从业人员设计的产品，其专业性较强。

22. **工业产品**

指专为电脑洗车、高压水洗车、电脑美容等设备而设计的产品。

23. **太阳纹**

太阳纹是汽车涂面在汽车高速行驶时受到风沙的不断摩擦，长期积累下来的纹痕。

24. **交通膜**

交通膜是汽车涂面在使用过程中与空气摩擦后表面所形成的静电层，因为这一静电层还同时吸附了灰尘、有害气体等，从而使涂面产生氧化后形成薄膜。

二、常用的汽车美容用品

汽车工业融合了一个时期工业发展的最高水平。在汽车美容多年来的发展完善过程中，其清洁和护理用品已逐渐趋于成熟，并呈现多样化、系列化、百家争鸣的局面。汽车美容作业是一项庞大的系统工程，麻雀虽小，五脏俱全，一些优质汽车美容产品的作用及功效在近年来的国内外汽车美容实践中得到了很好的检验，并被广大业内人士所认同。常见汽车美容作业的用品有如下几大类。

1. **玻璃专业护理剂**

常用的玻璃专业护理剂有：用于去污渍、虫尸、树液、油污的清洁剂；在玻璃外部用于防雨水、霜、冰、雪的防雨剂；在玻璃内侧，用于防止起雾结霜的防雾剂，反射紫外线，防止其进入车厢内部造成构件退色或人体皮肤产生色斑的紫外线防护剂等。

2. **化纤、丝绒类专业护理剂**

常用的化纤、丝绒类专业护理剂有：化纤保护剂、化纤皮革清洁护理剂、绒毛深度清洁香波、绒毛清洁柔顺剂、丝绒清洁护理剂、地毯洗涤护理剂等。

3. **皮革类专业护理剂**

常用的皮革类专业护理剂有：水性真皮清洁柔顺剂、油性真皮上光护理剂等。

4. **塑料类专业护理剂**

常用的塑料类专业护理剂有：塑料护理上光剂、皮塑防护剂、清澈美容护理剂、硬质皮革清洗剂、塑件橡胶润光剂等。

5. 电镀件专业护理剂

常用的电镀件专业护理剂有：电镀件除锈保护剂、汽车镀铬抛光剂等。

6. 其他专业护理剂

常用的其他专业护理剂有：焦油沥青去除剂、昆虫焦油清除剂、车裙装潢泡沫清洗剂、异味清除剂、多功能防锈剂、万能除锈剂、轮胎光亮剂等。

第3节　接待礼仪

学习单元1　仪表仪态

学习目标

掌握汽车美容作业人员的服装穿着原则

掌握汽车美容作业时佩件与饰品的佩戴原则

掌握汽车美容作业人员的个人仪容卫生要求

掌握汽车美容作业人员的仪态要求

知识要求

仪表仪态是指人的外表部分，它包括容貌、姿态、服饰三个方面，仪表仪态是一个人精神面貌的外在体现，是人际交往中一个不可忽略的重要因素。顾客对企业的第一印象常常来源于企业员工的穿着打扮和行为举止。良好的仪容仪表既是自尊自爱的体现，又是对岗位工作高度的责任感与事业心的反映，更是对顾客的尊重。

因此，汽车美容装潢行业的从业人员（以下均简称从业人员）应从以下几方面对日常的仪容仪表进行规范：

一、服装穿着

衣着是体现人们审美情趣的一个重要方面，俗话说"三分模样，七分衣装""人靠衣装，佛靠金装"。心理学实验表明，人们对一个人的第一印象往往来源于他的衣着打扮和行为举止，且在7 s左右的时间里就会形成。所以，从业人员注意自己的服饰，不仅体现着个人的品位与形象，同时也关系着行业的整体形象。

由于汽车美容装潢的主要作业对象是汽车，同时在某种程度上又是在与顾客进行面对面的交流，这里既有技术操作的因素，也有服务工作的成分，再加上作业本身所具有的特点，因此，从业人员的着装应当体现如下几个原则：

1. 服装宜宽不宜紧

由于在进行车辆美容装潢作业时，从业人员要不断地变换各种姿势，因此服装应当选择宽松一点的样式，以免影响操作。

2. 服装不宜有硬质物件外露

一旦服装有硬质物件外露，容易对汽车表面的油漆或内部的其他饰件造成损伤。因此，从业人员的服装最好不要采用拉练或外露的纽扣，特别是金属纽扣的样式。较为理想的应当是采用带门襟的塑料纽扣的样式，秋冬季服装的袖口如需上紧，则不宜使用纽扣，最好用按扣，并且将按扣做得略靠里一点，以免硬物直接与汽车接触。

3. 服装颜色应比较醒目

由于从业人员服务的对象是汽车，顾客前来接受服务时，需要驾车进来。如从业人员的服装较为醒目，可避免和车辆无意的碰擦事故。此外，如服装颜色过于灰暗，也不利于从业人员的自身形象。

4. 服装不宜采用纯化纤制品

化纤制品容易产生静电，尤其当冬天气候干燥时，更会在服装上吸附一些灰尘等有害物质。此外，静电还容易损坏一些高档汽车内部的某些电子元器件。

5. 制作服装的面料不应过于劣质

因为有的劣质面料容易退色，工作时，当衣服被汗水或洗车水打湿后，就容易污染汽车内饰。

6. 服装不能过于陈旧

有的从业人员喜欢穿一些很旧的服装上岗操作。殊不知，服装过于陈旧，表面的纤维容易脱落，而这些不断脱落的纤维会附着在汽车上，影响到服务质量。

7. 服装的样式应该合适

服装的口袋尽可能减少，特别是口袋最好不要做在正面。如需要留有口袋放置一些小记录本、圆珠笔之类的物品时，可将放笔的口袋安排在上衣左袖管上臂的外侧，将放本子的口袋安排在裤子背面臀部的上侧或裤管的右大腿的外侧。夏季服装一般为短袖短裤，但短裤的裤腿不能过短，一般以刚好在膝盖以上为宜，裤腿可略宽松一点。

8. 服装穿着应该规范

服装的口袋里尽量不要放置太多的东西，使口袋显得鼓鼓囊囊的，一方面难看，另一方面口袋里的东西一多也容易碰擦汽车。在冷热交替季节里，服装穿着不宜把握，但不能因为怕热而将裤腿卷起，以免使顾客看了不舒服。

二、佩件与饰品

佩件与饰品一般指的是戒指、手表、项链、手（脚）镯（链）等。在服务行业还常常有用以显示身份的工号牌以及其他进行各种促销活动时所佩戴的标志物。为了避免造成对汽车的损伤，从业人员在上岗工作时，除工号牌外，一律不能佩戴其他佩件与饰品。对于每位员工必须要佩戴的工号牌也不宜采用别针或金属夹固定在前胸的样式，最好能将其佩戴在左上臂。

三、仪容卫生

从业人员在进行汽车清洗作业时，难免会将脏水溅到身上和四周环境，给保持个人及环境的卫生带来一定的困难。但良好的仪容卫生既是表示对顾客的尊重，又能体现从业人员的自尊自爱。它不仅会产生积极的宣传效果，同时还可能弥补由于条件限制，缺乏某些服务配套设施而产生的不足。因此，从业人员应当做到如下几点：

1. 头发经常梳洗

头发要经常梳洗，发型要朴实大方。男性不留小胡子、大鬓角；不留长发，要做到"侧发不掩耳、后发不及领"。女性以短发为宜。

2. 指甲经常修剪

指甲要经常修剪，不得留长指甲。指甲过长不仅会给作业带来不便，而且还有可能对汽车的某些部位造成伤害。

3. 注意个人卫生

由于汽车美容装潢作业工作量较大，容易出汗，故从业人员应当勤洗澡，勤换衣，还要忌吃葱、蒜、韭菜等带有异味的食物。否则有可能在汽车内饰清洁后，在车内留下异味，给顾客造成不快。出于同样原因，从业人员最好不要抽烟，如有抽烟习惯且确实很难戒除的，也应当以少抽为宜，并且在工作时间不能抽烟。

四、仪态

仪态是指人在行为中的姿态和风度。从业人员的仪态，既包括平时迎客、候客时的仪态，也包括在汽车美容装潢操作时的各种姿态。

1. 站姿

站姿一般是在工作场所等候顾客时的常用体姿。对站姿的要求是：站要端正、自然、亲切、稳重，也就是人们常说的"站如松"，即站得要像松树一样挺拔。正确的站姿要领应该是：上身正直，头正目平，面带微笑，微收下颌，挺胸收腹，腰直肩平，双肩向后向下,不要含肩;两臂自然下垂,两腿相靠站直,脚掌分开呈V字形,肌肉略有收缩感,站立时,脚千万不要抖动;双手既可自然下垂于身体两侧,手指稍有弯曲,呈半握拳状,也可轻握放在后腰处或相交放在小腹部,但切忌双手叉腰或将手抱在胸前,这样会给顾客造成傲慢和懒散的印象。

2. **坐姿**

一般情况下,从业人员在工作岗位上不宜采取坐姿,遇特殊情况确需坐下时,应注意对坐姿的要求是"坐如钟",即坐要像钟那样端正。其基本要领是:上身正直,腰背稍靠椅背,两腿自然弯曲,两脚平落地面。但在采取坐姿时,切忌如下几种坐姿:二郎腿坐姿、两腿交叉前伸坐姿、分腿坐姿、O形坐姿。

3. **步姿**

从业人员在工作时难免要来回走动,但许多人都不太注意自己的步姿。有的走路一步三摇,有的走路时摇头晃脑,让人看起来很不舒服。正确的步姿要求是"行如风",即走起路来要像风一样轻快,其基本要领是:上身正直不动,两肩相平不摇,两臂摆动自然,两腿直而不僵,步度适中均匀,步位相平直前。行走姿势正确的人,脚印应是正对前方的,如果走起路来两脚尖向内或向外歪斜,就是俗称的"内八字"或"外八字"脚,这是从业人员应尽力避免的。

此外,还要注意步位和步度,步位是指两脚下落到地面的位置。行走时,两脚要踩两条平行线,两脚轮换前进。男子行走要用大腿发力,不能甩着小腿,踩的平行线要略宽一点。而女子因臀部肌肉比较丰满,行走时,踩的平行线尽可能窄一点。这样,从背后看去可显得姿态优美。步度是指跨步时两脚之间的距离,一般步度的大小因各人腿的长度而异,总的原则应以步态轻松为宜。

4. **手势**

恰当地运用手势,可以增强与顾客之间感情的表达。但我们与顾客交谈时,手势不宜过多,动作不宜过大,更不要手舞足蹈。在引路、指示方向时,切忌用手指或者是手中的物件进行指点。为顾客带路时的正确姿势应该是:面带微笑,身体微倾,同时使用手势和敬语,走在顾客左前方,与顾客保持0.8~1.2 m的距离,并按顾客的步幅节奏行走,要注意不能走得太快,以免使顾客感到匆忙。在为顾客指示方向时,须四指并拢,手心向上,同时用亲切的语调不时向顾客进行提示。当送别顾客时,应走在顾客后面,其余要求同引路礼仪。

5. **表情**

表情是人的思想感情的外露。人的感情是复杂的,在人际交往中,喜、怒、哀、乐等表情最为常见。作为从业人员,尽管也经常会受到各种情绪的干扰,但在为顾客服务时,应注意始终要面带轻松友善的微笑，真诚地为他们服务。

学习单元2　礼貌礼节

学习目标

掌握待客的言谈举止要求

掌握礼仪的次序礼节

掌握汽车美容作业的服务规范

知识要求

礼貌是人与人之间在接触交往中，相互表示敬重和友好的行为准则，它既体现了时代的风格与道德品质，又体现了人们的文化层次和文明程度。而礼节则是人们在日常生活中，特别是在人际交往场合中，相互问候、致意、祝愿、慰问以及给予必要的协助与照料的惯用形式，礼节是礼貌的具体外在表现。

在社会活动中，人们往往把讲究礼貌礼节作为衡量一个国家和民族文明程度的重要标志；对个人而言，礼貌礼节是衡量其道德水准和教养程度的重要尺度。汽车美容装潢是一个窗口行业，因此，讲究文明礼貌更有其特殊的意义。

一、思想态度

人与人互相观察和了解，一般都是从礼貌礼节开始的。德国著名哲学家弗兰西斯·培根说："行为举止是心灵的外衣。"我国古语也有"诚于中而形于外"之说，即只有思想"诚"，才能表现在行动中，自觉地讲究礼貌礼节。从业人员在为顾客进行汽车美容装潢服务时，必须注意以下几个方面：

1. 不卑不亢，自尊自爱

从业人员在接待顾客时，要特别注意把握分寸。既要克服汽车美容装潢工作低人一等的自卑观念，又要避免简单粗鲁的工作作风。

2. 一视同仁，真诚关心

汽车美容装潢服务的对象来自于各个阶层，但不管是对豪华车的车主还是出租车驾驶员，不管是外宾还是国人都应满腔热忱地进行接待和服务，绝不能有任何看客施礼的意识，更不能有以衣帽取人的错误态度。从业人员应本着"来者都是客"的真诚态度，以优质服务取得顾客的信任。

3. 得理让人，和气生财

在汽车美容装潢服务工作中，顾客有时会提出一些无理甚至是失礼的要求，或对从业人员无端进行指责。此时，从业人员应耐心地加以解释，决不能穷追不放，把顾客逼至窘境，否则会使对方产生逆反心理，不但不会承认自己有错，反而会产生对抗情绪，致使矛盾升级，最终影响业务。得理也得让人，就是要学会宽容别人，给顾客留一个下台阶的机会。当然宽容绝不是纵容，也不是无原则的姑息迁就，对于那些有恶意行为和有意寻衅滋事者，从业人员则应根据事实真相，进行有理、有利、有节的说理。

二、言谈举止

语言是社会交际的工具，也是人们表达意愿及思想情感的媒介。俗话说"良言一句三冬暖，恶语伤人六月寒"。这句话形象地概括了礼貌用语的作用。汽车美容尽管是针对车辆而言，但总的服务过程还是从问候接待车主开始，到告辞送别车主结束。因此，与顾客打交道时还是离不开语言。下面就简单地介绍一下从业人员应当掌握的敬语和雅语的使用技巧。

1. 敬语

在为顾客服务时，一定要使用敬语。所谓敬语，就是表示尊敬和礼貌的词语，它的最大特点是彬彬有礼，热情庄重。如应说"请问"而不能说"喂"，应说"我还能为您做什么？"而不能说"你还有什么事？"等。

2. 雅语

此外，在服务中还应当尽量使用雅语。所谓雅语是指一些比较文雅的词语，它一般和俗语相对。与顾客交谈时宜用"哪一位"来代替"谁"，用"洗手间"来代替"厕所"等。

3. 礼貌用语

在服务业，还有最为流行的礼貌语言"五声十个字"一说，即"您好""请""谢谢""对不起""再见"。总之，"礼多人不怪"。如从业人员掌握一些简单的敬语和雅语，对提高服务质量一定会起到积极的作用。

4. 举止

服务中，当顾客问话时，从业人员应热情地给予答复，千万不能因为忙于手头的工作而冷落了顾客。因为，顾客与从业人员谈话，一般有两个原因：一是确有问题提出，需要从业人员能予以解答；二是顾客对从业人员比较认可，主动交谈几句以示亲热。此时，最好能一面工作，一面回答顾客的提问，同时，还应不时抬起头来与顾客进行目光交流，这样更容易取得顾客的认可，时间一长，就会慢慢使其成为忠诚顾客。

当与顾客面对面进行交谈时，目光应经常注视他们的眼鼻三角区（即由两只眼睛到鼻尖组成的一个小三角形），这样既使顾客不感到唐突，又不至于冷落了他们。

三、次序礼节

掌握一些常用的次序礼节对汽车美容装潢从业人员来说也是提高服务质量必不可少的技能。

1. 座位的次序礼节

如在室内就座，以前我国一般是以坐南朝北者为尊，在现代都市建筑的内部，对方位的概念不一定十分明确。故现在较为通用的做法是：面对房门者为尊。而在同一排座位上，一般以坐在左边者为尊（国外礼节正好相反，是以右为尊）。

2. 行走时的次序礼节

如二人并排行走，则走在左边者为尊；如三人并行，则居中者为尊；如三人前后行，则走在最前面者为尊。从业人员在迎接顾客时，一般应走在顾客前面引路。当送别顾客时，则应走在其后面，右手四指并拢，手心向上，遇到障碍或拐角时，还要不时向顾客进行提示。

3. 上小轿车时的次序礼节

当顾客上车时，应当请顾客中的尊者先从右门上车，坐右位，然后请位低者绕车后从左门上，坐左位。一般后排三个座位的次序为（以A为尊B次之）："C｜B｜A"或"B｜C｜A"（法式）。

四、服务规范

当顾客的汽车到达后，从业人员应快步上前，以规范的手势引导车辆到合适的地方停妥。然后用右手拉开车门的同时，用左手挡住车门框的上沿，以免顾客碰头。但当遇有佛教界的人士坐车时则不能挡，他们认为，用手一挡，"佛光"就被遮住了，是不尊重人的行为。当车门打开时，应面带微笑，热情地招呼："您好！欢迎光临。"同时躬身15°致礼。对一些经常前来的顾客，最好能称呼他们的姓或职务。如"李先生""张总""王处"等。

汽车美容装潢是一个新兴的行业，目前还未能建立起一套完整的服务规范，但一些较为成熟的窗口行业的服务规范都是可以用来借鉴的，如宾馆业、娱乐业、民航业等都建立了较为完整的规范。本书将通过每一章节中的操作实务，结合不同的工艺流程，较为详细地介绍汽车美容装潢服务过程中一系列的服务规范。

第4节 回答咨询

学习单元1 咨询中的倾听

学习目标

了解倾听在服务中的重要性
了解常见的倾听障碍
掌握倾听中的反馈技巧

知识要求

一、倾听的重要性

汽车美容装潢，表面上看来是在为汽车服务，但实质上服务对象是车的主人。因此，与顾客的沟通应是从业人员的重要基本功之一。一般人在与顾客进行沟通时，往往比较注重于说话能力的培养，而往往容易忽视另一重要技能，即倾听。事实上，在每天与顾客的沟通过程中，倾听占有重要的地位，人们平时用于倾听的时间要远远超出其他任何沟通方式。美国学者在调查统计后发现，人们每天在与其他人的沟通过程中，平均用于书写的时间占9%，用于阅读的时间占16%，用于交谈的时间占35%，用于听的时间要占到40%。正因为每天用于听的时间如此之长，以致人们往往容易忽略了其重要性，认为这不过是自然而然，不费吹灰之力的事。但事情并非如此简单，平时由于误解了别人的话，而导致双方误会的例子举不胜举。因此，倾听也是从业人员的必备素质之一。学业者认为，倾听与听的区别在于：""听""是人体感觉器官对声音的生理反应，是指耳朵听到别人说话。倾听虽然以听到声音为前提，但更重要的是对声音必须有所反应。倾听必须是人主动参与的过程，在这个过程中，人必须思考、接收、理解，并做出必要的反馈。同时，倾听的对象不仅仅局限于声音，还应包含更为广泛的内容。

伏尔泰说过："耳朵是通向心灵的道路。"米内尔也说："会倾听的人到处都受欢迎。"被誉为"经营之神"的松下幸之助将自己的全部经营秘诀归结为一句话："首先要学会倾听他人的意见。"这些都说明了倾听的重要性。因此，在倾听时，不仅要接受、理解别人所说的话，同时也要接受、理解别人的手势、体态和面部表情，在倾听过程中得到的不仅是信息，还包含着讲话人的情感。

因此，可以把倾听定义为：通过视觉、听觉媒介接收、吸收和理解对方的思想、信息和情感的过程。通过听觉，人们不仅听到对方所讲的话语，而且还应听到不同的重音、声调、音量、停顿等。这些也是倾听过程中不可忽略的因素。另外，当谈话双方可相互看见时，视觉接收到的信息也属于倾听内容。事实上，人们所说的话往往会因采取的谈话方式而赋予特殊的意义，仅凭所听到词语往往很难断定讲话人的真实思想。例如，当一位顾客说"你看着办好了"时，如果他面带信任而亲切的眼神，那他一定会非常乐意接受从业人员的建议去做，反之，如果他横眉冷目、面带愠色，那么最好还是小心一点。

二、常见的倾听障碍

尽管有时人们用于沟通的时间很多，但效果却并不理想，这是由沟通的构成要素决定的。沟通是由信息源、编码、发送、通道、环境、译码、接受者7个主要因素构成的。在整个沟通过程中会有无数复杂的因素影响着沟通的效果。很多人都做过团队传话的游戏：十来个人排成一列，第一个人将纸条上的话通过耳语传给第二人，第二人将其听到的句子再通过耳语传给第三人，如此重复，直至最后一人将他所听到的话写出来，此人所写的句子与开头纸条上的意思往往会有天壤之别。总的说来，沟通的障碍来自于环境、信息发送者和信息接收者三方，而倾听的障碍则主要存在于环境和倾听者本身。因此，认识到可能出现的阻碍，并有效地预防和克服，将会大大提高倾听的效果和信息的价值。

1. 环境障碍

环境主要从两方面施加对倾听效果的影响：首先是干扰信息的传递过程，消减和歪曲信号；其次是影响沟通者的心境。作为从业人员，只有将门店环境布置得比较整洁、温馨时，才能最大限度地克服与顾客沟通过程中的环境障碍。总的说来，容易造成沟通中环境障碍的有如下几个原因：

（1）封闭性。环境的封闭性是指谈话场所的空间大小、光照强度（暗光容易给人以更强的封闭感）、有无噪声等干扰因素。同样一次沟通，在嘈杂的空气压缩机旁或几辆正在清洗的车辆之间所造成的沟通损失，就远比一间环境布置得当且温馨的顾客休息室里要大得多。

（2）氛围。环境的氛围是环境的主观性特征，它影响着人们的心理接受定势。一次单独交谈中真心诚意的建议，就远比一群从业人员围着车主七嘴八舌地劝说会更有利于获得顾客的理解。

（3）对应关系。说话者与倾听者在人数上的对比、各人在沟通中对自己所担任角色的心理定位等因素均会影响人们的沟通。究竟是抱着真诚地为顾客着想的态度，还是一心想从顾客身上谋取更大利润的企图，这两种不同目的的沟通，给别人的感觉是截然不同的。因此，从业人员应时刻牢记自己作为服务提供者的角色，才能较好地与顾客进行沟通。

2. 倾听者障碍

倾听者本人在整个交流过程中具有举足轻重的作用。倾听者理解信息的能力和态度都将直接影响倾听的效果。所以在尽可能创造适宜的沟通环境之后，从业人员应当以最好的态度和心理状态来面对顾客。一般来说，来自倾听者本身的障碍主要可归纳为以下几个方面：

（1）用心不专。有时由于顾客较多、工作繁忙或因为脑中正好在考虑一些重要事情，从业人员往往容易忽视顾客说的话，造成沟通障碍。

（2）急于发言。人们都有更喜欢自己对别人说话的倾向。说话在商场上往往被视作为主动的行为，而倾听则被认为是被动的。一位心理学家曾说过："我们都倾向于把他人的讲话视作为打乱我们思维的烦人的东西。"在这种思维习惯下，人们容易在他人还未说完的时候，就迫不及待地打断对方。有时，从业人员感到根据车辆的情况，有必要为顾客提供某一项服务。此时，从业人员可能会置顾客的诉说于不顾，而一心想说出自己的想法。尽管出发点非常好，但此时留给顾客的印象恰恰会适得其反。

（3）排斥异议。有些人喜欢听和自己意见一致的人讲话，偏心于和自己观点相同的人。这种拒绝倾听不同意见的人，注意力就不可能集中在讲逆耳之言的人身上，也不可能和任何人都交谈得愉快。在接待顾客的过程中，一些顾客可能会讲一些所谓的"外行"的话，许多从业人员就马上会非常反感，并一心想用自己的观点去驳斥别人，此时就会听不到对方接着再讲些什么，以至于影响了双方的进一步沟通，严重的还会导致从此失去一位顾客。

（4）心理定势。人类的许多活动都是由积累的经验和以前作用于大脑的环境所决定的，人类从经历中早已建立了牢固的条件联系和基本的联想。有时，人们会凭自己的主观印象或道听途说来评价某一个人和某一件事，在与当事者交流时就会抱有一定的心理定势，此时在理解其语义的时候就会形成一定的偏见，很难以冷静客观的态度来接收说话者的信息，这也会大大影响倾听的效果。因此，从业人员必须要克服对顾客的心理定势，不要贸然认定某位顾客大方、某位顾客吝啬，以免影响与他们的正常沟通。

（5）厌倦。由于人们思考的速度比说话的速度快得多，前者至少是后者的 3～5 倍（据统计，人们每分钟只能说出 125 个词，但却能理解 400～600 个词），因此很容易在听话时感到厌倦，往往会"寻找"一些事情来做，以占据大脑空闲的空间，特别当工作繁忙时更是如此。这是一种不良的习惯，而正是这种习惯导致了当顾客满怀希望地前来进行有关汽车保养方面的咨询时，一些从业人员或显得很不耐烦或是两手不停地忙着自己的活，连头都不抬一下，以致失去了一次很好的与顾客沟通的机会，同时也失去了顾客的信任。

(6) 消极的身体语言。一些从业人员习惯于在听别人说话时或东张西望、或双手交叉抱在胸前，或将脚跷起搁在工具箱或汽车轮胎上，有的甚至用手下意识地不停地重复着某一个动作。此时，不管本意如何，这些消极的身体语言都会大大妨碍与他人沟通的质量。

三、倾听中的反馈

在沟通中，每个人都在希望别人给予反馈，也都在对别人作出反馈。但其实很多反馈都是无效的，对达到目的没有任何帮助，这是因为还没有掌握"反馈"的要点。有活力的双向反馈具有3个特征：语义明确、心灵相通和探究咨询。

1. 语义明确

语义明确的反馈应当是较为详细的，明确的反馈可以是肯定的，也可以是否定的，但都能使评价更具建设性。例如，顾客说："这辆车不用打蜡了，反正我要出国一个月，由于车辆停放在室外，还要在车上要罩一个车衣。"此时，如果从业人员说："你这种说法是错误的。"就会被顾客认为是说他本人是错误的，就会引起其反感。如果换成："这种人们经常采用的做法其实对涂面的危害很大。"这样一说，一方面将顾客的这种错误认识转移到人们日常车辆保养中的一个共同误区；另一方面将争论的焦点集中到了车辆上，正是由于这两个转移，在无形中将顾客转移到了这一矛盾之外。此时，大多数顾客就会由衷地求教："为什么给室外停放的车辆罩上车衣会损坏涂面？"如果抓住这个机会向顾客讲明道理，那么除了顾客会接受从业人员的观点和相应服务外，更重要的是将会赢得顾客的信任。

2. 心灵相通

心灵相通指交流双方采取支持的、坦诚的态度来交换意见，它体现出在沟通的反馈过程中人性化的一面，有利于建立起理解和信任的关系。从业人员在与顾客沟通时，应提倡换位思考，站在顾客的立场上考虑问题。商场经常喊出"顾客是上帝"的口号。但上帝离现实生活实在太远了，对于上帝是很难进行换位思考的。而如果将顾客当做朋友，就很容易进行换位思考了。如果从业人员能设身处地地考虑一下当自己拥有这辆车时会怎样想，就可根据其需求来提供服务，使其真正成为忠诚的顾客。而不是根据商家利益的需要（谋求利润最大化），来向其提供服务，以致最终会失去了这位顾客。

3. 探究咨询

探询就是探求对方的观点和看法。通过探究和咨询，可以了解到别人是否理解和赞同所谈的问题，如果不赞同，他们的看法又是如何。如有时谈话气氛不太融洽，一些人就会对他人的行为、语调或话语产生防卫性反应。解决方法之一就是采用开放性、友好的问句来代替"为什么"型的问题。简单地问一问"为什么"容易被看成是带有威胁性的。可以换种形式的话说，就可以避免造成紧张的防卫气氛，不要说"为什么你对我们干的活不满意"这样的话来责备对方，而可以说："请您将我们做得使您不满意的地方再告诉我们一下好吗？"

学习单元2　咨询的语言技巧

学习目标

掌握汽车美容咨询的提问艺术

掌握汽车美容咨询的劝导艺术

知识要求

一、咨询的提问艺术

提问有多种目的。提问可以用来暗示观点，可以用来引导对方思考，也可以用来获取信息，还可以借以建立感情，表达自己的诚意。而咨询中的提问则更需具有一定的艺术性。

1. 注意对方特点

应根据对方的年龄、民族、身份、文化、素养、性格等特点进行提问。当顾客的性格率直热诚时，也应以坦诚的态度来进行提问，否则对方会认为提问者不坦率，甚至很狡猾；相反有的顾客生性多疑，此时提问者最好也不要表现得过分热情，所提的问题也不能太直白，否则会引起反感。而顾客的性格、特点往往可以从其所拥有的汽车，特别是汽车内室中得到充分反映：如内室是井井有条的，则说明车主喜欢一丝不苟；如内室是琳琅满目的，则说明车主个性活跃；如内室杂乱无章，则说明车主较为粗心；如内室布置精致，则说明车主感情细腻等。

2. 把握适当的提问时机

咨询中的提问，受着谈话进程、谈话情绪的制约，不是想问就问，而应根据问题的性质和双方当时的情绪选择良好的提问时机。如从业人员意欲纠正顾客某一错误观念时，最好能当其情绪高涨时再婉转地提示。

3. 用范围较窄的问题促成一致

提问所涉及的范围越窄，给人回答的余地也越小，如果希望用问题引导对方接受自己的意见，最好用范围较窄的问题来进行提问。例如问顾客："您这辆车的座套有些脏了，要不要帮您洗一下"效果肯定比问"您还要我们提供什么服务吗"要好得多。

4. 用范围较宽的问题获取信息

如果谈话的目的是想获取顾客的相关信息，开放式问题会给予对方以充分发挥的余地，也更有利于获取尽可能多的信息。"您对我们门店的服务有什么建议"就比"您认为我们封釉的质量如何"更有助于获取信息。

二、咨询的劝导艺术

由于顾客对现代汽车美容装潢专业的认识有一定的局限性，对这一行业的服务也往往容易产生一些认识误区。因此，从业人员就需适时对顾客的认识误区进行必要的纠正。另外，从业人员有时还要就汽车美容护理方面的知识向顾客提供一些相关的咨询。这就涉及一般咨询服务中的劝导艺术。但对本行业的从业人员来说，只需简单掌握如下一些基本知识就可以了。

1. 简洁准确

无论是口头陈述还是回答对方询问，从业人员在提及自己的建议时都应做到简洁而准确，不要拖泥带水，也不要拐弯抹角。例如：直接告诉顾客"你以前所上的劣质车蜡已对涂面造成了损伤"，效果远比拐弯抹角地说一通大道理要好得多。

2. 充分假设

充分假设是指在进行劝导时提出某种假设情况，试探性地了解对方的真实想法，以便达到使对方进一步接受自己建议的目的。例如可以说："如果您这辆车换上了桃木饰件一定会显得更加高雅。"

学习单元3 咨询接待操作实务

学习目标

掌握咨询接待的操作程序
能够熟练按照程序进行咨询接待

知识要求

接待工作是一个企业（门店）与外界交往中极为重要的环节之一，也是企业（门店）形象的外在表现。一家专业的汽车美容店，其接待人员的业务素质、服务态度、服务质量都将直接影响门店的经济效益和企业形象。由于从业人员的生活环境与文化背景均各不相同，其生活习惯和交往方式更是大相径庭。因此，从业人员直接面对顾客时，必须有一套共同的与顾客需求相适应的操作程序，这一程序就是日常所说的服务标准。

汽车美容装潢业的服务标准语有："您好""欢迎您光临××车辆美容公司""请您多提宝贵意见""您请坐""请您交费""谢谢""您慢走""欢迎再来"等。

在洗车场接待桌旁，要常年准备着意见表和笔，请顾客随时将建议和意见写到表上，然后及时置入意见箱，有关质保（或管理）人员要经常收集意见并做到每周反馈。

技能要求

咨询接待

从业人员上岗时必须佩戴胸卡，整齐穿着工装，精神状态要饱满，要站如松、行如风，不得出现懒散、松垮的动作，更不得敷衍了事。

汽车进入洗车场后首先应由接待员进行接待，接待员接待用语为："欢迎您来××公司洗车。"接待员在接待时应首先围绕车辆一周检查全车涂面是否有划痕，特别当发现新划痕时，一定要及时告知顾客，以取得沟通。检查出涂面需特殊处理的部位时也应告知顾客，并做好记录。顾客如愿意做特殊处理，即可通知下道工序做好相应的准备。接待员还须负责洗车场的车辆导入、导出（要求指挥手势规范）、洗车车号、收费额统计的台账完整准确，接待室的环境布置、污水循环处理回用设备的加药和清洗机的维护等工作。

在整个接待工作程序中，要做到有条不紊，形成完整的工作程序，要抓住接待、检查、登记、记录这几个工作中心开展工作，其他辅助工作要利用交叉时间有序安排，使整个工作井井有条。

操作步骤

步骤1　迎领

（1）用规范化的手势科学合理地指挥车辆进入工位。

（2）使用标准的接待用语热情接待驾驶员及其车上乘客，并安排他们下车休息。

步骤2　检查

按照"车顶→前风挡→发动机罩→左翼子板→中网及车灯→前保险杠→右翼子板→右前轮→右前门→右后门→右后轮→右后部→后风挡→行李箱盖→后边（保险杠、牌照及车灯）→左后部→左后门→左后轮→左前门→左前轮"的程序对车辆进行全面检查。

步骤3　填单

（1）询问顾客此次前来的服务要求，并向顾客提示汽车受到损伤的部分，以避免产生不必要的纠纷，并仔细回答顾客的咨询。

（2）详细填写《派工单》，安排员工作业，服务项目填写清楚、明确，尽量避免顾客与技师等操作人员发生误会。

(3) 站在顾客立场上，适时地劝说顾客增加作业项目及购买系列产品。

步骤4　操作

(1) 安排、管理、督促属下操作工配合自己工作，做到协调有序。

(2) 在具体操作过程中，特别要注意按照整个操作标准去检查车辆的清洁美容程度，达不到标准的立即进行补漏操作，一定要使车辆所有服务项目均达标后方能出场。

步骤5　结算

(1) 按标准收费并进行恰当的折扣优惠。

(2) 车辆美容完成后，检查护理效果，并应尽可能满足顾客需求，务必使每一辆车的车主均满意而去。

步骤6　送客

(1) 提醒顾客在操作人员放置于车门旁的干净旧毛巾上踩擦一下鞋底。

(2) 右手拉开车门，左手扶住车门上沿，使用标准的接待用语热情地请驾驶员及乘客上车，待顾客坐稳后，再关上车门。

(3) 使用规范化手势合理指挥车辆离开。

步骤7　建档

(1) 建立《客户登记表》并存档。

(2) 及时研究客户资料，加强同客户之间的联系。

注意事项

1. **顾客的消费能力**

如顾客经济情况不太宽裕，或本身无进一步消费的欲望，除了非常必要的情况外，不应再劝说他们增加其他额外的服务。

2. **消费的决定权**

当驾驶员不是该辆汽车的拥有者时，更不应一味向其进行过分的推销，特别当该车的主人也在现场时，更应注意，以免引起不必要的尴尬。

3. **顾客的真实需要**

在劝说顾客增加服务项目时，还应注意其实际的需要。如顾客的汽车本身车况就很差，涂面到处破损，已到了非全车重漆不可的程度了，而从业人员却还在劝说顾客进行全车抛光打蜡，此时的劝说肯定不会取得预期的成效。

4. **避免发生争执**

在与顾客接触的过程中，除规范使用礼貌用语外，在任何情况下都不得与顾客大声争执。

第5节　车容保养咨询

学习单元1　新车保养

学习目标

掌握新车保养方面的知识

知识要求

有许多车辆虽然车龄很长，但仅从车身外表观察，几乎看不出是一辆旧车。这里最主要的原因就是平时注重对车身涂面的保养。汽车面漆最重要的功能是保护车身，避免锈蚀，没有了保护，也就没有了美观，所以汽车的美最终应该服从于保护车身的目的。汽车涂面就如同人的容颜，保养不得法，很快就会变得憔悴。而正确的车容保养应该从新车买回后就在日常生活中从一点一滴做起。

一、新车不要随便打蜡

有人购回新车后，会认为新车涂面不需要护理，这是不正确的。因新车下线后，许多汽车生产厂商均会在车身覆盖一层保护蜡，以保护新车涂面在运输过程中免受伤害。所以在一般情况下，过早打蜡反而会把新车表面的保护蜡除掉，造成不必要的浪费。一般新车购回4~5个月内不必急于打蜡，等使用了一段时间，确需打蜡时，再进行开蜡和打蜡。但对于一般的进口车而言，从工厂到用户手中需要经过很长的一段运输路程，为避免途中汽车涂面受到损伤，在出厂前要涂一层油脂的海运蜡，这种蜡较容易沾染灰尘，对于这一类汽车在使用后最好能及时开蜡。

二、要掌握好打蜡频率

由于车辆行驶的环境、停放场所不同，打蜡的时间间隔也应有所不同。一般有室内车库停放、多在良好道路上行驶的车辆，只需3~4个月打一次蜡即可。而对于露天停放的车辆，由于要经受风吹雨淋，故最好2~3个月打一次蜡。封釉则比车蜡更长效，一般可维持三个月以上。当然，这也并非是一成不变的规定，一般当用手背触摸车身感觉不光滑时，就应进行打蜡或封釉。

三、擦车最好是带水操作

在擦车时,最好要带水操作,先用水冲洗掉涂面上的污渍,不要直接用干布、干毛巾、干海绵、墩布等擦车。平时少用毛掸,千万不能用棉丝擦车,因为棉丝中有可能夹杂铁屑之类东西。每次洗车之后,应该用麂皮或干净毛巾轻轻拭净,不可过于用力。新车完全没有必要在涂面美容方面做过于复杂的追求,任何情况下不能偏离涂面护理的根本目的。

四、合理选用车蜡

新车涂面的保护是一项很重要的工作。平时,汽车尾气中的炭黑、空气中的杂物、酸雨等看不见的隐患,每时每刻都在氧化涂面,而对车辆涂面进行保护最为常见的方式就是打蜡。因此,车蜡的选取对新车的保护就显得非常重要,由于目前市场上的车蜡种类繁多,非专业人员一般很难把握,故最简单易行的办法就是请教专业人员或到正规商店购买名牌产品。

五、不要过分地擦拭汽车

研究观察发现,使用了半年到两年之间的轿车,面漆损伤的部位和损伤的程度有着极大的相似性,损伤程度最大的部位是发动机罩板,其次是车顶,第三是行李箱盖,第四是车门。此时,在阳光下或在较强的灯光下,可以看到以反光圆点为中心,出现向外扩展的无数细微划痕,并且开始产生轻微的失光现象。汽车的涂层由4~5层不同的物质组成,其中面漆的厚度只有20 μm,相当于一张复印纸的厚度,正是有了这薄薄的一层面漆,才使汽车外观变得流光溢彩,而面漆一旦受损,将会使汽车失去原有的光彩。有的车主,出于爱车的心理,一空下来就去擦车,久而久之,导致涂面被过早磨损(特别是发动机罩、行李箱盖这两个特别容易擦拭的部位)。为此,有一些好走极端的人甚至认为:不经常清洗的汽车涂面状况反而良好。这是因为有表面灰尘,使涂面受到保护。当然一辆涂面漂亮但是浑身脏兮兮的汽车令人看了也实在不雅。但这至少说明了这样一个问题,那就是对汽车的擦拭保养有一个限度问题,过于频繁地擦拭汽车反而会对涂面造成损害。

六、注意车厢内部的污染

车厢内部是车主在驾驶汽车时使用最多的地方,因而车内空气质量也成了一个不可忽视的问题。2003年中国装饰协会室内空气监测中心对200辆汽车进行的随机抽检后发现,有90%以上的汽车都存在车内空气甲醛或苯含量超标的问题,大部分车辆甲醛超标都在五六倍以上。其中新车内室的空气质量最差。许多人刚一坐进汽车，就会觉得车内有股怪味，要是车内开着空调门窗紧闭，时间久了甚至会使人感到头晕恶心。据了解，新车内室的空气污染主要来自于车内装饰材料中所含的有毒物质。如车顶上用于粘贴装饰布的黏胶就含有苯，车内的座椅、座套等各种材料也含有苯、甲醛、丙酮、二甲苯等有害物质。从业人员应提醒车主，新车内的有害气体一般要在6个月后才能基本散尽。因此，使用新车的前半年里应尽量少用空调，驾车时最好多开窗通风，以使有害气体自然散发，如果想快速、彻底地消除有害气体，也可采用空气负离子等专业技术来净化空气。许多人为了清除车内的异味，买来空气清新剂放在车内。其实，绝大多数空气清新剂只能遮盖刺鼻气息，而无法改变有毒气体浓度，更无法消除有害影响。

此外，由于平时受外界灰尘、泥沙、吸烟、乘客汗渍及空调循环等不良因素的影响，会使车厢内空气受到污染，使细菌滋生，甚至产生难闻的杂味，使丝绒发霉、真皮老化，这样的环境既影响车主身心健康又不利于驾驶心境。因此，最好每3个月左右就做一次全套室内专业护理，以保持车厢内的整洁。

学习单元2　汽车的季节性保养

学习目标

掌握汽车冬、夏两季保养的相关知识
掌握汽车雨季保养的相关知识

知识要求

一、夏季保养

夏季气温升高，汽车各部件工作的环境也更加恶劣，加之夏季又是一年当中雨水较多的季节，天气又变化无常，时而冷时而热，时而暴晒时而倾盆大雨，这对汽车的养护提出了更高的要求，轮胎、涂面、空调、车身等都是在高温季节需要重点保护的部件。

1. 夏季轮胎保养

（1）要防止轮胎爆裂。夏天气温高，轮胎橡胶易软化，严重时会出现爆胎现象。因此，在行车中要随时检查轮胎气压，发现轮胎过热、气压过高，应将车停在阴凉处降温，不可用冷水泼冲，也不要放气，否则会导致途中爆胎和轮胎过早损坏。

（2）要防止缺气行驶。进入夏季，车辆的爆胎事故骤然增多。一般人都以为爆胎是由于轮胎充气过足而引起的，但有时爆裂的轮胎内的气压并不高，轮胎在缺气行驶时也容易产生爆胎事故。因为轮胎爆裂的原因是多方面的，它是一种复杂的轮胎破坏现象。车辆缺气行驶时，随着胎压的下降，轮胎与地面的摩擦因数成倍增加，胎温剧烈升高，轮胎变软，强度急剧下降。这种情况下，如果车辆高速行驶，就可能导致爆胎。如果车辆低速行驶，也会伤胎，而且潜伏期长，隐蔽性大，更具有危害性，为以后高速行车时埋下了爆胎的隐患。

此外，现在车辆使用的基本都是子午线轮胎。生产厂家为了提高轮胎的强度，在其帘布层外围加有一层钢丝，这种结构的轮胎强度高，散热条件好，适应高速行驶。但它也有一个极大的弱点，就是最怕缺气行驶。当轮胎缺气行驶时，除了轮胎与地面摩擦生热外，胎体内的钢丝与轮胎之间也会摩擦生热，过热状态会加速钢丝与橡胶的老化、变形，甚至内部断裂以至断层，致使轮胎强度遭到破坏，种下爆胎的祸根。

（3）要及时除锈。夏季雨水较多，对轮辋等处的电镀部分要及时除锈、清洁。保险杠、轮胎等橡塑部分要做增黑上光、抗老化处理。有些人在车轮维修后为了防止车轮上螺栓、螺母生锈，安装时将螺栓、螺母都涂上润滑油，其实这种做法是非常错误的，它会给行车安全带来较大的隐患。因为当螺栓和螺母拧紧后，相互间就产生了自锁的功能。而涂上润滑油后，会使二者之间的摩擦因数变小、自锁性能下降。在汽车高速行驶时，螺栓螺母就容易松动乃至脱落，从而引发行车事故。

2. 夏季涂面保养

进入夏季后，由于高温及雨水的作用，对汽车涂面的损伤较大，因此比平时更应注意对涂面的保养。

（1）要防止车辆暴晒。涂面如同人身上的肌肤，只有保持光洁亮丽，才能体现出其高贵。看起来它似乎没有生命，但也怕晒，长期暴晒会使涂面变旧、起皱。一般洗车打蜡等美容护理，虽然有些作用，却不能从根本上防止。因为普通车蜡的成分中含有一定的硅，久经紫外线照射后会锈蚀涂面，留下点点黑斑。因此，夏季如有条件最好能将车辆停放到阳光不能直接照射到的地方，以减轻对涂面的损伤。

（2）要注意经常清洗。夏天，由于气温较高，汽车在马路上奔驰时柏油路面上的沥青容易融化并飞溅到汽车的涂面上，有些车辆停放在树荫下，鸟粪、树脂、昆虫的尸体等掉落在车身上会粘接在涂面上，这不仅影响美观，而且时间久了，有机物中的酸性物质或沥青干燥变质后都会对涂面造成损害，涂面也会因受到腐蚀而变色。遇到这种情况，要尽快对涂面做美容处理，用专用的清洁剂去除污物。不过在选择去除车身上的这些胶黏物质时，一定要选择质量较好的产品，目前市场上那些价低质差的产品，使用过后会对汽车表面的漆层产生很强的腐蚀性。因此，最好选用专门的焦油、沥青去除剂，由于这类产品具有温和的性质，并能快速有效地去除涂面上的焦油、沥青、树脂等胶黏物，使用时只需一

55

喷一擦，既安全又快捷。此外，夏天雨水较多，下雨时空气中的灰尘及有害物质会随着雨滴降落在车身上，雨滴中的酸性物质及灰尘颗粒对车漆腐蚀及损伤也非常厉害，此外，涂面上的雨滴所呈现的凸透镜效应，也会使涂面加速老化，故在夏季，车辆一定要勤洗。

（3）注意涂面护理。由于汽车涂面在夏天会受到强烈阳光的侵袭，还有风沙、酸碱雨水、有害气体的侵蚀，涂面会因缺少油分而干枯老化，变得暗淡甚至粗糙。对涂面进行封釉处理不失为一种较好的方法。封釉处理是通过振抛原理将镜面釉通过专用的振动机挤压进入涂面细微的纹理之中，再配合红外线灯的照射，使之形成如同网状的牢固保护层。其内部富含的 UV 紫外线剂，可以大大降低紫外线对涂面的损伤，并能防酸碱等化学成分的腐蚀。目前市场上有许多种釉产品，但其中有许多并不是真正的"釉"，它们只具有蜡的作用。因而，在选择釉时，一定选择那些真正的釉，封釉后能在涂面上形成一层透明的硬膜，使涂面硬度提高 5H（不封釉的涂面只有 1H 铅笔的硬度），使封釉后的涂面具有较强的抵抗外界风沙损伤等的性能，从而起到对涂面的保护作用。

此外，对涂面进行打蜡也是一种保护涂面的好方法。打蜡一方面能给涂面添加缺少的油分，快速提高涂面的光亮度；另一方面也能增强涂面抵抗外界风沙、紫外线、有害气体、酸碱雨水腐蚀的能力。

3. 夏季空调保养

（1）防止不清洁空气的进入。有时汽车行驶的路况较差，到处尘土飞扬，此时，应将空气入口置于内循环位置，以防车外灰尘进入。此外，春末夏初，北方地区干燥、风沙大，空气中的杂质很多，如柳絮、沙粒等。这些杂质会对空调部件的正常工作产生很大的影响，像堵塞冷凝器外表、进气滤清器（对于没有进气滤清器的车辆就会堵塞蒸发箱的外表）及冷凝水排放管。这几个部件在空调系统中是非常重要的。冷凝器是空调的散热器，如同家用空调的室外机一样，一旦被堵塞，空调的制冷效果就会下降，发动机的温度就会上升。进气滤清器或冷凝器堵塞，在很大程度上会影响空调的制冷能力。空气被冷却后，冷凝形成的水分聚集在一起，必须排出车外。这个排水口一般在车的下部，容易被车辆行驶时带起的泥沙堵塞，造成冷凝水排不出去，停留在驾驶室内，给车主带来额外的麻烦，甚至损坏机件。所以夏季到来之前，最好能将这些部位清洁干净，以保持空调运行的最佳状态。

（2）合理选择空调的风速挡位。汽车在正常运行中，为防蒸发器过度结霜，影响空调系统的运行，空调的送风速度及温度控制不应长时间置于最低。当车速低于 25 km/h 时，应将风速开关置于低速挡位，以避免发电量不足和冷气不足。

（3）发动机承载大负荷时，应暂时关闭空调。炎热季节发动机在大负荷下较长时间工作时，为防止发动机过热，应暂时关闭空调。否则，发动机一旦过热，既影响汽车行驶，也会影响空调的使用。

（4）空调效果较差时，应关掉空调及时检查。空调的降温效果差时，表明该系统工作不良，及时关闭空调可有效防止故障的扩大和恶化，对保护空调和延长其使用寿命十分重要。空调故障，一般应请专业人员进行维修。

（5）炎热夏季里，如把车停放在露天停车场一段时间后，当打开车门进入到车厢内，一定会感觉到车内的高温扑面而来，坐进车内就好像置身于烤箱内，摸摸座椅、转向盘、仪表台也热得发烫。此时许多人就会赶紧启动车辆，打开空调，希望能够立刻凉快下来。实际上此时不应马上启动车辆打开空调，而应该先打开两侧的车门，进行通风对流。然后再关闭车门启动车辆上路，同时摇下车窗，将风扇控制打开到最大位置，进行车内外空气的流通。待车内外空气充分流通后，再按下空调启动键，进行制冷。这样不但制冷效果好，更快一些，而且对发动机的保护也有利。

4. 夏季车身及其他部位保养

（1）防止渗漏。夏季暴雨较多，一些中低档车处于工况较差的部位往往容易产生渗漏。因此，要经常检查车窗、天窗等的密封状况。一旦发现渗水、漏水等情况，应及早修复。也可使用金属亮条将车门四周密封一下。这种密封条贴上后既可美化车身，又有助于保留车内的冷气。

（2）防止排水孔堵塞。车辆的前风挡处通常设有流水槽及排水孔，可以及时排掉雨水及洗车的积水，有些车的电器部件就安装在导水槽内，所以导水槽一旦堵塞，容易造成电器部件受潮损坏。因而应经常检查或疏通排水孔，以免排水不畅造成积水。水槽一旦积水过多水还会进入车内，并可能进一步危及车辆电脑，导致电控系统故障或损坏。同时，还应根据随车的手册经常清理车身上的排水孔。

（3）防雷击。雨天停车时，一定要将天线收起，同时车辆也不要停在大树底下，以防止被雷击。

（4）保持润滑。要定期给车门、车前盖和后备箱的铰链涂上润滑油，以保持其工作顺畅。

（5）清洗发动机外部。夏天气温本身就很高，汽车发动机如果油污过厚就更会引起机器过热，从而引发各种故障，因而要经常用专门去除油污又不腐蚀机体部件的清洗剂，使用专用设备对发动机部件进行清洗，并喷上一层薄薄的上光剂以使发动机的运转始终保持最佳状态。

（6）车厢内部的清洁。夏天气温高，各种细菌容易滋生繁殖。故应对汽车内部的顶篷、门柱、地毯等部位经常进行清洁杀菌处理；对仪表台、转向盘、挡位部分进行清洁上光处理；对风道口、行李箱等处进行杀菌、除异味处理。

(7) 贴上防爆膜。优质的防爆膜隔热性能非常良好,可以有效阻隔一部分热辐射,减少热量进入到车内。有些地方规定,为了保证行车安全在贴膜时均不贴前风挡。但是前风挡玻璃的面积较大,阳光也特别容易从前风挡进入车内。目前解决这个问题比较简单易行的办法就是在前风挡摆放一块遮阳板。这种前风挡遮阳板呈银色,是折叠式的,携带非常方便,不用时可折叠起来。用的时候像屏风一样打开并放置在车内的前风挡前。有了这块遮阳板,可以将大量的太阳光反射回去,能有效抵御阳光的热辐射。

再有一个较好的降温方法就是采用玻璃太阳挡。其实玻璃太阳挡早已经被一些出租车驾驶员选用。因为有关部门规定营运出租车禁止贴防爆膜,所以为了给乘客营造凉爽的空间,出租车驾驶员就选用了太阳挡。这种太阳挡带有吸盘,可以很容易地吸在玻璃上,一般吸在侧窗玻璃上,以抵挡阳光的进入。而且现在一些新的太阳挡上印有非常好看的卡通图案,还能起到一定的装饰车辆的效果。另外有一些车主在车内安装了车内窗帘,也不失为一种防晒、隔热的好方法。

(8) 选配合适的座套。夏天可给汽车的座椅换上冷色调的纯棉座套,再配上用竹或麻等材料制作的凉垫,则坐在座椅上会更加舒畅。但最好不要使用玉石类的凉垫,因为这种材料在冷的时候冰凉,热的时候火热,特别当汽车经过长时间停放暴晒后,极易烫伤人。

二、冬季保养

气温过低也容易对汽车各部件造成一定的伤害。故在入冬之前要注意做好汽车保养,特别注意加强对电瓶、发动机、四油二液(机油、刹车油、助力转向油、自动变速箱油、防冻液、玻璃防冻液)、轮胎、刹车、暖气、雨刷、车灯等部件的检查,因为这些部件是保证冬季行车安全的关键。

1. 冬季车身保养

下雪是冬季常见的自然现象。雪天会使汽车车身上堆积雪花,如不及时清扫,冻在车身上既影响美观,又影响卫生。因为雪和道路上的泥水里一般夹着盐分和多种碱性成分的物质,再加上融雪剂里还含有大量的盐和碱。这些成分溅到车身、底盘上,如果不及时清洁,会对涂面及汽车底盘造成严重腐蚀。在入冬前,最好能给车身上一层质量较高的保护层,如车蜡或镜面釉等,以抵御酸雨、雪、盐水的侵蚀。雪后及时洗车,能对汽车起到很好的保护作用。但洗车最好使用温水,不要用冷水直接冲洗。尤其是发动机升温后,车前部温度较高,用冷水清洗会造成急速降温,这样急冷急热对车表油漆非常不利,更不能用冷水直接冲洗发动机。

去除积雪前,可以先打开车内的暖风预热一下,让风向前吹,然后用橡胶板等柔软的器具把风挡玻璃和后视镜上的积雪慢慢刮掉。洗完车后,最好能用一小水桶清水,倒入少量的醋（食用醋或醋精），用毛巾蘸水擦洗车身。此时，醋会与覆盖在车身上的碱性及盐性成分发生中和反应，对涂面起到保护作用。清水蘸醋的方法洗车不仅对雪后有好处，对于雾后洗车、雨后洗车及海滩周围车辆的保养都有益无害。

此外，冬季对汽车进行冲洗以后应及时打开车门擦干水迹，防止门缝处残水结冰，冻住车门。

2. 冬季天窗保养

冬季行车时车内温度较高，致使天窗周围冰雪容易融化。尤其是隔夜停放后极易使天窗玻璃与密封胶框冻住，次日再次启动前如强行打开天窗将会使天窗电机及橡胶密封条损坏。所以冬天的早晨要等车内温度上升，并确认解冻后再打开天窗。洗车时，即使是使用热水清洗，如果水迹未能完全擦净，车辆在行驶过程中天窗边缘残留水分也会被冻住，所以洗车后应打开天窗擦干周围的水分。汽车天窗密封条表面经过喷涂或植绒处理，为避免被冻住，喷涂处胶条最好能用软布擦干，再涂上滑石粉。而经植绒处理的胶条表面有黑绒，只需擦干即可，切勿粘上油污。电动天窗设有滑轨，冬季时应经常清理滑轨四周，避免沙粒沉积，每次清理后如再能涂抹少许机油则效果更佳。

3. 冬季风挡保养

在冬季，使风挡玻璃保持清晰是安全行车的基本条件。平时，也可以在风挡玻璃内侧涂擦一些防雾剂，以防止玻璃起雾。如果有条件的话还可以换成防冻型的风挡玻璃，以免冬季结冰。在冬季0℃以下的环境中应更换抗冻的冬季玻璃水，或者在玻璃水中加入适当比例的酒精，以达到降低冰点、抗冻的目的。同时，还要重点检查有关加热装置，如风挡出风口、侧窗出风口、后窗电热器等，使其处于良好状态。对于玻璃上的结冰，可用柔软毛巾蘸温水擦洗，还可准备一个塑料刮片，将很难擦洗掉的冰轻轻刮掉。注意千万不能用热水冲洗玻璃，更不能用滚烫的沸水浇泼，否则容易引起玻璃炸裂。车窗被冻住时不要强行开关，电动车窗尤其要注意，待其自然融化后再行使用。

4. 冬季轮胎保养

冬季的低气温，对轮胎的伤害较大，如遇冰雪天气，路面湿滑，情况更难控制。因而，在冬季要经常检查汽车轮胎有无破裂、失衡或胎纹严重磨损的现象，如有裂痕，须及时修补或更换。有条件的，还可更换冬季防滑轮胎或准备好防滑链。

要经常检查轮胎的气压。冬季路面摩擦因数低，轮胎气压不可太高，但是也不可过低，外部气温低，若轮胎气压低，会加速轮胎老化。同时，由于车轮定位有一定的角度且道路有中间高两边低的特点，轮胎内外磨损大不相同，必要时还可以测量一下每个轮胎的胎纹凹槽，查看4个轮胎是否厚薄一致。

5. 冬季雨刮器保养

冬季应定期擦洗雨刮器，令其在雨雪天气时能够确保刮净玻璃。雨刮器在启动前要用手稍稍动一下，然后再使用，防止橡胶片与风挡玻璃冻结在一起。寒冷的冬天对由橡胶制成的雨刮器的危害也很大，因此入冬后应经常检查雨刮器，及时更换防冻玻璃水和所有已经老化的雨刮器胶皮，通常雨刮器胶皮需要每年更换一次。

6. 冬季汽车底盘保养

汽车底盘是一般人们最容易忽略也是最容易遭到腐蚀的部位，它同样会影响汽车的使用寿命。长年行驶的汽车，底盘上必然会附着一层厚厚的油污，局部还会生锈，严重影响散热，腐蚀车体。冬季除了气候寒冷的因素外，一些北方城市播撒的化雪剂中的一些化学药剂的某些成分对汽车底盘也会造成的一定的腐蚀。因此每年入冬前最好对底盘做一次封塑处理。做完封塑处理后的底盘不挂水，能有效杜绝雨雪的侵蚀。

7. 冬季其他部位保养

冬季气候寒冷，人的反应相对变慢，再加上昼短夜长，很容易引发交通事故。所以入冬前应对车灯作一次全面检查，检查所有照明及转向灯、紧急警报灯等汽车灯具是否能够正常工作。

8. 冬季防启动困难

汽车在冬季寒冷的早晨往往很难启动。启动困难的主要原因是发动机温度太低，所以平时只要注意对发动机进行保温，不让寒风直接吹进发动机舱内，就可以避免这一现象。最简单易行的方法就是在冬季停车时要注意车头的方向，最好让车头对着建筑物，利用建筑物来挡住寒风，防止引擎因被寒风吹袭而过冷。如有条件，在夜间停车时，可将车头对着朝阳方向，令清晨的阳光能尽早照射到车头上，以帮助引擎升温，这样汽车发动时就会容易得多了。在发动机冷却时，还应检查皮带是否有破损、残缺或因磨损表面发亮的情况，如果有上述情形，也应及时更换。

三、雨季保养

每年 5—6 月份是江南地区的雨季，在这一季节往往是连续数周阴雨绵绵，空气中的湿度特别大，很多东西都会因潮湿而发霉，此时又恰好是梅子成熟的季节，故又称梅雨季节。即使在其他地区，夏季也会遇到连降暴雨的天气而使空气中的湿度加大。由于潮气对汽车的破坏作用比有形的水滴还要大，因此，如何防止汽车受潮是车主在雨季必须加以注意的重要问题。一般情况下，雨季对汽车的保养应当做好如下几项工作。

1. 做好涂面保护

由于雨季空气中的湿度大，水分子中的氢与空气中因燃料燃烧而产生的硫结合后会形成酸根,而这些酸性成分对汽车的涂面有较强的腐蚀作用。为防止酸性的潮气对涂面造成的损害,最简单易行的办法就是给汽车打上一层蜡,要想取得更为长久的成效就是对汽车进行封釉或镀膜美容。这样,就能有效地防止涂面退色老化。

2. 做好天窗保养

使用天窗最大的顾虑就是漏水,天窗的正确使用和保养能有效避免漏水。进入雨季之前,天窗经历了整整一个冬天风沙的侵蚀,在框架、密封条的缝隙里会存有许多沙土,如果不及时清理,在雨季到来时,会降低天窗的密封性,从而引起漏水现象。此时,只需打开天窗,用软布和棕毛刷仔细清理一下框架里的沙土,就可以避免因被沙粒卡住而引起的漏水。

3. 防止车身底部锈蚀

雨天路湿,遇泥泞路面是常有的事。此时,车辆下侧的空隙处特别容易积存污泥,给湿气提供了得以藏匿的地方,这也往往是最容易导致生锈的地方。所以,当汽车在泥泞路面行驶以后,一定要及时进行清洗。在清洗时要仔细检查和洁净车门以及车身底部的排水孔,特别是要及时清洗车辆下侧的空隙处,以彻底消除潮气的藏匿之处。

雨季也是汽车最容易发生故障的时候,此时一定要注意车轮轴承的损坏和制动片与制动盘咬死的现象。因为车轮浸水后会使行驶时磨损的零部件生锈。虽然润滑脂会保护底盘上的零件,但如果底盘上的润滑脂刚好枯竭,或是因为浸水太多令润滑脂快速氧化,就会使底盘上的零件生锈。当下次行驶时,这些零件会因生锈的部分被磨损而加大零件间的间隙。因此最好雨天在将车辆停稳之前,先半踩刹车数分钟使刹车盘因摩擦生热而将水分挥发掉。另外,在雨季过后要立刻更新底盘各零部件上的润滑脂,以确保零件的使用寿命。

4. 油漆剥落要及时修复

在使用了一段时间后,由于种种原因,有些汽车的底部及其他一些区域的油漆和保护层会局部剥落,此时,如再将车辆开在雨水中,就很可能造成锈蚀。由于底盘是最贴近地面的部位,受到路况的影响特别显著,许多车辆在维修时托起来一看,底盘已经是锈渍斑斑,有的在油底壳处甚至已松动穿孔。因此,在平时最好能定期检查和修复车辆下侧的防锈涂层,特别在雨季来临前,对这些部位更要仔细检查。一旦发现车辆底部和外部的油漆有损坏,一定要及时进行修补。在修补前应用高压喷枪对车辆的底部做一次彻底的清洗。

5. 新车做防锈处理

新车在雨季投入使用前,最好能做一次底盘的防锈处理。所谓的防锈处理,就是在汽车底盘上喷涂一层 0.5 mm 左右的高分子橡胶聚合物,它具有不易干裂、脱落,能够防沙石撞击、耐酸雨、防腐蚀等优点。涂层在凝固后就会有如装甲一般,大大提高了汽车底盘的耐用性。

6. 晴天开车门晒太阳

雨季气候闷热，再加上空气潮湿，是各种病菌繁衍生长的黄金季节。因此要特别注意加强汽车内室的防菌工作，使汽车内室保持干爽卫生，特别是对汽车坐垫、出风口这些卫生死角更要做好清扫工作。要保持车内环境的干爽整洁，平时还应注意检查车内覆盖物的湿度。一旦遇到天气放晴，最好能将车辆停在太阳下接受日晒。打开车门及车窗，让室内空气对流，被晒热的车身很快就会排出内部淤积的水汽。此外，阳光中的紫外线还具有消毒杀菌的功能。

7. 经常进行车内消毒

雨季是传染病多发季节，车主们常常给车内喷消毒液进行杀菌消毒，但是这种方法有时会对汽车内饰等部件造成损坏，而且还会产生水汽，使车内本身已有的湿气又大大增加。为此，雨季最好能使用臭氧进行消毒。具体方法是采用臭氧发生器，将空气进行电解分离，产生的臭氧能在短时间内迅速破坏细菌、病毒和其他微生物的结构，从而起到杀菌消毒的目的。臭氧发生器除了能杀灭车内的多种病毒外，还可一并除去异味。

8. 行李箱内放除湿盒

汽车最容易蓄积水汽的就是行李箱部位，许多音响、灯光的线路也都安排在这里。防止水汽的方法就是放个小型的除湿盒，并且要安置稳当，以确保在行车时不会倾倒。此外，每隔一段时间还需开启后备箱检查一次。

9. CD驱动器安装在高处

在安装CD驱动器时为了避免潮湿，不要将其安装在底板和座位下面，最好能安装在车身的高处，但也不要安装在后风挡玻璃处，那儿的温度较高，容易导致电子元件和激光头加速老化。

10. CD唱片保持干燥

雨季空气湿度加大，在CD唱片表面经常会产生一层雾气，从而导致读盘困难。因此，如唱片表面蒙上水汽，最好能用干净软布轻轻擦拭，以保持表面的干燥。

11. 门窗密封要严

汽车音响多安装在仪表台的上部，如果门窗封条的密封不严，在潮湿的天气下，扬声器容易被锈蚀和损坏，甚至造成短路烧毁主机。因此，雨季到来前，应对汽车门窗的密封条进行一次全面检查，当密封条密封不严时应及时加以更换。

12. 避免在积水中行驶

雨天汽车应尽量避免在积水中行驶，以免污水溅入车辆发动机罩内的电器部分，使该部分因漏电而导致发动机熄火。如果车辆在积水中行驶，一旦产生发动机熄火情况时，切忌立即启动发动机，以免将水吸入发动机内而造成损坏。

13. 每隔一段时间运行空调

就雨季的气温而言，人们一般很少使用汽车空调，但建议最好能每隔2~3周使空调工作几分钟，以使该系统保持良好的工作状态，同时也便于驱除车厢内的潮气。

学习单元3　汽车保养中应注意的问题

学习目标

掌握汽车保养中应注意的问题

知识要求

现在私家车越来越多，大家都希望自己的爱车能开得长久些，并尽可能减少维修费用。要做到这一点，必须学会对汽车的科学养护方法。但是，由于认识上存在误区，人们在日常保养中常常会使用一些貌似正确的方法，使得本来的出发点是为了保养汽车，而实际上却弄巧成拙反而损坏了爱车。因此，作为从业人员也应当适当掌握这部分常识，以便于在合适的时机及时提醒车主以增加彼此感情。

一、不要用掸子拂拭车身

很多司机非常喜欢用掸子拂拭前后风挡玻璃和涂面的灰尘，这其实是一种很不好的习惯。因为一般掸子经过反复使用，里面往往会夹带了大量的沙尘（目前市场上出售的一种具有良好藏尘藏土性能的汽车专用掸子除外），车主每天使用同一把掸子拂拭汽车，就如同用砂纸不断在涂面上磨蹭，结果是等于亲手在涂面上制造出许多细微的划痕。

二、不要在室外停放的汽车上罩车衣

在室外停放的汽车上罩了车衣后，一旦遇上刮风下雨的天气，当风雨吹打在车衣外部时，车衣的内层也随之会反复抽打车体，由于车衣内层难免沾有一些灰尘或沙土，就会在车身上划出无数道细小的划痕，而且这些遍布全车的划痕，仅靠一般的清洗或打蜡都很难完全去除。

三、不要过分擦拭发动机罩

发动机罩是汽车最引人注目的部位之一，许多车主非常注意这一区域。在洗车、打蜡时，对这一部位也格外费神，有的驾驶员甚至在停车闲暇等待时也会随手抹上几下。此外，由于发动机罩板比车顶板和行李箱板位置低，刚好能让人使上全身力气，这就造成了

发动机罩板涂面过度的磨损。长此以往，即使是一辆成色很新的汽车，其发动机罩在阳光下也会呈现无数细微的划痕，并且伴有轻微失光的现象。

四、车门内部不能留有积水

汽车的轮弧内外缘、车门和行李箱的底部、边角等处都容易积水，时间一长，就会产生锈蚀。有时，如果遇到车门下缘的排水口堵塞或不很顺畅，下雨和洗车时渗入的水分就很容易长期积留在车门内部。一段时间以后，就会由内向外开始生锈，等到发现时，就很难处理了。因此，要注意经常去除车门内部的积水，以保持这些部位的干燥。

五、防止汽车静电

汽车静电不但会给驾驶员和乘员带来不便，而且还可能引发意外事故。因此，汽车静电的防止也是汽车保养中的一个重要问题。

1. 注意内饰纤维制品的配置

纤维织物的摩擦是汽车静电的主要来源之一，特别是化纤类产品，更易因摩擦而产生静电，因此在选择座套、坐垫及脚垫等用品时，推荐最好能使用真皮、毛料或纯棉制品，以减少静电的产生。

2. 选择防静电车蜡

车蜡具有一定的防静电作用，但不同种类的车蜡防静电能力也有所不同，有一种防静电的专用车蜡，对防止静电具有较为明显的效果。

3. 静电放电器的使用

静电放电器包括两种类型，一种是空气静电放电器，另一种是搭链式放电器，最好能将这两种放电器组合使用。实践表明，单一类型放电器的放电效果都无法与组合放电相媲美。

思 考 题

1. 简要描述轿车的壳体结构。
2. 常见的汽车美容作业有哪些？
3. 汽车美容的主要用品有哪些？
4. 简述从业人员的仪容仪表及接待礼仪要求。
5. 汽车美容从业人员应如何接待顾客？
6. 如何对汽车的外表进行保养？

第 2 章 车貌检查

第 1 节 汽车外部涂面的检查

学习单元 1 汽车涂料的一般知识

学习目标

了解汽车涂面颜色的知识
熟悉汽车涂料的作用
熟悉汽车涂料的组成
掌握汽车涂料的类型
掌握汽车常用涂料的性能

知识要求

一、合格汽车涂装的一般特点

汽车是现代化交通工具之一，其发动机罩、翼子板、车门、车顶及行李箱等车体主要部位所使用的材料基本都是金属。为了防止车体生锈并增加外壳的美观，所有车体的表面均喷涂一层涂料，在一般情况下，汽车表面约有 90% 以上是涂面。涂层质量（外观、光泽、颜色等）的优劣是人们对汽车质量的直观评价，因而它直接影响到汽车的市场竞争能力。此外，涂装也是提高汽车产品的耐腐蚀性和延长其使用寿命的主要措施之一。在汽车工业发达的国家中，汽车涂料的用量在涂料产量中占有很大比例，一般仅次于建筑用涂料，但在涂料的销售额中所占的比重最大。因此，各国涂料生产厂非常重视汽车用涂料的动向及开发，以适应汽车工业发展的需要，当前汽车用涂料的生产和技术开发已趋向集团化和国际化。在近 10 年里，汽车用涂料在其耐候性、耐石击性、外观装饰性、艺术观赏性等方面都取得了很大的进展。作为合格的汽车涂装一般应具有如下特点：

1. 汽车涂装属于高级保护性涂装，所以涂层必须具备优良的耐腐蚀性和耐沥青、油污、酸、碱、鸟粪等物质侵蚀的作用。此外，汽车属户外用品，一款在国际市场上具有竞争力的汽车应能适应世界各地的环境及气候条件。因此汽车涂层要能够适应寒冷地区、湿热地区、工业地区和沿海地区等各种气候条件。

2. 汽车涂装属于中高级装饰涂装，必须要有精心的涂装设计和具备良好的涂装环境，才能使涂装具有优良的装饰性。

3. 汽车涂装是最典型的工业涂装，除修补涂装外，在汽车生产流水线上，一般涂装一辆车的时间约为几十秒到几分钟。为此，必须选用高效快速的漆前处理方法、干燥方法、传送方式和工艺装备。

4. 汽车涂装一般均系多层涂装，靠单层涂装一般是无法达到上述保护性和装饰性要求的。例如，轿车车身涂层就是由底涂层、中间涂层、面漆层组成，涂层的厚度一般均被控制在 100 μm 左右。底涂层为面漆层提供了良好的黏合条件和基础。直接将面涂料涂在无底漆的表面上很容易剥落而且很粗糙，装饰效果也差。涂装的底涂层不可缺少的另一个原因是它具有良好的防锈作用，并且还能将金属或塑料表面的微小刮痕填充平整。而面漆层则是汽车的可见表面，要求外观平滑、有光泽而且坚韧耐久。

要掌握对汽车面漆层的操作护理技能，必须了解底涂层和面漆层所使用的各种涂料的性能和特点，才能在车辆护理中取得理想的效果。

二、汽车涂料的作用

汽车表面都需经过漆装喷涂而形成一层特殊的表面层，表面层虽然很薄，但它的作用却非常重要。其主要功能有：

1. 保护作用

通过各种不同的工艺将涂料牢固地附着在物体表面，形成一层覆盖层，把物体表面与空气、水分、日光及其他腐蚀物质（如酸、碱、盐、二氧化硫等）隔离，起到保护物面、防止腐蚀的作用，从而延长其使用寿命。

2. 装饰作用

五颜六色的涂料按照人们的喜好和与环境的协调涂装在物体表面，形成色彩鲜艳、光亮平滑的美丽外观，可给人们以赏心悦目的感觉。涂料对汽车内外环境的美化，给人们带来了舒适、流畅、淡雅、新颖的视觉感。

3. 标志作用

涂料具有色彩鲜明、保持性好、涂装方便等特点，是作为识别、指令、指示、警告等标志的重要材料。如执行紧急特殊任务的工程抢险、救护、消防、警车等都是用不同颜色显示出不同信号而向其他车辆发出警告,引起注意,以保证行驶安全,保障人民和国家财产安全。

4. 特殊作用

为满足各种特殊需要,专用涂料应运而生,起到了伪装、隔热、隔声、导电、防震、防燃烧、防毒气、耐低温、太阳能接收、红外线吸收等特殊作用。为各种特定环境条件下使用的产品提供了可靠的表面保护层,增强了产品的使用性能,扩大了使用范围。

三、汽车涂料的组成

汽车涂料一般由成膜物质(树脂)、颜料(包括体质颜料)、溶剂、添加剂 4 种基本成分组成。

1. 成膜物质

成膜物质是涂料的主体部分,其作用是使颜料保持明亮状态,使之坚固耐久并能黏附在物体表面,是决定涂料类型的物质。成膜物质具有一定的保护与装饰作用,如光泽、硬度、弹性、耐水、耐酸碱等。目前有来源于自然界的天然树脂(如松香、虫胶、生漆等)、用天然高分子化合物加工制得的人造树脂(如改性松香、纤维素衍生物、橡胶衍生物等)、化工原料合成的合成树脂(如丙烯酸树脂、醇酸树脂、聚氨酯树脂、环氧树脂等)。成膜物质通过化学、物理改性后,可以提高涂膜的耐久性、附着力、防蚀性、耐磨性和韧性等。

2. 颜料

颜料是涂料中的不挥发物质之一,它赋予面漆色彩和耐久性,起美观装饰作用,同时使涂料具有较高的遮盖力,提高强度和附着力,改善流动性和涂装性能,改变光泽等性能。颜料分着色颜料(包括有机颜料、无机颜料及金属颜料)、体质颜料(主要用于改进涂料性能并降低成本,大多为天然白色或无色物)、防锈颜料(如氧化铁红、铝粉、红丹、铬黄、磷酸锌等)。

3. 溶剂

溶剂是涂料中的挥发成分,它的主要功能是能够充分溶解涂料中的树脂,使涂料呈液态,便于在物面上的正常涂布。大多数溶剂是从原油中提炼出来的挥发性配料,具有良好的溶解能力。优质的溶剂能改善面漆的涂布性能和涂膜特性,并能增强其光泽,从而减少抛光工作量,同时也有助于更精确地配色。喷涂时,经常要加入稀释剂(稀料)以改善涂料的喷涂性能。常用的溶剂有烃类溶剂(如松香水、汽油、苯、二甲苯等)、萜烯类溶剂(如松节油等)、醇类溶剂(如乙醇、丁醇等)、酯类溶剂(如乙酸乙酯、丁酯等)、酮类溶剂(如丙酮、环己酮、甲乙酮等)、醇醚类溶剂(如乙二醇单乙醚、乙二醇单丁醚等)、氧化烃类溶剂和水。

4. 添加剂

由于近十多年来涂料工艺发生了巨大变化,添加剂的使用也越来越普遍。虽然添加剂在涂料中的比例不超过5%,但它们却起着各种重要的作用,有能加速干燥并增强光泽的加速剂、有减缓干燥速度的缓凝剂、还有能减弱光泽的消光剂,有些添加剂起的是综合作用,能减少起皱、加速干燥、防止发白、提高对化学物质的耐受能力等。

四、车身涂料的类型

汽车涂料在历史上经过了三个主要飞跃:20世纪20年代的醇酸(磁)漆;60年代的丙烯酸(磁)漆和80年代的透明漆(氨基甲酸酯)。可以说在20世纪,汽车涂料得到了飞速的发展。随着汽车涂装技术的不断发展,一些诸如阴极电泳漆、新型抗石击涂料、高光泽高硬度耐磨涂料、金属闪光面漆和珠光面漆等新型汽车涂料不断面世。

我国目前将汽车涂料统一分类为:油脂漆、天然树脂漆、酚醛树脂漆、沥青漆、醇酸树脂漆、氨基树脂漆、硝基漆、纤维素漆、过氯乙烯漆、乙烯树脂漆、丙烯酸漆、聚酯漆、环氧树脂漆、聚氨酯漆、元素有机漆、橡胶漆、其他漆17大类。

1. 按涂料的干燥形式划分

根据干燥形式,涂料又可分为:常温空气干燥型、溶剂挥发型、烘烤干燥型、双组分固化干燥型。

(1) 常温空气干燥型。这类涂料的干燥主要是在常温空气下,依靠自身的氧化和聚合反应而形成坚硬的涂膜。包括油脂漆、天然树脂漆、酚醛树脂漆、沥青漆、醇酸树脂漆。

(2) 溶剂挥发型。此类涂料主要是依靠溶剂的挥发而干燥成膜,而涂料自身不会发生化学变化。包括硝基漆、过氯乙烯漆、乙烯树脂漆、纤维素漆、丙烯酸漆。

硝基漆是以硝化棉为主要原料,加上合成树脂、增塑剂、溶剂与稀释剂调和而成的一种清漆,然后再添加颜料经研磨而成磁漆或底漆。由于硝基漆大量在汽车上使用,所以通常称为"汽车喷涂"。硝基漆的特点是:干燥速度快,机械强度好,涂膜坚硬,可打蜡抛光,涂膜光亮似镜,并具有较好的稳定性及耐水、耐油性。但在潮湿气候条件下施工,涂膜表面容易发白、失光。

过氯乙烯漆是以过氯乙烯树脂为主要成膜物质再加入其他树脂(如醇酸树脂等)、增塑剂、颜料、溶剂研磨而成,具有优异的耐化学腐蚀性,在工业上常作为三防涂料。另外它还可作为防火涂料,常在公交车上使用。

丙烯酸漆主要是由甲基丙烯酸与丙烯酸酯的共聚树脂为主要成膜物质而制成的涂料。

由于树脂聚合时选用单体不同，可分热塑性和热固性两大类。热塑性丙烯酸漆为挥发性漆，常温干燥，固体含量低，喷涂施工要消耗大量的溶剂，喷涂时易产生"拉丝"和"橘皮"现象。其特点是与纤维素漆和过氯乙烯漆都有较好的结合力，能解决两者之间附着力不牢的缺点。

（3）烘烤干燥型。这类涂料的干燥，是靠成膜物质在高温作用下起交联反应而固化成膜。包括氨基树脂漆、热固性丙烯酸漆、热固性环氧漆等。氨基树脂漆是由氨基树脂与多种树脂混溶（如醇酸树脂、环氧树脂、丙烯酸树脂等）成为成膜物质，经高温固化成膜。氨基树脂漆随氨基含量越高，其成膜光泽、硬度、耐水、耐油、耐化学品性能越高，但其成本也越高，而韧性及附着力也随之降低。故产品中大多采用中等含量，比例约为氨基树脂：醇酸树脂＝1：(2.5～5)。热固性丙烯酸漆具有热塑性丙烯酸漆的优点，在汽车工业上常替代氨基树脂漆。热固性环氧漆用环氧树脂加各种树脂（酚醛、氨基、醇酸）来固化，并在高温下进行烘烤固化成膜。

（4）双组分固化型。双组分固化涂料的干燥，是靠固化剂的活性基团引起成膜物质中分子交联而固化成膜。一般以常温干燥为主，也可低温（60～70℃）烘烤固化成膜。双组分涂料的干燥速度及涂膜性与环境温度和固化剂加入量有关，但固化剂加入量过多时，某些涂料的干燥速度反而会变慢，且涂膜脆性也会变大。因此在一般情况下建议还是按规定比例配比为好。双组分固化型涂料包括：环氧树脂漆、聚氨酯漆、元素有机硅漆和橡胶漆。聚氨酯漆是由多异氰酸与多羟基化合物反应而制得，它不烘烤也能达到烘烤漆的性能。涂膜干燥后，坚硬耐磨，耐化学腐蚀，可作为高温、高湿条件下的三防涂料，耐油、耐溶剂、稳定性突出，涂膜光亮丰满，常用做高级轿车的表面涂料。

聚酯漆是以聚酯树脂为主要基料的涂料，主要品种有不饱和聚酯漆和对苯二甲酸聚酯漆。聚酯漆是无溶剂漆，既可热固化，也可常温固化，色泽良好，涂膜硬度高，耐磨、保光、保色性均好，有一定的耐热性、耐候性及耐化学性。最大的特点是适合于配制聚酯腻子（俗称原子灰），由于无溶剂挥发，而且是催化固化，所以腻子一次可以涂刮较厚而不会产生外干里不干的现象，收缩性好，无凹塌现象，因此广受欢迎。

2. 按涂料的涂装工艺划分

按汽车涂装工艺来划分，目前的汽车涂装一般分为底漆、中间涂层和面漆三层。

（1）底漆。底漆是直接涂布在经过表面处理的车身表面的基础涂料。它的作用一是防止金属表面的氧化腐蚀，二是增强金属表面与腻子（或面漆）、腻子与面漆之间的附着力。由于涂膜的附着力和耐腐蚀性能主要依靠底漆层。因此，底漆首先要对经过表面处理的车身表面有良好的附着力，所形成的底漆涂膜应具有极好的机械强度（耐冲击强度、硬度、弹性等）。其次，底漆涂膜必须具有极好的耐腐蚀性、耐水性和抗化学药品腐蚀性。再次，底漆是工件表面与腻子（或面漆）、腻子与面漆之间的媒介层，为使两者牢固地结合，而不发生"咬底""揭皮"等现象，底漆必须有合理的配套作用。最后，有良好的施工性能，能适应先进的汽车涂装工艺。底漆的附着力和涂膜的强度除了与成膜物质有关，还与施工参数如涂层的厚度、均匀度、干燥程度，漏涂、稀释剂的正确使用，施工环境、表面清洁处理（如除锈、去油）等有关。

底漆用阴极电泳漆已在国内外被广泛使用，工艺也非常成熟，然而，由于其含有铅和锡等重金属成分而受到了环保方面的限制。因此，无铅、无锡阴极电泳是电泳漆发展过程中一项重大改进。目前，国内外许多公司均已使用了无铅、无锡电泳漆，试验表明，其性能与含铅电泳漆相比毫不逊色。

（2）中间涂层。中间涂层是介于底涂层与面漆层之间的涂层，所用的涂料称中涂。中涂的主要功用是提高被涂物表面的平整和光滑度，封闭底漆层的缺陷，提高面漆涂层的鲜映性和丰满度，提高装饰性，增加涂层厚度，提高耐水性。对于表面平整度好，装饰性要求不太高的载重车和轻型车，几乎不喷中涂，以降低涂装成本。对于装饰性要求高的中、高级轿车，均需采用中涂。

为满足汽车对中涂层的需求，中涂层应具有以下特性：

1）应与底、面漆配套良好，涂层间的结合力强，硬度配套适中，不被面漆的溶剂所咬起。

2）应具有填平性，能封闭底漆层上的小缺陷，消除被涂表面的划纹等微小缺陷，提高面漆层的丰满度。

3）打磨性能良好，在湿打磨后能得到平整光滑的表面。能高温烘干，干燥性好，打磨时不沾砂纸。为减少人工打磨费用，国外已采用不用打磨的中涂，靠其本身的展平性得到平整光滑的表面。

4）具有良好的抗石击性能。中涂层应具有足够的抗石击性以保证其在汽车行驶中遭受路面沙石的冲击时不产生脱落。中涂层涂料所选用的漆基与底漆和面漆所用漆基相仿，并逐步由底向面过渡，这样保证涂层间的结合力和配套性，主要采用环氧树脂、氨基醇酸树脂、聚氨酯树脂和聚酯。

5）耐潮性好，不引起涂层起泡。

中涂层的颜色过去以灰色为主，目前国内外趋向与面漆颜色配套，也采用多种颜色。中涂比面漆的颜料成分稍多一些，所以光泽比面漆低。

（3）面漆。汽车面漆分两类，即本色漆和金属闪光漆，大体上各占一半。近几年金属闪光漆系列发展迅速，珠光漆、梦幻涂料等层出不穷，颜色也向具有高透明感、深度感、高色彩方向发展。金属闪光漆目前在美国大多采用高固体分闪光漆，而日本采用最多的是中低固体分金属闪光漆。随着环保法规的日益严格，为了提高豪华轿车的涂膜外观质量，美国部分高级轿车近两年来采用水性金属闪光漆，可大大降低 VOC（有机挥发物）的排放。同时，水性金属闪光漆具有特殊的流动性，有利于铝粉定向，比溶剂型涂料具有更好的金属效应。所以水性金属闪光漆比水性中涂更早被日本汽车厂所接受，欧美也已广泛使用。金属闪光漆水性化是必然趋势，技术也已成熟，能很快推广应用。水性金属闪光漆代替溶剂型金属闪光漆，与所有水性涂料一样，必须有恒温恒湿条件，一般施工温度为 22~28℃，相对湿度为 60%~80%。水性金属闪光漆施工后，必须有一段闪光的过程，使水分挥发后才能喷涂双组分高固体丙烯酸涂料或粉末涂料。

五、常用汽车涂料的性能和用途

1. 汽车常用底漆的性能和用途

（1）适用于湿热带地区的保护性涂层及高级轿车装饰性涂层的底漆

1）H06-13 铁红、锌黄环氧酯烘干底漆。涂膜坚韧耐久，附着力好，与 X06-1 磷化底漆配套使用，加烘干可提高涂膜防潮、防盐雾及防锈性能。可在常温下干燥，也可在 80℃温度下烘干，以烘干方式为最好。用量为 60~70 g/m^2。

2）H06-5 铁红环氧酯电泳底漆。电泳底漆以水为溶剂，无毒，不易燃烧，附着力、耐水、防潮、防锈性能近似于环氧底漆。

（2）适用于有耐水性和防锈性能要求的中级轿车装饰性涂层底漆

1）F06-9 铁红、锌黄纯酚醛底漆。附着力、防锈性和耐水性良好，是仅次于环氧底漆的优良防锈漆。铁红色用于汽车钢铁表面，锌黄色用于汽车铝合金表面。使用时以二甲苯稀释到施工黏度，可喷涂或刷涂两道，每道厚度不超过 20 μm。可与醇酸磁漆、氨基烘漆、纯酚醛磁漆等面漆配套。

2）C06-10 醇酸二道底漆（又称醇酸二道浆）。多用其喷涂在有底漆和腻子的表面上，或喷涂在只有底漆的金属表面上，以填平微孔和纹道。喷涂后可常温干燥，若喷涂后放置 30 min，再在 100~110℃温度烘烤 60 min，可以提高涂膜性能。用二甲苯调稀，与醇酸底漆、醇酸磁漆、醇酸腻子、氨基烘漆等配套使用。常用喷涂法施工，涂膜细腻，容易打磨，打磨后平整光滑。用量为 120 g/m^2。

（3）防锈和快干性底漆

1）C06-17 铁红醇酸底漆（又称铁红快干醇酸底漆）。干燥快，附着力好，耐硝基漆性能良好，不互溶起皮。用二甲苯或二甲苯与松节油混合剂稀释，喷涂为主，也可刷涂。

2）131SR。是杜邦公司生产的一种丙烯酸底漆，颜色为灰色。具有干燥快速，容易使用，填充性好，容易研磨的优点。适合于小修小补和整片修补，也可用于整车重喷。其产品系列有：131SR 灰色底漆、3608S 稀释剂、AD345 稀释剂。使用时，可用 131SR：AD345（或 3608S）＝1：0.8（体积比），适用于适当处理后的钢板，或经适当研磨后的状况良好的原厂面漆或电泳底漆。

（4）适用于汽车底架和车身骨架内表面的保护性底漆

1）H06－10 环氧富锌底漆。涂膜坚韧耐久，附着力强，耐磨性好，具有良好的耐潮湿和耐腐蚀性能，还具有阴极保护作用。适用于汽车底盘各零部件及车身内夹层的涂装。施工时可用二甲苯调稀，将此漆充分搅拌均匀，以免锌粉沉底。在处理好的金属表面上涂刷两道，每道漆间隔 24～48 h，涂膜厚度为 20～30 μm。可与 H06－2 环氧底漆、J43－1 氯化橡胶漆、L40－3 沥青防污漆、H04－3 环氧沥青磁漆、H01－4 环氧沥青清漆配套使用。天气潮湿或雨天不宜施工。用量应不大于 250 g/m²。

2）44R 侵蚀填充自喷底漆。是杜邦公司开发的二合一涂料，适用于高档汽车的防锈处理和快速补修。

3）830 环氧无铬型重度防锈底漆。具有较好的隔离效果，可作为防锈底漆与防锈平整底漆使用。适用于钢板、铝材、不锈钢板的重度防锈、防腐蚀。

4）1020R 高厚膜双组分平整底漆。具有较高的附着力和填补功能，防锈性、抗化学性、隔离性佳，可喷涂任何面漆，适用于铁材、铝材、塑胶材料的补修与大修。

（5）汽车一般性防护底漆

1）T06－5 铁红脂胶底漆。涂膜附着力强，坚硬无光，容易打磨。一般性能都低于铁红醇酸底漆，仅适用于要求不高的钢铁及木质表面打底。由于价格低、货源广，仍为汽车修理部门采用。漆内含颜料及体质颜料较多，使用前应充分搅拌，以 200 号溶剂汽油或松节油稀释，喷涂、刷涂均可。这种漆较难彻底干透，应干燥一定时间后再涂面漆。若用硝基漆作面漆，需待底漆干透后才可涂面漆，否则底漆会被香蕉水溶融，皱缩脱壳。涂铁红脂胶底漆待常温干燥或在 120℃下烘干后，刮涂油性腻子并经 24 h 干燥后打磨平光，即可喷涂面漆。

2）F53－9 偏硼酸钡酚醛防锈漆。干燥快，防锈性和附着力良好，有一定的防霉性。但耐溶剂性及耐碱性较差，适用于钢铁件及化工防腐设备的打底防锈，可代替红丹酚醛防锈漆使用。用 200 号溶剂汽油或松节油调稀，喷涂、刷涂均可。与脂胶调合漆、酚醛磁漆、醇酸磁漆等面漆配套。若要求较低可用此底漆与脂胶调合漆各 1 道；要求一般可涂此底漆 1 道，酚醛磁漆两道；要求较高可涂这种底漆与醇酸磁漆各两道。若有条件，烘干的涂膜性能更好。用量不大于 80 g/m²。

（6）带锈涂料。带锈涂料只是预处理的手段之一，只能部分地代替底漆的作用，所以使用这种涂料后，仍然需要按产品要求涂装底漆和面漆。但在涂装前，必须待带锈涂料干透，否则，在余酸的作用下，底漆容易起泡、脱落。在配套底漆方面，使用油性底漆时要慎重，最好使用酚醛漆类或环氧漆类的底漆。汽车保修使用的带锈涂料有如下几种。

1）70型带锈涂料。属转化型带锈底漆。可用于80 μm 锈层以下的钢铁上，如锈太厚，则需要更多用料才能使锈完全转化。为了使涂膜干燥时间短，可选择晴天施工，或调节室内通风和温度，也可在未固化的涂膜上再涂一层带有羟基（—OH）的快干人造树脂清漆。在70型带锈底漆涂后10 min，即可轻而均匀地涂刷清漆，注意不可往复重刷。带锈底漆用量为150~200 g/m^2。配制工艺过程如下：

第一步，制转化液。将磷酸倒入耐酸容器中，逐渐将亚铁氰化钾（钠）粉末（最好先在100℃温度下烘干过筛）边加入边搅拌即成乳白色转化液，静置过滤后使用，使用时搅拌。

第二步，制炭黑油。将煤焦油倒入容器，逐渐将炭黑加入并搅拌（最好用搅拌机搅拌）。

第三步，制树脂液。将丁醇、二甲苯倒入耐酸容器内，再倒入6101号环氧树脂（先加热软化），缓慢搅拌即成，应避免激烈搅拌，以免溶剂挥发。

第四步，配制带锈涂料。将前面配制的炭黑油倒入树脂液中搅拌，再将转化液倒入并搅拌，放置24 h便可使用。在加料时温度上升，可用风扇吹或加入酒精来降温。单独使用转化液来使锈转化，同样有良好的效果。

2）"23—6"型带锈防锈剂。可直接刷涂在铁锈厚度为50~80 μm 的钢铁表面，使铁锈转化为稳定的络合物，可牢固地黏附在钢铁表面，形成保护性封闭层。且防腐蚀性能比涂同样层次的防锈漆更好，具有抗露天暴晒，耐海水腐蚀的作用。结膜牢固、附着力好、能与一般涂料配套使用。用量为50 g/m^2。

(7) 腻子。腻子的主要成分是填充料，占腻子总重的70%~80%。为使腻子在施工中易标识，在腻子中加入极少量的氧化铁红、炭黑、铬黄等颜料，使其呈浅灰色或棕红色。填充料是腻子的筋骨，对腻子的性质起很大的作用。

1）常用的填充料

①滑石粉。颗粒细而滑润，能增强腻子的弹性、抗裂性、附着力，且易于刮涂，不起卷。但由于其吸油量较高，故用量不宜太多。用量过多会消耗过多的黏结剂而增加成本，且使腻子干燥不彻底而出现干后发软的现象，以及涂上面漆后造成气泡等弊病。

②重质碳酸钙。又名粗石粉，为1~5 μm 颗粒的碳酸钙粒，其优点是吸油量小，价格便宜，缺点是不易浸润，易沉淀。

③轻质碳酸钙。颗粒为0.5~2 μm 之间的碳酸钙粉，优点是颗粒较细，使腻子在涂刮后匀整细密，减少针孔等，缺点是吸油量大，用量过多时会降低腻子的弹性，腻子易

结块。

④沉淀硫酸钡。颗粒在 $0.5 \sim 2~\mu m$ 之间，在腻子中的作用与轻质碳酸钙相似，吸油量小，与涂料混合后黏性较小，容易刮涂。经常与轻质碳酸钙配合用于腻子中，这样可增加腻子的硬度。

⑤石膏粉。用于腻子中能使腻子刮涂厚度增加，使用时必须同时加入水，使之转化为生石膏，一般在自制腻子或填补较显著的凹陷时，临时调入油性腻子中。成本低且易于吸水。

2）汽车常用成品腻子的组成和性能

①Q07—5 各色硝基腻子。由硝化棉、醇酸树脂、顺酐树脂、大量体质颜料和稀料制成。其特点是干燥快、易打磨。但因其固体含量相对低，所以干后收缩较大。可作工件表面的局部修补填嵌之用。

②779R 多用途聚酯腻子。这是杜邦公司开发的多用途双组分不饱和聚酯腻子，它对多种底材均有较为优异的附着力和高填充性，无气孔或空穴，干燥快速，容易研磨并具有良好的柔韧性，不易开裂和剥落。

3）汽车常用自制腻子的配方和用途

①配方一。光油 $1~kg$，熟石膏粉 $0.8 \sim 0.9~kg$，水 $0.25 \sim 0.30~kg$，适量催干剂。调制方法：先将大部分光油和熟石膏粉混合调匀成厚浆状，再将水慢慢加入充分调匀。一定注意此时要防止石膏粉突然变硬，在变硬初期，将余量光油及适量催干剂加入腻子内搅拌均匀即可使用。在使用过程中，可随时调整，保证腻子刮涂自如，硬度适中。用途：酚醛、醇酸、硝基面漆等的腻子层。

②配方二。光油、催干剂（或 200 号溶剂汽油）、水。调制方法：将光油与少量催干剂或 200 号溶剂汽油混合均匀，加水调制成腻子。用途：各类油性漆的腻子涂层。自干或低温烘干。

③配方三。铁红醇酸底漆 $7 \sim 8~kg$，光油或酚醛清油 $2 \sim 3~kg$，熟石膏粉、水。调制方法：将铁红醇酸底漆和光油或酚醛清油混合均匀，加熟石膏粉调匀，再加水调成腻子。用途：各种油性漆的腻子涂层。

2. 汽车常用中涂层涂料的性能和用途

国外汽车生产厂的中涂层涂料一般分为通用底漆、腻子、二道浆、封底漆。而国内汽车修补漆则根据涂料的功能分为腻子、二道浆、封底漆，将通用底漆并入二道浆中。目前汽车常用中涂层涂料有如下几种：

（1）通用底漆，又称为底漆二道浆（primer surfacer）。它可直接涂布在金属表面，具有底漆的功能，又具有一定的填平能力。一般采用"湿碰湿"工艺涂布两道，以替代底漆和二道浆，达到简化工艺的目的。

(2) 中涂，又称为二道浆或喷用腻子（surfacer）。它的功用介于通用底漆和腻子之间，对被涂工件表面的微小缺陷（不平整之处）有一定的填平能力，颜料和填料含量比底漆多，比腻子少，颜色一般为灰色。采用手工喷涂和自动静电喷涂，具有良好的湿打磨性，打磨后可得到非常平滑的表面。

1040R 高固填充中涂平整底漆（灰色）是杜邦公司生产的基于丙烯酸/聚氨酯树脂的多用途底漆。通过改变稀释剂的种类和配比可作为高填充底漆、平整底漆（中涂底漆）和免磨底漆使用。适用于表面清洁的原厂漆或旧漆表面、打磨后的腻子表面、杜邦的防锈底漆表面。适合各种汽车修理厂和客车生产厂使用可调灰度底漆是一种有助于提高面漆遮盖力的底漆。杜邦公司的技术人员经过大量研究发现，面漆对底漆的遮盖力并不是由底漆的颜色决定的，而是由底漆的灰度来决定的，只有面漆的灰度和底漆的灰度一样时，才能达到最好的遮盖。为此杜邦公司于 1997 年将此发现申请专利并生产出世界上第一种全新概念的底漆——可调灰度底漆。该底漆的系列产品有：1141S 双组分聚氨酯可调灰度底漆（白）、1144S 双组分聚氨酯可调灰度底漆（中灰）、1147S 双组分聚氨酯可调灰度底漆（黑灰）、1010R 快干固化剂、125S 标准固化剂、1025S 专用稀释剂；LE2001 双组分环保可调灰度底漆（白）、LE2004 双组分环保可调灰度底漆（中灰）、LE2007 双组分环保可调灰度底漆（黑灰）、256S 快干固化剂、AK260 标准固化剂、低挥发专用固化剂［XK203（快）、XK205（中）、XK206（慢）］、稀释剂［XB383（标准）、XB387（慢干）］、免磨稀释剂［LE2031、LE2035（大面积）］。

(3) 封闭底漆（sealer）。它是涂面漆前的最后一道中间层涂料。漆基含量介于底漆和面漆之间，涂膜光亮。漆基一般是由底面漆所用的树脂配成。

这些中涂层的主要功用是改善被涂工件表面和底漆涂层的平整度，为面漆层创造良好的基底。

3. 汽车常用面漆的性能和用途

(1) 面漆的功能与特性。汽车基材不仅要用底漆防腐、防锈，更重要的是还要用面漆来涂装，以提高对金属的保护。为此，面漆不但要有优良的装饰性，使涂膜色彩鲜艳、光亮丰满，而且还需要有良好的保护性。因而品质优良的涂膜须具有耐候、耐水、耐油、耐磨、耐化学腐蚀等性能。为此，在选汽车用面漆时应从如下 7 个方面来加以考虑：

1) 外观。在符合生产条件的涂膜厚度与烘干情况下鉴定光泽、橘皮程度、丰满度、色差、鲜映性、影像的清晰度和其他涂膜外观，以保证汽车车身具有高质量的外形。

2) 硬度和抗崩裂性。面漆涂膜应坚硬耐磨，具有足够的硬度和抗擦伤性，以保证涂膜在汽车行驶中被路面沙石冲击和摩擦时不产生划痕。

3) 耐候性。耐候性是选择面漆时的一项重要指标,如果汽车面漆的耐候性不好,则使用不久就容易失光变色及粉化,直接影响汽车的装饰性,使一辆使用不久的新车从外观看来好似一辆旧车。因此要求汽车用面漆涂层在热带地区(如在美国佛罗里达州,我国的广州或海南岛)长期暴晒后(不少于12个月),只允许轻微的失光和变色,不得有起泡、开裂和锈点。

4) 耐潮湿性和防腐蚀性。涂过面漆的样板或工件在湿热条件下(如温度 40℃±2℃,相对湿度＞90%),面漆层应不起泡、不变色、不失光。对面漆层的防腐蚀性的要求虽没有像对底涂层那样高,但与底涂层组合后,应能增强整个涂层的防腐蚀性。

5) 耐环境污染。面漆涂层在使用过程中,将可能与蓄电池酸液、机油和刹车油、汽油和各种清洗剂、路面沥青及酸雨、虫鸟粪等直接接触,擦净后接触面不应变色或失光,也不应产生斑印。

6) 施工性能。在大量流水线生产中,面漆的涂布方法采用自动喷涂和静电喷涂,并普遍采用"湿碰湿"工艺,烘干温度一般为120~140℃,烘干时间一般为20~30 min。所选用的面漆对上述施工工艺应有良好的适应性。在装饰性要求高的场合,面漆涂层应具有优良的抛光性能。面漆也应具有较好的重涂性(即在不打磨场合下,再涂面漆,结合力良好)和修补性。

7) 耐温变性、抗寒性。对在寒冷地区使用的汽车面漆涂层应充分考虑到这一点,急冷急热的温变会使面漆层变得容易开裂,尤其是在面漆较厚,采用热塑性面漆及刚刚涂装完面漆层的情况下更易开裂。

(2) 面漆的主要类型。汽车用面漆按漆基分主要有以下几大类:

1) 三聚氰胺醇酸树脂面漆。

2) 丙烯酸树脂系面漆(又可分为热塑、热固性两种)。

3) 聚氨基甲酸酯磁漆。

4) 醇酸树脂面漆。

5) 硝基面漆。

6) 过氯乙烯树脂面漆。

(3) 常用面漆简介

1) 硝基磁漆。硝基磁漆是最早的汽车修补漆,属溶剂型快干磁漆,常用品种有Q04-2各色硝基外用磁漆等。

2) 醇酸磁漆。醇酸磁漆是溶剂型磁漆,是继硝基磁漆后重要的涂料,常用品种有C04-2各色醇酸磁漆。

3) 过氯乙烯磁漆。过氯乙烯磁漆是溶剂型快干三防磁漆,常用品种有G04-9各色过氯乙烯外用磁漆，它由过氯乙烯、醇酸树脂、增塑剂、颜料、溶剂组成，其涂膜平整光亮、干燥速度快、能打磨、耐候性和耐化学性好。

4）丙烯酸烘漆。是一种通过加热烘烤干燥的外用漆，能与多种底漆、腻子较好地配套，广泛用作轿车面漆。常用品种有 B04－54 各色丙烯酸烘干磁漆。

5）聚氨酯磁漆。它是一种双组分涂料，常用品种有 7182 各色聚氨酯磁漆，由含羟基的聚丙烯酸酯与颜料混合研磨后，加入有机溶剂配制而成。

6）丙烯酸－聚氨酯涂料。是一种双组分涂料，广泛应用于汽车修补的面漆和清漆。适用于底漆、OEM 原厂高温烤漆，和彻底固化的低温修补漆。常用品种有面漆和清漆，例如：先达利 C500 和 C5000 面漆，清漆系列（包括 3700S，AX1060S，3200S，G2－4500S，G2－4700S，696S，676S，HC－7600S，7700S，120S 等）。

676S 快干型清漆是基于杜邦超固化技术的双组分清漆，具有优异的施工性能和物理化学性能。该产品适用于中、高档汽车的小补修或快速补修。

G2－4500S 超固化环保清漆具有优异的施工性能和物理化学性能，集优异的涂膜外观和快速干燥速度于一身，处于国际领先地位。适用于中高档汽车小修补、整片喷涂和全车喷涂。特别适用于快速修补。

G2－4700S 清漆是双组分常温固化型环保清漆，干燥迅速，流平良好，高光泽，容易抛光，适用于大、中、小面积的修补喷涂。

HC－7600S 清漆是目前空气干燥最快的双组分清漆。漆雾少、不易喷流，可提高工效，干燥速度极快，仅需在 50℃烘烤 10～15 min，冷却 30 min 后即可抛光；常温下干燥 1.5～2 h 即可抛光。涂膜外观优良，修补迅速，节约能耗。它所具有的快速的不粘尘时间（＜10 min）可避免由于灰尘等空气污染物造成的表面缺陷。抛光性能特别出色，外观优良。非常适合空气干燥和低温快速烘烤的点修补和整片喷涂施工。

3700S 清漆是杜邦公司开发的双组分丙烯酸－聚氨酯高固含量环保清漆，具有优异的施工性能和涂蜡的物理化学性能。该产品适用于高档汽车不同面积的修补需求，具有低挥发性，能满足环保要求。

4. 金属漆

金属漆是原文"metallic paint"的直接意译，因为漆里掺配了金属粉末，不但可以让经过涂装后的板件表面看起来更动人，而且在不同的角度下，由于光线的折射，会使车色甚至轮廓都会呈现出各种梦幻般的变化，使整车外观造型看起来更丰富、更漂亮，这也是为什么金属漆会越来越受到人们欢迎的原因之一。

造成金属漆越来越普遍的另外一个原因，是由于它掺配了金属粉末，有了金属成分，能使涂面的硬度显著增强，涂面变硬后相对不容易被刮伤。对绝大部分没有车库、只能将汽车停放在户外露天停车场的车主来说，有了金属漆，就能减少很多因汽车受到轻微碰擦而需要补漆、烤漆所带来的不便。

目前，一些"素色漆"暂时还不能用金属漆。最典型的几个颜色就是白色、黑色、大红色和黄色。这并不是说这些颜色的漆料不能添加金属粉末，而是加了之后，所显现出来的颜色就不是原本的正白、正黑、正红和正黄，白色会变成"珍珠白"、黑色会变成带亮光的"炭黑"，红色会变成所谓的"酒红"，而黄色则会变成闪闪动人的"金黄"，这些颜色并不是不好，只是与原来的颜色差异太大，多半的人还是习惯原本素色漆的颜色，因此这四个素色漆的颜色比较少用金属漆。

较为典型的金属漆产品有杜邦先达利 C600 和 C6000 银粉珍珠色漆系列。

5. 环保型涂料

按传统工艺生产的涂料或多或少存在着一些对人体有害的成分。如按有害的程度可分为 3 类：

(1) 有害成分较小的有：碳氢化合物、乙醇、丙醇等。

(2) 有害成分中等的有：甲苯、二甲苯、四氯化碳等。

(3) 有害成分较大的有：甲醇、乙醚、苯、环己醇等。

传统的汽车涂装工艺均采用溶剂型中涂＋底色漆＋罩光清漆。一辆表面积 $80 \mathrm{~m}^2$ 左右的普通轿车 VOC（挥发性有机化合物）排放量为 10 kg 左右，平均为 $125 \mathrm{~g/m}^2$。近年来，为了保护环境各国涂料界都在从事减少环境污染的水性涂料、粉末涂料和高固体分涂料的研究开发。

1) 水性涂料。溶剂型金属底色漆是 VOC 排放的最大来源，占汽车车身涂装各道工序排放总量的 50％左右，通常一部轿车需要 6 kg 左右的底色漆，金属底色漆的施工固体成分只有 15％左右，溶剂含量高达 85％，如改为水性涂料，VOC 排放量可减少 80％以上。如果车身涂装全部采用水性涂料，则 VOC 排放量可以降到 $27 \mathrm{~g/m}^2$。

现有的水性底色漆主要有水性丙烯酸氨基漆和水性聚氨酯漆两种。由于水不能像溶剂那样快速蒸发，因此水性底色漆铝粉的定位控制是水性底色漆的技术关键。目前的水性金属底色漆的定向性能已经优于一般的溶剂型底色漆，闪光效果更好。水性底色漆可与溶剂型罩光清漆、水性清漆和粉末清漆配套使用。

水性罩光漆是 20 世纪 90 年代开发出的环保型水性涂料，价格较高，性能有待提高，目前尚未被广泛应用。

迄今为止，水性涂料一般仍含有 2％～15％的有机溶剂，施工时对环境有一定程度的污染，开发无溶剂水性涂料成为涂料厂商未来的主要课题。

2) 粉末涂料。粉末涂料由于其卓越的环境效应和节能、高效、低成本等原因成为一一般金属表面涂装的首选材料。但粉末涂料的抗紫外线能力和耐候性较差，在汽车涂装，尤其是整车涂装方面的应用较晚。汽车用粉末涂料有环氧－聚酯混合型、聚酯、聚氨酯和丙烯酸等类型。1990年底在部分汽车零部件上喷涂粉末涂料获得成功。随着技术的日趋完善和粉末涂料性能的提高，现已完全能满足轿车涂装的各项要求，如外观装饰性、耐候性、耐化学性、抗划伤性、抗紫外线性等。1994年第一辆粉末涂装汽车下线。1998年初第2条汽车粉末涂装生产线投产，并且日产达1000辆。欧洲的宝马车和"SMART"车全部采用了粉末涂装，北美主要使用粉末涂料中涂。国内除个别零件外，整车尚无使用先例。

粉末涂料是VOC排放量最低的涂料之一。宝马公司采用粉末罩光清漆后，每辆轿车可以节省溶剂1~1.5 kg。由于技术的限制，目前汽车用粉末涂料只是单色漆系列，如中涂和清漆，这是由于粉末涂料不像液态漆那样可以迅速换色。

3) 高固体分涂料。高固体分涂料采用低黏度的聚酯、丙烯酸树脂，以及高固体分的氨基树脂，最高的施工固体分可大于60％，更多的是使用施工固体分比传统高出10％～20％的涂料，平均每千克涂料的溶剂挥发量可减少1/3以上。在汽车用单色面漆、罩光清漆、塑料专用涂料和修补用涂料等方面应用相当广泛。例如塑料件使用的聚氨酯与非异氰酸酯双组分涂料，可通过新的交联方式在70℃下20 min内低温快速固化，而且具有活化期长、施工固体分高等特点。PPG的D893高固体分清漆的加热固化时间，可以比同类清漆缩短50％，涂膜冷却几分钟后即可抛光。

由于高固体分涂料采用低黏度树脂，易产生流挂，施工不便。为保证涂膜厚度又要防止其产生流挂，必须采用各种助剂来改变涂料的流平性，如气相二氧化硅、有机膨润土、氢化蓖麻油、SCA、Microgel等，方可获得优异的抗流挂性能和涂膜外观。另外，由于高固体分氨基树脂醚化度高，聚合度低，交联活性低，自聚反应少，其固化过程不易控制，可能会影响涂膜性能，因此固化过程控制和流挂控制是高固体分涂料的两大技术关键。杜邦公司根据市场需求研发生产了环保型高固体低挥发系列涂料，如先达利3700S高固环保清漆、G2－4500S超固化环保清漆、HC－7600S快干环保清漆、先达利5035环保型面漆、先达利6000高膜厚型环保型色漆、LE2000可调灰度底漆等。它们不仅为汽车美容服务中的涂面修补提供了便利，而且VOC指标还达到了欧美环保标准。

六、汽车颜色的选择与识别

一般情况下，人们对汽车颜色的选择往往是从美观角度来考虑的。当然，颜色是车主个性的一个重要体现，它能从某一侧面反映车主的情感和身份。如红色能激发欢乐情绪；黄色是崇尚大自然的颜色；蓝色表示豪华气派；白色则给人以纯洁、清新、平和的感觉；

而黑色是一种矛盾的颜色，既代表保守和自尊，又代表新潮和性感；绿色则能给人带来沉静和蔼的气氛。但是，很少有人知道的是，汽车的颜色不仅仅是美观和个人审美情趣的反映，它还与交通安全密切相关。科学研究表明，车辆的行驶安全不仅受其操作安全视线的影响，而且还受到车身颜色能见度的影响，一些颜色在某种场合可能更容易引发交通事故，相反，另一些颜色却能从某种程度上减少或者遏制交通事故的发生。心理学家认为，视认性好的颜色能见度佳，适宜于将它们用于轿车外部以提高行车安全性。因此，从业人员应适当掌握一些有关汽车颜色的知识，以便为客户提供更为完善的服务。

在日常生活中，人们在用眼睛观察事物时往往会产生一些知觉方面的偏差，这些偏差，在心理学上被称为"视错觉"，下面就加以简单介绍。

1. 颜色的距离错觉

在距离相等的情况下，不同颜色在人们眼中会有不同的距离感。由颜色造成距离错觉的这一心理现象，也就是平时所说的颜色的进退性。人们根据这一现象，将颜色分为所谓前进色和后退色。例如，有红色、黄色、蓝色、绿色4辆汽车与观察者保持相同的距离，但是看上去似乎红色车和黄色车要离观察者近一些，而蓝色和绿色的车看上去离观察者较远。这说明了红色和黄色是前进色，而蓝色和绿色就是后退色。一般来讲，前进色的视认性较好。

2. 颜色的体积错觉

将相同车身涂上不同的颜色，会产生体积大小不同的感觉。如黄色感觉大一些，有膨胀性，称膨胀色；而同样体积的蓝色、绿色感觉小一些，有收缩性，称收缩色。膨胀色与收缩色视认效果不一样，据日本和美国车辆事故调查，发生事故的轿车中，蓝色和绿色的最多，黄色的最少，可见，膨胀色的视认性较好。

3. 颜色的明暗错觉

颜色在人们视觉中的亮度是不同的，可分为明色和暗色，红、黄为明色。暗色的车型看起来觉得小一些、远一些、模糊一些，而明色的视认性较好。从安全角度考虑，车辆颜色的选择以视认性好的颜色为佳，有些视认性较差的颜色，如果进行合理搭配，也可提高其视认性，如蓝色和白色相配，效果就大为改善。荧光和夜光漆会增强能见度和娱乐气氛，因而被广泛应用于各种赛车、摩托车等，但对于轿车来说，目前选用这类颜色的仅限于概念车。由于荧光颜色过于强烈，因此在未来应用中必须要有适当的管理办法来加以控制。

4. 颜色的感知错觉

如果说车身的颜色选择对驾驶员的行车安全具有举足轻重的作用，那么，汽车内饰的颜色选择也同样影响着行车安全，因为，不同的颜色对驾驶员的情绪具有一定的影响。内饰采用明快的配色，能给人以宽敞、舒适的感觉。有关专家建议，夏天最好采用冷色，冬天最好采用暖色，可以调节冷暖感觉。除去冷暖色系具有的明显的心理区别以外，色彩的明度与纯度也会引起对色彩物理印象的错觉。一般来说，颜色的重量感主要取决于色彩的明度，暗色给人以重的感觉，明色给人以轻的感觉。纯度与明度的变化给人以色彩软硬的印象，如淡的亮色使人觉得柔软，暗的纯色则有强硬的感觉等。恰当地使用色彩装饰可以减轻疲劳，减少交通事故的发生。

5. 颜色与交通安全

轿车颜色专家们经过多年的观察及论证后认为，汽车颜色对于行车安全的影响是一个较为复杂的现象。比如，红色轿车给人以跳跃、兴奋、欢乐的感觉。红色是放大色，容易从环境中"跳"出来，引起人们视觉的注意，有利于交通安全。但是，红色却不耐脏，而且驾驶员在长时间行车时，红色容易引起视觉疲劳，会干扰对其他淡色物体的观察。从这一点上讲，又十分不利于安全。但是在雾天、雨天或每天清晨、傍晚时分，黄色汽车和浅绿色汽车最容易被人发现，发现的距离比发现一般深色汽车要远3倍左右。因此，浅淡且颜色鲜艳不仅使汽车外形轮廓看上去增大了，使汽车有较好的视认性，而且使反向开来的汽车驾驶员精神振奋，精力集中，因此，比较有利于行车安全。

学习单元2　汽车涂面的检查方法

学习目标

掌握汽车涂面失光的原因与处理方法
掌握汽车涂面检查与判别的方法

知识要求

一、涂面失光的原因与处理

从业人员只有比较全面地掌握对涂面失光的判断，才能有针对性地为客户提供服务。

1. 涂面失光的原因

（1）自然老化。车辆在运行及停放过程中，即使车主对车辆各方面保护工作都做得非常细致，但由于涂面终日承受着风沙尘土的吹打，雨季泥水的冲击，柏油路面飞溅起的沥青、树胶、虫屎、鸟粪和油污的侵害，大气中的各种工业排放物、酸、碱及阳光中紫外线的侵蚀等，都会造成汽车涂层的衰竭并导致涂面失光，这个现象称为自然老化。自然老化导致失光的特点是涂面无明显划痕，用放大镜观察涂面斑点较小。

(2) 浅划痕。涂面分布的浅划痕较多时，一旦遇到光线较好的环境（如在阳光的照射下）会变得十分明显，导致涂面光泽受到严重影响。

(3) 透镜效应。当车体表涂面存有小水滴时所形成的透镜效应会使得涂面被灼伤，若灼伤范围大，分布密度较高，则涂面就会出现严重程度的失光。

(4) 洗车不当。有些车主经常到一些不规范的路边洗车摊洗车，一些摊主为了节省费用，洗车时采用了一些碱性较强的清洗剂（如普通洗洁精、洗衣粉等），新车"开蜡"用品选择不当或操作方法不当，冲洗车辆时水枪压力大于 0.7 MPa，清洗程序或手法不正确等，久而久之，涂面就容易出现失光。

(5) 擦车不当。当汽车表面附有尘埃时，有些车主喜欢用掸子拂拭，有的甚至直接用抹布或毛巾擦拭。由于尘埃中有许多硬质颗粒状物质，因此在擦拭时，往往容易使车体涂面出现细小划痕。

(6) 缺乏保养。由于环境对汽车涂面的影响非常大，平时，汽车在停放或行驶环境中容易受到酸雨、风雪、盐分及其他化学微粒的侵蚀，而车主在日常护理中又不注意对涂面进行保养，做车容护理时选用质量很差的上光蜡等涂面护理用品，此时涂面就很容易失去光泽。

(7) 交通膜。汽车在日常运行过程中所形成的交通膜，也是造成涂面失光的主要原因之一。

2. 涂面失光的处理

涂面处理是现代汽车美容的重要组成部分，在今后的学习中会详细加以介绍。一般情况下，涂面失光后根据其受损程度，可以采取如下方法进行处理：

(1) 对较轻微的涂面失光，在汽车美容作业中常采用特殊处理工艺与方法。再配合专门的护理品，可以有效地去除失光，再现涂面亮丽色彩。

(2) 对涂面的浅划痕，在汽车美容作业中一般采用抛光研磨的方法消除。

(3) 对涂面面积较大的划痕，在汽车美容行业中的处理工艺上，虽然有各种不同的称谓，但从实质上看，仍采用以喷涂为主的措施来完成。

(4) 喷涂是汽车美容作业中要求最为严格，技术含量最高的施工项目。当汽车涂面出现划伤、破损及严重腐蚀失光等现象时，可采用喷涂工艺来恢复汽车涂面的光彩。

二、涂面检查与判别

1. 涂面氧化损伤的特征

涂面无明显划痕，用放大镜观察涂面斑点较小，这类失光大多是氧化还原反应所致。如以肉眼观察可以看到此时受损部位的涂面发乌、发白、无光泽。如肉眼还观察不出有明显的异常，则可以用一些还原剂涂在车上，涂过的地方看上去像新漆，未涂的地方一下子就会露出明显的不同了。

2. 涂面龟裂损伤的特征

涂面在受损后可能会产生一种非常细微的裂纹，它会不断地渗透涂面，直至"击穿"整个色漆层，这种现象叫做龟裂，一般发生在金属漆上。龟裂的初期肉眼很难发现，当用肉眼能觉察到龟裂时说明受损已经比较严重了。特别当打完蜡后可以发现，车身会产生条纹状（拖尾纹）的现象，这是由于裂缝中存有车蜡造成的。重新喷涂的金属漆也有可能产生龟裂，这是由于喷涂的质量不佳而产生的问题。此时汽车涂料中的树脂会因"萎缩"而产生龟裂。这种异常只能采用重新喷涂的方法来加以修复。

3. 涂面褪色损伤的特征

大气层中的油烟和污染物也是造成涂面褪色、变色的主要原因，特别是在工业区和大城市里。退色、变色现象一般都发生在车身的发动机罩、车顶和行李箱盖，这种退色与氧化有明显的区别。氧化时，涂面发乌、发白；而退色时，涂面会出现不均匀的色差。金属漆的褪色是由于受污染的尘埃，雨水中的酸、碱物等对金属漆中铝箔的腐蚀所引起的。变色则是由于漆中的颜料与上述污染物发生化学反应而导致颜色上的改变。

4. 涂面水痕（纹）损伤的特征

几乎各种涂面都会产生水痕病。水痕纹一般呈现环状，是水滴蒸发后留下的痕迹。水痕中残留的化学物质在车体升温时（阳光下）会继续与涂料发生化学反应，从而加重对涂面的损坏。此外，涂面受到氧化的车、常用洗涤剂进行清洗的车及有龟裂的车更容易产生水痕。因为这些涂面本身已很脆弱，故连一般性的水滴蒸发也会在涂面造成水痕纹。但对质量较好的涂面而言，如果水珠中的酸、碱含量不高，则不容易产生水痕损伤。

5. 涂面蚀痕损伤的特征

水痕现象是发生在水珠周边的一圈，呈环形，也叫环状腐蚀。蚀痕是由整个水迹连成的一片，而不是一圈。此外，鸟粪、昆虫、树叶、焦油沥青等都有可能引起蚀痕，如果这些物质在车体表面残留的时间过长，就会与涂料产生化学反应，并开始渗透，且它们的渗透速度比水痕要快得多。

第 2 节　汽车内部检查

尽管化纤、皮革、塑料及橡胶制品等汽车内部构（饰）件的制作材料有许多优点，但它们在使用过程中还是会受到各种不同程度的污染和腐蚀。主要表现在塑料件和橡胶制品在风吹日晒的情况下会因氧化龟裂而失去光泽；皮革件易出现老化、磨损、退色；纤维制品易受到尘埃脏物污染及氧化褪色而影响汽车的舒适和美观，乃至缩短其使用寿命。因此，每隔一定时间就需对汽车内部构件进行检查和护理。

学习单元 1　汽车内部构件常用材料

学习目标

熟悉汽车内饰中纤维制品的性能与特点
熟悉汽车内饰中皮革制品的性能与特点
熟悉汽车内饰中塑料制品的性能与特点

知识要求

汽车内室是驾驶员工作和乘客休息的场所。汽车生产厂商在设计阶段一般都采用人体工程学的原理，并充分考虑人的生理和心理反应来确定汽车内部构件的材料和色彩。其材料的选用，除了要求应有良好的装饰性能外，还应重点考虑材料的其他一些性能。例如要求所选材料应有足够的抗撕裂强度，耐磨性能良好；另外还须有一定的透气性和吸湿性；要有较强的抗腐蚀性和阻燃性，色泽耐久并易于清洁；还应具有防止积带电荷的特性，以防止静电的产生等。此外，随着人们健康意识的日益加强，所选材料的环保性也已成为衡量汽车内部构件的一项重要指标。目前，汽车内部的构件有许多是用纤维、皮革、塑料、橡胶等材料制成。

一、纤维制品

在汽车内部构件中，有些是选用各类纤维制品加工而成的。近年来，根据不同的使用部位，汽车内室所选用的纤维制品大致有如下几种：

1. **车身布料**

车身布料是在汽车装饰中应用最广泛的织品，包括人造丝织物、棉布、尼龙和混纺织物。

2. **天鹅绒或平绒**

天鹅绒或平绒是汽车豪华内饰的主要用料。生产方式跟地毯制品相同。背衬材质通常是棉布、人造丝，有时还选用尼龙。制作时，以背衬材质为基底将成千上万个小环织进背衬。最好的天鹅绒是用尼龙线作的小环，棉线略次一些。织到一定程度后，剪断环的顶部，让单个的绒头竖立，使其具有独特的、美丽的外观和舒适的触感。

平绒的绒毛比天鹅绒稀，且修剪得短一些，平绒多采用尼龙材料制作。

3. 马海毛

最近几年许多汽车的内饰几乎都要用到马海毛。马海毛是100%的纯羊毛，一般有两种纺织方法：平织法和拉毛织法。拉毛织法的马海毛像天鹅绒一样，外观上也相近，只是显得粗糙些。马海毛比其他织物具有更强的抗虫蛀能力，且比其他材质的织物更耐用。

平织法的马海毛外观看起来跟普通布差不多，但它是由非常柔软的羊毛织成，所以可给人一种非常美丽、华贵的感觉。虽然在汽车装饰用料中比较昂贵，但在市场上还是受到人们普遍的欢迎。

二、皮革

目前，国产车和经济型进口车多数都无原厂配备的真皮座椅，为营造更舒适、温馨的车内空间，越来越多的车主开始将这些座椅更换成真皮座椅。但在平时，人们经常会习惯于将真皮与人造革都称为皮革，而这里所称的皮革制品是指真皮制品。真皮制品是由动物面革制作而成。随着科学技术的进步，人造革制品的外观与真皮制品越来越相似，但这两种材料在护理操作工艺和使用的护理材料上都有很大的区别，故首先必须掌握正确辨别真皮制品的方法。

1. 黄牛皮革

黄牛皮革毛孔细小，呈圆形，分布均匀紧密，毛孔伸向里面，革面丰满光亮，皮板柔软，纹理细密结实，手感坚实而富有弹性。

2. 水牛皮革

水牛皮革的皮层表面凹凸不平，革面粗糙，毛孔较为粗大，且稀少。

3. 猪皮革

猪皮革毛孔粗大，1个毛孔3根毛，呈三角排列，毛孔相距较远，皮层表面不太平整，革面粗糙，柔软性差。

4. 羊皮革

羊皮革分山羊皮革和绵羊皮革两种。山羊皮革面纹路是在圆弧上排列2~4个粗毛孔，周围有大量绒毛孔；绵羊皮革皮板薄，手感柔软，毛孔细小，呈扁圆形，由几个毛孔构成一个组，排成长列，分布很均匀，但不结实。

5. 马皮革

马皮革毛孔呈椭圆形，不明显，比牛皮革孔略大，斜入皮革内呈山脉形状，有规律排列，革面松而软，色泽较暗。

三、塑料

塑料具有外表美观、质量轻、便于加工等优点，是车身构件制造的重要材料。车身的保险杠、挡泥板的外沿、散热器护栅、仪表台、装饰板等很多部件均为塑料制品。塑料件在使用过程中，虽不像钢铁制品那样容易产生锈蚀，但比较容易出现老化和破损等现象，特别是维护保养不当时，这些现象更为严重。因此，从业人员必须熟练掌握塑料部件正确的维护保养方法。

目前在汽车上使用的塑料有100多种，只有能清楚地识别塑料种类，才能对塑料部件进行有效的维护和保养。否则，轻则达不到维护保养的效果，重则可能在不同程度上损坏这些塑料件。在汽车上被广泛使用的林林总总的塑料，大致可分为两大类：

一类是热塑性塑料。这种类型的塑料随着加热或冷却，可以反复被软化和硬化。加热时，它们就会变软，甚至熔化，因而是可熔的。汽车的仪表台等构件都是热塑性塑料制成的。

另一类是热固性塑料。这种塑料在加热时会发生化学反应，其中的固化剂会导致材料呈不可熔的状态，固化剂和树脂混合后会形成新的产品，因此，热固性塑料是不可熔的。汽车的保险杠等构件都是热固性塑料制成的。

学习单元2　车内篷壁的检查

学习目标

熟悉车内篷壁的构造
掌握车内篷壁的检查方法

知识要求

一、车内篷壁介绍

车内篷壁主要为汽车顶衬（也称车顶棚或顶子）及里子板等部分。篷壁的种类、式样和颜色较多，由各种不同的面料制成，结构也随着车型的不同而各异。以前也有用塑料制作的，但现在多用皮革或合成纤维制品制作。在篷壁蒙皮与车体之间附有隔热层，该隔热层不仅有助于调节温度，而且还可降低车内噪声。车顶间隙处的隔热材料填充得越多、越厚，开车时所能听到的噪声也就越小。泡沫塑料、玻璃纤维以及黄麻等，都是较好的隔热层材料。也有些汽车制造厂考虑到成本问题，采用玻璃纤维板作为隔热材料。

二、车内篷壁的检查

车内篷壁检查的重点是污渍及磨损，特别对于一些乘员比较容易接触的部位更应重点加以查看。除一般损坏外，驾驶室内篷壁的颜色配置也应当引起从业人员的重视。因为车内篷壁颜色配置不当，将会影响驾驶员的生理和心理。色彩一般以乳白（乳黄）、淡青、苹果绿等色为宜，其他颜色则不宜采用。如红色会使人感到燥热，黑色会使人感到恐惧，灰色使人感到沉闷，深咖啡色会使人感到困倦，五彩缤纷易使人感到眩晕。驾驶室内壁的原始颜色是生产厂商在设计时经反复论证、充分优选后才确定下来的，在美容装潢过程中不应随意改变。只有舒适的车内环境，才能为车主和乘坐者营造舒畅、轻松的氛围。

学习单元3 仪表台及空调出风口的检查

学习目标

熟悉汽车仪表台的构造
掌握汽车仪表台的检查方法

知识要求

一、汽车仪表台简介

为了使驾驶员能够随时掌握汽车及各系统的工作情况，在汽车驾驶室的仪表台上装有各种指示仪表及各种报警装置。

1. 里程表及速度报警装置

车速里程表由指示汽车行驶速度的车速表和记录汽车所行驶过距离的里程计组成，二者装在共同的壳体中，并由同一根轴驱动。车速表利用磁电互感作用，使表盘上指针的摆角与汽车行驶速度成正比，在表壳上装有带刻度的表盘。里程计由若干个计数转鼓转动装置组成，为了使用方便，有的车速里程表同时设有总里程计和单程里程计。总里程计用来记录汽车累计行驶里程，单程里程计用来记录汽车单程行驶里程，单程里程计可以随时复位至零。

车速报警装置是为了防止超速行驶，保证行车安全而在车速表内装设的速度音响报警系统。如果汽车行驶速度达到或超过某一限定车速（例如 100 km/h），则车速表内速度开关会使蜂鸣器电路接通，并发出声音报警。

2. 机油压力表及低压报警装置

机油压力表是在发动机工作时指示发动机润滑系主油道中机油压力大小的仪表。

机油低压报警装置在发动机润滑系主道中的机油压力低于正常值时，会对驾驶员发出警报信号。机油低压报警装置由装在仪表上的机油低压报警灯和装在发动机主油道上的油压传感器组成。

3. 燃油表及低油面报警装置

燃油表用以指示汽车燃油箱内的存油量。燃油表由带稳压器的燃油面指示表和油面高度传感器组成。

燃油低油面报警装置的作用是当燃油箱内的燃油量少于某一规定值时立即发亮报警，以引起驾驶员的注意。

4. 水温表及报警装置

水温表的功用是指示发动机气缸盖水套内冷却液的工作温度。

水温报警灯能在冷却液温度升高到接近沸点（例如95～98℃）时发亮，以引起驾驶员的注意。水温报警灯的控制开关被拧装在气缸盖水套中。

5. 保养警告装置

现代轿车都装有保养警告装置，它通常会按规定的里程提示驾驶员对车辆进行维护，保养完成后人工归零。

6. 故障报警装置

现代轿车还能在发动机、ABS、自动变速箱、安全气囊、ASR等装置发生故障时，点亮相应的故障灯，以警示驾驶员。

轿车副仪表台如图2—1所示。

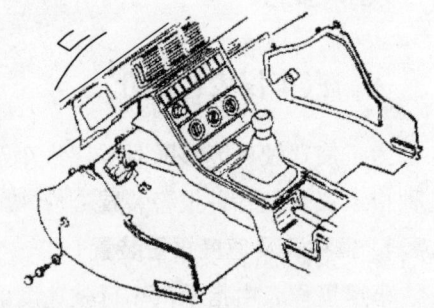

图2—1 轿车副仪表台

二、仪表台及空调的检查

仪表台和空调（开关及出风口）一般多为塑胶材料制成，从业人员在检查时首先应查看构件有无裂缝、变形，特别对于一些污渍较重之处、拐角及接缝之处更应仔细进行观察。如有损坏，应事先提醒顾客，以免引起不必要的纠纷。其次，在检查时必须要看清污渍的成分，这样才能在清洗时做到对症下药。

学习单元 4　座椅、坐垫及枕垫的检查

学习目标

了解汽车座椅与枕垫的功用及特点
了解汽车头枕的功用
熟悉汽车坐垫与枕垫的种类
掌握汽车坐垫与枕垫的选用方法
掌握座椅及坐（枕）垫的检查方法

知识要求

汽车座椅是车内占用面积最大、使用率最高、与人体接触最密切的部件，因此对它的要求不仅要考虑到美观，还要考虑到实用。坐垫是置于座椅之上，用于提高座椅舒适性和耐磨性的一种装饰。枕垫根据需要置于乘员的头部、颈部、腰部等部位，是改善局部部位舒适性的一种装饰。

一、汽车座椅的功用及特点

汽车室内的空间有限，乘员在行车过程中不能离座活动，乘坐舒适性乃至驾驶时操纵的轻便性和安全性等性能，在很大程度上与座椅的质量密切相关。根据人体工程学理论，当乘员采用最舒适乘坐姿势时的体压分布为：人体的大部分质量应以较大的支承面积、较小的单位压力合理地分布到坐垫和靠背上，压力从小到大平滑过渡，避免突然变化。另外，人体臀部的不同部位，在产生不舒适感觉以前所能承受的压力是不同的。也就是说，人体质量作用在坐垫上的舒适压力并非是均布的，而应根据各部位在产生不舒适感觉以前所能承受压力的大小来予以合理分布。所以，坐垫上的体压分布应使坐骨部分承受的压力最高，由坐骨周围扩展至臀部周围，压力逐渐降低，直到与座椅前缘接触的大腿下逐渐趋于最低值。靠背上的体压分布则应以肩胛骨和腰椎骨部位的压力最高。汽车座椅的结构和尺寸主要是为了满足乘坐时的舒适性来确定的，其高度要保证双脚能自如地踩在地板上，双腿能自如地前伸后屈。座椅深度通常与座椅高度成反比，坐垫弹簧的硬度要适宜，坐垫与水平面之间应有一定的倾角且前缘带有圆弧。靠背与坐垫之间要有一定的角度，以保证肩部和腰部有稳妥的依托。在具体结构上，座椅主要靠骨架来进行支撑；坐垫与靠背的弹性元件常采用弹簧钢丝绕制成的圆锥形变刚度螺旋弹簧或S形弹簧以及泡沫塑料等。在弹簧上通常有一层棉织物、树棕或泡沫塑料制成的褥垫。但由于弹簧存在着振幅大且不易衰

减的缺点，因而有逐渐被淘汰的趋势。随着工程塑料的不断发展，目前在汽车坐垫上已广泛采用橡胶海绵、聚氨酯、泡沫塑料等作为弹性元件。这些材料具有质量轻、弹性好、泡沫内存大量空气使得阻尼作用良好、吸振能力强等一些其他金属弹性元件无法比拟的优点。而且泡沫塑料垫加工方便，采用大块或模塑成型的生产率高，模塑成型也更容易实现座椅的体形化。为满足乘坐时体压分布的需要，坐垫的软硬程度都有适度的分布，而且有些坐垫的左右两边做成稍凸起或使坐垫两侧刚度较大，当汽车高速行驶时防止乘员侧摆。坐垫外包的蒙皮材料应有较好的透气性和去湿能力，同时还应具有较大的伸缩弹性和较小的永久变形，以适应乘坐时要求因受力而伸缩自如的特性。目前已较多地采用编织物蒙皮来代替人造革蒙皮，并在编织物的侧面用火焰法烧结上一层薄泡沫，使其手感好、柔松、富有弹性而不打皱。靠背的结构与坐垫基本相同，其空载轮廓也是按照后背的体压来进行分布。乘客座椅是肩背起主要作用，而驾驶员座椅关键在于坐垫。靠背左右两侧有适度凸起，以提高凭靠的稳定性。由于靠背受载比坐垫小得多，故其弹簧刚度较低，但也不能太低，因为过软会使驾驶员背部感到没有支撑。靠背的弹性元件也有采用泡沫塑料的。因而针对座椅的上述结构特征，无论是当座椅产生损坏或需要调整时，还是为座椅配置坐垫时都必须根据其原有结构，不能随意增减材料或改变其结构。

在一些高级轿车中，驾驶员座椅采用了带记忆功能的电动调节座椅。这种带记忆功能的电动调节座椅可储存座椅设置和反光镜位置，最多记忆两组驾驶员个性化的座椅设置数据，从而省去重调的麻烦。使用时只需按下按钮，两位不同的驾驶员即可恢复各自偏好的座椅设置，车辆外部后视镜的设置也同样可以通过记忆功能恢复，尤其对于两位身材不同的驾驶员而言，使用起来极为方便。带记忆功能的驾驶员座椅只与带记忆功能的外部后视镜配套使用。

轿车前座椅总成如图2—2所示。

二、汽车坐垫的功用

1. 提高舒适性

柔软的坐垫和枕垫可使身体与座椅贴合得更好，同时还可减缓汽车颠簸所产生的振动，减轻旅途疲劳。

2. 改善透气性

夏季使用的硬质塑料、竹制品或亚麻制品坐垫具有良好的透气性，能给人以凉爽的感觉，具有降温消汗的功效。

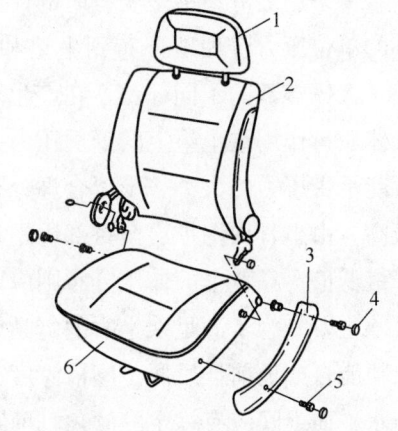

图2—2 轿车前座椅总成

1—靠枕总成 2—靠背总成 3—罩板总成
4—螺钉罩盖 5—螺钉 6—坐垫总成

3. 增强保健性

汽车保健坐垫和枕垫可通过振动按摩或磁场效应,改善乘员局部新陈代谢,促进血液循环,消除紧张疲劳,达到保健目的。

三、汽车头枕的功用

一般人总认为头枕不过是一项舒适性配置,在汽车市场上,有些车型头枕高度可调,有些则不可调,一些低配置的车型后排座椅甚至没有头枕,而一些高端车型的头枕则安装了主动安全装置。实质上,头枕在行车安全特别是防止或减轻乘员头-颈部受伤方面具有不可忽视的作用。

头-颈受伤是指在汽车碰撞事故中,由于颈部强烈弯曲、拉扯,头部前后碰撞所造成的颈脊骨伤害和脑震荡。一般情况下,如果乘客的头部没有剧烈地扭动,那么即使汽车受到严重冲撞,其颈部也不会受伤。因此,头部与躯干之间剧烈错位造成的颈部损伤可能是大多数头-颈受伤的原因。头枕作为汽车内部的一个构件,和肩-膝安全带一样,也可属于安全装置。当发生追尾事故时,有效的头枕保护能减少乘员头部向后运动并且减少头-颈伤害的发生。

近年来,经改进后的头枕正在出现。一些制造商将头枕设计成可随座椅自动调节的形式。高个乘员为了获得腿部活动空间而把座位后调,与此同时头枕会自动调高,可以获得更好的保护。另外有厂家合成了一套活动系统来自动调节头枕的位置。例如通用汽车公司将头枕附加在座位后背的杠杆臂上,它会随着乘员背部挤压座椅而自动向上和向前进行调节。沃尔沃车的头-颈受伤防御机制将良好的头枕几何功效与特殊的座位后背铰链结合在一起,可以轻轻地向前推动乘员的身体,从而给头枕充足的时间来控制头部。

轿车座椅靠枕的连接如图 2—3 所示。

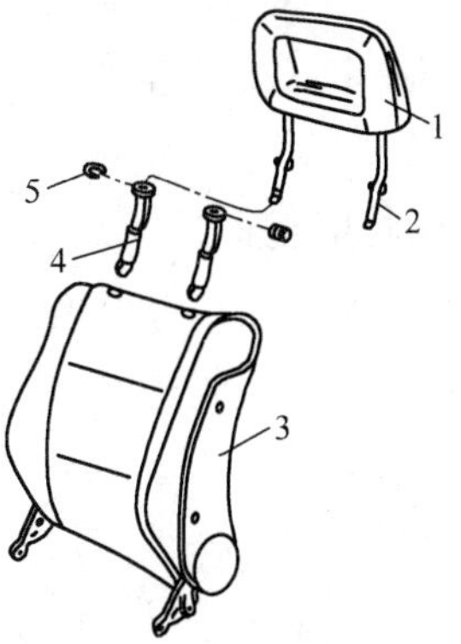

四、汽车坐垫与枕垫的种类

1. 按材质分类

(1)纯毛坐垫。纯毛坐垫是颇受广大车主欢迎的坐垫品种,具有乘坐舒适、柔软度好、透气性能优良等特点,同时还可以有效防止内室静电的产生。

(2)混纺坐垫。混纺坐垫根据参与编织的原料不同,可细分为棉麻混纺坐垫、棉毛混纺坐垫和化纤与棉麻混纺坐垫等。棉麻混纺坐垫具有透气性能优良、韧性强、

图 2—3 轿车座椅靠枕的连接图
1—靠枕总成 2—支杆 3—靠背总成
4—导向套 5—卡簧

易于日常清洁护理等特点，但若护理不当则会老化发黄，影响视觉效果。混纺坐垫含棉毛量越高，柔软程度越好。化纤与棉麻混纺的坐垫的价格低、透气性好，但易产生内室静电，一般在普通车辆上使用。

（3）帘式坐垫。帘式坐垫主要由竹、石、硬质塑料等材料制成小块单元体，然后将单元体串接成帘状制成坐垫。具有极好的透气性，适合高温季节或内室空调环境不良的情况下使用。

2. 按坐垫辅助功能分类

（1）普通坐垫。即一般人们日常所使用的坐垫。

（2）防汗坐垫。主要指帘式坐垫，因其具有良好的透气能力，有利于消汗降温。

（3）保健坐垫。保健坐垫是根据人们对保健的需求而制成的高科技产品，其具有振动按摩功能或磁场效应，当乘员随着汽车颠簸振动时，坐垫可起到自动按摩的作用。另外，还可改善乘员身体局部新陈代谢，促进血液循环，消除紧张疲劳，最终达到保健目的。

3. 汽车枕垫的种类

汽车枕垫有头枕、颈枕、肩枕、腰枕等，其中腰枕有普通腰枕和电动按摩腰枕两种。

五、汽车坐垫与枕垫的选用

汽车座椅是使用最多的车内构件，配上合适的坐（枕）垫后会有利于提高乘员的舒适性并增强其保健其功能。选择坐（枕）垫时，不仅要考虑到美观，更要考虑到实用的因素。一般来说，坐（枕）垫的选取可遵循如下几个原则：

1. 经济原则

纯毛坐（枕）垫价格高，适合于中高档汽车使用，而中低档车辆宜选用混纺坐（枕）垫。

2. 实用性原则

根据汽车室内温度条件，选用合适种类的坐垫。当气温不高时应选用纤维材料制作的坐（枕）垫，以利于保温，并提高舒适性；高温季节则应选用帘式坐垫，以利于降温防暑。对于一些中、高档轿车而言，因空调效果较好，即使在高温季节也不必使用帘式坐垫，以提高舒适性。此外，汽车枕垫主要能起到调节乘员的舒适度及保障安全之用，如当乘员感到颈椎不适时，可选用颈枕；腰部不适时，可选用腰枕。

3. 安全原则

在坐（枕）垫选配时特别要遵循安全原则。有些生产厂商为了迎合人们追求舒适的需求，将汽车坐垫及靠垫做得很厚，但过厚的坐垫及靠垫会使乘坐者的身体远离汽车座椅。

乘员坐在这种垫上会感觉高了很多,头部离车顶近了。更主要的是后背也被垫起了不少,因肩部与汽车坐垫靠背以及头部与座椅头枕间产生了一定的距离,这就给乘员带来了安全隐患。因为,汽车头枕的作用除了为乘坐者增添舒适感外,最主要的功能在于保护颈部。加上了厚厚的坐垫及靠垫后,头部距离头枕过远,使得头枕起不到其应有的保护作用,在发生事故时,便会加大乘坐者头一颈受伤的概率。

六、座椅及坐(枕)垫的检查

在检查座椅及坐垫时,首先也应仔细查看有无损坏,同时了解上面污渍的类型,以便选用合适的清洁剂。此外,还应区分座椅、坐垫的制作材料,以便清洁时采用相应的清洁材料和护理材料。

1. 真皮产品的鉴别

由于真皮座椅易清洁性和散热性都优于人造革座椅和绒布座椅,因此,许多车主都将真皮(特别是牛皮)制品作为装饰自己汽车的首选。牛皮可进行多层分割(最多可分为八层),最外层的为头层皮,质量最好,次之为二层皮,其强度、弹性和透气性都不如头层皮。汽车座套必须选用头层皮。现在市面上出售的一种复合皮是在二层皮的表面附上一层胶膜,表面精致,看上去很像头层皮,有些商家以此冒充头层皮,欺骗用户,应注意识别。从专业的角度上讲,鉴别皮革要从皮的气味、相对密度、耐光性、耐迁移性、雾化性、热黄变、耐摩擦性等方面来判断。由于多数从业人员不具有这方面的专业知识,判断起来比较困难,不妨采用下列简单方法进行鉴别。

(1)看。就是用眼睛的直观感觉进行鉴别,头层皮皮面光滑,皮纹细致,色泽光亮且没有反光感,厚度在 1.0~1.2 mm 且厚薄均匀。如果皮纹不明显,只是异常光滑,则说明皮在加工过程中进行了磨面处理,或是用二层牛皮喷上颜色后压出皮纹制成。同时,伸出食指,按压座椅表面(压住不要放手),若是有许多细微的线条向手指按压的圆心伸展开去,那么这就是真皮座椅。如果压下去以后,皮椅表面没有细微纹路出现,则表示其不是真皮制品。

(2)摸。就是用手摸皮面,质量好的头层皮摸起来手感好,柔软、舒适、滑爽而且富有弹性,若皮面板硬或发黏均为劣质皮。

(3)闻。就是闻一闻皮革的气味。好的牛皮有自然的皮香味,装上车后再次打开车门,有一股令人舒适的香气。劣质的牛皮通常带有强烈的刺激味。

(4)擦。用潮湿的细纱布在皮面上来回擦拭七八次,并查看布上是否沾有颜色。若有脱色现象,则说明是劣质牛皮。

(5)拉。即察看其延展性。用两只手拿起皮的对角,然后稍用力向两边拉。好的牛皮拉起来变形不大,牢靠度较好、富有弹性。若延展性较大,则说明其不是真皮,因为真皮的韧性不及人造革。拉开后,皮面出现缝痕或露出浅白底色,则说明皮的弹性及染色工艺不过关,质量较差。

2. 皮革制品的检查

随着科学技术的发展,出现了许多被统称为"皮革"的制品,真皮制品与其他皮革类产品的最大区别就是真皮产品使用的是整张动物表皮制作,而其他皮革类产品则是通过合成等工艺制作的全部或部分含有动物皮质的产品。目前,皮革类制品(含真皮制品)是汽车内外饰中用得最多的一种材料,且在使用过程中出现的问题也比较多,归纳起来主要有以下几个方面:

(1) 松面。将制品向内弯曲90°时,粒面上如出现较大的皱褶且展平后不易消失时,即为业内人士所称的皮革制品管皱,管皱是最严重的松面现象。

(2) 裂浆、露底、掉浆。检查时一手将革面按住,一手拉开基面,用小刀或钥匙的柄从里向外顶革面,并来回划动,若粒面上出现裂纹,即为裂浆;而仅呈现底色称为露底;涂层从革面上脱落则称为掉浆。造成裂浆、露底、掉浆的主要原因是:涂层的延伸性同皮革的延伸性不一致、涂层材料使用不当、涂面配方不合理、涂层过厚等。

(3) 涂层耐干擦、湿擦不良。指涂层经干擦或湿擦后产生掉色现象。产生的主要原因有:涂饰剂中含有的颜料过多或颜料颗粒较粗,涂饰剂中有酸性粒子元,染料量过大。涂层耐干擦而不耐湿擦,主要原因是涂层防水性能不佳。

(4) 色花。革面上出现颜色浓淡不一致或色调不相同的现象即为色花。绒面革出现色花是染色不均造成的,光面革出现色花是涂饰不均造成的。

(5) 油霜、盐霜。在革面上形成的粉状油脂渗出物叫做油霜。尤其在天气较冷的情况下,更容易形成油霜,且擦去后不久仍将出现。这是由于原料皮本身含有的高熔点硬脂酸等脂类物质没有除净,或加脂剂中含有较多的该种物质。在皮革的干燥或放置过程中有时会在粒面上出现一层灰色霜状物,叫做盐霜,这是由于皮革在中和后未经充分水洗,皮革中还含有大量的可溶性盐渗出所致。鉴别盐霜与油霜的方法是:取一架热熨斗熨烫一下,油霜可被皮革吸收而盐霜则不能。

(6) 涂层发黏。用手触摸革面时有黏手的感觉,或将革面相对叠在一起,在分开时发出黏结声,则被认为是涂层发黏。出现这种情况主要是软性树脂用量过大造成的,涂层发黏的皮革较易吸附灰尘。

(7) 僵硬或软而无弹性。皮革变硬的原因,一是由于使用时间太长,皮革内油脂渗出太多或皮革自然老化;二是水浸或洗涤不当,晾干后变硬;三是上光打蜡或上浆上色选用的材料不当或涂层太厚;四是粒面吸收太强或粒面磨损,以前翻新时吸收浆料太多。

此外，在使用过程中造成的新缺陷有脏污、损伤等，尤其当皮革粒面层磨伤后，各种污物就会渗入到皮革之内，因此难以除去。而划伤、撕伤、崩裂、钩剐伤等损伤，都是皮革面使用过程中常见的缺陷。

3. 竹制品的检查

市场上竹制凉垫很多，外观看起来差不多，但价格却相差悬殊，主要是由如下3个原因所造成：

（1）制作材料的不同。用竹皮部位制作的竹块，坐上去会感觉比用竹芯制作的竹块凉爽，其价格也就略高些。这一区别在仔细进行比较时就很容易发现，竹皮看起来显得更为光滑、发亮，纹路清晰；竹芯则容易发白，摸起来湿一些。

（2）加工工艺的不同。竹制凉垫必须要进行细致打磨，才不会产生竹刺，伤及衣物或皮肤。串接竹块使用的网线要结实而有弹性，否则，竹块很容易脱落。时间一长，竹块间的缝隙还会因网线被拉长而加大，影响美观。此外，竹珠串接的凉垫比竹块的要贵一些。因为串接工艺复杂，原料要选用制作毛笔所用的细毛竹，要用粗细基本一致的竹子才能制作出大小一样的竹珠来。因此，同样材质，加工方式越细致，成品价格也就越贵。

（3）辅料的不同。无论凉垫的主体是否是竹块，其边缘都会有一圈较宽的装饰布边，装饰边用料的好坏也和凉垫价格有关，例如亚麻边肯定比花布边要贵。坐垫背面的衬布也有好有坏，有丝绸的、花布的、条绒的，还有的干脆不配衬布，以降低成本，其市场价格也就大相径庭了。

4. 枕垫的检查

头枕除了能给乘员带来舒适感外，还具有安全装置的功能。为了减少交通事故中因撞击而造成的头—颈受伤的发生，颈部扭曲必须控制在最小幅度内。设计优良并且正确安装的头枕对此至关重要。头枕应该安装在至少与耳朵上沿平行处或者乘员头下约 8.8～9 cm 处。后脑与头枕之间的间距越小越好，最好不要超过 16 cm。由于乘员身高各异，因此头枕的调节范围也应有所不同。有专门的协会分析了 5 000 多个保险索赔案后得出：在同等条件下，使用良好等级头枕的驾驶员比使用劣质头枕的在追尾事故中的颈部损伤概率小24％。在纽约，该协会测试了 585 位发生追尾事故的驾驶员。测试进行的时候，驾驶员坐在正常的位置上，但头枕则处于追尾时的位置。结果显示，放置在头部重心或者重心上方的保护装置能够降低追尾中颈部受伤的概率。正确使用该保护装置的驾驶员比错误使用的驾驶员发生疼痛的概率减少了 40％。

学习单元 5 汽车地板与桃木装饰的检查

学习目标

熟悉汽车地板的相关知识

熟悉桃木装饰的相关知识

知识要求

一、汽车地板介绍

汽车地板的主要制作材料为合成革或毛毯,现在越来越多的汽车开始采用毛毯制作的地板。20 世纪 60 年代以前用于汽车内部的地板都是经测量、裁剪和缝制而做成与汽车地板各式各样的凸起和凹坑相匹配的形状。如今所有生产厂和零配件市场的地毯都为基本成型,其形状与汽车地板形状相配,背面自带衬垫。对于不带衬垫的地毯必须另行制作衬垫,然后将其粘贴到地板上。地毯衬垫主要有 3 种:黄麻纤维毡、泡沫和一种叫再生材料的产品。再生材料是环保型产品,再生毡由可回收利用的碎屑制成,再生泡沫是可循环利用的泡沫。13 mm 厚的泡沫塑料板非常好用,它贴合紧密,能形成双向曲面而不会出现折痕;黄麻纤维毡隔离性能最好,但价格较高。

目前,中、高档轿车上都铺有地毯,一旦有脏物、污渍留在上面,就很难清理。因此,许多车主喜欢在上面铺一层防水、易擦洗的脚垫,这样,既能保持车内整洁又可起到保护地毯的作用。脚垫分为手工和成型脚垫两种。板型、手工工艺都好的脚垫,能有效防止灰尘和脏物渗入地毯,但防水能力差一些。成型脚垫也称地胶,是一次性压制成的,中间无缝,防漏性好,但遇凹凸大的车内地面时,铺设后的美观性就差一些。一般地胶是用 3 mm 厚的橡胶制品做成的,颜色有灰色、米色、黑色。另外脚垫的铺设水平也非常重要,铺得不好,周边容易翘起,中间不平整,整体感观很不舒服。由于脚垫是橡胶制品,有些气味,颜色又少,一些高档轿车铺上后会使人感到档次降低。现在有的美容装潢门店采用小块家用地毯来铺设地板,也给人不错的感觉,既显档次,又比较经济。

二、桃木装饰介绍

1. 桃木装饰相关知识

桃木装饰是将桃木或仿桃木材料镶嵌在仪表台、中控板、变速杆头、门扶手、转向盘等部件外表面的一种装饰。桃木或仿桃木材料具有美观、高雅、豪华等特点,其独有的花纹图案可获得特殊的装饰效果。高中档轿车，在车内配置木质材料，可显示其豪华气势；中低档轿车，在车内配置仿桃木材料后，也可提高档次。因此，目前桃木或仿桃木内饰非常流行，它体现了轿车装饰的高档化。

轿车内饰木质材料一般是指胡桃木和花梨木，早期还有鸟眼枫木和橡木，现在大多采用胡桃木。由于胡桃木具有纹理优美、坚韧、不会变形等优点，所以成为高中档轿车制作内饰的首选材料。仿木质材料是用塑料仿造木质纹理制造的一种内饰材料。早在20世纪70年代已经出现，这是一种塑料制品，一般多用ABS（丙烯腈－丁二烯－苯乙烯）、PVC（聚氯乙烯）、PC（聚苯乙烯）等材料制造。现代的贴膜技术可令仿制品以假乱真，纹路、光泽与真的木质材料极为相似，甚至行家也只能靠涂料来辨别真伪，因为只有木质品才需要多层涂料来防潮和防紫外线照射。当然，成批生产的塑料仿木质内饰的纹路图案可能是件件都一样，而天然的木质内饰的纹路图案却是独一无二的。有一些塑料制品需要喷涂专用清漆等涂层材料以抗老化，缩小了仿桃木内饰件与桃木内饰件的质量差距。现在，还有一种制造方法，就是在塑料基体上粘贴上一层极薄的桃木镶饰，看上去与桃木装饰件完全一样，因此可以被称为准桃木装饰件。

轿车桃木内饰主要起美化作用，要根据车型、档次及需求合理选用和安装，其造型、色彩搭配、材质感都应当给人以良好的感受，同时还应具有阻燃功能。

2. 桃木装饰的检查

目前，市场上大部分的桃木饰件需要用胶水或双面胶纸进行粘贴，其表面是一层印有木纹的软塑料或薄木片，胶贴完成后会发现大部分的圆弧位置没法贴合或很容易松脱，脱落后的胶纸或胶状物会严重影响原塑料件的外观，如此一来，不仅整体效果不如原厂原件外，加上外贴件的厚度后，还会影响一些开关按钮的行程。此外，车辆在夏季露天停放，车厢内温度可达80～90℃，部分表面软塑料会因承受不了高温而脱落或发出异味。而表面桃木薄片也因没有经过特殊加工处理，无论在夏季或冬季，都容易因热胀冷缩而导致破裂。因此，在内饰检查时，一定要注意桃木装饰的质量。

学习单元6 视听装置的检查

学习目标

了解汽车视听装置的作用
熟悉汽车视听装置的种类
熟悉汽车视听装置的特点
熟悉汽车功放的常见指标

掌握视听装置的检查方法

知识要求

随着人们活动半径的不断扩大,人们待在车上的时间也变得越来越长。因此,希望坐在车内就能收听广播、欣赏音乐、观看电视(影碟)等,以获得与生活在自己住房内一样的舒适和享受。由此,汽车装潢项目中便增加了选配、安装或改装视听装置的内容。

一、汽车视听装置的作用

在汽车内安装音响、电视等视听装置一般具有如下几项作用:

1. 减轻驾驶途中的疲劳

在汽车行驶途中,听听音乐、相声、小品等文艺节目,既可提供优美的听觉享受,又可减轻驾驶途中的疲劳,使驾驶员与乘员感到轻松愉快。乘员还可通过汽车电视观看精彩的影视节目,消除旅途中的寂寞感。

2. 提供交通信息

在一些大中城市,广播电台都相继开通了交通信息节目,向驾驶员及时传播道路状况、自然灾害、汽车使用保养、维修服务及安全行车知识等方面的信息。同时,还能接受驾驶员的信息咨询和投诉,这些交通信息台目前已成为深受广大驾驶员喜爱的行车顾问和向导。

3. 减少停车等待中的寂寞

等候朋友或客人、交通拥堵等情况往往会使车辆较长时间处于停驶状态。此时打开车上的视听设备,静下心来微合双眼欣赏一下动听的音乐、诙谐的相声和小品,可大大减少等待中的寂寞。

二、汽车视听装置的种类

汽车视听装置主要由音(像)源部分(如汽车收放机、汽车激光唱机及DVD等)、功放部分、显示器部分等组成。

1. 音(像)源部分

业内人士又将其称为"主机",它是音(像)信号的源头,即它能把音(像)软件的磁信号或数字信号等转化为相应的电信号。理论上,音(像)源自带的功放无法满足高保真音乐软件的要求,无法还原逼真的Hi-Fi音乐,所以从Hi-Fi角度出发,一般主机只作为音源来使用。

汽车收放机具有收音和磁带放音双重功能,由天线、收音部分、放音部分、扬声器、收放音电路等装置组成。

（1）天线装置。主要功能是接收广播电台所发射的电波，通过高频电缆向无线电调频装置传送。

（2）接收装置。由无线电调频装置及录音再生装置（盒式磁带或激光唱片等）组成。广播电台所发射的电波、录音磁带的模拟信号、激光唱片的数字信号等均通过接收装置转化成其所能统一处理的电信号。

汽车激光唱机又称 CD 唱机（如用于 DVD 的则称为 DVD 播放机）是以光盘为载体播放音乐（图像）的设备。其工作原理是将音乐（图像）信号进行数据记录后刻制到醋酸纤维盘片上，所记录的信号在激光唱机上，利用激光的光拾音作用将醋酸纤维上的数字信号进行非接触式读出。用于记录的数字信号在一般直径为120 mm，厚 1.2 mm 的塑料片音面，对应于数字"0""1"信号的凹凸点进行记录。信号解读时，激光拾音器对信号记录部分的凹凸处不断照射聚焦的激光，利用光接收器检测反射光的强弱，转换成数字电信号。在解码器中将这些信号进行数模转换并放大，从而恢复原音的音乐信号。

激光唱机的特点首先是音质好，噪声小。光盘把信号进行数字录音和读出数据都是非接触式的，所以没有磁带那样的噪声，在解读音乐信号时能不失真地进行 15～20 000 Hz 的还原。其次是控制精确。当激光照射密纹片时，检测的光拾音线圈上针对光盘上以数微米计的凹凸处，需要设置精密的伺服机构以得到 1.25 m/s 的线速度。为此，激光唱机内设有高速计算庞大数据时的信号处理电路。第三是播放时间长。光盘的存储容量较大，一张密纹唱片能最长连续演奏 75 min。

目前，汽车音响的生产厂商在设计时将音源部分一般做成如下几种组合：磁带＋收音、单碟（CD）＋收音、单碟（CD）＋磁带＋收音（三合一）、多碟（CD）＋磁带＋收音、单碟 MD＋单碟（CD）＋收音（三合一）、单碟 MD＋收音＋多碟（CD）、单碟 MP3＋收音、DVD＋TV＋收音等。

2. 功放部分

受汽车使用条件的限制（电源不足），整套音响的输出功率受限，生产厂商在进行汽车用功放设计时，把尽可能地减少功率损耗作为衡量一套汽车音响的重要目标。因此，就不能像家庭音响一样用一台功放同时来驱动高音、中音、低音扬声器，因为这样就势必要采用被动分频网络，会加大功率的损耗，使原来已显不足的输出功率更变得捉襟见肘，这也是现在汽车音响系统里采用单台功放专门推动超低音的主要原因。在一个普通的功放系统里，一般采用两台功放或一台功放。采用两台功放时，选用的一台四路功放专门用于推动前、后车门的中、高音扬声器，另一台两路功放则用于推动超低音扬声器。当采用一台功放时，常选用的是五路功放（其中四路用于推动中、高音，另一路推动超低音扬声器）

或是六路功放（其中四路用于推动中、高音扬声器，另两路推动超低音扬声器）。功放的功率应大于扬声器的指示功率。如果功放的功率偏小，在长期使用大功率输出时，容易烧坏，还会导致音质变差、声音失真等故障出现。

3. 显示器部分

这里所说的显示器，是指汽车专用的车载液晶显示器，目前大致可以分为四大类。

第一类，也是车载显示器最简单的应用，它由显示器加摄像头组成可视的倒车系统，一般视角达96°，死角较小，再加上倒车后视镜，可大大方便车主的倒车操作。摄像头有彩色与黑白两种。

第二类，TV加显示器，一般被称为汽车电视机。它主要由显示器、影机控制器、电视选台器、电视（TV）天线等组成。显示器用于显示电视画面，具有彩色显示自动调谐、自动关机等特点。影机控制器用于把电视选台器送来的影像信号转变成画面表现用的信号。电视选台器主要用于接收经天线传来的电视信号并选台，以及将影像信号送到放影机控制器，同时将声音信号经扩音机继电器送到前面的扩音机中，并且还可进行电视及录像切换。电视（TV）控制器有较长的控制线，以便任何座位上的乘员都能方便地进行操作。电视（TV）天线用于接收电视信号，一般设计为伸缩式，其伸长和缩短可自动控制。

第三类，显示器加VCD/DVD播放器，这相当于在车上安装了一个简易的车载娱乐系统。乘员可以根据自己的爱好在车上观看各类影碟片。

第四类，显示器带自主导航系统。

在实际运用中，这四类应用并不是完全独立的，一般显示器均带有视频、信息输入接口，所以各种功能都可以自由切换。如可视的倒车后视系统，加上TV，同样可接收电视节目。只要根据车主需要，再加装各种播放器或者接收器，这些功能全都能得到实现。

三、汽车视听装置的特点

1. 外形体积小

汽车音响的体积受到汽车仪表台面积的限制，所以体积较小。欧洲车型按DIN标准规定尺寸为183 mm（长）×50 mm（高）×153 mm（深）。日本汽车多用双层形式，尺寸为180 mm（长）×100 mm（高）×153 mm（深）。在有限的体积中，汽车音响多使用高密度贴片式元器件，并采用多层立体装配结构方式，在技术设计方面要求很高，因而成本也随之加大。

2. 使用环境恶劣

汽车在不同等级的路面上行驶，车内音响经常受到振动和冲击，故汽车磁带放音部分多采用横向放置方式，上下卡紧以保证稳定放音；CD 部分使用多级减振措施（拉簧、气囊并利用气囊的阻尼特性、先进的电子防振系统 Advanced ESP 等），就是将 CD 所播放的信息提前 3 s 存入芯片，CD 机受到强烈振动时，激光头要进行保护而停止工作，此时，芯片存储的信息会不断放出，所以感觉不到放音有停顿现象。同时要求汽车音响中的元器件焊接装配绝对牢固，个别的元器件更需用强力胶固定。汽车音响要能承受室外温差的变化，如在太阳照射下仪表台的温度可达 70～80℃，寒冷地区低温可达 -30～-40℃，这样对元器件的等级要求就非常之高。汽车音响对预防潮湿也采取了措施，一般要在元器件表面喷涂防潮剂保护线路，以使汽车音响在不同环境下都能正常工作。

3. 采用低直流电压供电

大型客车、载重车汽车音响多用 24 V 供电，小客车多采用 12 V 供电，电压变化将直接影响音响的输出功率，这就要求供电用线的材质阻抗非常小。其中，蓄电池桩头要求采用合金表面镀金材料制造，使导电性能加强，但价格昂贵。在主机输出方面采用 BTL 工作方式，可获得 4×4 W 的功率，使用低阻抗的扬声器（2～4 Ω 特制规格）以获得更大的功率。在功率放大器方面采用开关电源升压方法，将电源电压升至 35～40 V，这样在电压波动时，可保证输出功率的稳定。因此就要求汽车音响的功放大电流线性好、饱和压降小、效率高，并且具有过载、过热、过流、短路等保护措施。

4. 抗干扰能力强

汽车发动机点火装置以及各种用电器都共用一个蓄电池，这就会通过电源线和其他线路对音响产生干扰。采用扼流圈串在电源与音响之间进行滤波可改善对电源线的干扰，而采用金属外壳密封屏蔽进行隔离可改善对空间辐射的干扰。在高档音响中还装有专门用于抗干扰的集成电路和组件，用以降低外来噪声的干扰。

5. 收音部分灵敏度高，动态范围大

汽车在道路上行驶，既有方向变化又有外界环境影响（如高楼、桥梁、电线网等），要保证收音正常，就要求收音部分灵敏度、选择性、S/N（信号/噪声）比都具有较高的性能，对 AGC（自动增益控制）和 AFC（自动频率控制）要求也很高。收音调谐器机械式多使用调感方式，以增强抗振和调协的稳定性，对 FM（调频）波段的协调，则要求稳定可靠。目前，许多高级音响已使用数码合成协调器。

此外，汽车音响还有许多家用音响所不具备的功能，如：带有语音控制招待指令的音响，以使驾驶员无须用手操纵，只需说话即可完成操作；在转向盘上安装可控制音响各种工作状态的按钮，以使驾驶员在手握转向盘的同时也可以控制音响；还有高级音响中的语音提示功能（voice guide）等。有的音响还可根据车速变化时的气压波动对人耳膜产生压力的变化，控制音量电位自动增减，使乘员感觉不到音量有任何变化。风声和发动机噪声

以及其他噪声会使音乐细节变得难以捕捉，为了克服这个问题，使用DRC（动态道路噪声控制）可增强低音和高音，另外还可加重轻柔的乐段。

四、汽车功放的常见指标

功放设备的功率是最为常见的一个音响指标，从业人员应当加以掌握，以便更好地为顾客提供服务。功率是音响系统中最重要的参数，表示音响系统带动负载的能力，这也是人们在购买时首先应注意的地方。在查看功放功率的标识时应注意以下3点：

其一是电池电压。汽车电池的电压是经常变化的，对于两种常用标识：14.4 V/100 W、12 V/100 W的功放是完全不同的两种功率说明。由于汽车在行驶过程中的电压基本上在12 V左右，因此在12 V电压状态下所测得的功率值更接近真实情况。而且以持续电压12 V为基准标识功率的功放在电压达到12 V以上时可以获得更大的功率。

其二是THD（谐波失真率）。在比较功放的持续输出功率时，需在相同（或是较为接近）的THD值下进行。不同的THD值下测试出的音质差别是十分明显的，有时其标识的最大功率很高，但很可能它的失真和噪声也同样很大。因此在检查最大功率输出的同时也应留意其所标识的THD值。

其三是频率范围。功放的持续功率输出应在其实际使用的频率范围内进行检测。对于功放的功率，应要求标识完整的检测范围，仅标识某个频率时的功率值则没有任何意义。

通常在选购音响系统时遵循大功率输出原则。功放的输出功率越大，表明它们驱动扬声器的能力也越强。

五、视听装置的检查

安装汽车视听装置需要有一流的安装技术和良好的售后服务。特别是汽车音响，它不同于家用音响，由于使用环境恶劣，温度变化、振动、尘土等都会使汽车音响产生故障。经过合理设计、安装的音响线路不会影响车上其他线路，同时，汽车电器线路也不会对音响系统产生任何干扰。使用普通电线安装汽车音响，虽然整体价格偏低，但音响效果较差。而且，由于汽车音响的大功率功放系统电流较大（瞬时电流可达数个安培），安装不当随时有可能会发生故障甚至引发火灾。因此，从业人员在检查汽车视听装置时一定不要轻易挪动设备及布线，以免造成不必要的损失。

学习单元 7　安全装置的检查

学习目标

熟悉汽车防盗装置
熟悉汽车安全报警装置
熟悉汽车安全保护装置
掌握安全装置的检查方法

知识要求

一、汽车防盗装置

随着对汽车防护要求的提高，车用防盗器的功能也日趋完善。

1. 汽车防盗装置的功能

现以常见的 BKH "BK668－868 型汽车防盗安全系统"为例，介绍具体使用及操作方法。

BK668－868 型汽车防盗安全系统遥控器外形如图 2—4 所示。

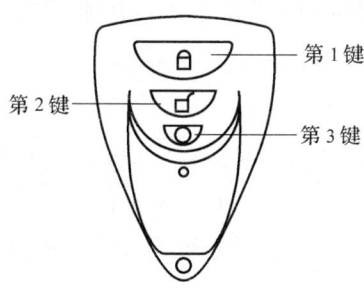

图 2—4　BK668－868 型汽车防盗安全系统遥控器外形图

该系统的遥控器共有 3 个按键，具体操作见表 2—1。

（1）设防和解防

1）按遥控器第 1 键，喇叭响 1 声车灯闪 1 下，中控锁上锁，同时锁定发动机，系统进入完全设防状态，LED 开始闪烁。

2）两段式振动警报。如遭到轻撞击扬声器会发出间歇式警报声，重撞击车灯闪烁，扬声器连续鸣叫，周期为 30 s。

表2—1　　　　　BK668－868型汽车防盗安全系统遥控器按键功能表

按键	时间（s）	状态	功能
第1键	1	常态	设防/上锁
第1键	2	常态	吓阻/寻车
第1键	1	钥匙转到OFF	上锁
第2键	1	常态	解防/开锁
第2键	1	钥匙转到ON	开锁
第3键	1	常态	静音防盗

3）常态中若遇到更严重的情况（开车门或锁头触发），车灯开始闪烁，扬声器连叫30 s的周期（直到解除）。若30 s后车门或锁头仍处于触发状态，则车灯继续闪烁，扬声器又将连续叫3个30 s的周期（直到解除或每个周期结束后触发区域被关好），然后忽略该触发区域。

（2）解防系统

1）按遥控器第2键，扬声器响2声，车灯闪2下，中控锁开锁，发动机解除锁定，LED熄灭。

2）触发状态下，第1次按遥控器第2键不会开锁，再按1次方可开锁（安全解防）。

（3）自动重新设防。按遥控器第2键解除系统后，若30 s内没有打开车门或启动发动机，系统将进入自动重新设防模式，在其中的第15 s时，扬声器会响1声以提醒车主。自动重新设防时，扬声器响1声，车灯闪1次，中控锁上锁同时锁定发动机，系统进入完全设防状况，LED开始闪烁。

（4）静音防盗。按下遥控器第3键，系统将进入静音防盗中。

1）静音设防。车灯闪1下，中控锁上锁，同时发动机锁定，系统进入完全设防状态，LED开始闪烁。

2）静音解防。车灯闪2下（若有触发则根据触发区域闪不同次数），中控锁开锁，同时解除发动机锁定，LED熄灭。

（5）吓阻/寻车。在常态下按住遥控器的第1键约2 s，系统进入吓阻/寻车模式，扬声器和车灯将连续动作30 min，再按第1键或第2键即可解除。

（6）中控锁自动化。解防状态，进入车子启动发动机，6 s后中控锁自动上锁，关闭发动机，打下中控锁自动解锁。

（7）手动解防。系统触发后，可将钥匙打到ON位置，按下复位开关，系统复位解除触发。

(8) 触发状态记忆。若系统被触发过,则根据触发的区域来决定扬声器鸣叫和车灯闪烁的次数。

1) 振动感应器被触发。扬声器和车灯动作 3 次。

2) 门触发。扬声器和车灯动作 4 次。

3) 发动机触发,扬声器和车灯动作 5 次。

(9) KES 系统。为了使用方便,在发动机运转时按遥控器第 1 键上锁,第 2 键开锁。此功能是为了方便短时间停车下客而设置的。

(10) 拨动开关。为了节约遥控器电源,拨上开关关闭电源,以防止误触发,拨下开关开通电源。

(11) 遥控器学习。车钥匙转至 ON,按 1 下复位开关后,6 s 内再将钥匙 ON/OFF 4 次,停在 ON 的位置上,扬声器长鸣 1 声进入学习模式,8 s 内按遥控器第 1 键学习,扬声器长叫 1 声后短叫 1 声,确定该遥控器学习成功。按第 2 个遥控器的第 1 键,扬声器长叫 1 声后短叫 1 声,确定该遥控器学习成功。学习完后扬声器会叫 1 声退出该学习模式。在学习中,钥匙转至 OFF 也可退出模式,此时扬声器长叫 1 声以确认退出了系统。

2. 汽车防盗装置的种类

(1) 机械式汽车防盗装置。机械式汽车防盗装置大多为各种防盗锁,它们通过锁定转向盘、制动踏板、变速杆等主要操纵件,使盗贼无法将汽车开走。机械式汽车防盗装置一般分为如下几种:

1) 转向柱锁。主要由锁杆、凸轮轴、锁止器挡块、开锁杠杆和开锁按钮等组成。当驾驶员从钥匙筒拔出钥匙后,转向柱便被锁住,使汽车无法驾驶。

2) 转向盘锁。早先的转向盘锁(见图 2—5)比较简单,现在常用的是如图 2—6 所示的直杆转向盘锁。该锁两个锁栓分别固定在转向盘的径向两相对端,锁杆的另一头插在车内任意地方固定,以防止窃贼转动转向盘。

3) 制动踏板锁。该防盗锁锁在制动踏板杆上,使汽车处于制动状态,盗贼无法开走汽车。汽车的制动踏板锁如图 2—7 所示。

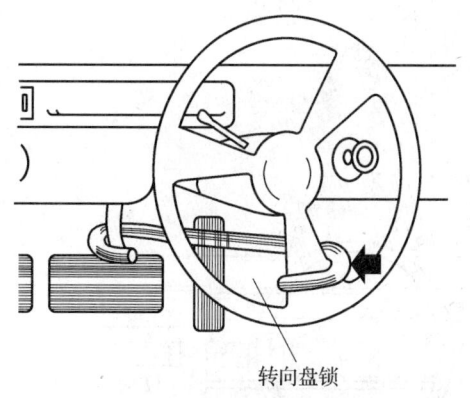

图 2—5 汽车转向盘锁

4) 变速杆锁。该防盗锁通过锁具将变速杆固定,以防止窃贼拨动变速杆。汽车的变速杆锁如图 2—8 所示。

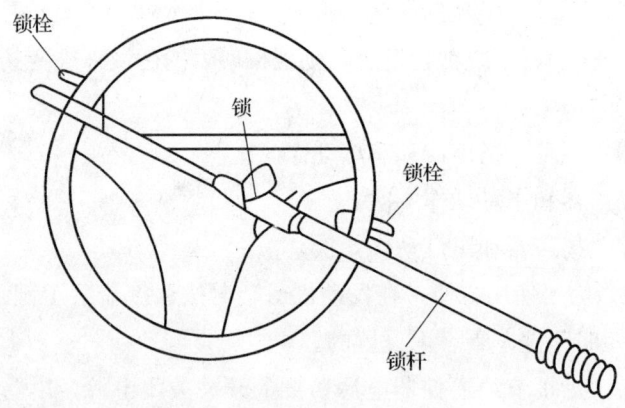

图 2—6 汽车直杆转向盘锁

5）车轮锁。该防盗锁锁在车轮上，使车轮无法转动。汽车的车轮锁如图 2—9 所示。

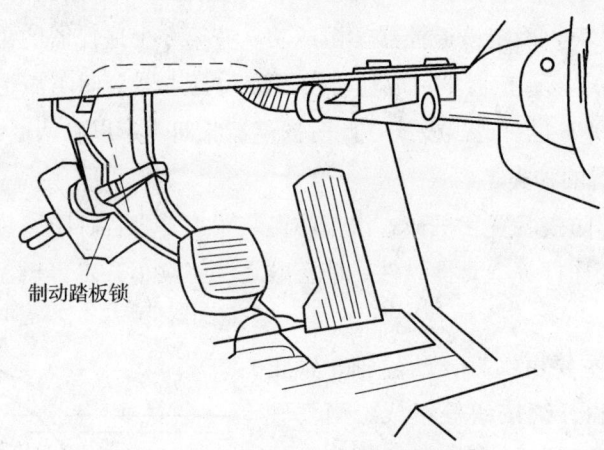

图 2—7 汽车制动踏板锁

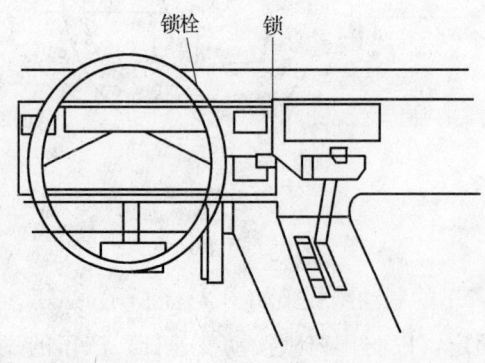

图 2—8 汽车变速杆锁

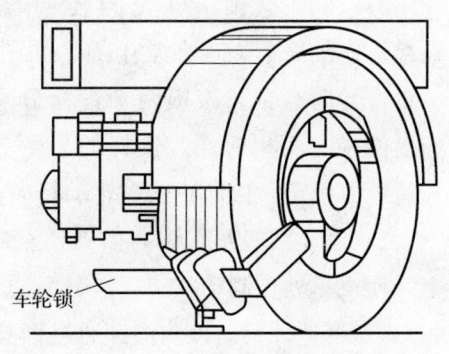

图 2—9 汽车车轮锁

(2) 电子式汽车防盗装置。电子防盗锁是目前应用最广的防盗锁之一，分为单向和双向两种。单向电子防盗系统的主要功能是当车开关门、振动或非法开启车门时报警，也有一些品牌的产品根据客户的需求增加了一些功能，如用电子遥控器来完成发动机启动、熄火等。双向可视的电子防盗系统相比单向的更为直观，能彻底让车主知道汽车的情况，当车有异动报警时，遥控器上的液晶显示屏会显示汽车遭遇的状况，缺点是有效范围只有100~200 m。电子防盗系统的最大缺点在于其电子密码和遥控操作方式，当车主用遥控器开关车门时，匿藏在附近的偷车贼可以用接收器或扫描器盗取遥控器发出的无线电波或红外线，再经过解码，就可以开启汽车的防盗系统。

芯片式数码防盗器是现在汽车防盗器发展的重点，大多数轿车均采用这种防盗方式作为原配防盗器。

芯片式数码防盗器的基本原理是锁住汽车的发动机、电路和油路，在没有芯片钥匙的情况下无法启动车辆。数字化的密码重码率极低，而且要用密码钥匙接触车上的密码锁才能开锁，杜绝了被扫描的弊病。目前进口的很多高档车以及国产大众、广州本田等车型已装有原厂的芯片防盗系统。

目前芯片式防盗已经发展到第四代，最新面世的第四代电子防盗芯片，具有特殊诊断功能，即已获授权者在读取钥匙保密信息时，能够得到该防盗系统的历史信息，包括系统中经授权的备用钥匙数目、时间印记以及其他背景信息，成为收发器安全特性的组成部分。第四代电子防盗系统除了比以往的电子防盗系统更有效地起到防盗作用外，还具有其他先进之处；它独特的射频识别技术（RFID）可以保证系统在任何情况下都能正确识别驾驶者，在驾驶者接近或远离车辆时可自动识别其身份，自动打开或关闭车锁；无论在车内还是车外，它都能够轻松探测到电子钥匙的位置。

(3) 网络式汽车防盗系统。网络防盗是指通过网络来实现汽车的开关门、启动发动机、截停汽车、定位汽车等功能，车辆还会根据车主的要求提供远程的车况报告等。网络防盗突破了距离的限制，目前主要使用的网络有无线网络和 GPS，其中应用最广的就是 GPS。

GPS 全称为"全球卫星定位系统"。实际上，此技术是美国耗资 100 多亿美元，历时 20 多年发展的一项航天工程，1991 年在海湾战争中被首次使用。海湾战争之后，GPS 技术在非军事领域得到了更为深入的广泛应用，在汽车反劫防盗领域取得了非凡的效果。GPS 属网络式防盗器，它主要靠锁定点火或启动系统以达到防盗的目的。GPS 应用于汽车反劫防盗服务就得益于卫星监控中心对车辆 24 h 不间断、高精度的监控服务。该系统由安装在指挥中心的中央控制系统、安装在车辆上的移动 GPS 终端以及 GSM 通信网络组成，接收全球定位卫星发出的定位信息，计算出移动目标的经度、纬度、速度、方向，并利用GSM网络的短信息平台作为通信媒介来实现定位信息的传输,具有传统的GPS通信方案所无法比拟的优势。缺点是价格昂贵,每月要交纳一定的服务费。

二、汽车安全报警装置

汽车是高速行驶的交通工具,为使车辆驾驶员和行人能及时了解汽车运行过程中的各种信息,及时采取果断措施,确保行车安全,汽车上安装了多种安全报警装置。

1. 汽车超速报警装置

随着汽车动力性能和道路交通条件的改善,汽车行驶速度越来越快。但高速行驶往往也是酿成交通事故的直接原因。为了防止超速行驶,可在汽车上安装超速报警器。当汽车行驶速度超过一定数值时,报警器的音调发生器便会使扬声器发出声响,提醒驾驶员适当减速,集中精力观察前方的交通情况。

2. 超车自动报警装置

高速行驶的汽车有时会因本车噪声干扰而听不到后面汽车发出的超车信号,特别是在白天,驾驶员的目光不可能总是盯着后视镜。因此,后面行驶的汽车将不得不长时间尾随其后等待。此时,一旦后车驾驶员强行超车,很容易带来不良后果。为防止这种现象的发生,可在汽车上安装超车自动报警器。该报警器通过装在车尾的拾音器获取后车请求超车的喇叭声,处理后变成报警信号,提示驾驶员后面有汽车等待超车。

3. 倒车报警装置

驾驶员在倒车时,由于视线不良,很容易发生危险。为了警告行人和其他车辆,现代汽车大都装有倒车报警装置。倒车报警装置一般有如下几种:

(1) 简易电子倒车报警装置。由一个低频信号发生器和一个蜂鸣器组成,倒车时发出间歇的蜂鸣声。

(2) 倒车语音报警装置。是由内存语音报警信号的专用语音报警器制成的报警装置,在倒车时可发出"嘟嘟,请注意倒车"或"倒车,请注意"等语音信号。

(3) 倒车测距报警装置。该装置由发射部分、接收部分、数字显示和报警四大部分组成。其主要功能一是倒车时能重复发出"倒车,请注意"的语音警告声提醒行人注意;二是能自动测出车尾与最近障碍物间的距离,并在驾驶室用数字显示给驾驶员;三是倒车至极限安全距离(距障碍物0.6 m)时,能发出急促的警告声提醒驾驶员注意制动。

4. 多功能安全显示器

该装置安装在汽车尾部,可向后显示本车行驶状态,进行有关提示,显示内容包括:"左转""右转""倒车""请您制动""请您超车""请勿超车""本车故障""保持距离"8项。

三、汽车安全保护装置

随着高速公路的发展和汽车性能的提高,车辆的行驶速度越来越快,特别是随着汽车拥有量的迅速增加,交通越来越拥挤,使得事故变得更为频繁,所以汽车的安全性就显得尤为重要。

汽车的安全性分为主动安全和被动安全两种,主动安全是指汽车防止发生事故的能力,被动安全是指在万一发生事故的情况下,汽车保护乘员的能力。当汽车发生事故时,对乘员的伤害是在瞬间发生的。例如,当车辆以 50 km/h 的速度正面撞车时,其发生时间只有 0.1 s 左右。为了在这样短暂的时间内防止对乘员的伤害,就必须设置安全装备。目前主要的安全装置有安全带、防撞式车身和安全气囊防护系统(supplemental inflatable restraint system,简称 SRS)等。

1. 汽车安全带

当汽车遇到意外情况需紧急制动或发生冲撞时,座椅安全带可以将乘员束缚在座椅上,从而防止乘员在车内被冲撞或被抛出车外,以避免因二次冲撞而造成伤害,是一种廉价而有效的保护装置。目前,在世界各国的交通法规中都规定了机动车必须装备座椅安全带。

根据座椅安全带在车上的固定点,可以分为两点式或三点式座椅安全带。在两点式中有单独约束腰部的(腰带),或单独约束乘员躯干的(肩带)。这两种安全带单独使用都不理想。在一些轿车的后座椅有使用两点式腰带的。同时能约束乘员的腰部及躯干的三点式座椅安全带则应用得较为普遍。其中一种是肩带锁舌插入腰带带扣的形式。即取肩带的上半部,下半部由腰带的一部分代替,仍然要两次操作才能完成系住身体的动作。另一种是肩带与腰带连续起来的形式(也称腰肩连续带)。锁舌在带子上的位置可以调整,锁舌插入带扣就可以完成系住身躯的动作,这种形式操作方便。以前座椅三点式腰肩连续带为例,它主要由织带、卷收器、带扣、高度调节器、导向板、支架、限位钮及安装附件组成。其中,织带、卷收器及带扣是安全带的重要组成部分。

(1)织带。织带是构成安全带的主体,通常由尼龙、聚酰胺、聚酯的合成纤维原丝织成。织带必须有足够的抗断裂强度和一定的伸长量。在事故发生时,安全带不仅能将乘员控制在座椅上,而且还能够靠其自身的适当延伸和缓冲作用来减轻人体所受到的伤害。此外,织带还具有耐磨、耐光、耐污、耐寒、耐热、耐水、染色牢固、阻燃等性能。

(2)卷收器。卷收器是指座椅安全带总成中部分或全部储存织带的装置。卷收器可分为无锁紧型(NLR)、手调锁紧型(MLR)、自动锁紧型(ALR)和紧急锁紧型(ELR)四大类。其中自动锁紧型卷收器可以从收藏盒中连续地把织带拉出,一旦停止,就由棘轮机构锁止。由于乘员使用安全带时，经常处于受约束的状态中，有一种受压迫的感觉，因而开发了紧急锁止式卷收器。使用带有紧急锁止式卷收器安全带时，织带可以自由地拉出和卷入。在紧急的时候，例如由于碰撞、追尾、滚翻等原因引起速度急剧变化时，卷收器的锁止机构能随时起到锁止作用。使用这种卷收器的优点是，在正常佩戴安全带的状态下，可以自由地拉长或收缩安全带，不妨碍乘员的正常活动。

（3）带扣。带扣是将乘员束缚在座椅安全带总成内的快速系脱连接件。带扣由锁扣和锁舌组成。它的特性与性能如下：第一，带扣应当外形优美、流畅，表面完整光滑，无锐利的棱角和过大的间隙。在车辆行驶及使用时，无摆动响声和其他干扰声。第二，带扣的所有金属件均涂漆或电镀，应具有很高的耐蚀性，非金属件具有耐光、耐热和耐冲击性。第三，带扣的尺寸与形状应保证在事故发生时，对乘员不产生不适当的压力和伤害。第四，操作元件简单方便，易于灵活系脱，锁舌能在织带上轻易移动，锁舌端部的结合与松开都毫不费力。带扣的位置处于座椅内侧，单手就可以轻易系脱。

（4）高度调节器。高度调节器是使织带长度调整到适合使用者身材的机构。高度调节器一般设置在肩部转向点处。也有将高度调节器和带扣、安装部件、卷收器制成一体的。

（5）安装附件。安装附件是指将座椅安全带总成固定在车辆上任一位置的所有固定件的总称。

此外，还有一种电机式自动安全带。它主要是由膝带、肩带、电动机、收紧器、导轨及滑块组成。

2. 汽车安全气囊

汽车安全气囊被称为是20世纪汽车的十大发明之一，也曾因成本高、安全性能上不稳定而备受争议。但是由于很多交通事故是难以避免的，因此随着安全气囊性能的不断提高和制造技术的日趋完善，作为汽车被动安全性的研究成果，安全气囊还是得到了迅速的发展和普及。

驾驶员处的安全气囊存放在转向盘衬垫内，因此，当看见转向盘上标有"SRS"或"Airbag"字样，就可知此车装有安全气囊。安全气囊系统主要由传感器、微处理器、气体发生器、气囊等部件组成。传感器和微处理器用以判断撞车程度，传递及发送信号；气体发生器根据信号指示产生点火动作，点燃固态燃料并产生气体向气囊充气，使气囊迅速膨胀。气囊装在转向盘毂内紧靠缓冲垫处，其容量50～90 L不等，做气囊的布料具有很高的抗拉强度，多以尼龙材质制成，折叠起来的表面附有干粉，以防安全气囊黏着在一起爆发时被冲破。为了防止气体泄漏，气囊内层涂有密封橡胶。同时气囊还设有安全阀，当充气过量或囊内压力超过一定值时会自动泄放部分气体，避免将乘客挤压致伤，气囊中所用的气体多为氮气。

(1) 安全气囊的种类。安全气囊安装的目的在于当车辆发生碰撞时，能使驾驶者与乘客的头部、胸部、肩部所受的伤害降至最低限度，基本上主驾驶侧气囊已被列为汽车标准配备。乘客侧安全气囊、侧边安全气囊、头部安全气囊（垂帘气囊）、后侧边安全气囊、后侧头部安全气囊（垂帘气囊）、护手气囊为标配或选配。

(2) 安全气囊的工作原理。在车速达到 48 km/h 以上、汽车受到前方一定角度内的高速碰撞时，装在车前端的碰撞传感器和装在汽车中部的安全传感器就可检测到突然减速，微处理器在经过分析之后会自动识别和判断碰撞的强度，当碰撞强度达到设计条件时，迅速触动点火器并引爆安全气囊包内的氮气固态粒子。引爆之后，大量氮气立即吹胀气囊，在强大的冲击力之下，气囊冲开转向盘上的盖子而完全展开。这样就在驾乘人员前形成了一个"气垫"，以缓冲前排乘员所遭受的冲击力度，从而起到了保护乘员头部不受伤害的作用。同时，在驾乘人员撞击到气囊上时，内部的氮气会因受压而从气囊上的小孔中排出，从而减缓了撞击力，不致伤害驾乘人员。

典型的气囊系统包括两个组成部分：探测碰撞点火装置（或称传感器），气体发生器的气囊（或称气袋）。当传感器开关启动后，控制线路即开始处于工作状态，并借着侦测回路来判断是否真有碰撞发生。如果信号是同时来自两个传感器时才会使安全气囊开始作用。由于汽车的发电机及蓄电池通常都处于车头容易受损的部位，因此，安全气囊的控制系统都具有自备的电源以确保其作用的发挥。在判定施放安全气囊的条件正确之后，控制回路便会将电流送至点火器，借着瞬时快速加热，将内含的氮化钠推进剂点燃。在近乎爆炸的化学反应快速发生的同时，会产生大量无害的以氮气为主的气体，将气囊充气至饱满的状态。借着强大的冲击力，气囊能够冲开转向盘上的盖子而完全展开，以保护驾驶员头部不受伤害。同时在推进剂点燃的过程之中，点火器总成中的金属网罩可冷却快速膨胀的气体，随即气囊可由设计好的小排气口排气，以发挥逐渐缓冲的功能，并避免在车身仍继续移动时阻碍碰撞后的视线。

需要特别说明的是，传感器只有在满足了一定的条件时才会工作。安全气囊传感器的设计有很多种，有一部分是采用摆锤或杠杆式开关，还有的是弹簧负载的转轮式，此外还有用水银开关的产品。但不论感测器开关形式如何，都必须有足够的撞击力才能使开关启动，同时这个撞击力必须来自正前方。通常这个撞击力约等于以时速 25～50 km 碰撞固定物所产生的力。

据计算，正规的安全气囊必须在发生汽车碰撞后的 0.01 s 内微处理器开始工作，0.03 s 内点火装置启动，0.05 s 内高压气体进入气囊，0.08 s 内气囊向外膨胀，0.11 s 内气囊完全胀大，此刻之后，驾车者才会撞上气囊。

气囊的打开与否与撞击角度和撞击速度都有关，一般来说，在汽车翻转、轻微碰撞、侧面碰撞或后面碰撞时，气囊均不会打开，例如桑塔纳2000升级版在车身正面左右各30°以内受到重创时才会打开安全气囊。再有一点，对于撞击速度而言，安全气囊系统测定的是撞击后车辆的减速度，因此，在做安全碰撞试验时，一般都是让车笔直地撞在不能移动且不能变形的墙上。

（3）安全气囊的使用。安全气囊可将撞击力均匀地分布在头部和胸部，防止乘客肉体与车身产生直接碰撞，大大减少受伤的可能性。当汽车在遭受正面撞击的时候，安全气囊的确能有效保护乘客，即使未系上安全带，防撞安全气囊仍能有效地减低伤害。据统计，配备安全气囊的车在发生正面碰撞时，可降低乘客受伤的程度高达64％，甚至在其中还有80％的乘客未系上安全带。至于来自侧方及后座的碰撞，则仍有赖于安全带的功能。

气囊爆发时的音量大约在130 dB，在人体可忍受的范围；气囊中78％的气体是氮气，十分稳定且不含毒性，对人体无害；爆发时带出的粉末是维持气囊在折叠状态下不至粘连的润滑粉末，对人体也无害。

任何事物都存在着正反两个方面，安全气囊同样也有它不安全的一面。据计算，若汽车以60 km的时速行驶，突然的撞击会令车辆在0.2 s之内停下，而气囊则会以大约300 km/h的速度弹出，而由此所产生的撞击力约有1 764 N，这对于头部、颈部等人体较脆弱的部位来说就很难承。所以如果安全气囊弹出的角度、力度稍有差错，就有可能酿成惨祸。

在一般情况下，使用安全气囊应当注意如下几个事项：

第一，设计者认为气囊安装位置与乘坐者的距离应在300 mm以上，至少也要250 mm，在这个距离外才是安全而作用最大的。从这一意义上来说，安全带与安全气囊是同一系统的两大部件，缺少任何一方，系统的作用都会打折扣。例如车辆碰撞前的刹车多数会使驾乘者向前倾，从而造成人与安全气囊的距离不足，就会引起危险或减弱气囊的作用。所以安全气囊只是辅助安全系统，设计时考虑的就是当用户已系好安全带的情况下所起到的保护作用，因此需与安全带配合使用。

第二，要注意观察位于仪表台上的安全气囊警告灯。正常情况下，点火开关转到"ACC"或"ON"位置时，警告灯会亮大约6 s，进行自检，然后熄灭，若警告灯一直亮，则表明安全气囊系统有故障，应立即进行修理。否则，有可能出现气囊不起作用或误弹出的情况。

第三，气囊是通过爆发产生作用的，设计者往往是从大多数、正常的碰撞模拟中寻找最佳方案。生活中，驾驶者或乘坐者的坐姿多种多样，正是因为这种人与气囊不同的位置关系，决定了气囊工作的不稳定性。这就需要乘员在车辆行驶时尽可能保持正确的乘坐姿势。

第四，气囊炸开后必须更换。安装新的气囊时必须注意，碰撞传感器装在电脑板内的要随电脑板更换，装在电脑板外的也要单独更换，不然容易引爆。由于气囊是配合安全带使用的，有拉紧装置的安全带拉紧器也要更换。

第五，8岁以下的儿童乘车最好坐后排，且相关座位的气囊必须关闭。因为气囊在制作时是依照成人设计的，只有当乘客采取正常坐姿时，安全气囊才能发挥其保护作用。但这一设计，在许多时候对儿童不仅不能起到保护作用，相反还可能会造成伤害。

第六，风挡玻璃不能悬挂小挂件、小饰物，不然在气囊弹出时，挂件饰物会因突然受撞而像子弹一样射向乘坐者，其后果不堪设想。

第七，不能敲打气囊裸露在外的标识部位，因为气囊中含有一种易被电引爆的化学成分，如受到一定作用力的敲打，则很容易被引爆。

轿车安全气囊如图2—10所示。

图2—10　轿车安全气囊示意图

3. 保险杠

保险杠的作用是保护汽车前部的覆盖件免受刮碰或减少撞击对汽车的影响。当汽车遇到低速冲撞时，保险杠能通过吸收冲撞力而起到一定的保护车体的作用。

保险杠在早期属于车架的一部分，现已成为大多数汽车车身整体的一部分，并具有明显的装饰性。保险杠通常用2～4 mm的钢板冲压而成，或用工程塑料模压成型，一般轿车有前、后保险杠。保险杠通常是支架由螺栓固定在车身侧梁或车架上，所以拆卸时须先拆除固定螺母与螺栓，再将保险杠拆离车身。保险杠因其构成材质和损坏形式不同，其维修的方法存在较大差异。涂面损坏的保险杠需按补漆工艺补涂涂面；而碰撞变形的金属保险杠，需整形复原后，补涂涂面；对于塑料保险杠，损坏后往往需要焊补修复，然后再补涂涂面。保险杠安装时，应先将其置于车体，并用螺栓固定到位；然后将其移动至正确位置，并将固定螺栓与螺母拧紧。

四、安全装置的检查

汽车安全装置一般均为总成安装，因此在做美容装潢时只要注意不轻易去拆卸或移动即可。安全带要检查，主要看一下安全带是否有老化破损之处，带扣是否灵活牢靠等，一旦发现异常，要及时提醒顾客。

学习单元8　车内常见饰品的检查

学习目标

熟悉常见车内观赏类饰品
熟悉常见车内实用类饰品
掌握车内饰品的选用原则
掌握车内饰品的摆放原则

知识要求

汽车装饰品（件）是指那些从汽车造型艺术角度出发而进行结构设计的车身附件。包括既有实际用途，又有装饰性和对车辆的结构和性能都不起作用而纯装饰性的装饰件两类。前一类如水箱罩、手柄、灯具、后视镜等；后一类如装饰条、轮辋罩、标志、浮雕式文字等。对于既有实际用途，又有强烈装饰性的附件，维修时首先要保证恢复其应有的工作性能，另外还要保证其外形和色彩的恢复；不易修复的，还应对组件进行更换。而对车辆的结构和性能不起作用、纯粹属装饰品的装饰附件，一旦损坏，往往不易修复，通常需换新。

一、常见车内观赏类饰品

车内饰品种类很多，按照功能可分为观赏类饰品和实用类饰品两种。观赏类饰品又可按照与车体连接形式可分为挂饰、贴饰和摆饰3种。

1. 挂饰

挂饰是将饰品通过绳、链等连接件悬挂在车内顶部的一种装饰。挂饰按饰品的不同可分为以下5类：

（1）画像类。主要有伟人照、明星照及佛像等。有的由金属或陶瓷材料制成，有的是照片直接塑封而成。

（2）徽章类。主要有国徽、会徽、名车商标、企业标志等，一般用金属或陶瓷材料制作。

（3）花果类。主要有彩花、水果等饰品，由绸缎、塑料等材料制成。

（4）玩具类。主要有布偶娃娃及卡通小动物饰品，由毛绒和陶瓷等材料制成。

（5）物品类。主要有风铃、灯笼、千纸鹤等饰品。车内风铃一般由金属材料制成，千纸鹤一般由塑料薄膜或纸制作，灯笼主要由绒布制成。

2. 摆饰

摆饰是摆放在汽车仪表台或座椅上的一种装饰，主要有以下两类：

（1）展示品类。主要有名车模型、地球仪、水平仪、国旗及精美的珍藏品等，一般摆放在汽车仪表台上。

（2）布偶类。汽车摆饰中还被大量使用的就是布偶。一般车辆均有前、后座之分，依家庭成员乘载的习惯来说，前座是夫妻两人的专属位置，后方才是小孩们的活动空间。因此，父母们总会在后座放几个布偶作为孩子的玩具。不过，由于现在很多布偶采用卡通人物造型，制作得惟妙惟肖，所以车上放布偶已不再是小孩子们的专利了，年轻人、女性车主也往往喜欢在汽车上放置一些布偶。目前，市场上的布偶分为"有吸盘式"和"无吸盘式"两种，附吸盘的布偶可粘在玻璃上，无吸盘的布偶则多放置于后座椅头枕的后方。为了营造整体风格，有的车主还选择了几个不同的布偶摆放成一定的造型，给人以视觉上的整体美感。

3. 贴饰

贴饰是将图案和标语等印制在贴膜上，然后粘贴在车内的装饰。贴饰按内容的不同可分为以下四类：

（1）商标类。大多为名车商标。

（2）图片类。主要有人物、名车及卡通等图片。

（3）公益广告类。主要是对驾驶员及乘员的提醒或警告的标语，如"注意安全""车内严禁吸烟""注意车内卫生"等。

二、常见车内实用类饰品

1. 汽车钟

主要用于显示时间。荧光数字汽车钟可根据环境状况的变化自动调整工作状态。白天光线明亮时，时钟的显示较明亮；夜间光线较暗时，时钟的显示会自动降低亮度，使人眼的观察始终处于舒适的状态。荧光数字钟的显示屏可以自动开关，汽车行驶时屏幕会自动开始显示，汽车完全静止约 5 min 后，屏幕会自动关闭（时钟仍在继续计时），以达到减少耗电，延长显示屏使用寿命的目的。荧光数字汽车钟接线非常简单，只需将时钟的正极接到电源正极，负极接地即可。

2. 汽车指南针等

汽车指南针用于指示方向；水平仪可显示汽车的水平状况；高度计显示汽车的海拔高度。

3. 汽车温度计

主要用于指示车内温度。

4. 饮料及手机架

主要用于放置饮料和手机。

5. 车用水杯架

主要用于放置水杯。

6. 眼镜架

主要用于放置眼镜。

7. 空气清新器

主要用于制造空气中的负离子，提高车内氧含量，具有消除车内烟雾、水汽、异味及强杀菌等功能，使车内空气清新怡人。

8. 转向盘套

为转向盘装上手缝的高档牛皮制作的转向盘套，不仅美观，而且可以防滑。高档牛皮制作的转向盘套具有透气性良好、富有弹性、易安装、接触紧密、吸汗性能强等特点。

9. 操纵杆套

主要有变速杆套和驻车制动杆套，美观并能防滑。

10. 纸巾盒套

主要用于放置纸巾，纸巾盒套外观精美。

11. 便利袋

常用的便利袋有如下几类：

（1）遮阳板便利袋。位于遮阳板背面，用尼龙搭扣牢牢贴附于遮阳板上。可放置地图、纸笔、驾驶证、口香糖、零钱、名片等物品，方便取用。

（2）杂物箱。它位于前排中间，驻车制动杆之后。

（3）饮料食物便利袋。用于放置饮料和食物。

（4）收纳便利袋。用于收集车内废品。

12. 香品

车用香品对净化车内空气，清除异味，杀灭细菌，保持汽车内室卫生具有重要作用。车用香品可以分为很多种，从形态上来分有固体、液体、片剂；从香味上来分，有自然芳香的，有化学合成芳香的。挑选香品一定要注意质量，劣质的香品只会使人感到心烦意乱，头晕脑涨。有的质量低劣的香水中所含的化学物质挥发后会造成车厢的金属饰条变色。此外在使用香水时应注意固定其位置，以免在行车时溢出。有关香品的内容将在本书的第3章第2节中再予以详细介绍。

三、车内饰品的选用原则

由于车主的爱好、情趣及审美观各不相同，因此所选用的饰品也是因人而异，但在为顾客服务时，可提示顾客掌握如下几个原则。

1. 美观原则

车内选用饰品的主要目的就是给人带来美感，要做到这一点，首先是选购时应挑选造型、色彩及质地都比较讲究的饰品。其次是要保持饰品干净、卫生、摆放有序。另外，还应注意车内饰品不宜过多，否则将会给人一种杂乱的感觉。

2. 协调原则

"协调"也就是车内饰品的选用要得体：一是装饰材料的颜色要和汽车的颜色相协调，饰物鲜艳的色彩会使驾驶员分散注意力，难以集中精力去适应瞬息万变的交通情况。二是要与车主的身份相协调，如在一些政府机关领导首长的专车里可选用伟人照、国旗等饰品，但不宜选用佛像、布偶等饰品。三是要与车主的年龄相协调，如车主是年轻人可选用明星照、布偶等饰品，但当车主是年长者时，这些饰品就不适用了。

3. 安全原则

车内选用任何饰品都不能对行车安全造成影响。如车内前侧顶部不能悬挂过大、过长、过重的挂饰，控制台上不能放置过大、过重的摆饰，前、后风挡玻璃上不能粘贴大面积的贴饰。过大、过长的饰品会影响到驾驶员的视线，过重的饰品在紧急制动时，会撞坏风挡玻璃，这些都不利于安全。

四、车内饰品的摆放

车内饰品一定要摆放在合适的位置。挂饰一般布置在前后风挡玻璃的内侧，一定要悬挂在车内后视镜架背后，否则会遮挡后视镜。链绳的长度要适当，过短，挂饰没有摆动效果；过长，摆动幅度太大，会影响驾驶员视线。贴饰主要布置在控制台（前排乘员席前端）、车门内侧及前排座椅后侧。贴饰不能粘贴在前风挡玻璃上，否则会影响视线。摆饰主要布置在仪表台上端和后排座椅上。仪表台上的饰品应采用吸盘式安装,即摆饰品下端应带有吸盘,将摆饰品吸附在仪表台上,否则摆饰品会因汽车颠簸而经常移位,甚至掉下。实用类物品有的可布置在仪表台上(如汽车钟、指南针等),有的可布置在操纵件上(如变速杆套、驻车制动套等),有的可布置在座椅背后(如饮料食物便利袋、收纳便利袋等)。

学习单元9 防爆膜及电动窗帘的检查

学习目标

熟悉各类防爆膜
熟悉各类电动窗帘
掌握防爆膜的检查方法

知识要求

一、防爆膜介绍

在所有的车膜中,汽车防爆太阳膜是最为常见的一种。防爆太阳膜自进入我国汽车美容市场以来,受到了普遍的欢迎,主要因为其具备以下几项功能:

1. 改变色调

车膜能起到改变色调的功用。五颜六色的车膜可以改变车窗玻璃全部是透明的单一色调,给汽车增添美感。

2. 提高防爆性能

当汽车发生意外时,汽车防爆太阳膜可以防止玻璃爆裂飞散,避免事故中玻璃碎片对驾乘人员所造成的伤害,提高汽车的安全性。

3. 隔热作用

汽车防爆太阳膜的隔热率可达50%以上,能有效地减少汽车空调的使用,节省燃油,提高空调效率。

4. 抵御有害紫外线

紫外线辐射具有杀菌作用,但对人的肌肤也会造成一定的伤害,对于乘员来说,长时间乘车时,人体基本上处于静止状态,此时更易受到紫外线伤害,造成皮肤疾病。优质的防爆太阳膜都具有防紫外线功能,同时贴膜也能保护仪表台不会因受到紫外线伤害而引起老化受损。

5. 单向透视的功能

防爆太阳膜的单向透视性可以遮挡来自于车外的视线，增强车内的隐蔽性，保证驾乘人员的隐私。

二、防爆膜的检查

汽车防爆膜具有良好的单向透视性、无视线盲区、高隔热节能、防紫外线、防爆、防眩光等优异性能。优质的防爆膜是由特殊聚酯膜作基材，由耐磨层、安全气层、中层胶层、PE合成纤维、不二乳胶层、透明钛元素安全层、金属反射层和透明基层等许多层制成。膜本身具有很强的韧性，并配合特殊的压敏胶，当玻璃遇到意外碰撞时，防爆膜可以牢牢地粘住玻璃，不致因玻璃碎屑的飞溅而伤人。这些性能都是老式太阳纸和窗帘所不具备的。由于这方面的需求增长很快，目前市场上防爆太阳膜的品牌、种类繁杂，甚至不乏一些质量低劣的三无产品。这些价格低廉的太阳膜仅为普通膜，由于这种膜结构简单，只分为色膜层、胶层和塑料层3层。这样的车膜功能单一，隔热性差，用不到1年颜色就会变。因而，在选购时，几个与防爆太阳膜质量密切相关的性能指标是不可忽视的。此外，虽然五级教材并不涉及汽车防爆太阳膜的粘贴技术，但作为从业人员，还是应掌握有关汽车防爆太阳膜方面的相关知识。在检查防爆太阳膜时，可从如下几个方面进行观察。

1. 透光度和清晰性

这是车用膜中关乎行车安全的最重要的性能。在检查汽车防爆太阳膜时，应分清前风挡玻璃专用膜与普通玻璃用膜的区别，因为这两种防爆太阳膜是不可混用的。无论膜的颜色有多深，都不应当影响其透光率。如优质的前风挡玻璃透明隔热防爆膜，是由用于军事的透明防弹膜演变过来的，它采用了当代最新的喷镀方式，将一层稀有金属附着于隔热膜，同时以离子分离技术去除了其中的模糊物质，使得前挡膜清晰度增加了3倍，隔热效果提高了3倍，其透光度应在70%以上，夜间的清晰度应在6 m以上。而劣质膜只会给人以一种雾蒙蒙的感觉，使用时间一久会令人感到头晕眼花，严重时还会影响视力、引发车祸。此外，过去大量使用的太阳纸（俗称茶色纸），大多颜色很深，透光度很低，一般在20%以下，甚至更低，贴上膜后整个车窗黑糊糊的一片，在阳光很强时两侧车窗还略能看到外面的景物，一到光线较暗的阴雨天或夜晚，两侧车窗则变成一片盲区，什么也看不见了，必须在侧窗膜上开一个孔来看后视镜，这对行车安全是相当危险的。因此车窗膜尤其是前排两侧窗的膜，应选择优质隔热防爆膜，此时侧窗膜无须挖孔也不影响视线。夜间行车能把后面来车大灯照射在后视镜时强烈的眩光反射减弱，使眼睛非常舒服。特别在雨夜行车、倒车、调头时照样视线良好，一目了然，提高了行车的安全性和舒适性。

2. 隔热率

这是体现防爆太阳膜隔热性能的重要指标。目前市场上质量较好的防爆太阳膜，隔热率一般在50%以上（更高的可达70%以上），高透光、高隔热，可提高舒适性，大幅度降低空调负荷，节省燃油是其一大特点。很多人可能都有这样的体会，在夏日里即使用了太阳纸或窗帘，车在阳光下露天停放一段时间后，车内马上就会变得酷热异常。这是因为该车使用的太阳纸和窗帘的隔热性能差所致，颜色太深的太阳纸或窗帘以及车身金属板，把大量的太阳辐射热量吸收后，在车内积聚不散，特别当车辆颜色较深时尤为明显。而好的车膜由于对红外辐射有很高的反射率，大量的热量被反射掉，所以车内温度就低得多，照进车内的阳光也不会令人有烧灼感。但市场上很多膜仅有透光度，而没有隔热率，甚至有些干脆什么指标都没有，此时选购就要非常小心。选购时除了要了解其规范的隔热率等指标外，还可以用直观的方法来进行判断，就是用贴了膜的玻璃挡住太阳或在碘钨灯下照射，再用脸或手去感觉一下其隔热效果。

3. 防爆性能

这也是涉及汽车安全的又一重要指标。前风挡膜的防爆功能是通过在隔热纸内加上多层防爆基材得以实现的。如雷朋超级防爆膜在根据国内"企业技术条件"的要求所做的冲击爆破试验中，在5 mm厚度的浮法透明原片玻璃上用直径为64 mm，质量为1 kg钢球，从距离1 m的高度自由落下。普通平板玻璃的冲击部位中心有大块且锐利的玻璃碎片四处飞散，加网玻璃右下半部也有大块玻璃脱落，而粘贴了雷朋防爆膜的玻璃并没有飞散及脱落现象发生。由于产品本身的抗张力非常强，使用了高质量的超强防爆膜，使玻璃不易被击碎。如遇歹徒用棍棒击打车窗抢车或偷窃车内物品时，至少要花费90 s以上的时间才能将车窗玻璃击碎，大大提高了玻璃抗击打的强度，可较好地阻滞歹徒的破坏，减少人、物的伤害和损失。特殊的防弹膜更可用于运钞车和防暴警车上。而一般太阳纸或劣质防爆膜的材质与真正的防爆膜不同，其膜片很薄，手感发软，缺乏足够的韧性，不耐紫外线照射，易老化发脆。当遭受意外碰撞或外力击打时，膜片很容易断裂，更不能把玻璃黏结在一起，故不能使用在前风挡玻璃上。

4. 紫外线阻隔率

高质量膜的紫外线阻隔率指标一般不低于98%，高的可达99%。高紫外线阻隔率能有效防止乘员被过量的紫外线照射，以致灼伤皮肤，还能保护车内音响等装饰不致因受到暴晒而退色老化。而劣质膜的紫外线阻隔率指标远低于98%的标准，有的甚至根本没有这一指标。

5. 膜的颜色

防爆膜通常是采用本体渗染和溅射金属着色的方法使其呈现不同的颜色。纯溅射金属使膜有金属色的称为自然色,采用这两种方法着色的膜不易褪色。但市场上很多低档劣质膜,大多采用黏胶着色法来进行着色。就是在黏胶中加入颜料,然后涂在无色透明膜上使膜呈现颜色。这种膜不耐晒,很容易褪色,严重的会褪成无色透明。要区分这些不同着色方法的膜也很容易,只需在膜上用牙嗑几下,如被嗑之处的膜露出透明白点,则说明有色的黏胶已经移位,它的制造工艺是属于黏胶着色的,本体渗染和溅射着色的不会出现这种现象。

由于太阳纸的膜上无反射层,因而要加深颜色来防眩光,但太阳的热辐射照样能大量穿透膜而进入车内,使温度升高。因此,颜色浅、隔热效果好便是优质防爆膜的一个特点。通常选用较浅的绿色、天蓝色、灰色、棕色、自然色等颜色对眼睛较舒服。如用太深、太艳的颜色,会使整个环境的颜色变化显得太大,反而令人不舒服。另外,还可根据车身颜色和个人的喜好来进行配色,使车窗与车身颜色更为协调。

6. 膜面防划伤层

优质高档的防爆太阳膜表面都有一层防划伤层,在正常使用下能保护膜面不易被划伤。而低档膜就无此保护层,往往在贴膜时就会被工具刮出一道道划痕,令膜面变得更不清晰。

7. 结合的严密性

当撕开车膜的塑料内衬,再重新复合时,劣质膜会起泡,而优质膜复合后能保持完好如初。

三、电动窗帘

除防爆隔热膜外,目前汽车电动窗帘也比较流行。早在20世纪90年代,国内一些汽车饰品厂家便掀起了研发电动窗帘的热潮。但由于受材料限制,以及科研力量不足等缘故,所研发出来的产品只有两边侧窗窗帘,而使用的材料也不能达到隔热、单面透光的效果,因此一直打不开市场,许多厂家都被迫退出。直到高分子经纬棉运用到汽车电动窗帘上以后,才扭转了这一局面。高分子经纬棉具有良好的单向透视特性,可以有效地将大部分强光阻挡在车外,同时还能保持车内一定的光亮度。要达到上述功能,主要依赖高分子经纬棉细微的八边形结构。利用这一材料制成的整幅窗帘能有效地遮挡车外光线,形成车内隐私空间,而材料小孔成像的原理使乘客在车内可清晰地看到车外的景观。此外,经纬棉还可以减少水分的流失,降低车内因强光照射而引起的干燥程度。正是因为较好地解决了材料问题,厂家又开始看好电动窗帘的市场,研发的产品也逐渐丰富,发展到今天出现了五幅电动窗帘,即除了4个侧窗外,连后风挡玻璃也安装了电动窗帘,消费者的购买热情又开始重新升温。

从制造材料来看电动窗帘可以分为3类。第一类是尼龙、涤纶产品，这种产品隔光隔热作用有限。第二类产品是PVC产品，PVC又称塑料胶膜，这类材料被大量地应用在雨衣上。第三类便是采用高分子经纬棉制造的电动窗帘，这类产品坚实耐用，几乎无须维护保养，但价格相对前两者高出许多。

电动窗帘根据安装方式又可分为内置式和外置式。最初内置式电动窗帘只有宝马等高档车上才原装匹配，并且仅限于两个后门侧窗使用，后来经过制造商的努力，已经开发出内置自动窗帘系列产品，涵盖了各种车型，而且吸收了奔驰、宝马、保时捷等高档车型的设计精髓，利用面板上的闲置按钮，便能轻松启动这类电动窗帘，实现与原装配置差不多的效果。不过，其价格相对外置式要高出许多。

第3节　汽车其他部件检查

学习单元1　汽车轮胎的检查

学习目标

了解汽车轮胎基本常识
掌握汽车轮胎的检查方法

知识要求

一、汽车轮胎

轮胎是汽车的重要部件之一，它直接与路面接触，和汽车悬架共同来缓和汽车行驶时所受到的冲击，保证汽车有良好的乘坐舒适性和行驶平顺性；保证车轮和路面有良好的附着性，提高汽车的牵引性、制动性和通过性；承受着汽车的重量。轮胎在汽车上所起的重要作用越来越受到人们的重视。

1. 汽车轮胎的作用

汽车轮胎是汽车重要的部件之一，也是重要的运行材料，在汽车运输成本中，轮胎费用约占5%以上，它在汽车的行驶性能中起着关键作用。因为轮胎直接与地面接触，因而要求它能够在不同速度的行驶条件下，承担其所必需的一切功能。它的作用主要有如下几项：

（1）支承汽车的总质量（车重）。轮胎承受汽车的重力，并传递来自于其他方向的力和力矩，包括垂直反力、侧向反力和切向反力等。为此轮胎应当始终保持适当的气压。如果压力/负载比正确，轮胎侧壁触地部分的弯曲不应超过其胎侧高度的20%。这样能使轮胎合理地挠曲，胎身就可以保持最佳的使用状态。

（2）吸收并缓和冲击动能。轮胎还能吸收并缓和汽车行驶过程中所受到的一部分冲击和振动，保证汽车具有良好的乘坐舒适性和行驶平顺性。加速和刹车时，每只轮胎承受的刹车全力相当于汽车的总重量。此时，由于轮胎会将外力传递到横轴上从而产生制导效应，能使轮胎以一定的速度将车子维持在驾驶者所希望的轨迹上。

（3）保证轮胎与路面的附着性。轮胎还应与路面有良好的附着作用，以提高汽车的动力性、操纵性和通过性。

（4）减低噪声。轮胎还起着减少噪声的作用。如今的轮胎都是由辐式胎身和金属轮辋构成。采用这种结构有不少优点。首先是轮胎侧壁异常柔韧，能起到保障舒适的作用；而行驶的抓地性由轮胎的胎面来加以保障，胎面则因金属轮辋而变得坚硬。胎面上的花纹主要起排水和避免因路湿而发生侧滑的水层效应。胎面花纹还能起到降低行驶噪声的作用。

2. 汽车轮胎的制造

汽车轮胎一般由橡胶、钢丝、尼龙丝、聚酯纤维、炭黑、橡胶添加剂等制成。而作为主要原料的橡胶，有天然橡胶和合成橡胶两类。通常天然橡胶比较柔软，因此抓地力、吸收振动的能力都较强，且散热性较好，所以天然橡胶用于高性能轮胎的比例相当高。而合成橡胶的胶质稍微发硬，但有耐磨的优点，这对用于平常道路行驶及行驶里程较长的车辆是相当适合的。将天然橡胶、合成橡胶、炭黑以及橡胶添加剂放入精炼机里加以搅拌、混合均匀后成为胎面胶料，而决定一条轮胎的性质及优劣程度主要取决于胎面胶料配方的构成，为了不同需求，厂商可以配置不同的配方来制造不同的轮胎。胎面是汽车接触地面的唯一界面，而结构层则是支撑胎面的重要架构。由于胎壁通常较胎面脆弱，因此轮胎制造厂通常会在轮胎内侧做加强处理以增加其强度。

轮胎也是一种装配合成产品。事先涂胶的框架织物层和钢丝帘布辋层一层层叠放，然后再加上侧壁轮胎胎面。轮胎的各种材料一旦合为一体，就放进一个模子，在180℃的温度和大约1.6MPa的压力下进行硫化。硫化是一种化学反应，它在硫元素的作用下可将各种成分黏合在一起，使生橡胶变为熟橡胶，将它从易变形的塑性状态变为弹性状态。在硫化过程中，轮胎在压之下成形并打上模子印下的标记。

3. 汽车轮胎的分类

汽车轮胎中的充气轮胎目前被广泛采用，充气轮胎具有不同的分类方法：

（1）按用途分。可分为轿车轮胎、载货汽车轮胎、摩托车轮胎、特种车辆及工程机械用轮胎等。

(2) 按胎面花纹分。轮胎胎面的花纹决定了轮胎的使用特性,如轮胎的抓地力、排水性和噪声等。

按轮胎花纹的不同,可分为普通花纹轮胎、越野花纹轮胎和混合花纹轮胎。普通花纹(见图 2—11a) 细而浅,适用于比较好的路面;越野花纹(见图 2—11b) 凹部深而且粗,在软路面上与地面附着性较好,越野能力强,适用于矿山、建筑工地等路面情况;混合花纹(见图 2—11c) 介于普通花纹和越野花纹之间,中部为菱形、纵向锯齿形或烟斗形花纹,两边为横向越野花纹,适用于在城市、乡村之间路面行驶的汽车。

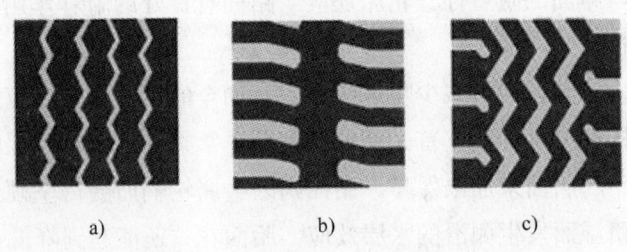

图 2—11 轮胎花纹图

a) 普通花纹轮胎　b) 越野花纹轮胎　c) 混合花纹轮胎

(3) 按胎体结构分。可分为斜交轮胎、子午线轮胎和带束斜交轮胎。

普通斜交轮胎的特点是帘布层和缓冲层各相邻层帘线交叉排列,各层帘线与胎冠中心线成 35°~40°夹角,因而叫斜交轮胎。在帘布层与胎面之间为缓冲层。普通斜交轮胎剖面如图 2—12 所示。

(4) 按胎内气压大小分。可分为高压轮胎(气压为 490~686 kPa)、低压轮胎(气压为 196~490 kPa)和超低压轮胎(气压为 196 kPa 以下)。

(5) 按轮胎组成分。可分为有内胎轮胎和无内胎轮胎。无内胎轮胎没有内胎,空气直接压入外胎中,因此轮胎与轮辋间需有很好的密封。安装无内胎轮胎的轮辋是不漏气的,它有着倾斜的底部和平匀的漆层。气门嘴直接固定在轮辋上,其间垫以密封用的橡胶衬垫。无内胎轮胎有气密性好、散热好、结构简单、质量轻等优点。缺点是途中修理较为困难。有内胎轮胎剖面如图 2—13 所示。

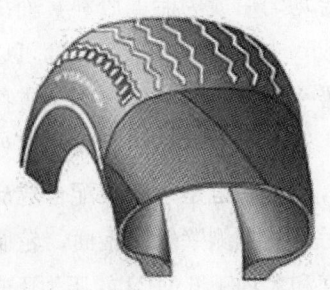

图 2—12 普通斜交轮胎剖面图

(6) 按轮胎帘线类型不同分。可分为钢丝轮胎、尼龙轮胎、人造线轮胎、聚酯轮

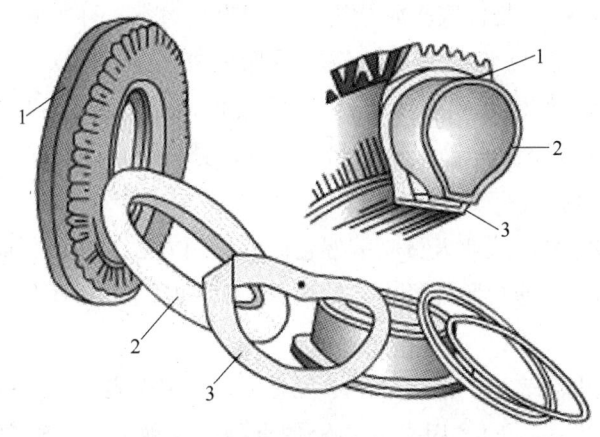

图 2—13 有内胎轮胎剖面图
1—外胎 2—内胎 3—垫带

胎等。

不同类型的轮胎具有不同的结构特点和使用性能,应按汽车使用说明书的规定来选用合适轮胎。

4. 汽车轮胎的基本特性

在一般情况下,要求汽车轮胎具有如下几个基本特性:

(1) 较大的承载能力与弹性。轮胎应具有较大的负荷承载能力和适当的弹性,以满足汽车承重、缓和路面冲击及减振的需要。

(2) 胎面应具有合适的花纹。胎面应具有增大附着作用的花纹,以防止或减轻轮胎在路面行驶时所产生的滑转、滑动和侧滑。

(3) 具有足够的耐久性和可靠性。轮胎应具有足够的耐久性和可靠性。现代汽车行驶速度正在不断提高,轮胎在高速滚动下内摩擦加剧,温度升高,将使轮胎材料的物理特性下降,同时引启动负荷加大,工作条件恶化。所以还特别要求轮胎在高速行驶的条件下能做到安全可靠,滚动阻力小,使用寿命长,以保证汽车行驶的安全性和经济性。

值得注意的是上述要求往往是相互矛盾的。如轮胎承载量大,胎面磨损就快,使用寿命就短;柔软舒适的轮胎,其承受切向力的能力就差;减少滚动阻力,节油效果好,但操纵稳定性又受影响。厂商通过不断解决这些矛盾,也进一步促进了轮胎技术的进步,使轮胎的结构、材料和制造技术得到不断的改进和提高。

(4) 轮胎高宽比不断减小。随着汽车车速的不断提高,人们希望汽车能相应地降低整车重心,改善操纵性能。这就要求提高轮胎的侧向稳定性和对路面的附着性能,以确保高速状态下的行车安全。这样低断面轮胎的出现就成为必然趋势。轮胎的断面高(H)与断面宽（B）的比值（H/B）是代表轮胎结构特征的重要参数，称为轮胎的高宽比，也有人称为扁平比。从 20 世纪 20 年代开始，轿车轮胎的外径减小了 25%，轮辋直径减小了 35%，轮胎和轮辋的宽度增加了将近一倍，导致轮胎的高宽比不断减小。轿车达 0.5，赛车达 0.4，特别当较宽的轮胎与高级轿车相匹配后，更显得美观大方。

5. 轮胎型号的识别

汽车轮胎有许多型号，从业人员应掌握它们的识别方法。在识别前，有必要先了解一下轮胎的几个主要参数，即轮胎外径 D，轮辋直径 d，断面宽度 B 和断面高度 H。轮胎型号通常有以下几种表示方式：

(1) 用公、英制混合表示。前部数字单位是 mm，用来表示轮胎的断面宽度，后部数字单位是 in（1 in＝25.4 mm），用来表示轮辋直径，这种表示方法在进口车轮上使用得最多。

(2) 用轮胎外径 D 和断面宽度 B 来表示。即 $D×B$，单位是 mm。西欧国家生产的轮胎多采用这种方法表示。

(3) 用轮胎的断面宽度 B 和轮辋直径 d 表示。即 $B-d$，单位是 in。这种表示方法多用在载货汽车、大型乘坐车轮胎上。我国采用这一方法。

(4) ISO 国际标准轮胎规格标志。由于子午线轮胎和扁平轮胎的问世，轮胎的型号出现了新的尺寸参数，原来的传统标示方法已不能适应新的要求。所以，国际标准以轮胎断面宽度、轮胎扁平率、轮胎结构标志（子午线轮胎为 R）、轮辋直径、负荷指数、速度标志来标示轮胎规格。一般轮胎规格可描述为：

（断面宽度）/（扁平率）（结构标志）（轮辋直径）（负荷指数）（速度标志）

或者：

（断面宽度）/（扁平率）（速度标志）（结构标志）（轮辋直径）（负荷指数）

上述轮辋直径均以 in 来表示，而断面宽度均以 mm 来表示。

按国际标准标示的轮胎如图 2—14 所示。

图中标示的"215/60R16 95H"即为轮胎型号。几个主要标志的含义如下：

1) 扁平率。扁平率是轮胎的断面高度与断面宽度之比的百分数。宽断面的轮胎具有断面宽、接地面积大、接地比压小、磨损小、滚动阻力低、抗侧滑能力强等优点，在相同的承载能力下，其直径可以减小。也就是说在轮辋直径相同的情况下，断面高度可以减小。这样，车轮中心下降，从而降低整车重心，提高汽车的行驶稳定性，在轿车上得到广泛采用。

2) 负荷指数。轮胎的负荷能力指在一定行驶速度和相应充气压力时的最大载质量。国际标准将轮胎全部预计到的负荷量从小到大依次划分为 280 个等级的负荷指数，每一个

第 2 章 车貌检查

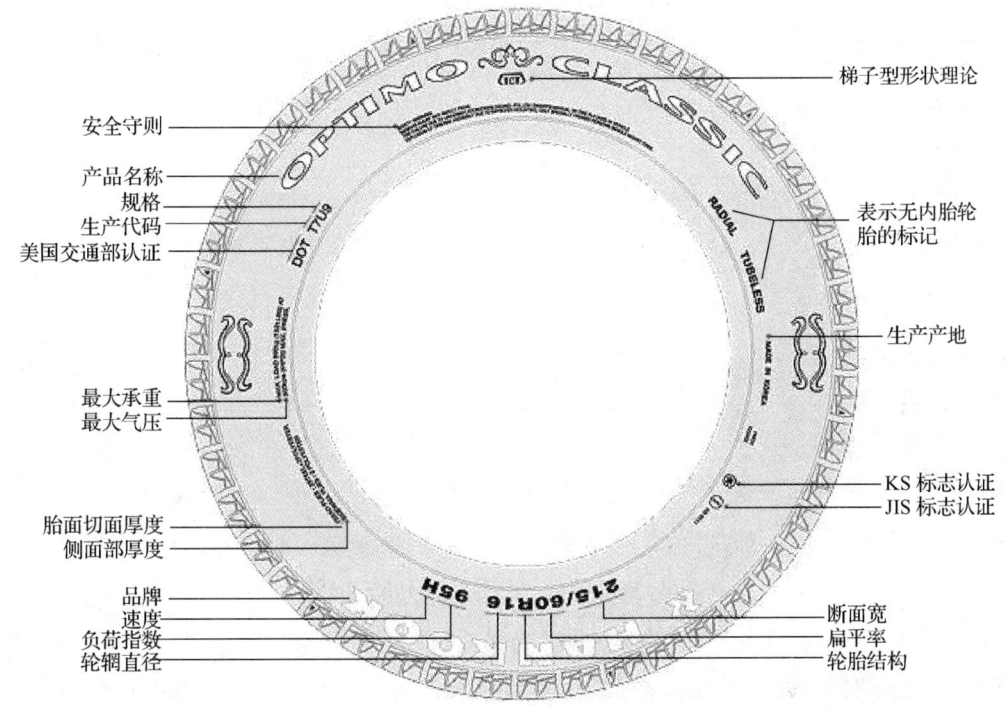

图 2—14 轮胎标志意义标示图

指数代表一级轮胎负荷能力。

3) 速度标志。近年来汽车和轮胎的性能都有了很大的提高。要求轮胎的速度性能和汽车行驶的最高车速相匹配。为此，轮胎需标明其速度等级。每一个速度等级符号均有一个对应的最高行驶速度。相同的速度等级符号相对不同的轮辋直径其对应的最高行驶速度是不同的，速度等级表明轮胎在规定条件下承载规定负荷的最高速度，详见表2—2。

表 2—2　　　　　　　　　　　　轮胎速度标志表

速度标志	最大安全速度（km/h）	常用车型
N	140	备用胎
P	150	
Q	160	雪胎，轻型货车胎
R	170	轻型货车胎
S	180	

127

续表

速度标志	最大安全速度（km/h）	常用车型
T	190	
U	200	
H	210	运动型轿车
V	240	跑车
Z	240	跑车（或大于240 km/h）
W	270	特型跑车
Y	300	特型跑车

注：①较常见轮胎速度标志为：P、S、T、H。
②如轮胎无速度标志，除非另有说明，一般均默认为最大安全速度120 km/h。

4）轮胎上的其他字母或符号。有的轮胎还标有其他的字母或符号，是有特殊含义的："X"表示高压胎、"C"表示加强型、"B"表示斜交胎；"M""S"分别是英文mud和snow的缩写，它表示这种轮胎适合于在泥泞和冰雪的道路上使用；某些轮胎的胎壁上标有箭头或"OUTER SIDE"字样，它表示轮胎的转动方向；如果胎壁上画有一个小雨伞标志，就表明这种轮胎适合于在雨天或湿滑路面上行驶；"DOT"标志表示这种轮胎通过了美国和加拿大运输部门的认证。在DOT标志后面通常跟一个4位的数字，而且与其他文字不同，不是早期模具出来的，是后期压在轮胎上的，如"1608"，这表示轮胎的生产日期，08即2008年，16即第16周。轮胎的有效期为3年，生产日期应向外安装，如图2—15所示。

轮胎上还有一个很特别的标记：磨损更换指示。轿车轮胎的轮胎磨损标记位于胎面花纹的沟底部。当轮胎花纹深度与磨损标记一致时，表明该轮胎的花纹深度已达到规定的最小值，轮胎必须立即更换。不同的厂商有不同的标记形状，米其林是一个很小的轮胎人，倍耐力是显示出TWI记号，还有的轮胎用显眼的白色来表示。胎轮磨损标记如图2—16所示。

6. 子午线轮胎的特点

随着汽车工业的发展，轮胎技术一直不断地改进与提高，如20世纪20年代初至30年代中期轿车胎由低压轮胎过渡到超低压轮胎；40年代开始轮胎逐步向宽轮辋过渡；40年代末无内胎轮胎出现；50年代末低断面轮胎问世等。而其中影响最大的莫过于1948年法国米其林公司首创的子午线结构轮胎，这种轮胎由于使用寿命和使用性能的显著提高，特别是在行驶中可以节省燃料，而被誉为轮胎工业的革命。

图 2—15 轮胎日期标示图

图 2—16 轮胎磨损标记图

子午线轮胎的特点是帘布层帘线排列的方向与轮胎的子午断面一致即胎冠角为 0°，帘线的这种排列使帘线的强度能得到充分发挥，子午线轮胎的帘布层数一般比普通的斜交胎约可减少 40%～50%。帘线在圆周方向只靠橡胶来联系。由于子午线轮胎结构与斜交轮胎不同，因而具有比斜交轮胎更优越的性能：

（1）使用寿命长。子午线轮胎胎面刚性大，周向变形小，可用较硬质橡胶作为胎面材料，因此耐磨性好。并且轮胎接地面积较大，单位接地压力小，载荷分布均匀，在路面上的滑移量小，使轮胎的行驶里程比斜交轮胎长 50% 左右。

（2）滚动阻力小、节省燃料。由于子午线轮胎帘布层数少，层间摩擦力小，故其滚动阻力较斜交轮胎小 25%～30%，因此，不但能提高汽车的动力性，还能提高燃料经济性，实际使用中，节油率可达 6%～8%，并且随着车速的提高，节油效果更好。

（3）承载能力大。子午线轮胎帘线呈径向排列，可充分利用帘线强度，比斜交轮胎承载能力提高约 14%。

（4）附着性能好。由于胎体弹性好、接地面积大，胎面滑移少，即附着性能好，有利于提高汽车的动力性。

（5）减振性能好。子午线轮胎胎体较斜交轮胎柔软，弹性好，具有良好的缓冲性能，能改善汽车行驶时的平顺性和乘坐舒适性，并可延长汽车机件使用寿命。

（6）胎温低，散热快。由于子午线轮胎帘布层数少，并且帘布层之间不产生剪切作用，故比斜交轮胎摩擦力小，散热快，温升低，有利于提高车速。

（7）胎面不易穿刺，不易爆胎。子午线轮胎的带束层非常强韧，使轮胎被钉子等扎穿的情况可大大减少（约可减少 50%）。加上帘线强度得到充分利用，使得即使在恶劣的使用条件下,轮胎也不易发生爆破。

(8)制作成本较高。子午线轮胎的弱点是胎面与胎侧过渡区及胎圈附近易产生裂口,对材料及制造技术要求很高,制造成本较高。

子午线轮胎及其装配如图2—17所示。

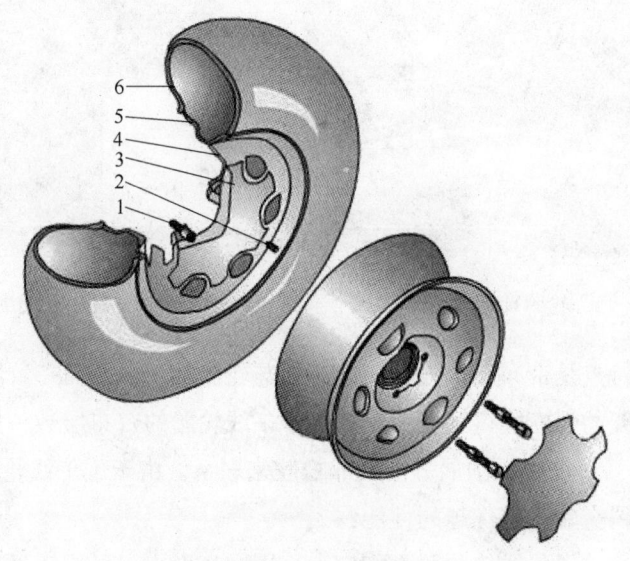

图2—17 子午线轮胎装配图
1—车轮螺栓 2—气门嘴 3—车轮饰板 4—轮辐板
5—轮辋 6—子午线轮胎

7. 无内胎轮胎的特点

目前,无内胎轮胎在汽车上的使用也越来越广。由于没有内胎以及内胎与轮辋之间的垫带,消除了内外胎之间的摩擦,并使热量容易从轮辋直接散发,所以,无内胎轮胎行驶的温度比普通轮胎约低20%～25%,有利于提高车速,而且使用寿命比普通轮胎长约20%,并且具有结构简单、质量小等特点。无内胎轮胎空气直接充入外胎中,要求轮胎与轮辋之间有良好的密封。因此,特在轮辋上做出若干道同心的环形槽纹,在轮胎内压的作用下,此槽纹使胎圈紧贴在轮辋边缘上,以保证轮胎与轮辋之间的气密性。此外,轮胎内壁上还附加了一层约2～3 mm厚的橡胶气密层,这层气密层对破口有较强的自封能力。一旦轮胎被刺穿后,气密层的橡胶会处于压缩状态而紧箍刺物,使得轮胎不漏气或漏气很慢。这种轮胎在一定程度上保证了高速行车时的安全,因此,比普通轮胎更安全。但是要防止轮胎长时间在缺气状态下行驶,否则会破坏轮胎构造和强度,留下爆胎的隐患。所以要定期检查,保持标准胎压。目前无内胎轮胎不仅广泛在轿车上使用,也已开始在部分货车上使用。

8. 对轮胎的环保要求

近年来,由于对环境保护的要求越来越高,除了汽车制造商设计车辆时应考虑到减少废气排放外,轮胎制造商也在不断推出环保轮胎。这种轮胎能有效地降低滚动阻力,不仅减少了燃料的消耗,而且同时减少了废气的排放,保护了环境。

9. 汽车轮辋

汽车车轮由轮辋和轮胎组成,它支承着全车的重量,使汽车得以在道路上行驶,对汽车的运行性能有重大的影响。

轮辋又称轮盘,是车轮上安装轮胎的零件,分为钢质轮辋和铝合金轮辋两种,前者用于载重汽车和普通轿车,后者一般用于中、高级轿车。铝合金轮辋是20世纪80年代中期发展起来的一种新产品,它是由特殊的低温铸造工艺制成,可把轮辐和轮辋连成一体,铸成各种花式外形。90年代初该技术在轿车领域中普及开来,现在铝合金轮辋已成为了衡量轿车外观质量的一种标志。轿车装配铝合金轮辋,具有散热快、质量小、舒适性好、外观漂亮等优点。

散热快,是指轿车在高速行驶时,由于轮胎与地面的摩擦以及制动盘和制动片摩擦等原因,会产生较高的温度。在高温的作用下,轮胎和制动片均会老化和加速磨损,使制动效率下降、轮胎气压升高,甚至导致爆胎和刹车失灵等事故的发生。铝合金的热导率比钢材大3倍,可将轮胎和制动盘上产生的热量迅速传导到空气中去,从而避免了轮子在高速运转下所产生的种种弊病。

质量小指铝材密度比钢材小,平均每只铝合金轮辋比钢质轮辋要轻2 kg左右,一辆轿车以5只车轮(包括1只后备车轮)计算可减轻质量10 kg。减轻质量也就是节省燃料,对于千方百计追求轿车轻型化的汽车设计师来讲,使用铝合金轮辋也是实现其目标的一种手段。

舒适性好指铝合金轮辋是精密的铸造件,精加工表面可达到80%~90%,失圆度和不平衡重很小,特别是铝合金的弹性模数较小、抗振性好、能减少行驶中的车身振动,从而提高了整车的舒适性。

外观漂亮指铝合金轮辋外表是经抗腐蚀处理再静电粉体涂装,有一种美观、精致和豪华的感觉。

铝合金轮辋的规格包括宽度、直径和形状。例如丰田CROWN3.0轿车的轮辋是6.5J×15,表示轮辋边缘内宽是6.5 in,边缘高度是J级(17.27mm),"×"表示是深式轮辋,直径是15 in,轮辋直径尺寸也等于轮胎的内径尺寸。轮辋边缘高度分成J、D、K、E、L等13种规格,其中J级在轿车的铝合金轮辋中最常见。

轮辋如图2—18所示。

10. 车轮罩

车轮罩属于汽车附件，乍一看来不像其他汽车配件那么重要，但也不可忽视。加上车轮罩后一来能起到装饰之用，二来更重要的是还可以防止行驶中的较大颗粒的灰尘或泥沙溅入车轮内的制动器部分。可能有人会认为，既然这样为何不干脆把整个车轮全部盖住，不就更好了吗？事实上，因为制动器在刹车制动时会产生较大的热量，还需及时通风散热，为了解决这个矛盾，即使车轮罩也要考虑到散热要求，所以车轮罩也被做成镂空的形状。车轮罩的配合外径一般比轮辋的配合内径略大（约0.4～0.8 mm），应为过盈配合，因一般车轮罩多是塑料的（略有弹性），所以徒手安装即可卡住。此外，也有的车轮罩是使用螺钉或其他形式来加以固定。

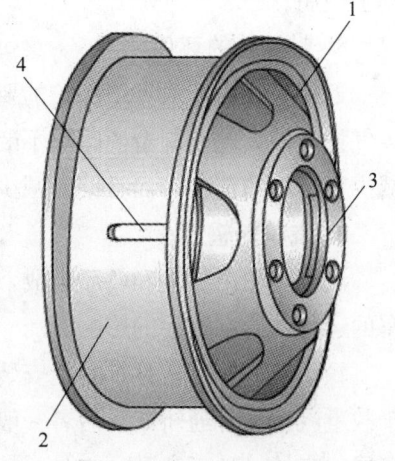

图2—18 轮辋示意图
1—挡圈 2—轮辋 3—辐板
4—气门嘴伸出口

二、汽车轮胎的检查

对汽车轮胎的检查可从如下几个方面着手：

1. 检查轮胎的磨损状况

胎面磨损是由于轮胎与路面发生的相对滑转、滑移和摩擦而引起的。汽车行驶时，胎面除了承受来自地面的垂直反作用力外，还需承受胎体变形及汽车行驶时产生的切向力和横向反作用力，使得轮胎与地面的接触面存在不同程度的相对滑移，胎面对路面的滑移量越大，胎面磨损越严重。

为了更好地使用轮胎，延长轮胎的使用寿命，经常检查轮胎的磨损状况是非常有必要的。当轮胎在正常情况下均匀磨损至胎侧的磨损指示标记时，则不能继续使用，需进行更换。如果一旦发现轮胎磨损不均匀，则说明轮胎的使用存在问题，需及时检查。因为从轮胎正常的均匀磨损与不正常的不均匀磨损的表象中，可以发现轮胎在使用过程中是否出现问题，并及时查明原因，从而使轮胎在正常的环境下发挥它的作用。一般轮胎的不均匀磨损有以下几种情况：

（1）胎冠中央磨损。这种情况是由于轮胎胎压过高，仅使胎冠的中央部分接地，从而导致胎冠中央比两边部分磨损快。若出现此类磨损，则需要检查胎压并使其降至标准范围内。

（2）胎冠两肩磨损。这种情况是由于胎压过低，以至胎冠的两肩接地，从而导致胎冠两肩比中央磨损快。出现此类磨损也应检查胎压,并充气至标准范围内。

(3)胎冠内侧或外侧磨损。这种情况是由于车轮定位不准或长期不进行换位所致,其中前轮外倾角及前轮前束不合标准会引起前轮偏磨。一旦出现此类磨损则需要进行四轮定位,必要时还需进行轮胎的互换。

(4)胎冠锯齿状磨损。这种磨损与前轮前束有关,当胎冠由外侧向内侧呈锯齿状磨损,说明前轮前束过大;反之,则说眼前轮前束过小。

汽车车轮在行驶时,由于横向拉杆和车桥的约束,车轮不致向外滚开,此时,车轮将在地面上出现边滚边向内滑的现象,从而增加了轮胎的磨损。为了避免这种圆锥滚动效应带来的不良后果,将两前轮适当向内偏转,这就形成了所谓的前轮前束。

汽车前轮前束如图2—19所示。

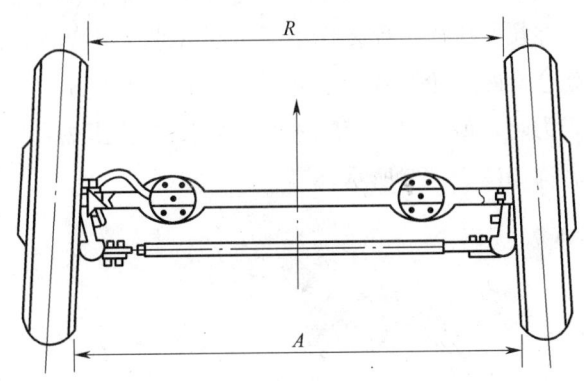

图2—19 汽车前轮前束示意图

(5)胎冠波浪状或碟片状磨损。此类情况是由于车轮的平衡不良、轮辋和轮轴及其轴承不正常或车轮定位不准引起的。出现这种磨损后应及时进行车轮的平衡或四轮定位,并检查相关轮辋与轴承。车轮平衡不良还会造成行车方向不易控制或是车子斜着跑、直行时转向盘不正等情况,在特定行车速度下车身还会发生抖动的现象。

(6)胎冠局部磨损。这是由于紧急制动使车轮抱死或快速起步使车轮打滑引起的胎面局部磨损,这种磨损会缩短轮胎的使用寿命,应尽量避免紧急制动与急速启动。

此外,不同的轮胎有不同的使用寿命,在正常状况下一般可以行驶70 000 km或是使用3年。不过建议在行驶40 000~50 000 km或使用超过2年时就应检查一下是否需要换胎,如果轮胎磨损到胎面花纹沟在1.6 mm以下时就必须进行更换了,否则容易出事故。此外,橡胶材料时间一长会有变质老化现象,所以在购买新轮胎的时候也要看其生产日期,以保证轮胎的使用寿命。

2. 检查胎纹内的杂物

检查是否有杂物和碎石等嵌入胎纹之间。若有,最好剔除它们,不然这些嵌入物长时间留在胎纹之间会对轮胎产生损伤。

3. 检查轮胎外伤

胎体扎伤、剐伤的原因是驾驶员开车时对行驶路线选择不当,不注意避让尖锐突出障碍。检查时应查看轮胎是否有扎钉、割破、鼓包、开裂、气门嘴老化等现象。轮胎外伤对轮胎的使用有很大影响,有外伤的轮胎应慎重使用。气门嘴是一个容易被忽视的地方,对它的好坏也应留意检查。

4. 检查帘线及帘布

轮胎有时会发生帘线折断、松散及帘布脱层等现象。其原因是轮胎变形时产生胎体内部的拉伸、压缩应力,在拉、压应力反复作用下引起帘线材料疲劳,强度下降,当应力超过帘线强度时,帘线就会折断。轮胎变形还使帘布层之间产生剪切应力,当剪切应力超过帘布与橡胶之间的黏附力时,就会出现帘线松散和局部帘布层脱层。

汽车轮胎各部分名称如图2—20所示。

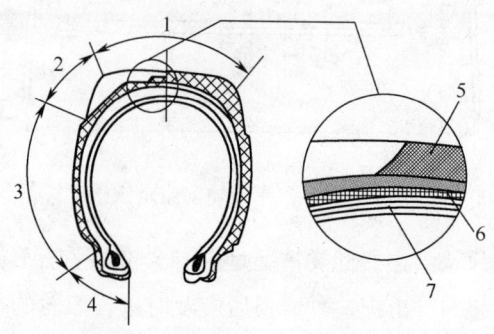

图2—20 汽车轮胎剖面图
1—胎冠 2—胎肩 3—胎侧 4—胎圈 5—胎面
6—缓冲层(带束层) 7—帘布层

学习单元2 汽车玻璃的检查

学习目标

熟悉汽车玻璃

熟悉玻璃升降器

熟悉玻璃密封条

熟悉汽车后视镜

掌握汽车玻璃的检查方法

知识要求

尽管汽车业与玻璃业是两个不同领域的行业，前者属于机械制造业，后者属于轻工业，但从汽车的发展历程来看，两者的关系越来越密切。玻璃技术已经完全渗入到汽车行业之中，成为汽车技术领域中不可缺少的一员。现在，人们特别注重从汽车安全和外观的角度去研究和开发汽车玻璃，以不断推出新的品种。

一、汽车玻璃介绍

早在 80 多年前，玻璃已装在美国福特厂出产的 T 型车上，当时是用平板玻璃装在车厢的前端，使驾车者免除风吹雨打之苦。到目前为止，车窗玻璃还是汽车上所占比重最大的玻璃，它采用不同方式装配在车身上，以保证车内采光，扩大乘客视野；确保安全、密封、通风、防风雨；同时对车身外形也起到重要的造型与装饰作用。轿车前后车窗玻璃均为固定式，借助具有一定弹性的橡胶密封条，黏结在车身与玻璃之间。侧窗与车门窗玻璃采用可开闭式，由玻璃升降器来完成。

每当汽车发生意外，其轻度变形以及冲击力虽不会对车辆造成很大伤害，但破碎的玻璃却会对人们的身体造成很大的损伤。这样的事故在以前很常见，如今人们已将这种危害降到了最低点，其方法就是采用了汽车安全玻璃，钢化玻璃、夹层玻璃等就是属于此类产品。汽车安全玻璃分为钢化玻璃和夹层玻璃两种，它们都是由玻璃原片进行二次加工而成的。

1. 钢化玻璃

原片玻璃在经过加热、吹冷风等工艺处理后即可变成为钢化玻璃。普通玻璃经"钢化"后，不但强度增加了，而且内部结构也发生了变化。当遇有破坏性外力冲击，造成玻璃破裂时，不会形成锋利的刀口，而是碎裂为许许多多的小碎片，每个碎片就是当初吹冷风时所形成的钢化点。在技术上，对这些碎片的大小是有要求的，它们不能太大也不能太小：太大则会形成尖锐的棱角，起不到安全保护作用；太小则会形成粉末，伤及乘员眼睛。钢化玻璃一般均安装在除前风挡以外的其他地方。

2. 夹层玻璃

夹层玻璃，顾名思义是由两层或两层以上玻璃胶合而成的。它之所以安全是由于在玻璃之间有一层PVB胶片（一种黏合性、柔韧性都很强的高分子材料）。夹层玻璃一般安装在前风挡处，当玻璃碎裂时，PVB胶片会把玻璃碎片粘连在一起，使夹层玻璃破损后产生蜘蛛网状裂纹，以防止玻璃碎片对乘员造成的二次伤害，同时还可保证驾驶员有一定的视野来处理紧急情况。另外，加入PVB胶片后夹层玻璃的柔韧性、抗穿透能力增强了，这在一定程度上还能防止驾驶员在紧急刹车时由于惯性太大而将头部冲出车窗外。

现代轿车外形的发展与玻璃工艺的发展息息相关。早在40多年前，轿车前风挡玻璃已经采用单件式弯曲玻璃，并逐渐抛弃了平面型的玻璃。今天的轿车风挡玻璃一般都做成整体一幅式的大曲面型，上下左右都有一定的弧度。这种曲面玻璃不论从加工过程还是从装嵌的配合来看，都是一种技术要求十分高的产品，因为它涉及车型、强度、隔热、装配等诸多问题。

轿车风挡玻璃采用曲面玻璃，首先是从空气动力学的角度出发。因为现代轿车的正常速度大都超过100 km/h，迎面而来的气流流过曲面玻璃时能减少涡流和紊流，从而减少空气阻力。再加上窗框边缘与车身表面平滑过渡，使玻璃与车身浑然成一体，从视觉上既感到整体的协调和美观，又可以降低整车的风阻系数。此外，曲面玻璃具有较高的强度，可以采用较薄的玻璃，对轿车轻型化也起着一定的作用。

现代轿车的曲面风挡玻璃要做到弯曲拐角处的平整度高，不能出现光学上的畸变，从驾驶座上的任何角度观看外面的物体均不变形不眩目。以前轿车玻璃通常用整齐的条带沿玻璃边缘修饰或保护，现在轿车上的玻璃都采用陶瓷釉，即所谓"黑边框"。有许多轿车对风挡玻璃还加以镀膜，采用反射涂层工艺或改善玻璃的成分，只让可见光进入车厢内，挡住紫外线和红外线，在很大程度上减轻了乘员受到强烈阳光照射的危害。这种被称为"绿色玻璃"的现代轿车玻璃，已经得到了越来越广泛的使用。

二、汽车玻璃的检查

好的汽车安全玻璃应具有以下特性：透射比高、副像偏离小、光畸变低、抗冲击性强。

1. 有较高的透射比

较高的透射比能保证驾驶员在各种气候条件下及夜晚驾驶时有适宜的驾驶环境。前风挡及驾驶员视区范围内的其他玻璃，透射比均需达到70%以上。时下流行的浅绿色前风挡玻璃（多为进口）透射比为72%左右。

2. 副像偏离小

当玻璃两个表面不平行时，在一定的光照条件下，通过玻璃看物体时，除了看到主像外，还会看到1个或多个副像（影子），副像与主像之间形成一定的夹角。夜晚驾车时，在黑暗背景中，明亮的灯光引起的副像非常明显。如果副像偏离较大，驾驶员就会产生错觉，易发生交通事故。

3. 光畸变低

光畸变产生的原因是玻璃表面凹凸不平或局部光学不均匀，令通过的光线产生偏离，从而使物体变形。如光变化较大，则易使驾驶员的眼睛产生疲劳，导致交通事故的发生。

4. 抗冲击性能强

抗冲击性能是确定汽车安全玻璃在小刚性物体的撞击下，能否保持某一最低强度或黏结强度的能力。为最大限度地保护驾驶员及乘员的安全，有合法生产资格的厂商制造的汽车安全玻璃的质量都应符合国家标准要求。

三、玻璃升降器

玻璃升降器是调节门窗玻璃开度大小的专用部件，其功能是保证车门玻璃平衡升降，门窗玻璃能随时并顺利地开启和关闭。当摇手柄不转动时，玻璃应能停在任意位置上，既不能向下滑，也不能由于汽车的颠簸而上下跳动。锁上车门后，能防止外人将玻璃降下而进入车内。玻璃升降器分为手动与电动两种，电动式玻璃升降器采用可逆直流电动机和减速器取代摇手柄，通过控制按钮实现对玻璃升降的集中控制。汽车玻璃升降器应具有如下几方面的特征：

1. 操作方便

玻璃升降器在最大载荷工作条件下，摇手柄力矩不得大于 2 N·m。为此，要尽量减轻各部件的质量；减小各摩擦副的摩擦力；提高制造与安装精度；选择平衡特性良好的平衡机构。

2. 结构可靠

升降器必须具有足够的制动力矩，以保证良好的制动性能；要求在工作行程内，当给摇臂滚轮运动轨迹的切线方向增加 300 N 的负荷时，应无反转运动，升降器处于上行程任意位置时，玻璃下降量不大于 5 mm，各连接部位应牢固，经台架振动试验后，各铆接处及调整轴不应松动；机构应有足够的刚度和强度，即升降器经强度试验后（手摇臂位于上止点，在手柄上施加 150 N 的负荷），各部件不得产生扭曲和有碍运动的变形。

3. 耐用

升降器进行往复升降 4 万次耐久试验后，不得产生异常声响及制动失灵；各部件不得产生严重磨损，连接部位不得松动。

四、玻璃密封条

密封条用来保持车身的门、窗玻璃等可动部分及前、后窗，三角窗等不动部分的密封。密封条的形状与断面应适应不同的使用部位及不同功能的要求。玻璃密封条有如下3个作用：

1. 保持车窗（门）与玻璃的密封，从而起到防风雨、防尘、隔热、隔音的作用。
2. 当车身受到振动与扭曲时，密封条还能起到部分缓冲、吸振的作用。
3. 在门窗与玻璃交接的边缘起装饰作用。

密封条的材质，早期常使用天然橡胶，后来发展为以乙烯·丙烯橡胶、丁腈橡胶等人工合成橡胶为主，也有采用聚氯乙烯树脂的。对于前、后窗、三角窗等固定窗缘部分，也有采用多种黏结形式（如直接黏结法或橡胶带黏结法）。作为发泡的合成橡胶应具有良好的性能，即要求有优良的耐候性，对于涂装具有非污染性，残余变形小，吸水率低，在低温也能保持良好的柔软性，具有耐热性，耐磨性良好等。

五、汽车后视镜

汽车后视镜也是汽车上一种重要的玻璃制品。驾驶员驾车要做到"眼观六路，耳听八方"，一方面要集中精力观察前方动态，另一方面要用余光通过后视镜观察车辆左、右及后面的情况，综合收集各方面的信息，才能保障行车安全。一般情况下，驾驶员对于前方情况观察比较方便，而对左、右侧及后方情况，则必须借助于汽车后视镜，后视镜可分为内后视镜和左、右外后视镜。内后视镜用于观察车内部情况或透过后窗观看车厢和后面道路；左、右外后视镜供驾驶员观察左、右后方的情况。

1. 内后视镜

驾驶员在夜间开车时，后方车辆灯光会透过后视镜照射到眼睛，而影响到开车时的视线。传统的防眩后视镜必须采取手动的方式来调整室内后视镜的镜面角度以起到防眩的作用，而自动防眩后视镜可根据后方照射光源的刺眼程度，无级调整后视镜的镜面反射率，并且其调整的方式并不是调整镜面角度，而是透过后视镜内电解液的电子回路，依照不同的后方光线的照度，来调整镜面的反射率。在白天光线不刺眼的情况下，镜面的反射率会固定在75％左右，使得白天时仍能维持较好的后方视野，但到了晚上则会随着光源的情况，随时将反射率调整到最适合的程度，以增加夜间行车时视野的舒适性。

2. 左、右外后视镜

汽车起步前，驾驶员必须通过后视镜观察侧后方有无来车跟近和后方其他交通情况，方能做出准确的判断和处理。如果没有后视镜而盲目起步，就有可能引起擦、挂事故。特别当车辆在变换车道或行驶于高速公路上时，由于车速较高，因此必须有宽广的后方视野以增进行车安全。总之，后视镜在车辆安全行驶中起着相当重要的作用，是驾驶员的眼睛。

左、右外后视镜多为铝镜（反射膜为真空镀铝）、银镜（反射膜片为 $AgNO_3$，镀银）。近年来，高级车多用蓝镜，反光柔和，气派高雅。这种发蓝镀膜一般采用氧化钛、二氧化硅等物质，镀膜技术复杂，成本也高，外镜多采用球面镜以扩大视野。

广角室外后视镜由于在镜面的外缘设置了曲率半径逐渐变小的非球状辅助镜，可以大大增加车辆侧方的视野，如与相同大小的老式固定曲率的后视镜相比较，大约增大了 1.5～2 倍的视野范围。因此，安装了广角室外后视镜的车辆能轻松地辨视 10 m 以内的交通状况。外后视镜可根据驾驶员的实际情况调整角度。调整机构分为手动和电动两种。中、高级轿车多采用电动后视镜。所以在洗车过程中，擦洗后视镜时不可用力过大。

学习单元 3　汽车灯具的检查

学习目标

熟悉汽车照明装置

熟悉汽车信号装置

掌握汽车灯具的检查方法

知识要求

LS（lamp signal）称为灯光号志。灯光号志是一种世界语言，通常有红、黄、白三种颜色，红色灯通常代表紧急或危险之意，如制动信号灯即采用红色灯壳，另外车辆的示宽灯也使用红色，可以很清楚地让其他车知道本车的大小，避免由于对方车身大小判断错误，而造成事故的发生。虽然制动信号灯和示宽灯都用红色，但是在亮度方面仍有差异，制动信号灯由于需要更高的警示及告知作用所以会产生比车幅灯更高的亮度。另外就是黄色灯，黄色通常有警示作用，所以使用于转向灯以及警示灯上，用于警示及告知其他车辆自己要转向的意图。而白色灯则用于照明，除了前方头灯照明之外，还有后方倒车照明兼警示作用。因此当看到车辆后方白色灯亮起，即表示该车正要倒车，应予礼让。因为这些灯光系统都是属于安全配备，因此不论灯光的亮度、位置、甚至照射区域都有明确的法规规定。一些车主自行加装超强亮度的灯具，但照射的方向却会影响到其他的驾驶者，这一行为不合法规且容易造成交通事故，从业人员应当加以提醒。

一、照明装置

1. 装在车身外部的照明装置

前大灯是汽车在夜间行驶时照明前方道路的灯具，它能发出远光和近光两种光束。在无对方来车的道路上,汽车以较高速度行驶时使用远光。远光应保证在车前100 m或更远的路上得到明亮而均匀的照明。近光则在与前方车辆交会时和市区明亮的道路上行驶时使用。会车时,为了避免使迎面来车的驾驶员目眩而发生危险,前大灯应该可以将很强的远光转变成光度较弱而且光束下倾的近光。前大灯可分为二灯式和四灯式两种。前者是在汽车前端左右各装一个前大灯,而后者是在汽车前端左右各装两个前大灯。

前大灯内的灯泡一般采用高强度放电灯,其结构与传统钨丝灯泡不同,它没有灯丝,玻璃灯泡内有一个电极,并充满介质氙气,工作时依靠高电压击穿灯内的气体介质以产生放电电弧的形式发出灿烂的高色温光芒(情形类似于电弧焊)。其特点一是亮度大,使用同样瓦数的高强度放电灯,亮度大约是钨丝灯的2~3倍。二是色温高,氙灯最低的色温一般是4 500 K,达到7 000 K也较为普遍,有的甚至能高达12 000 K。能模拟太阳光的自然色温,使光线非常完美,如同日光。三是亮度高,色温和亮度是两个不同的概念,氙灯亮不是因为色温高,而是因为亮度高,亮度的单位是流明,氙灯的流明数一般是普通卤素灯的3倍。四是节能,与钨丝灯相比,能够节约一半电能;五是使用寿命长,由于高强度放电灯没有灯丝,所以它不存在灯丝断裂问题,使用寿命大约可以达2 000 h。氙灯按灯泡形式一共可分为6种:带透镜的远光灯、带透镜的近光灯(以上两种灯一般用在原厂的氙灯系统上,比如帕萨特和奥迪等)、远光灯泡、雾灯、远近光灯泡、近光灯泡。总之,高强度放电灯产生的照明具有非常好的效果,将有可能成为未来汽车前照灯的必然选择。汽车前大灯的光强和安装角度有严格规定。一般两灯的,光强不低于14 000 cd,四灯光强不低于12 000 cd。

前小灯,用于夜间和雾天,标示停车或行驶汽车轮廓,在夜间会车行驶时,使对方能判断本车的外廓宽度,故又称示宽灯,有的还能标示高度。同时,前小灯也可供近距离照明用。

后灯的玻璃是红色的,便于后车驾驶员判断前车的位置而与之保持一定距离,以免当前车突然制动时发生碰撞。后灯一般兼作照明汽车牌照灯,有的汽车牌照灯是单装的,它应保证夜间在车后20 m处能看清牌照号码。

雾灯分为前雾灯及后雾灯,除遇有浓雾或大雨天气,在正常情况下,应避免使用前雾灯,特别在与前车距离较近的情况下更应谨慎使用,因为雾灯打开后会造成前车视线受到影响。

2. 装在车身内部的照明装置

车身内部的照明灯特别要求造型美观、光线柔和悦目。它包括顶灯、车厢照明灯、阅读灯、车门灯、行李箱灯等。

为了便于夜间检修发动机,还设有发动机罩下灯。为满足夜间在路上检修汽车的需要,车上还应备有带足够长灯线的工作灯(行灯),使用时临时将其插头接入车上专用的插座中。

驾驶室的仪表台上有仪表台照明灯。在有些汽车上,仪表台照明灯不能和驾驶室顶灯同时开亮。此外,在仪表台上往往还有用以指示制动器故障或制动液缺少的警报灯等。

二、信号装置

1. 转向信号灯和转向信号闪光器

转向信号灯分装在车身前端和后端的左右两侧。由驾驶员在转向之前,根据所转方向相应地开亮左侧或右侧的转向信号灯,以通知交通警察、行人和其他汽车上的驾驶员。为了在白天能引人注目,转向信号灯的亮度很强,灯色应为黄色或琥珀色。此外为引起对方注意,在转向信号灯电路中设有转向信号闪光器,借以使转向信号灯发生闪烁。闪烁式转向信号灯可以单独设置,也可以与前小灯合成一体,在后一种情况下,一般采用双丝灯泡。也有的将后转向信号灯和后灯合成一体。

转向信号闪光器有电热式、电容式和晶体管式 3 种。应用较多的是前两种闪光器。

2. 制动信号灯

制动信号灯又叫刹车灯。制动信号灯为红色,比一般车尾的信号灯更加明亮,第三制动信号灯为近年来的新配备,为了使后方车辆能在更远处就看到,以及近距离也能看到的制动辅助警示灯。汽车驾驶者大部分的时间都是尾随着前面的汽车前进,因此尾部追撞的事故要占所有交通事故的 15%~20%。为了降低车后追撞事故的发生率,交通心理学专家早就提出了加装第三制动信号灯的建议,其目的是希望驾驶员对前车刹车的情况能有一个提前的认知,进而提早踩下制动踏板。当刹车认知的时间提前后,可缩短整体制动滑行距离,进而减少后车追撞事故的发生。因此,美国早在 1985 年就已经明确规定第三制动信号灯为标准的安全配备。第三制动信号灯也称高位制动信号灯,一般安装在后风挡玻璃上或下边缘的位置上。

3. 倒车信号灯及倒车报警器

车辆的后部装有倒车信号灯,也有部分轿车装有倒车报警器。

4. 故障停车信号灯

轿车上装有故障停车信号灯。行驶中的轿车因出现故障而停车,或临时停车,可打开故障停车信号灯或危急信号灯,以引起其他行驶车辆的注意。

5. 喇叭

为警告行人或其他车辆驾驶员注意安全,轿车上都装有声响信号装置——喇叭。轿车的喇叭为电喇叭。电喇叭按其外部形状可分为螺旋形(也称为蜗牛形)、长筒形和盆形 3

种。按音调又可分为单音、双音和三音喇叭。当装用多音喇叭时，为减小通过喇叭按钮开关的电流和线路中的电压降，应加装喇叭继电器。螺旋形电喇叭的声音和谐清脆，比较悦耳，广泛应用于各种车辆上。长筒形电喇叭声响传播较远，但所需安装空间较大，目前已很少使用。盆形电喇叭与螺旋形电喇叭相比，其波长与声源面积之比较小，声音的发散角也较小，即指向性较好，因而对交通噪声的穿透力较强，此外，盆形电喇叭所消耗的电流和外形尺寸都比较小，安装也方便，故特别适用于轿车。

现代轿车的电气设备和仪表比较多，为了便于识别并控制它们，常常在轿车驾驶台仪表、操纵杆、按钮、开关等处标有各种醒目的形象化的符号。

三、汽车灯具的检查方法

一般国产车原厂卤素车灯出厂时的色温为 3 000 K，但经过 1 年的使用后会降到 2 500 K，甚至 2 000 K，如果此时再继续使用，就会明显影响照明质量。此时，就应提醒顾客及时更换车灯了。更多情况下，车灯的故障绝不仅限于灯泡烧坏、插座锈蚀或插头损坏这一类的小问题，往往需要采取专业的诊断技术来分析故障发生的根本原因。即使是那些低价位的汽车，其内部和外部灯具也是由主计算机芯片进行控制的；而那些豪华汽车，仅其前大灯就由 3 块计算机芯片进行控制。如果汽车配备了日行灯系，就必须首先了解这些装置的工作原理。例如，某些日行灯系在发动机启动之前，其日行灯不能打开；还有一些日行灯系，如果驻车制动尚未取消，纵使发动机已经启动，其日行灯依旧不能正常工作。如果车辆装备了光控灯（即当外界光线暗淡到一定程度时，系统具备自动开启前大灯的功能），就应检查一下感光性从最弱到最强状态过程中车灯的工作情况，此时也不要忽略检查自动关闭计时器。如果系统装备有一只计时器，则应将其设置为最大延时。

如果前大灯损坏，通常采用类似的灯具进行更换。有些汽车装备了高强度放电前大灯，该设备通过其预先设计的电子系统产生的高压电弧放电生成高密度光源。特别要引起注意的是，普通的石英－卤素灯泡不能在此应用。另外，还要检查前大灯镜头是否有裂纹，因为虽然表面裂纹并不会影响前大灯的照明性能，但是湿气还是会沿着裂缝渗入灯具内，这势必会缩短灯泡的使用寿命。

前大灯光照方向的校准也可列入检查维护项目的程序中，为了确保驾驶者行车安全，前大灯必须能够为行驶车辆提供良好的前向照明。此外，也切不可忘记检验其他灯系，如转向灯、车牌照明灯、示宽灯、驻车灯、倒车灯以及刹车灯（包括中间高位刹车灯）等。另外，许多车辆还将雾灯作为标准装备或流行的选装件。雾灯一般安装在汽车较低的位置，因此极易受到石块的损伤，在对其进行维护时，除了检查照明系统本身外，车灯镜头的裂纹也不应被忽视。

学习单元 4　刮水器与风挡洗涤器的检查

学习目标

熟悉汽车刮水器
掌握刮水器的检查方法
掌握风挡洗涤器的检查方法

知识要求

一、汽车雨刮器

刮水器（又称雨刮器）虽说是汽车风挡玻璃上的一个小配件，但它却是安全驾驶的基本配备之一，对安全行车有着直接的影响。《中华人民共和国道路交通管理条例》第 19 条中就明文规定：机动车必须保持车况良好，车容整洁；制动器、转向器、喇叭、刮水器……必须齐全有效。根据国际驾驶安全调查显示，雨天驾车，交通事故发生率要比平时高出大约 5 倍。雨天路滑与能见度降低是其主要原因。而车窗前的刮水器就能在一定程度上减少雨水对驾驶员的视野所造成的负面影响。因此，在进行日常检查维护时，应当重视对刮水器的检查，这样，既能延长其使用寿命，又能确保行车安全。

汽车刮水器大体上由 5 个部分组成：摆臂、支架、连接摆臂、支架安装卡钮和橡胶条。从安装方式上可以分为勾式、插式和螺钉固定式 3 种型号。雨刮支架分为金属材质（针对北方的雪天使用）和塑料材质，做工粗糙的支架用手一折就很容易断。橡胶条是直接接触玻璃的，它的质地可直观地反映出刮水器的质量。好的橡胶条放在手掌上刮一下就可以感觉到它的质感很好，且手感柔软而富有弹性，用手牵拉时恢复性强，质量差的则刚好相反。刮水器的规格从 12～24 in 不等。各种车型的刮水器规格并不相同，一般来说，轿车的刮水片尺寸在 16～21 in 之间。

二、刮水器的检查

刮水器一般在雨天使用，而雨天的路面及视线本身就不利于汽车驾驶，如果此时刮水器再不能很好地工作，就必将会给行车安全带来很大危险。一般情况下，对刮水器的检查可分为如下几步。

1. 检查刮水器的运行

在检查刮水器时，可以将刮水器开关置于各种速度位置挡，检查不同速度下刮水器是否保持一定速度。还有就是检查刮水器刮水的状态，以及刮水支杆是否摆动不均、是否有漏刮的现象。当这两种故障出现任何一种时，都意味着刮水片有所损坏。此外，在检查时还要注意刮水器在工作中是否有振动和异响。

2. 检查刮臂下端的固定情况

刮臂和由电动机（雨刮器分配阀）带动的连杆通常有螺钉固定和齿条压合两种固定方式，检查时若发现有松动现象，应及时加以固定，以免使用时发生故障。还可用眼睛来辨别是否有破裂、裂痕、生锈、变形、附着物、变色等；用耳朵辨别刮水器在使用时是否发出跳跃、抖动等异常声音；用手辨别橡胶是否硬化、金属零件是否松动等。

3. 检查橡胶刮片是否老化变形

刮水片最佳的刮洗角度是与风挡玻璃成45°，如果刮片橡胶一旦老化就无法保持这个最佳的刮洗角度了，此时，就会产生刮不干净或是刮水片抖动等现象。所以平时要定期对刮水片进行检查。方法是将刮水片拉起来，用手指在清洁后的橡胶刮水片上摸一摸，检查是否有损坏之处。在检查刮水片时一定要注意橡胶部分是否柔软而富有弹性，或在末端产生龟裂及局部脱落，在运行时是否左右翻动自如。当刮水片产生老化、硬化、及出现裂纹时，就应及时加以更换。在更换刮水片时，应了解该辆汽车使用的是哪种规格的刮水片，这一数据可以在随车手册内进行查找。但在安装时，要注意不能让摇臂反弹到玻璃上，以免损坏风挡玻璃。

4. 检查风挡玻璃上的痕迹

如橡胶刮水片发生问题，也可在使用过程中从风挡玻璃上看出症状。当风挡玻璃上留有细长的条痕，难以看清外界时，说明刮水器上有异物或者边缘部被磨损。此时，首先应清扫边缘部分，如果症状仍未消除就需要进行更换。

5. 检查刮水器发出的声音

当刮水器发出噪声、跳跃并不能顺畅地转动时，说明玻璃上附有车蜡或者是刮水器的有关部件松动及刮水片橡胶变形。遇到这种情况，首先应清洗风挡玻璃，如问题仍未解决，可用钳子把刮水器各关节处和夹橡胶片处的间隙调小，如果症状仍未得到消除就需要对刮水片进行更换。

6. 检查刮臂的角度

当刮臂的角度正确时，刮水片能直立在风挡玻璃上并且完全与玻璃接触，以保证清除雨水尘土的效果。如刮水片未能与风挡玻璃完全接触，经刮水片擦拭后就会留下斑点状的水迹，这是由于橡胶变形而引起的。如果橡胶没有接触到玻璃表面，这表明刮水器的支架变形，需要更换。

7. 检查电路连接情况

平时检查应注意电路连接情况及各活动部位的润滑。

8. 检查风挡玻璃的残蜡

平时在给车辆打蜡时,不要将蜡打到前窗风挡玻璃上,否则刮水片在玻璃上打滑会影响擦拭效果,同时也会发出难听的嘶叫声。

9. 检查刮水器的扫水能力

当刮水器变旧之后,其扫水能力会下降,此时,如驾驶员在夜雨中行车,没有刮净的雨滴在灯光下会产生各种反射光,使前方视野变得极度模糊,从而容易引发交通事故。而且在汽车高速行驶时,刮水片很容易向上浮起,导致扫水能力更为下降。此外,刮水器用久后不仅刮水能力大幅度降低,而且刮水时还会产生"吱嘎吱嘎"的声响。因此,最好每隔一两年更换一次刮水器总成。

10. 及时清洗刮水条

平时在进行车辆清洗时,应注意对刮水器的清洗。刮水器虽然搁在风挡玻璃上,但在日常保养时却往往很容易被人们所忽视。对刮水器的保养方法比较简单。只要在每次洗车清洗前风挡玻璃时,同时用玻璃清洗液擦拭一下刮水片,这一动作虽然简单,但对沿长刮水片的使用寿命却能起到很大的作用。

三、风挡洗涤器的检查

风挡洗涤器的功用是将清洁的水或洗涤液喷射到风挡玻璃上,在刮水器的作用下,清除风挡玻璃上的尘土和污物,使驾驶员有良好的视野。洗涤器主要由电动机、洗涤液泵、洗涤液罐、喷嘴等组成。洗涤液泵一般为齿轮式,由电动机直接驱动。电动机和洗涤液泵之间有两个水封和1个排水孔,用以保持其密封性能。在检查时应注意喷嘴及排水孔是否被污渍或残蜡所堵塞,一旦有此种情况发生,就应及时加以疏通。

学习单元5　活动天窗的检查

学习目标

了解天窗换气的原理

熟悉天窗的种类

熟悉天窗的构造

掌握天窗检查的方法

知识要求

汽车上加装活动天窗的主要目的是有利于车厢内通风换气，因汽车内室的空气状况会直接影响到乘员的舒适性与身体健康。对于没有天窗的汽车主要是靠侧窗进行通风换气，但打开侧窗后，车外的尘土、噪声便会灌进车内。若在冬夏两季，当享受车内暖风或冷气时，让窗外的寒气或热浪扑面吹来，会使人感到很不舒服，同时，还破坏了空调的效果。加装天窗后就能较好地克服上述不足之处，实现有序换气。另外，有了天窗还为越来越普遍的驾车摄影、摄像提供了便利条件。

轿车的天窗如图2—21所示。

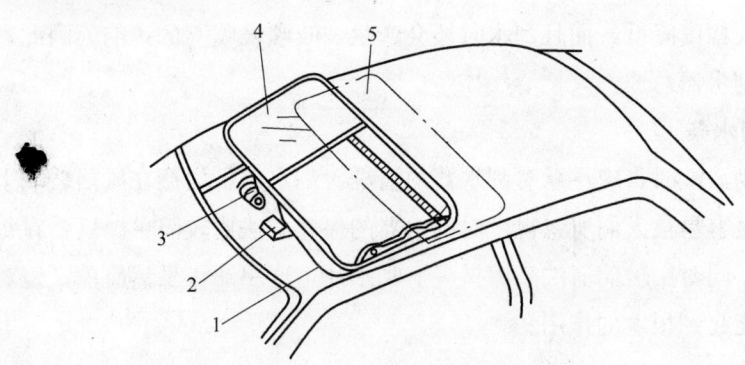

图2—21 轿车天窗示意图
1—滑动螺杆 2—电子控制装置（ECU） 3—电动机及传动齿轮
4—天窗玻璃 5—遮阳板

一、天窗的种类

车用天窗按开启动力的不同可分为手动式和电动式，按开启方向不同可分为内藏式、外滑式、外倾式、敞篷式等。手动天窗主要有外倾式和敞篷式，此类天窗结构比较简单，价格也较便宜，且便于安装。电动天窗主要有内藏式、外倾式和外滑式，此类天窗档次较高，价格较贵，安装时由于要布线，安装难度较大。

二、天窗换气原理

车厢换气包括进气和排气，没有天窗的汽车进气是由进风口采用鼓风等方法实现的，排气是利用行车时车体内外产生的正负压差，厢内气体通过缝隙和排气孔排出。此种进气、排气方式的缺点是排气不通畅，进气受阻，车内空气无法快速更新。

天窗换气是利用负压原理，打开天窗时首先是将车内的空气抽出，而不是直接进风，污浊的气体被抽走后，会从进气口补充进来经过过滤的新鲜空气。采用这种先排气后进气的换气方式，可加快空气的更新速度，对空调的影响也很小。

不同种类的天窗其结构也不尽相同，下面以电动外倾式天窗为例，对天窗的基本结构进行介绍。

三、天窗的滑动机构

滑动机构主要由玻璃面板、导向板、导向块、导向槽、导向销、撑架、滑槽等组成。当车顶面板打开时，后导向板由于滑动线缆的作用，向车辆后方推出。两个导向销分别沿着导向槽移动，首先把面板端向下方引出，落入车顶下部。其后，对电缆压紧，向车辆后方滑动，当面板关闭时，后导向板进一步向车辆前方移动，导向销沿着导向槽移动，所以面板以前导向板为支点转动，把后端部倾斜向上升高。

四、天窗的驱动机构

驱动机构由电机、传动齿轮、滑动线缆等组成。电机输出的转矩，通过传动齿轮传递给螺旋齿轮式线缆，从而带动后导向板滑动。后导向板利用电机的正、反转作向前、向后的交替运动。在电机齿轮外壳内部有两个利用凸轮进行工作的限位开关。

五、控制和限位开关

天窗控制开关由滑动开关和倾斜开关两部分组成。滑动开关的功用是控制滑动机构的驱动电机电路的接通与切断，用"开（open）"和"关（close）"表示。倾斜开关主要控制可动部分车顶的斜升和斜降，用"升（up）"和"降（down）"表示。

轿车天窗的机构如图2—22所示。

六、活动天窗的检查

活动天窗对构件的质量要求和安装的技术要求都非常之高。因此，在从事汽车美容工作时应认真对待，切不可掉以轻心。如因操作不当造成损坏，轻则会使天窗开启不灵，重则会引起车顶渗水等问题。天窗的使用寿命一般很长，在最初使用的一两年甚至三年内很少会出现漏水的问题，有的甚至在车辆报废后仍然可以正常使用。但如平时不注意保养，随着时间的推移，风、尘土和阳光对天窗的侵蚀，还是会对天窗的密封性产生很大的威胁。

好的天窗都有其独到的防漏设计，以保证不漏水。外掀式天窗采取高强度密封设计，

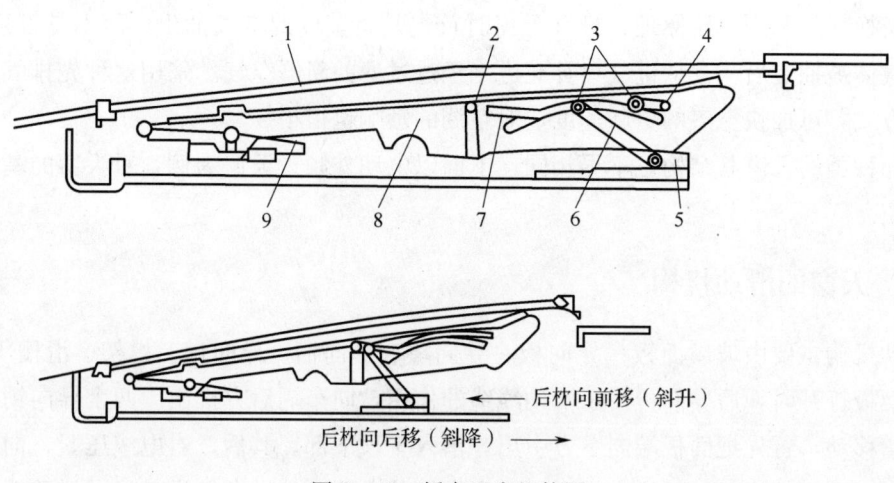

图 2—22 轿车天窗机构图
1—天窗玻璃　2—导向块　3—导向销　4,7—导向槽　5—后枕座
6—连杆　8—托架　9—前枕座

天窗与车顶靠紧固件和特制胶防止漏水；玻璃板与框架之间有密封圈防漏；双层（内藏式）天窗的内部已经设计了导水槽，四角设有出水口，每分钟的排水量可达到 10 L。但天窗的橡胶条、泄水部位、电动天窗的电动机和滑动部件都需要每年进行保养。天窗玻璃面板的设计有隔绝热能和紫外线的功能，要用软布和清洁剂进行清洗，不能使用黏性清洁剂，太阳挡板的清洗同样也不能使用黏性清洁剂。天窗由橡胶密封圈来密封，以确保天窗完全防水，平时使用时应注意不要沾有尘埃、沙尘等杂物，每 2 个月至少要用湿海绵清洁 1 次。平时可用细的滑石粉进行保养，以便延长密封圈的使用寿命。天窗的移动部分由低保养材料制成，要定期用机油或润滑剂清洁机械部分，一般至少每 2 个月清洁 1 次。

思 考 题

1. 简述汽车涂面的检查方法。
2. 如何对汽车内部进行检查？
3. 安全装置一般有哪些种类？
4. 简述汽车轮胎的检查方法。
5. 如何检查汽车灯具？
6. 简述活动天窗的换气原理。

第3章

车辆清洗

第1节 汽车外部清洗

车辆清洗是汽车美容作业中的一项基本工作，它和一般意义上的洗车在使用材料、施工部位、工艺流程和使用设备等方面都有很大的区别，应当说汽车美容范畴的操作更具科学性，其技术和工艺也更为严密和完备。

学习单元1 传统洗车与汽车美容洗车的区别

学习目标

掌握传统洗车与汽车美容洗车的异同

知识要求

目前，汽车美容护理对大多数车主来说还是一个比较陌生的概念，因为传统意义上的洗车和汽车美容中的洗车是两种不同的概念。

一、目的和作用不同

洗脸是人们每天必做的事情之一，干净的面孔总能为人们带来愉悦的感觉。但对于平时并不少见的皮肤疾病或因衰老而产生的面部皱纹等情况，仅靠洗脸是无法消除的。因此，随着社会发展和人们物质精神生活水平的不断提高，传统意义的洗脸正逐步被面部保健美容所取代。洗车也是一样，传统意义的洗车无非是去除汽车表面的泥土、灰尘等污物，美容洗车则是在传统保洁的基础上，不仅要对涂面进行清洁护理，而且还将作业内容扩大到了对内室饰件、发动机等各部位的污渍进行技术处理，同时还要使用特制的材料对车辆各部位及各构（饰）件进行翻新，以达到改善性能、延缓老化、使车辆保值的目的。

二、使用的材料及工具不同

传统洗车一般用的是洗衣粉、肥皂水、洗洁精等非汽车专用洗涤剂，这些材料的碱性较大，虽能分解汽车表面的油垢，但在清洁的同时，也会破坏汽车涂面上的蜡分子，使涂膜因失去原有的蜡层而直接暴露在空气之下，进而造成氧化失光，涂料脱落，金属腐蚀以至穿洞等现象。同时，碱性洗涤剂还会加速车上密封胶条的老化，导致汽车产生故障。而美容洗车使用的是专业洗车液，这类洗车液 pH 值呈中性，并选用非离子表面活性剂制成。这样就能使污渍分子很快得到分解浮起而使其变得容易清洗。而且，此类专用洗涤剂的化学成分不仅不会破坏车身涂面蜡分子的存在，而且还兼有保护作用。电脑控制的全自动汽车清洗机更是把清洗、吹干、上蜡等各道工序融为一体。

三、施工技术不同

传统洗车主要依靠人力来完成从冲洗、清洁到擦干等所有工序，而今天的洗车更多地借助于现代化的设备和高性能的清洗用品。特别是高压水枪在汽车清洗中的应用，不但提高了清洗作业的质量，极大地保护了涂面，同时还起到了提高清洗作业的效率，降低人力消耗，改善作业条件的积极作用。

四、对环境的影响不同

传统洗车作业对场所的选择一般随意性较大，很不规范，到处都可设摊洗车，这样不但影响了城市形象，清洗下的泥沙及碱性废水还造成了对城市环境的污染，使下水道被含油污泥堵塞、绿化地被破坏，同时还造成了大量水资源的浪费。而专业的美容洗车作业场所固定，配套设施完善齐全，操作规范，许多场所还采用了循环水再生利用技术，不仅能节约资源、降低作业成本，还可最大限度地减少环境污染。同时，在美容用品的选用上，还力求选择使用环保型的材料，以杜绝对环境的危害。

学习单元 2　常见外部清洁用品简介

学习目标

掌握各类汽车清洁用品的性能及使用方法

知识要求

目前，市场上各种工业用的、家用的、专用的、通用的清洁用品数不胜数，但从严格意义上来说,汽车美容护理用品有其特殊的要求,若使用不当,有可能对车辆造成一定损害。以下对各类汽车专用外部清洁用品的特性、使用方法、适用范围及注意事项等进行简要介绍。

一、汽车清洁香波类

1. 主要特性

(1) pH 值为 7.0,呈中性。

(2) 不腐蚀涂面,不脱蜡,伴有各种芳香气味。

(3) 能清洗车身涂面,去除油污并具有消除静电的功能。

2. 使用方法

(1) 根据产品使用说明用适量净水加以稀释。

(2) 喷涂或抹擦于车身涂面进行清洗。

(3) 以清水冲洗后再用干布擦净。

3. 适用范围

各种车辆的车身涂面。

二、汽车清洁上蜡香波类

1. 主要特性

(1) 该类清洁剂除了具备除油污、去静电功能外,使用后还能给车身涂上一层蜡膜,从而使其兼有护理上光的功用,故也被称为清洁上蜡二合一清洁剂。

(2) 本剂性质温和,呈中性,不伤涂面,不脱蜡,伴有芳香味。

2. 使用方法

(1) 根据产品使用说明,用适量净水加以稀释。

(2) 喷涂或抹擦于车身涂面进行清洗。

(3) 以清水冲洗后再用干布擦净。

3. 适用范围

各种车辆的车身涂面。

三、全自动洗车机用高泡香波

1. 主要特性

(1) pH 值为中性,超浓缩高泡沫清洗剂。

(2) 具备较强的清洗功能。

(3) 丰富的泡沫能起到较好的润滑作用，可有效延长设备使用寿命。

2. 使用方法

根据产品使用说明，用适量净水加以稀释后再加入（或接入）全自动洗车机内。

3. 适用范围

各种车辆的车身涂面。

四、全自动洗车机用上蜡香波

1. 主要特性

喷洒上蜡香波是全自动洗车的重要工序，使用上蜡香波可以提高汽车表面的风干效果，并且清洗之后不产生水渍，还会在汽车涂面留下一层光亮蜡膜，起到护理作用。

2. 使用方法

根据产品使用说明，用适量净水加以稀释后再加入（或接入）全自动洗车机内。

3. 适用范围

各种车辆的车身涂面。

五、万用清洁剂类

1. 主要特性

（1）能除去各种玻璃、涂面及金属制品的污渍。

（2）使用后不伤及涂面、塑胶及橡胶。

（3）泡沫清洁剂，无滴流的困扰。

2. 使用方法

（1）喷涂在不洁器具的表面。

（2）使泡沫停留 1 min。

（3）用干净棉布擦拭。

3. 适用范围

适用于汽车风挡及门窗玻璃。

4. 注意事项

不要等泡沫全部干透后才动手擦拭。

六、制动清洁剂类

1. 主要特性

（1）能迅速清除各种污渍。

(2) 避免产生辗轧的噪声。

(3) 不含有毒物质,不会造成环境污染。

2. 使用方法

(1) 喷涂在不洁的零件的表面,使污渍滴尽。

(2) 用干布擦拭。

3. 适用范围

(1) 鼓式及盘式制动器、制动片、制动组件、离合器压板、风扇带、受压力的组件。

(2) 其他离合器零件。

4. 注意事项

此类清洁剂为易燃物,不得置于易燃处。

七、发动机外表清洁剂类

1. 主要特性

(1) 能除去较重油污。

(2) 呈碱性,含有缓蚀剂成分。

(3) 能快速乳化分解去除油污,且不腐蚀机体及其部件。

(4) 水溶性好,可完全生物溶解,易用水冲洗,使用后无残留物。

2. 使用方法

(1) 按产品使用说明,用水稀释后喷洒在部件外表及油污处,并用刷子细刷各部位。

(2) 用适量水冲洗。

(3) 用软布擦净。

3. 适用范围

适用于发动机外表及底盘等部件。

4. 注意事项

本类清洁剂呈较强的碱性,必须用水稀释后使用。

八、水箱除锈清洁剂类

1. 主要特性

能除去积垢、锈渍、污泥的沉积,达到除锈、清洁的效果。

2. 使用方法

(1) 使用前排尽水箱内的水。

(2) 按产品使用说明,用水稀释后注入水箱。

（3）使发动机在不踩加速踏板情况下发动 20 min。

（4）排出水箱内的水及本剂，再用洁净的水冲洗水箱内部。

（5）往水箱注入清水，同时添加水箱恒温防漏剂。

3. 适用范围

所有汽车的冷却系统。

九、轮辋清洁剂类

1. 主要特性

（1）能有效去除轮辋上的油渍、氧化色斑，并清洁上光。

（2）本剂呈弱酸性，但对轮辋及轮胎无腐蚀作用。

2. 使用方法

（1）把清洁剂喷涂在汽车轮辋上，并用小刷子细刷后以清水冲洗。

（2）用软布擦拭。

3. 适用范围

所有汽车轮辋。

十、重油清洗剂类

1. 主要特性

（1）本剂是一种强力的、可乳化的溶剂型重油清洗剂。

（2）能有效地去除汽车发动机零部件底盘和设备上的重油污。

（3）本剂所含的特别成分能使污渍蜷缩成胶束，胶束颗粒以快速分离的形式很容易用水冲洗干净，不会产生二次污染。

（4）本剂可吸收数倍于其容积的油污，故可重复使用，对车体各部位无腐蚀作用。

2. 使用方法

将本剂喷涂于油污处，然后将所形成的胶束用水冲掉，再用干布擦净。

3. 适用范围

主要用于汽车发动机零部件底盘和各种设备。

学习单元 3　清洗准备

学习目标

熟悉汽车腐蚀及污渍形成的原因

掌握汽车清洗的时机

掌握正确采用清洗介质的原则

知识要求

一、汽车的腐蚀及污渍分析

车辆每天穿梭于道路上也会遇到各种恶劣的气候条件，由于环境污染在我国大部分地区都比较严重，特别在雨雪天气，这些污染会对汽车涂面造成很大的危害，如果不及时清洗，污渍会附着于涂面，使汽车涂面形成有色斑点，久而久之将造成涂面的老化。又例如当汽车行驶到铁轨附近时，电车（火车）的车轮与轨道的相互摩擦、制动等都会产生细小的铁粉，而这些铁粉又会随风飘扬而撒落在车辆上。到了夏季由于气温高、太阳暴晒等原因，车辆高速行驶在公路上，很容易使融化后的沥青飞溅到汽车的裙边、车门及轮胎上。有时鸟粪及树上的昆虫尸体等也会黏附到车身上，由于这些都是有机化合物和无机物的混合体，具有一定活性（鸟粪呈酸性，还有腐蚀作用），容易与其他有机物相互作用，互相渗透，如不及时进行清除，就会在汽车表面形成一个个小斑点。此外，由于种种环境原因汽车还会受到如残蜡、油污、焦油、飞漆、网纹等的侵袭，这些都需要使用汽车美容的特殊清洗方法才能清除，从而保证涂面不受侵害。

1. 造成汽车腐蚀的因素及防止措施

（1）造成汽车腐蚀的因素

1）含有湿气的污渍或碎屑物留在车身部分、空间或其他部位。

2）由于沙砾或小的交通事故造成的喷涂层或其他防护层损伤。

3）车身下部积存的沙土、污渍或积水。

4）在相对湿度较高的地区（如沿海地区）腐蚀会加速，遇到有大气污染以及雪天往公路上撒盐的地区，腐蚀更为严重。

5）温度高、通风不良，会使零部件腐蚀加速。

6）工业污染、沿海地区盐分的存在都会使腐蚀加速。

（2）防止汽车腐蚀的措施

1）经常刷洗汽车，定期打蜡，以保护喷涂层并保持光亮。

2）经常检查车辆是否有较小的损伤，如有损伤应及时修理。

3）保持车门底部和后挡板的排水孔畅通，以避免积水引起的腐蚀。

4）经常检查车身下部和车门，如有砂砾、污物等，应用水将其冲洗干净。

2. 汽车的污渍分析

汽车表面的污渍主要分为以下两类：一类是水可冲洗掉的污渍，主要包括泥土、沙粒、灰尘等；另一类是水不易冲掉的污渍，主要包括：外部沉积物、润滑材料的残留物、碳化沉积物、锈蚀物、积炭和老涂层的残留物。后一类污渍往往具有很高的附着力，它会牢固地附着在零件的表面。对于这些污渍，一般要使用去污剂来进行洗涤。专业汽车涂面美容主要是针对这一类污渍。

（1）外部沉积物。外部沉积物可以分为尘埃沉积物和油腻沉积物。大气中经常含有一定数量的尘埃，在运动着的车辆附近，当尘埃颗粒的含量增加时，它在金属表面的凝聚和沉积也就会加快。在潮湿的空气中，由于吸附在汽车表面的水膜会提高尘粒间的附着力，从而使尘粒加速凝聚，其附着在汽车表面上的牢固程度主要取决于表面的清洁程度、尘粒的大小和空气的湿度。而油腻沉积物，是由于污泥和尘埃落到被机油污染了的零件上而形成的。也可能相反，是由于润滑油落到了被污泥所污染了的表面上，此时润滑油浸透了污泥并附着在物体表面。

（2）润滑残留物。润滑残留物是汽车发动机最常见的污渍。在使用汽车时，润滑油在工作过程中常会发生一定程度的"老化"、氧化和聚合，而这些残留物也往往容易附着在汽车零部件的表面。

二、汽车清洗的时机

车辆清洗不仅是为了使汽车清洁靓丽、光彩如新，更为重要的目的是在于对汽车的保养，而车辆清洗是车身涂面保养的基础。

1. 气候条件因素

（1）连续晴天，且车身不太脏时，可用湿毛巾或湿布轻轻擦拭前、后风挡玻璃及车窗与两旁的后视镜。如果天气一直晴好，大约1周做1次全车清洗工作即可。

（2）连续雨天时，可用清水先对全车喷洒清洗，使车上的污物脱离。因为还会再下雨，所以，接下来只要再用湿布或湿毛巾擦拭全车所有的玻璃即可。等到天气放晴之后，再对全车进行一次清洗。

2. 行驶的路况因素

（1）当汽车行驶在工地或途经工地时，一般车辆都会被工地上的污泥所溅及。一旦遇到此种情形时，应及时进行清洗，以免附着时间久了会伤及涂面。

（2）当汽车行驶在海岸边遇有露水或雾气时，因海岸空气中盐分较重，故也应及时对车辆进行清洗，以免车身钣金遭受腐蚀。

3. 其他因素

一旦车辆因停放在工地旁受工程所造成的水泥及其他粉尘波及，或在行驶途中受工程单位粉刷天桥、路灯的涂料波及，以及在行驶途中受道路维修工程的沥青所波及，或行驶中受前方载运污泥车所掉落的污泥溅污等情况时，应及时对汽车进行清洗。

三、正确采用清洗介质

1. 注意水质

在汽车清洗作业中水源的质量往往容易被忽视，质地较差的水清洗车身表面，不但不能起到清洁的作用，相反还会对涂面造成损害。洗车作业用水要求清洁无污染，严禁使用未经过滤或受污染的水源，以免影响清洗效果，或对汽车外表产生损伤。但在通常情况下，只要使用自来水或符合标准的循环水就基本符合要求。

根据可持续发展的战略，为了节约城市用水，各地政府都规定了在开设洗车店时必须配置循环水设备，但使用循环水设备之后水的质量将直接关系到汽车的清洗质量。因此，为了真正能使洗车污水经处理后达到可再循环使用的程度，首先要解决处理后的水质标准问题。第一是对于汽车清洗，尤其是采用高压水清洗汽车时，对车身危害最大的是水中的固体悬浮物。水中固体悬浮物在高压力的夹带下，会对汽车涂面造成一定的损伤。第二是水中的矿物油，如果含量过多，也将造成对汽车的污染。第三为了防止对车体的腐蚀，pH 值应保持在 6.0～9.0 之间。第四是从保护人体健康角度出发，水中细菌的总数也应当控制在一定的范围之内。第五就是色度、臭味这些水感指标，也要求达到不能使人有不快感。为此，在国家标准 GB/T 18920—2002《城市污水再生利用 城市杂用水水质》中对洗车用水的水质标准做了详细规定。应当说，经处理后的污水只要符合表 3—1 中的标准，就完全能放心地用于清洗车辆了。

表 3—1　　　　　　　　城市杂用水水质标准（车辆冲洗）

项目	车辆冲洗
pH 值	6.0～9.0
色（度）	≤30
嗅	无不快感
浊度（NTU）	≤5
溶解性总固体（mg/L）	≤1 000
五日生化需氧量（BOD_5）（mg/L）	≤10
氨氮（mg/L）	≤10
阴离子表面活性剂（mg/L）	≤0.5

续表

项目	车辆冲洗
铁（mg/L）	≤0.3
锰（mg/L）	≤0.1
溶解氧（mg/L）	≤1.0
总余氯（mg/L）	接触 30 min 后≥1.0，管网末端≥0.2
总大肠菌群（个/L）	≤3

2. 正确选用清洁剂

（1）清洁剂的除渍原理。清洁剂除渍是一个比较复杂的过程，但有关专家一般都认为水基清洁剂主要通过"润湿→吸附→悬浮→脱（冲）落"等不断循环的过程来除去物体表面污渍。

1）润湿作用。当清洁剂与表面上的污渍质点接触后，表面污渍及其空隙被清洁剂湿润，产生充分接触，造成污渍与被清洗表面结合力的减弱、使污渍松动。

2）吸附作用。清洁剂中的电解质形成的无机离子吸附在物体表面污渍的质点上，改变对污渍质点的静电吸引力。清洗汽车外表面时，既产生物理吸附作用（分子间相互吸引），又有化学吸引作用（类似化学键的相互吸引）。

3）悬浮作用。污渍经过清洁剂的润湿、吸附作用，使物体表面上的污渍质点脱落，悬浮于水基清洁剂中。

4）脱（冲）落作用。水基清洁剂通过流动，再将已悬浮于物体表面的污渍冲离于该物体。

（2）清洁剂的重要特性。既能清除汽车表面的第二类污渍，又能对涂面起到养护作用的清洁剂应具备如下几个特性：

1）悬浮性。清洁剂应能使固体状污渍物形成悬浮体，从而使不溶性固体分散在液体中形成悬浮液，以便于将其从汽车表面上冲洗掉。

2）分散性。清洁剂应具有使固体污渍的颗粒在水等介质中进一步分散成细小质点或胶状液体的能力。

3）湿润性。清洁剂应具有对污渍的湿润能力，即能使固体污渍容易被水浸湿，形成浓稠的泡沫，以增加清洗效果。

4）保护性。除了在清洗时不对涂面造成损伤外，在清洗后还能有利于其他工作介质进一步对涂面进行护理。

（3）清洁剂的主要成分。汽车表面清洁剂的主要成分有如下几类：

1) 表面活性物质。也称表面活性剂或界面活性剂，是一类能显著降低液体表面张力的物质，常用的表面活性物质有油酸、三乙醇胺、醇类、合成洗涤剂等。

2) 碱性电解质。即在水溶液中能电离出金属离子的化合物，在汽车清洗中常见的是弱碱性的水溶液。主要有碳酸钠、水玻璃、磷酸盐等。

3) 溶剂。是作为清洗工作介质的主体，它能溶解表面活性剂等添加剂，能共同对污渍起化学反应，从而达到清除污渍的目的。主要有：油基溶剂类，如煤油、松节油、溶剂汽油等；水基溶剂类，主要是水，它应用得最多。

4) 摩擦剂。用以增加与清洗物体表面的接触和摩擦的物质，如硅藻土等。

(4) 正确选择清洁剂。从严格意义上来说，只有采用 pH 值为 7.0，含阴离子表面活性剂的清洁剂清洗汽车涂面，才能同时达到去除车身静电、油污和涂面保养的双重目的。在汽车美容用品中有汽车清洗香波、清洗及上蜡香波等清洁剂，其 pH 值为 7.0，均属专业汽车美容用品。对不同材料制成的部件必须使用不同的专业清洁剂。这些清洁剂都是根据现代汽车技术的要求，按照独特的配方和生产工艺制造的，是一般民用洗涤剂所不能替代的。

学习单元4 手工水冲淋清洗操作

学习目标

掌握汽车清洗的原则

能够熟练从事洗车作业

知识要求

专业汽车美容护理与普通车辆清洗打蜡的最大区别是通过专业护理不仅不应对接受服务的汽车造成任何额外的伤害，而且还应对其原有的损伤部分起到一定程度的修复甚至美化作用。因此，在车辆清洗时，必须遵循如下几项原则。

1. 取稳避难

有些地方一时洗不干净还可重新再洗一遍，可一旦做坏了就可能会给顾客和自身都带来损失。急于求成是一些从业人员造成工作失误的主要原因。操作者必须对汽车清洗的操作程序非常熟练、对清洗工具的操作得心应手、对清洗用品的性能十分了解、对汽车及内外饰件的构造十分精通，否则，只有谨慎操作（取稳），才是避免事故（灾难）发生的重要诀窍。

2. 取轻避重

取轻避重的关键是对产品的选择。在操作中，能用柔和型的产品就不用强力的，能用稀释的就不用浓缩的。在使用专用设备进行实际作业时，能用低速的就不用高速的；能用小劲时就不要用大力；只要能把工作做好，"轻"的永远比"重"的来得保险。

既然工具和用品"轻"的比"重"的保险，对未使用过的产品，就应从"轻"的开始试起。从业人员不应仅仅从产品的名称上去理解其性能特点，而应从产品的特性去理解。例如：丝绒清洁剂和发动机清洁剂对普通消费者来说是两种完全不同的产品。但对从业人员来说，它们都是用来去油的，只不过发动机清洁剂的去油能力强，因为发动机通常比丝绒部分要脏。了解这一点，专业人员也可用丝绒清洁剂来清洗不太脏的发动机。在所有的内饰清洁中，由于其材质的不同，清洗的力度也有轻有重。丝绒最娇气，宜使用柔和型的清洁剂，化纤其次，地毯清洁剂是最强的。遵循"取稳避难、取轻避重"的原则，在清洗内饰时，就可以用丝绒清洁剂来清洗整个内饰，包括化纤、地毯等。如果都干净了，也就没必要使用强力的，如果使用柔和型的做不了，再换强力的。这一原则在打蜡、抛光等工序中同样适用。

3. 取专业避零售

由于目前汽车美容用品市场还不太规范，产品鱼龙混杂，特别是有些通过街头推销员上门推销的用品，其质量更无法得到保障。如贸然使用这些产品，轻则影响服务质量，重则有可能对顾客的汽车及操作人员造成一定的危害。因此，在购置汽车美容装潢用品时，应尽可能到一些规模较大的专业商店去采购。

4. 取精细避粗糙

由于当代汽车的高科技含量，专业汽车美容也成为一项非常精细的工作。在清洗时，一些不引人注意的边角处要特别注意不能遗漏，有时，一个小小的污渍就有可能破坏整车的形象。因此，注意细节、精益求精是从业人员做好服务，争取回头客的重要法宝。

技能要求

水冲淋清洗

汽车清洗操作程序是指在整个车辆清洗过程中所应严格遵循的每一项具体的操作步骤。它要求从业人员在清洗操作全过程中的每一个步骤都必须要精确到位，都要按照规定的动作进行规范化的操作，这个工作程序称为汽车清洗操作程序。

操作准备

1. 设备、工具

高压洗车机、吸尘吸水机、吹气枪、空压机、泡沫枪、吸尘器、手套、水桶、刷子、大中小毛巾等。

2. 清洗顺序

冲洗车辆应遵循自上而下、先首后尾、顺时针清洗的操作顺序。这样，一方面可使污物由上往下流出，另一方面可减少遗漏情况的发生。同时，操作时最好能由两人一组相互配合进行（为便于陈述，这里称为甲和乙），以保证工作速度和质量。

3. 清洗前检查

（1）主要功能。本道程序的主要功能是通过清洗前对污渍性质的检查，以便明确对该辆汽车所应采用的清洗工艺。

（2）检查污渍性质。在去污前，要首先判断车体黏着物的性质，这些物质一般有：昆虫的尸体、树胶汁、泥沙、铁粉、水泥、装修胶、沥青等，不同性质的物质各有不同的去污办法。但就汽车美容业而言，可将这些物质大致分为两大类：一类是无硬物附着物，如虫尸和树胶类；另一类是硬物附着物，如水泥、装修材料和沥青等。

（3）确定清洗模式。在洗车前要明确汽车脱蜡与否，脱蜡清洗与不脱蜡清洗是两种完全不同的清洗方法。不脱蜡洗车是指在洗车时只做日常的洗车养护，并不伤及原涂面上的车蜡，在这种情况下应使用不脱蜡洗车液。而脱蜡洗车是指车辆在清洗后要在涂面上重新再打一层保护性上光蜡。此时，就应使用脱蜡洗车液，以便在清洗车上油泥、污渍的同时，将原有的残蜡也一起洗掉。

因此，当顾客提出要对汽车进行打蜡时，可洒一些水在发动机罩上，看看水是否能薄薄地覆盖住涂面，如果发现有水眼（露出涂面的地方），则表明这块地方存在着油或蜡。在这种情况下打新蜡效果不好，必须先用功效较强、具有脱蜡功能的洗车液来进行清洗，在清洗时应用水管边冲水边擦洗。沾过油、蜡的海绵（毛巾）不应再往已冲过水的地方擦，避免车漆表面重新沾上油、蜡。

操作步骤

步骤 1　浸润

（1）主要功能。本道程序的主要功能是初步去除一些汽车表面的浮灰，使一些附于涂面结合较为牢固的污渍得到充分浸润，并使膨胀后的污渍从结合处浮起。

（2）水温水压。通过高压水枪用清洁的冷水或温水将汽车表面上的浮灰及部分污渍冲洗掉，同时，使一些与涂面结合较牢的污渍得到充分浸润，以使其脱离涂面。冲洗时应采用雾状水流和扇形喷嘴，水枪方向与车表保持 45°角，喷头与车身距离为 15～60 cm，此时水流覆盖面积大，除污效率高，适于除掉一般污渍。柱状水流和强力圆形喷嘴，虽然水流冲击力强，可以除去汽车车身上的干涸泥土，但容易对涂面造成损伤。因此，水枪的清洗压力应控制在 0.2～0.4 MPa，冲洗汽车下部的轮胎、底盘等处时，压力可高些，而冲洗涂面、玻璃等处时的压力则应低些,如果压力过高,涂面(玻璃)上的沙粒在高压水的冲击下,有可能直接划伤涂面(玻璃)。由于一般高压水枪调压不太方便,故可通过调节喷枪与目的物之间的距离来控制水压。此外,高压水冲洗只能洗掉车表的灰尘及泥沙,对油污及其他污渍的去除效果不大。

此外,温度对冲洗质量也有一定的影响。冬天冲洗汽车时,可适当提高水温,以防止表面涂层的开裂。夏天可用常温水冲洗,但不得在强烈阳光下冲洗,以防表面上留下水珠痕迹。

(3)浸润程序。在冲洗车辆时,可先在机盖顶上试枪,自上而下逐处进行冲洗。在整个过程中,应始终由一个方向向另一边的斜下方进行冲洗,要尽量避免正向或反向冲洗,以免将泥沙冲回已经冲洗干净的部位。冲洗完毕后,必须先关机,再关枪,否则枪很容易被损坏。

具体冲洗顺序如下:

车顶→前风挡→发动机罩→左翼子板→中网及车灯→前保险杠→右翼子板→右前轮→右前门→右后门→右后轮→右后部→后风挡→行李箱盖→后边(保险杠、牌照及车灯)→左后部→左后门→左后轮→左前门→左前轮。

轿车车身各部位的标示如图3—1所示。

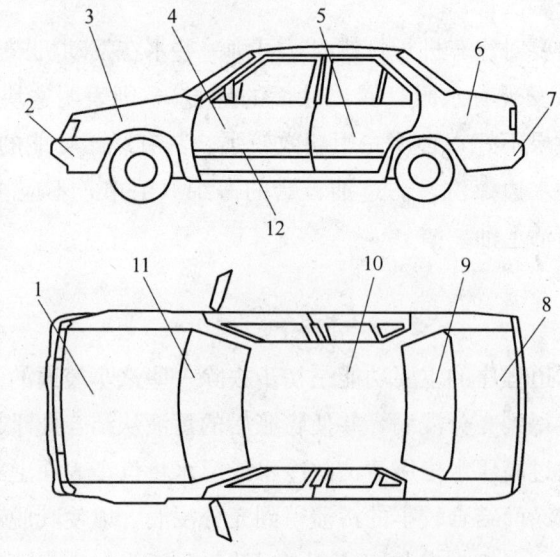

图3—1 轿车车身部位标示图

1—发动机罩 2—前保险杠 3—左前翼子板 4—左前门 5—左后门
6—左后翼子板 7—后保险杠 8—行李箱盖 9—后风挡玻璃
10—车顶 11—前风挡玻璃 12—车门防撞条

(4) 质量标准。浸润的质量标准为：车身通体均用高压水枪打湿并无遗漏之处，涂面无大颗粒泥沙或污物，以确保以下一步骤的顺利进行。

步骤2 擦洗

(1) 主要功能。本道程序的主要功能是以海绵等擦洗材料，使用专用的清洗剂，将经过前一道程序处理后仍残留在汽车表面的污物加以吸附，同时带走已经软化浮起的污渍。对于一些附着于车表的顽固性污渍，通过清洁剂的作用而使其进一步湿润、溶解，并形成亲水层，最终被冲离汽车表面。

(2) 清洁剂的浓度与温度。清洁剂的浓度和温度对其清洗效果的充分发挥起着非常重要的作用，在车辆清洗作业中一般将清洁剂的浓度调节到1‰～5‰，并最好将温度调节到30～40℃。

在通常情况下，清洁剂对污渍的作用时间分别为：底盘为5～10 s，外表面为3～5 s，深孔及拐角为10 s左右。

(3) 喷洒清洁剂。喷洒清洁剂没有严格的顺序，身体距车身1 m左右，左手握水管，右手握喷枪，喷洒方向由上到下，由前到后再由后至前，整个过程绕车身一周完成，喷洒均匀，避免浪费。

(4) 擦洗程序。擦洗时应用干净的海绵蘸着清洁剂对汽车进行擦洗。擦洗分为一人单独擦洗、两人一组擦洗、三人一组擦洗三种。

1) 先以一人单独擦洗为例，程序为：车顶→前风挡→发动机罩→左翼子板→中网及车灯→前保险杠→右翼子板→右前轮→右前门→右后门→右后轮→右后部→后风挡→行李箱盖→后边（保险杠、牌照及车灯）→左后部→左后门→左后轮→左前门→左前轮。

按上述程序擦洗时，应以轿车的防擦线为界，操作时防擦线以上和防擦线以下分别使用不同的擦车用品。之所以要这样做，是为了避免在擦洗时可能将汽车下部的泥沙带到车体上部，对涂面与玻璃造成损害。实际操作中，有许多汽车可能没有防擦线，此外行驶于不同的路面状况，汽车下部泥沙的高度也并不一致。故在实际操作中，汽车上、下部的划分并没有一个必然的标准，从业人员还是应当根据实际情况加以掌握。

2) 如清洗由两人同时进行，则在擦洗时两人分别站在汽车的左右两侧同时操作。

站在右侧的擦洗程序为：右侧车顶→右前风挡→右发动机罩→右中网及右车灯→右翼子板→右前门→右后门→右后部→右后风挡→右行李箱盖→右后边（牌照、车灯）→保险杠等→右后轮→右底边→右前轮→右前保险杠。

站在左侧的擦洗程序为：左侧车顶→左前风挡→左发动机罩→左中网及左车灯→左翼子板→左前门→左后门→左后部→左后风挡→左行李箱盖→左后边（牌照、车灯）→保险杠等→左后轮→左底边→左前轮→左前保险杠。

3) 如清洗由三人同时进行,则在擦洗时两人分别站在汽车的左右两侧擦洗防擦线以上部分,另一人擦洗防擦线以下部分。

站在右侧的擦洗程序为:右侧车顶→右前风挡→右发动机罩→右中网及右车灯→右翼子板→右前门→右后门→右后部→右后风挡→右行李箱盖→右后边(牌照、车灯)。

站在左侧的擦洗程序为:左侧车顶→左前风挡→左发动机罩→左中网及左车灯→左翼子板→左前门→左后门→左后部→左后风挡→左行李箱盖→左后边(牌照、车灯)。

负责防擦线以下部分的擦洗程序为:保险杠→右前轮→右底边→右后轮→后保险杠→左后轮→左底边→左前轮。

(5) 玻璃的擦洗。冬天在擦洗玻璃时,对于汽车玻璃上的雪和冰可用塑料刮片轻轻刮去。在去除冰雪时,要防止窗上尘垢把玻璃刮伤。同时,塑料刮片切忌用力来回刮削,而应慢慢顺着同一方向轻推。在擦拭玻璃时,不可使用已擦洗过涂面的车巾或麂皮,因为残留的防腐蚀材料的残迹会妨碍驾驶员的视线。

在擦洗车窗时要特别注意,对每一部位都应仔细擦洗。晃眼的油膜会影响驾驶员的视线,给车辆的安全行驶带来隐患,必须要将其彻底清除。同时,对车窗内外都要清洁,因为脏污的车窗有时会出现开关不顺畅的现象。

为了减少眩目,在车外后视镜上常涂有一层特殊的薄膜。为了不损坏这层防眩薄膜,在清洗后视镜时只能用软布或擦玻璃的麂皮。必要时也可使用玻璃清洁剂或酒精,但镜面不可用抛光剂擦拭。冰和雪要尽可能用冰雪融化剂去擦,千万不可用硬物刮拭镜面。此外,后视镜擦洗完毕后不要忘记复位。

(6) 保险杠等处的擦洗。在对保险杠、尾灯、车栅等处进行擦洗时,应尽量使用专用化学合成剂清洗。同时,应做到细致、小心,注意对边、角和凹凸处的彻底清洗,以保证整体的洁净和光亮。如果保险杠的喷涂与车身相同,可以用与车身相同的清洁、上蜡方法。

(7) 轮胎的擦洗。尽管汽车轮胎脏污时不会影响行驶,但当汽车在雪路中行驶过后,还必须认真地清洗车胎、车轮。因为在雪路中,有可能被洒上了融雪剂或防冻剂,而这些用品因含有盐分,会对车身涂面及轮胎造成一定的损害。在擦洗时可用不太硬的刷子刷掉沾在车胎上的泥土,注意尽量不要擦到轮辋。清洗轮辋时,可使用较为柔软的刷子或海绵。轮辋的叶片、辐条之间不要有残留的污渍。对于已经变白的车胎,可使用车胎专用的清洁剂,将其喷在车胎上,清洁剂会呈乳膏状附于车胎,使脏污容易脱落,并与泡沫一起落下,显示出轮胎的光亮。然后,再用水冲洗,以便将脏物彻底清除。车胎、轮辋的清洁与否,在很大程度上影响该辆汽车的美观,因此,在清洗车胎与轮辋时应使用小的软刷,仔细刷洗,同时用小竹签轻轻挑出嵌在轮胎凹槽内的碎石等物。

(8) 车身底部的擦洗。车身的底部由于容易受到各种腐蚀及意外伤害,往往会出现凹陷等多种伤痕。如果条件允许,可使用千斤顶将汽车顶起后仔细检查。找到伤痕、锈块后,应立即进行清洗并加以修补,去掉锈边,涂上底部镀膜剂。

(9) 行走部分清洗。行走部分的清洗,可以分为整体清洗和拆卸检查清洗,汽车美容装潢工主要从事的是整体清洗。转动部分的污渍是由润滑部分的漏油与尘土形成,可使用专用的清洁剂对这一部分进行清洗。

(10) 发动机表面清洗。发动机作为汽车的动力源,历来受到人们的重视。但由于受传统观念的影响,人们往往把注意力集中在发动机维修及传统保养项目上,而随着科学技术的进步,发动机的免拆养护,特别是发动机表面的护理在一些发达国家已经普遍盛行。随着近年来国内汽车美容行业的兴起,业内人士也将发动机护理划分为内部护理和外部护理两部分。汽车美容业主要是从事发动机的外部护理作业,通常被业内人士称为发动机美容。发动机美容作业,包括高压水冲洗、表面油污清洁、上光保护、翻新处理等养护工作。由于新型发动机清洁用品的不断面世,发动机的表面清洁变得比较容易,只要先用塑料布把发电机、分电器等不能进水的部位包扎密封后,再将发动机去油剂均匀地喷射于温热的发动机表面,静置 $5\sim10$ min 后再用 $40℃$ 温水冲洗,数分钟后即能将发动机清洗如新。污垢较重的,可用牙刷蘸着去污剂洗刷后再用清水冲净,有条件的还可用高压蒸汽进行冲洗。

(11) 污渍处理。无硬物附着涂面的去污可使用全能水、去污蜡和上光蜡来进行处理,具体操作程序为:先在污物表面上喷洒全能水并稍等片刻,以便让污物充分吸收,并待其完全浸润后再用洗干净的毛巾轻轻反复擦洗,直至洁净后,再用干毛巾或洗净麂皮擦净。有个别污浊较厚重的部分在此清洗基础上可再上一点去污蜡,稍待晾干再用新干毛巾反复清擦至干净为止。如果在上述清洗后涂面亮度还显不够,则可征求客户意见是否打蜡,一般情况下,经打蜡后的涂面就会变得光亮如新了。对于有硬物附着的涂面要使用专用清洁剂浸泡硬物块,当硬物块疏松后再用指甲或小软木片剥离,待将所有硬物块一点一点彻底剥离后再用清水洗净,麂皮擦干。如有轻微划痕,可用砂蜡或去划痕蜡反复轻擦,待擦平涂面后再用上光蜡上蜡并抛亮。

(12) 质量标准。擦洗的质量标准为:无漏擦之处。

步骤 3　冲洗

(1) 主要功能。本道程序的主功能是通过清水的冲洗,使经过清洁剂擦洗后的污渍呈乳化状态或悬浮状态脱离汽车表面,同时冲净残留的清洁剂。

(2) 冲洗程序。用清水冲洗车身,顺序与前两道程序相同。但此时应以车顶、上部和中部作为冲洗重点。因为通过前两道程序的处理,车身下部已被冲洗得比较干净。冲洗中部以上的部位时向下流动的水基本能够将下部及底部冲洗干净，所以下部和底部与中、上部相比，冲洗时则可略少花一些时间。在清洗有些部位时可使用干净的车巾或海绵轻轻进行擦洗，在清洗时，车巾或海绵同样应上下分开并经常用清水漂洗并挤出多余的水分。

（3）质量标准。冲洗的质量标准为：车体无泥沙、无污渍、无漏擦之处。

步骤4　擦干

（1）主要功能。本道工序的主要功能是通过擦干操作，使经过清水冲洗后的汽车外表得到干燥，并通过专用擦干用品的摩擦使涂面光亮。

（2）初吸水分。本道程序的主要功能是使用吸湿功能较强的厚毛巾擦去汽车表面绝大部分的水迹，为下一道程序的表面擦干打下基础。这一程序的要点是尽可能地吸去汽车表面的水迹。

车辆到达工位后，两位擦车员用双手将经清水洗净并拧干的半湿大浴巾在汽车前机盖处铺开并展平，缓缓地从前机盖向车后同步拉动，以达到初步将车辆表面水分吸干的目的。在拉动中如毛巾湿度较大，吸水效果不明显时，可将其取下，两人合力将浴巾拧干后再擦。拉动浴巾时要特别注意以下三个方面：首先是双方的移动要默契、同步，且双手要有一定的力度；其次是浴巾在经过前机盖时不能碰坏汽车标志牌，经过前风挡时要注意不能将其挂到刮水片上；最后是浴巾不要挂到室外天线上（当遇有天线能比较容易拆卸的车型时，可先将天线拆下）。

（3）表面擦干。本道程序的主要功能是使用干净的毛巾彻底擦干汽车表面的水迹，为下一道程序使用麂皮擦亮涂面打下基础。这一程序的要点是应将汽车各个角落全部都擦遍，不能有任何遗漏。

1）分区擦干。为了提高工作效率，应采用科学的擦干方法，并养成良好的习惯。可将一辆小型轿车模拟划分为两个部分共21个区域。两个部分即车辆防擦线以上部分和防擦线以下部分。防擦线以上部分是擦车最为注重的部分。因此，再将其划分为16个区域。其顺序为：前机盖右侧、前风挡右侧、右前翼子板、右前门、右后门、后风挡右侧、行李箱右侧、后右翼子板8个区域，以及与此相对应的左边的8个区域，这样二处相加共计16个区域。另外防擦线以下分为5个区域，即前、右、后、左4个区域加轮辋及四个车轮为一个区域，共计5大区域。

2）擦干手法。特别要注意的是擦干的方法，就是要用洗净拧干的小毛巾对折平铺，裹紧整个右手手掌，再用左手抓紧毛巾四边同时将左手压在右手手背上进行擦干。在擦干时还应注意先擦最能够得着范围的四个边，俗称收边，收边后手掌再以横向运动的方式进行擦干。此时要一掌接一掌地横擦，横擦时两脚要呈八字弓步站稳于车旁，同时，腰身要正，视线要紧盯所擦之处，手掌要有力，按照16个区域的划分一个区域一个区域地擦才能保证质量。在擦干操作时特别要注意：防擦线以上与以下部分毛巾要分开使用。

在擦洗防擦线以下部分时，也要注意将毛巾分开使用，即前后左右为一块毛巾，4个轮辋为一块毛巾。这样可避免轮子上的细沙砾被带到毛巾上之后在擦洗时伤及涂面，其操作与擦干防擦线以上部分的方法相同。

(4) 擦亮外表。本道程序的主要功能是使用干净的麂皮擦亮汽车被清洗的各个部分。这一程序因是车辆外表清洗的最后一道程序，故一定要将各个部分擦拭到位，以使顾客能真正感到物有所值。

1) 精擦。使用麂皮擦净后的汽车外表会显得格外洁净，涂面、玻璃和金属件光泽柔和闪亮。操作时，用已经在清水中洗净拧干的麂皮擦拭汽车表面被清洗的部分，此时，麂皮一定要注意洗净并拧干。其操作程序与前一道表面擦干相同，当擦到防擦线以下时，依然要分两块麂皮进行擦拭。本道工序在操作时有如下几个注意事项：首先，在前几道擦干工序时可采取往复运动，后期要求只能按照汽车行驶方向（纵向）单向运动，这样才有利于保持光线漫射面一致；其次，在擦拭尾灯边框的缝隙、行李箱盖及后牌照下部时，要用压缩空气吹去其缝隙中残留的水分；最后，在擦洗四个车门玻璃及后视镜时也要将残留在缝隙中的水分吹出擦净。

2) 检查。当全部擦拭完毕后，要对全车表面进行一次检查。此时应特别注意检查洗车工序中容易遗漏的部位，如发动机罩边沿及内侧、车门边缘内侧、车门把手内侧、行李箱边沿内侧、油箱盖内侧、车身底部、轮辋、轮胎及排气管等部位。

(5) 质量标准。涂面及外部饰件应无尘土、无污渍、无水痕，玻璃光亮如新，无划痕。

车身沥青处理

一般城市道路大多以沥青石子混合铺成。在炎热的夏天、下雨天或车辆经过正在施工的沥青路面时，沥青会跟随着车轮或其他车而溅到车身上。这些沥青颗粒附着在车身上，不仅影响美观而且难以清洗，附着时间长了后还会留下永久的痕迹。一旦粘上沥青，车身就会显得斑斑点点，非常难看，而且使用普通清洗打蜡方法也难以去除沥青，因为这是一种附着力较强的物质。若这些污物溅到车窗或零部件上，还会对行车安全带来一定隐患。所以，必须对这些污渍用特殊方法进行处理。

操作步骤

步骤1　溶解

(1) 在干净的布上蘸一点汽车专用的沥青清洁剂，轻轻涂抹在沥青处。
(2) 静置片刻，等待车身上的沥青溶解。

步骤2　擦净

(1) 用干净的布擦拭溶解后的沥青，如此时仍未能完全溶解，则可再次使用沥青清洁剂将其溶解。

(2) 将附着沥青的汽车表面擦拭干净后，要立即用清水把该处清洗及擦拭干净。

步骤3　上蜡

对全车或刚才清洗过沥青的局部打一次蜡。

注意事项

1. 注意用品性能

(1) 在启用去污用品时，应仔细阅读产品标签上的使用说明，特别当使用去污剂清除汽车一些明显位置的污渍之前，应该先在一个不显眼的地方测试一下，看看是否会造成异常掉色。

(2) 使用的清洗用品pH值应呈中性。目前，有些从业人员仍在使用洗衣粉、洗洁精或其他生活用洗涤剂洗车。这些用品的pH值一般都在10.3～10.9之间，一般车身涂面可承受的pH值在6.0～9.0之间。如长期使用pH值9.0以上的清洁剂，虽然看起来是洗去了车辆表面的油污和顽固污渍，但却会对汽车涂面造成损伤，轻者会使涂面失去原有光泽，重者涂面被严重腐蚀，局部产生色差、干裂，还会加速局部涂面脱落部位的金属腐蚀。

(3) 在擦拭玻璃时，不可使用含磨料的清洁剂。遇有死虫等动植物汁液时应先用肥皂水浸透，然后用浸透清水的海绵清洗，并用软布擦拭。当擦拭转向盘、灯具等塑料和橡塑件时，只能用清洁剂清洗，不能使用有机溶剂如汽油、去渍剂和稀释剂等。

(4) 洗车一定要用活水（即流动或经过处理的循环水）。因为死水中含有许多原先洗车过程中所产生的泥沙及其他有害物质，这些有害物质会沉积或漂浮在水中，在再次使用时会造成汽车涂面的损伤。

(5) 在清洁车身上的沥青时千万不可使用与乙二醇基有关的溶剂，如汽油、酒精、制动液等。否则容易破坏车身上的涂面。

2. 注意擦洗材料

(1) 选用专用的擦洗材料。擦洗时，应准备海绵、毛巾、麂皮等不同工序时所采用的不同擦洗材料。特别当清洁车身涂面时，切不可使用硬质的清洁工具如塑料刷、普通毛巾或粗布等材料，以免在涂面留下擦伤痕迹。在擦洗时，应经常将海绵放在清水中洗涤，以避免海绵中残存的泥沙给涂面留下擦伤痕迹。清洗完毕后，再用麂皮擦掉清洗物表面的水迹。

(2) 使用劣质材料的危害。许多人洗车喜欢用一些旧毛巾或劣质毛巾，殊不知，旧毛巾和劣质毛巾上的纤维容易脱落，有的劣质毛巾由于过薄其针织密度很小，也容易损伤涂面。此外，这些毛巾晒干后会变得很硬，用来擦车也会造成涂面划痕。

3. 注意水温水压

（1）控制水温。温度对清洗效果有较大的影响。一般情况下，温度高一些，清洗效果较好，但水温过高也会对涂面造成损害，特别在使用调温式清洗机时更应引起注意。在一般情况下，水温最好能控制在 30~40℃。

（2）控制水压。在使用高压水枪冲洗车辆时，水压不宜太高，一般不高于 0.7 MPa。在使用清洁剂前，应先用分散的雾状水流清洗全车，待充分浸润后用清洁剂擦洗，再用集中的柱状水流进行冲洗。但在冲洗涂面和玻璃时压力要稍低些（一般不要超过 0.4 MPa），底盘冲洗时，水压可高一些，以便能够冲掉底盘上附着的污泥和其他附着物。

4. 注意环境温度

一些从业人员由于场地的限制，到了夏季就直接在烈日下洗车，而且根本不等到发动机冷却。在这一状况下进行汽车清洗，作业时车身上的水分会很快被蒸发，车身上原来的水滴会留下许多斑点，影响清洗效果。由于夏季环境温度本身很高，再加上汽车在行驶后发动机温度更高，此时直接洗车会使汽车发动机提前老化。此外，在烈日下洗车，还会产生透镜效应。所谓透镜效应是指当车表涂面上存有小水滴时，由于水滴呈扁平凸透镜状，在阳光的照射下，这些小小的水滴对日光有聚焦作用，焦点处的温度会高达 800~1 000℃，从而导致涂面被灼蚀，出现肉眼所看不见的小孔洞，这些小孔洞有的还会深达金属基材。当车身涂面由于透镜效应被灼伤，或灼伤的范围较大时，一些分布密度较高的涂面就会出现严重的失光。所以在夏季，洗车打蜡一定要在有遮蔽的环境下进行。

进入冬季，不要在寒冷的环境中洗车，以防水滴在车身上结冰，造成涂层破裂，北方严寒季节洗车应在室内进行，车辆进入工位后，先停留 5~10 min，然后冲洗。

5. 注意清洗程序

车辆清洗时应遵循自上而下、先首后尾，顺时针清洗的操作原则。许多人洗车一般喜欢先从发动机罩或行李箱盖开始，然后再清洗车顶部，最后洗车裙。其实这样的顺序是非常错误的。正确的洗车顺序应该是：自上而下，自右往左，顺时针方向进行，以避免清洗过程中的交叉污染。

6. 注意擦洗部位

高压冲洗前，须检查车窗，前后盖板是否关闭良好。在冲洗车辆时，不要将水冲进钥匙孔。清洗发动机室时，注意不要将水溅到分电器、点火线圈等电气系统的零件上，否则会使发动机不易启动。如果不小心把水溅到电气系统上，应立刻用干布将其擦干，或用压缩空气把水吹净并将分电器盖内的水分擦净。

在清洗发动机时还要注意对发动机的电路电气部分的清洗。现代高级轿车多采用电子喷射式燃料供给系统及其他电子控制部件，这些部位的电子器件对清洁剂的要求较高。如不加区分对发动机的机械部分和电气部分都使用水基型清洁剂，就可能损坏电气部分的电子元件，至使发动机不能正常工作。因而，在清洗这些部位时，必须采用易挥发的电子设备专用清洁剂或具有绝缘性能的电子元器件清洁剂来清洗。

7. 注意残留污渍

在进行车辆清洗时，应做到干净、彻底，不留死角。因污渍中的盐分、尘土、昆虫、鸟粪、沥青、油渍、工业尘垢等杂物黏附在汽车上的时间越长，污渍就越不容易清除，对汽车的破坏性也越大。此外，如发现清洁污渍后涂面留下一圈印迹，则应立刻清洁整块地方，否则这些圈印将会被固定下来并对涂面造成损伤。

8. 注意使用材料

在清洁车身上的沥青或其他污渍时千万不可使用与乙二醇基有关的溶剂，如汽油、酒精、制动液等，否则会对车身上的烤漆造成损害。

9. 注意操作安全

（1）迅速检查一遍来车状况，发现异常立即上报并作记录。

（2）带车安全。要站在车身的侧对面或正后方，以免被车撞到。

（3）冲枪安全。冲枪前手要稳抓水枪并与车身保持一定距离，而且是先开枪后开机，先关机后再关枪，以免伤人、伤车、伤机器。

（4）车安全。注意车牌、轮眉等较为锋利的车身安置物品，以免被刮伤。

（5）门安全。开车门时，注意是否会与其他物品相撞；关车门时，注意是否有物体放置在车门缝里，以免撞坏和被撞伤。

学习单元5　各种功能的手工清洗

学习目标

掌握各种功能手工清洗的方法

知识要求

一、车身静电去除清洗

1. 静电致污的原理

汽车在行驶过程中由于空气与车辆表面发生摩擦而产生强烈的静电层。静电对灰尘和油污具有很强的吸附作用，会在汽车表面形成一层灰蒙蒙的污渍，影响了车辆的美观。此外，如果一辆汽车表面存在着静电，即使给汽车打一层蜡，但由于电荷被覆盖在车蜡下面，导致车蜡与涂面的结合力也大为下降，蜡的养护性能也会大大降低。这样，时间不长车蜡就会发生脱落，从而失去上蜡保护的意义。因此，在进行车辆美容时，只有彻底清除掉车身静电，才能为下一步上蜡养护涂面打好基础。

2. 静电致污的去除清洗方法

汽车美容护理用品中有专门用于清除车身静电的用品，如汽车专用清洁香波，这种用品的pH值为7.0，属于中性清洁剂，含有阴离子表面活性剂和其他有效清洁成分，涂或喷于车身表面后与车身自带的电荷发生作用，将电荷从涂面彻底清除掉。在使用前应用高压水枪将沾染在车身表面的泥沙冲掉，然后将汽车专用静电去除剂抹擦于清洗表面上，保持片刻，最后用高压水把泡沫冲掉，并按一般车辆清洗作业的程序进行操作。

3. 静电致污的防止

要防止车身表面静电的产生，最好的方法是对车身采用静电去除清洗法，再在车身清洗完成后及时打一层具有静电防止功能的车蜡。

二、车身交通膜去除清洗

1. 交通膜形成的原理

当汽车经过一段时间的行驶后，车辆表面由于静电的吸附作用而形成了一层由油污、灰尘等物质组成的污渍，这层污渍如较长时间得不到清洗就会进一步形成一层坚硬的灰蒙蒙的薄膜，使原来艳丽的车身变得灰暗无光，这就是常说的交通膜。

2. 交通膜去除清洁剂的选用

汽车表面一旦形成了交通膜之后，用一般清洁剂往往很难将其彻底清除。一些厂家生产了专用的交通膜去除剂，效果比较理想。因此，为提高交通膜去除清洗的效果，一定要选用专用的交通膜去除清洁剂。

3. 交通膜去除清洗方法

在进行交通膜去除清洗时，可先将专用的交通膜去除剂按一定比例稀释，喷到车身表面上，稍过一段时间后再按一般车辆清洗的程序进行操作就可以了。

三、车身除蜡清洗

1. 除蜡清洗的作用

几乎所有的汽车涂面都要上一层保护蜡，所区别的只是上蜡的时间和蜡的品牌有所不同而已。在对汽车进行美容护理时，必须先彻底清除车身原有的残蜡。否则，由于两次上蜡所用车蜡的区别或上蜡的时间不同,极易产生局部新蜡在车身附着不牢的现象,此外,旧蜡的存在还会对以后的上蜡和涂面抛光产生不良的影响。

2. 除蜡清洁剂的选用

除蜡清洗一定要采用专用的除蜡清洁剂,特别要注意的是,除蜡清洁剂与新车开蜡清洁剂是不同的,使用时不能混淆。

3. 除蜡清洗方法

除蜡清洗方法是将专用于除蜡清洗的清洁剂按使用说明稀释后喷涂于汽车表面,待其停留3~5 min,然后再按一般车辆清洗的程序进行操作就可以了。

四、车身增艳清洗

1. 车身增艳清洗的作用

增艳清洗是在抛光车体之后进行的,目的是为了去除在抛光过程中残留在车身涂面的抛光剂和油分,为下一步进行上蜡保护做好准备。

2. 增艳清洁剂的选用

用于增艳清洗的是清洁上蜡二合一香波。这种用品深度清洗效果很好,它不但可以除去污渍,同时还能在涂面上留下一层薄薄的蜡膜,为接下来的上蜡保护打下了良好的基础,同时也增加了车体打蜡以后的光泽度。

3. 增艳清洗方法

增艳清洗的方法是将专用的清洁上蜡二合一香波按一定比例稀释后,直接用海绵涂于车身,待其停留3 min左右后,再按一般车辆清洗的程序进行操作。但在擦干时最好能使用网状软布,以使其功能得到充分发挥。增艳清洗不但能使漆色增艳,同时还可提高汽车的抗静电、抗腐蚀的性能。

五、新车开蜡清洗

1. 开蜡

开蜡是一种通俗的说法,就是除去轿车新车下线时在车身上所涂装的一层特殊保护蜡,其目的是为了抵御远洋运输途中海水对涂膜的侵蚀。因保护蜡极厚,并且十分坚硬,所以还可防止大型双层托运车在途中遭受树枝或强力风沙的剐蹭、抽打、烈日暴晒、烟雾及酸雨的侵蚀。这层临时覆盖车身的保护蜡一般统称为封漆蜡(至于一般市场销售的国产车,由于定位于国内销售,车身大多采用静电喷涂,涂面呈镜面光泽,故无需进行开蜡处理)。但在新车交付正常使用后,这层保护蜡必须择时除去,即必须对新车进行开蜡。

2. 开蜡的作用

(1) 封漆蜡影响汽车涂面光泽。封漆蜡一般属于低档蜡，其透明度低，加之覆盖层较厚，原车涂面的约有 80% 的光泽被遮盖，会大大影响新车外表的美观，所以必须先进行开蜡作业。

(2) 封漆蜡容易粘灰尘。由于封漆蜡所含油脂成分较多，若不及时除去，当车辆在行驶过程中，路面扬起的尘埃就特别容易黏附于车身表面。

(3) 封漆蜡造成清洁困难。由于封漆蜡的黏附作用，车身外表的尘埃及污渍不易清除。因此，使用未经开蜡的新车，也会给日常清洗作业带来一定的困难。

技能要求

新车开蜡清洗

操作准备

1. 开蜡的环境

开蜡清洗的最佳环境温度为 20℃ 左右。冬季开蜡因为气温偏低，故有一定的困难，因为温度过低，开蜡液不能与车身上的封漆蜡很快发生化学反应。反之若温度过高，也容易对涂面造成损坏。

2. 开蜡前准备

将专用的开蜡液按说明书中的比例进行混合待用。

操作步骤

步骤 1　冲洗

用高压水枪冲去车体上的浮尘，如环境温度较低，最好能使用温水进行冲洗。

步骤 2　开蜡

用新毛巾蘸专用的开蜡液均匀地涂布于上有封漆蜡的新车涂面上，稍等 10 min 左右，待开蜡液完全渗透进蜡层后，再用蘸开蜡液的新毛巾反复擦拭，必须确保每个部位都被溶液覆盖。此操作千万注意不可用力过重，否则容易伤及亮漆，使涂面发暗。

步骤 3　清洗

在用开蜡液将封漆蜡基本擦去之后，立即按车辆清洗的程序进行全车清洗，注意缝隙处不能留有残液。

步骤 4　检查

检查车辆表面是否残留有未洗净的蜡迹，若存在则重复上述操作。

步骤5　护理

当车辆表面的封漆蜡被除净、且残余清洗液也被彻底清洗后，再选用含有高分子材料的增光乳液，或者是不含有研磨剂的车蜡对涂面进行上蜡处理，以保持涂膜的固有品质。

注意事项

1. 首先进行高压冲洗的作用是冲掉灰尘及泥沙等可能影响开蜡效果的杂质。

2. 在用高压水枪进行冲洗时，水枪压力不能高于0.7 MPa。

3. 在开蜡前不要使用洗车液，以免造成无谓的浪费。

4. 要特别注意开蜡用品，选择不当会对车身涂面造成严重的损坏。有些人用煤油进行开蜡，很容易对车身涂面造成损伤。

5. 封漆蜡分为油脂蜡和树脂蜡两种。对油脂蜡最好使用环保型开蜡液，它是从橘皮中提炼而成，有强力的去油污功能，对车身涂面也不会造成损害，同时也不会对环境造成二次污染。

6. 开蜡液喷施一定要均匀，边角缝隙处千万不可忽视。

7. 喷施开蜡液后，要待开蜡液完全渗透入蜡层并使其开始溶解后，才能用毛巾擦拭。

8. 在用毛巾进行擦拭时，手法一定要刚柔得当，才能获得最佳效果，否则就会伤及车身涂面，使开蜡失败。

9. 在进行开蜡操作时，还要注意不要漏擦任何一个角落，以免遗留蜡痕。

10. 最后的清洁及擦干，要按洗车作业规程实施。因为经开蜡液清洗开蜡后，仍会有部分蜡质及杂质留在车表。

11. 新车开蜡后一定要重新上一层保护蜡，以使涂面保持光亮，并延长其使用寿命。

学习单元6　其他节水型清洗

学习目标

熟悉各种节水型车辆清洗的方法

知识要求

一、无水洗车

化学清洗俗称无水洗车。顾名思义就是不以水为清洗介质而对车辆进行保洁。化学清洗使用的清洁剂各有不同，但其主要原理都是采用化学药品使附着在汽车涂面上的泥沙、油污、沥青、鸟粪等污渍产生膨胀、松化，从而使其脱离涂面，然后再使用干净毛巾将这些污渍擦除。化学清洗的具体操作方法类似于水冲淋手工清洗。

二、蒸汽洗车

蒸汽洗车设备是通过电（或液化气）加热位于蒸汽发生器内的水，使之达到100℃以上的高温，从而产生温度为90～100℃、压力为0.5～2 MPa的蒸汽流，冲洗被清洗的表面。高温、大容量的洗涤液及液流冲击表面时产生的湍流运动，使尘土和污渍软化膨胀从而脱离物体表面。保证清洗的效果。这种方法可以彻底清洗尘埃及污泥的沉积物，润滑脂、润滑油及其分解物、残留覆盖层，同时也可清除被有毒化合物沾污的表面。

蒸汽清洗设备的效率取决于液流的能量。此能量表现为冲到被清洗表面上的液流压力及流量，同时也取决于液流的温度和洗涤剂的活性。根据水的耗量，装置可以分为耗量为100～500 L/h时的低压装置（目前市售的小型移动式蒸汽清洗设备也有许多是小于100 L/h的）及耗量为500～1 500 L/h的高压装置。操作时，利用高压蒸汽结合特制的洗车液从而达到车辆清洗的目的。蒸汽洗车具体操作方法基本类似于手工水冲淋洗车。

三、汽水混合洗车

蒸汽洗车（特别是移动式蒸汽清洗机）具有机动灵活、节水、对环境影响小等特点，但也存在着自身的弱点。如前所述，就蒸汽清洗设备本身而言，其效率取决于液流的能量，此能量表现为喷射到被清洗表面上的液流压力、流量及温度。而一些小型移动式蒸汽清洗设备会受到许多自身条件的限制如电加热式蒸汽清洗设备，功率不能做得很大，过大会受到所在场所电源的制约；而且电线又不可很长，因过长的电线会造成更大的压降。而采用液化气加热的蒸汽清洗设备又由于安全原因，有些场所不能够进入。再加上蒸汽清洗设备的压力罐由于属于压力容器，还要定期进行年检。此外，移动式蒸汽洗车机因受到功率的限制一般无法对汽车底盘进行清洗。为克服这些弊病，一些厂家在此基础上又设计开发了能在很大程度上弥补蒸汽清洗设备缺陷的汽水混合清洗设备。

汽水混合洗车设备是通过高压高速的压缩空气在喷射时所产生的负压，带动储水罐内的水到达喷枪的喷嘴处，使之与压缩空气进行混合，同时由高压空气将混合后的水雾化，形成雾状射流。雾状化的水在喷流中会分裂成许多微小而均匀的液滴喷涂在汽车表面上，形成厚薄均匀的薄膜，这层厚薄均匀的薄膜能使汽车涂面上的污渍得到浸润并使其膨胀、浮起，之后再使用洗车液及干净毛巾对涂面进行彻底清洁。汽水混合洗车时，水的雾化过程大致可分成三个阶段。第一阶段，水被高速气流所产生的负压通过小管从储水罐中吸到水枪的喷嘴处，同时立即又被环形空气流所包围，促使水开始分裂；第二阶段，在后续气流的冲击下，使水的分裂加速；第三阶段，水受到来自截面逐渐扩大的喇叭形的空气喷流冲击，使之成为均匀的雾状喷流。操作时，就是利用这股均匀的雾状喷流结合清水或特制的洗车液从而达到车辆清洗的目的，具体操作方法基本类似于手工水冲淋洗车。

学习单元 7　全自动洗车机清洗

学习目标

掌握全自动洗车机种类及清洗原理
能够熟练使用龙门式洗车机

知识要求

随着科技的不断进步，全自动清洗设备也日益成为汽车美容护理中的重要工具。全自动清洗设备自面世以来，由于其具有操作标准、快速高效等特点，迅速得到了普及，特别在一些劳动力成本较高的工业化国家更是得到了广泛的应用。全自动清洗机按洗车时被清洗的车辆是否与水以外的助洗介质（如滚刷等）直接接触，可分为接触式与无接触式；按清洗时车辆是否移动，可分为隧道式与龙门式（又称为往复式）。典型的隧道式洗车机如图3—2所示。典型的龙门式洗车机如图3—3所示。

无接触式是洗车机通过特殊的喷嘴将高压水以不断变化的切线形式（俗称水刀）沿一定方向对待清洗的车身作喷射运动，从而达到车辆清洗的目的。而接触式是以泡绵、尼龙和羽状布等材料制成的滚刷，通过各种形式的旋转并在水（或清洁剂）的作用下，对汽车的外表进行清洗。隧道式清洗机工作时，滚刷被固定在原地做旋转运动，待清洗汽车由设备牵引，沿着固定的轨道缓慢地做纵向移动；而龙门式清洗机工作时，待洗汽车不动，洗车设备带动旋转的滚刷沿着被清洗汽车的车身缓慢地做纵向移动，从而达到清洗车辆的目的。

现结合常见的某龙门式全自动洗车机，简要介绍一下全自动清洗设备的特点及使用（由于各厂家生产的全自动洗车机各有不同，还应根据自身所用设备的详细说明进行操作和使用）。

一、操作界面说明

该洗车机的操作按钮集成于操作面板上。如图3—4所示。

急停开关—按下此开关，洗车机全部动作均会立即停止，且整机处于断电状态，将蘑菇头右旋开关即弹起。当设备出现异常或紧急情况时，应立即按下此开关，待故障排除

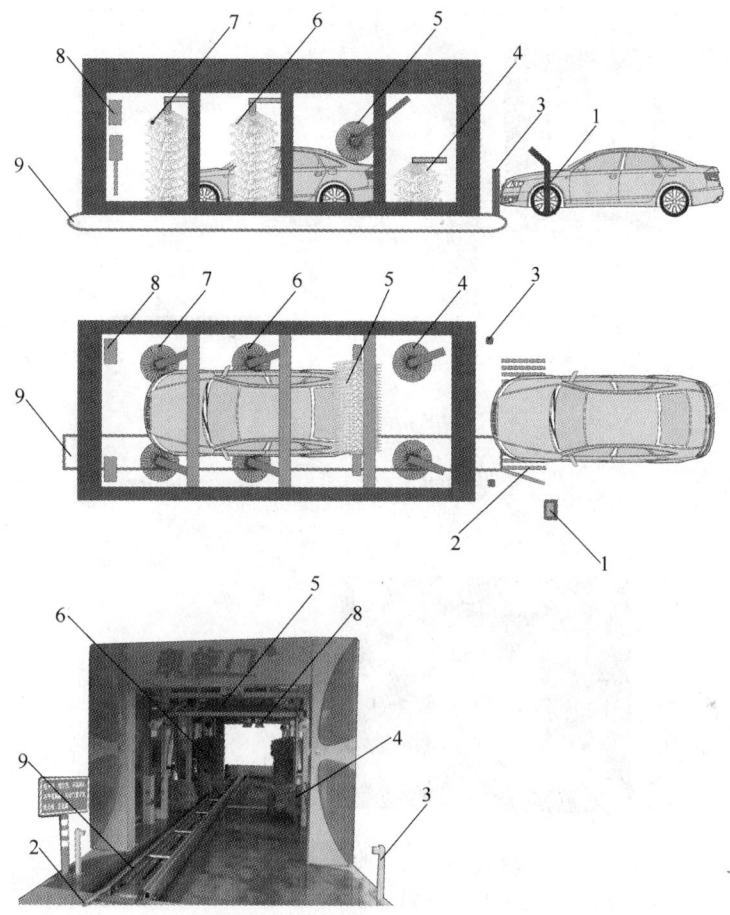

图3—2 隧道式洗车机
1—操作台 2—导正器 3—车辆进入传感器 4—小侧刷 5—顶刷
6—第一大侧刷 7—第二大侧刷 8—风机 9—输送机

后,将开关旋开,再将电控柜内空气开关关闭后再合上即可。

启动按钮—如果条件满足会进入自动洗车状态,如果条件不满足则进入归位状态。

停止按钮—在洗车过程当中,按下此按钮,洗车机将原地停止工作,小刷、立刷打开。

横刷按钮—此按钮在洗车过程中有控制横刷功能。按一下此按钮,横刷抬起,再按一次横刷落下。请务必注意在清洗面包车车头前必须提前抬起。

立刷按钮—此按钮在清洗车辆侧面过程中有控制立刷避让功能。按下此钮,立刷打开以避让后视镜等障碍物,松开此钮立刷恢复合拢。

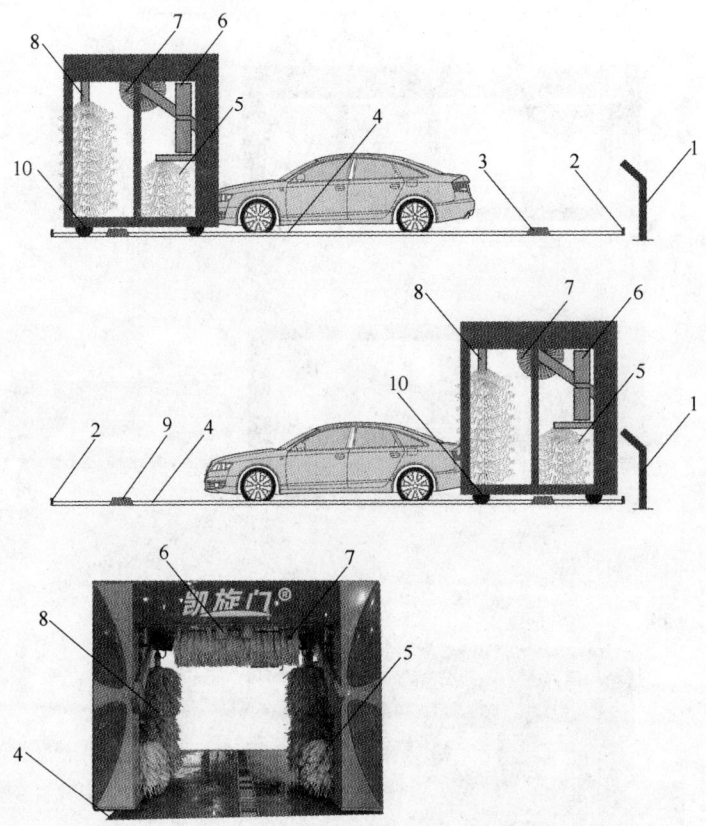

图3—3 典型的龙门式洗车机
1—操作台 2—安全挡块 3—后制动板 4—轨道 5—小立刷 6—风机
7—横刷 8—大立刷 9—前制动板 10—行走轮

行走按钮—此按钮在洗车过程中有控制行走功能。按一下此按钮,洗车机停止行走,再按一次恢复行走。

二、标准洗车过程

按下"启动"按钮后,喷射系统喷水、横刷开始下降,当下降到最底端时,横刷、立刷开始旋转,洗车机沿着导轨正向移动。

当横刷与车辆表面有一定程度的接触后,横刷开始上升,并沿着车辆表面进行仿车形清洗,当洗车机的轮刷与汽车车轮正对时,洗车机开始暂停行走,轮刷自动伸出并旋转,先正方向旋转,后反方向旋转,对汽车轮辋进行清洗,当洗车机的立刷接触到汽车前面一定程度时,立刷开始向两边移动,并沿着汽车两侧进行清洗。当清洗到汽车后表面时,横

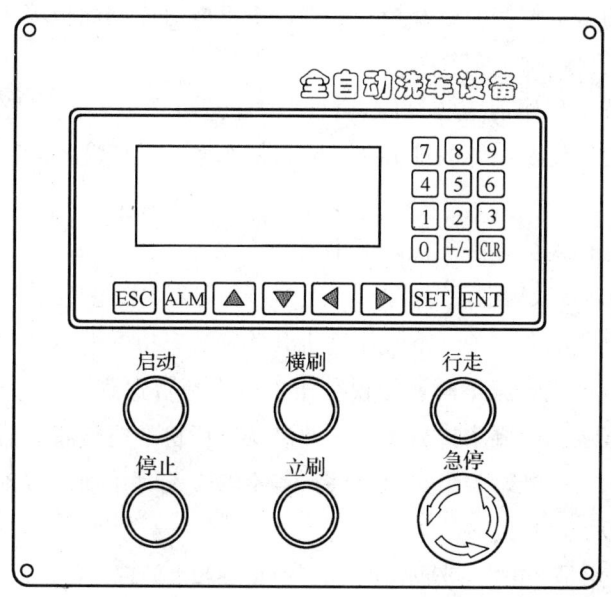

图 3—4 龙门式洗车机操作面板

刷开始下降，侧刷开始向中央合拢。

正向清洗结束后，横刷、立刷均开始反转，对汽车进行又一次的反向清洗。

清洗结束后，风干过程开始，风筒下降到最低点，风机开始工作，洗车机正向行走，对车辆进行仿车形吹风。正向吹风结束后，洗车机开始反向行走吹风到起始点，使车辆表面迅速干燥，至此，整个洗车过程结束。

在自动洗车过程中如遇到一些特殊车型，则需要人工进行辅助操作。如避让顶灯、天线、后视镜等。操作面板上的按钮就是辅助功能键。横刷键按下，横刷抬起，松开该键，横刷恢复自动控制，吹风键同样如此。立刷键按下，立刷打开，松开该键，立刷恢复自动控制。前进键或后退键按下，洗车机停止行走（毛刷继续旋转）；再按下一次恢复行走。

技能要求

全自动洗车机清洗

操作准备

1. 场地准备

（1）操作洗车机之前应检查机器周围有无障碍物。为了安全起见须确认洗车范围内没有任何人或遗留物。

（2）洗车机工作时，操作人员切不可擅离岗位，要随时做好突发应变准备。

(3) 手湿时请勿碰触控制面板及控制元件，更不能对控制面板喷水，以避免引起意外伤害及机器故障。

(4) 车辆进入洗车程序前应告知顾客洗车的注意事项（参照气控柜门板上的提示），检查整车外观是否有划伤及损坏的地方并及时告知车主，避免洗车后引起纠纷。

2. 设备准备

每日开机前，操作人员务必确认以下事项：

(1) 检查洗车机内部及周围环境是否清洁、顺畅无阻碍，以避免运行时发生意外。

(2) 开启洗车机总电源开关、空气压缩机开关和洗车机配电箱开关。

(3) 打开空压机主气管流量阀，检视空压机压力是否达到 $0.7\sim0.9$ MPa（空压机开启之前请务必将储气罐内冷凝水排放干净，并确认空压机的空气滤清器已处于洁净状态）。

(4) 检视清洁剂及亮光蜡容量是否足够，若不够应及时添加，以确保洗车及风干效果（添加时依比例混合）。

(5) 检查水源供给是否正常，清水池水量是否足够和水处理设备是否正常工作。

(6) 擦拭所有光电传感器及接近开关，确认其紧固螺母已拧紧。切忌使用任何酸碱清洁剂，以免腐蚀传感器的涂层。

(7) 确认面板各旋钮开关在初始状态、急停开关在弹出位置、各运动机构回到初始位置。

操作步骤

步骤1 设备的操作

机器的操作是通过操作控制面板来实现的。熟悉控制面板对正确使用洗车机非常重要（详见各全自动清洗设备的使用说明）。在正常情况下，按"启动"键后即可对车辆进行清洗、风干全过程。

在洗车机工作过程中，如遇特殊情况，应立即按"停止"键或"急停"键，故障排除后，再按"启动"键，使洗车机回到原来的位置，再按"启动"键，使洗车机恢复正常工作。

步骤2 待清洗车辆的准备

(1) 车辆进入洗车房必须停放在两导轨之间的中心部位。

(2) 关好车门、玻璃窗。

(3) 收下天线。

(4) 车辆发动机熄火，挂挡置于停车挡拉紧驻车制动杆。

(5) 折回后视镜，如后视镜松动，用胶带固定。

(6) 固定好刮水器。

(7) 其他特殊车型的检查。

步骤3　洗车机参数的设定

(1) 开启洗车机上电气柜，掀起PLC控制面板右侧小盖板，拨动开关到RUN位置。

(2) 设定功能选择按钮（根据客户要求设定）。

(3) 设定横刷、立刷、轮刷、风筒气缸的工作压力。

(4) 检查行走传感器是否与前制动板接触，若不接触，则按下"启动"键后，使其归位即可。

(5) 按下"启动"自动控制按钮，洗车机正式开始工作，直到风干结束。

注意事项

洗车机使用中，为保证设备及操作人员的安全，操作时应注意以下事项：

1. 空压机工作压力不得高于空压机的额定压力，一般在0.7~0.9 MPa。

2. 压缩空气进入洗车机进气管的减压阀压力不得高于0.7 MPa，横刷的工作压力一般在0.3 MPa左右、立刷的工作压力一般在0.2 MPa左右，风筒压力在0.5 MPa左右，轮刷的压力为0.2~0.3 MPa。

3. 经常检查导轨两端的安全挡块，安装位置要正确、可靠。

4. 开机后，操作人员不得离开工作现场。

5. 若遇故障或其他紧急情况，应立即按下"急停"键。

6. 若遇故障报警，有可能是气压低于设定标准或接触器热保护开关跳闸。此时，增大空压机的气压，或在排除故障后按下已跳开的接触器热保护开关的复位按钮即可。

第2节　汽车内室护理

学习单元1　常见内室美容用品简介

学习目标

掌握各类内室美容用品的性能及使用方法

知识要求

针对汽车内室常见的油性或水性的污渍，有关厂商的技术人员研制了真皮、塑料、丝绒等专用清洁保护剂。这些用品不仅有清洁美容功效，还具有防尘、防水、杀菌、除臭等作用。此外，专用的皮件、塑件上光翻新保护剂，能使皮革、塑料恢复原有光泽，并可在表面形成一层保护膜，防止老化。汽车内室在经过清理后，使用各类专用的保护剂或干洗护理剂对相关部件进行护理，便可使内室焕然一新。

一、车内仪表台清洁剂类

1. 主要特性

（1）保持车内人造皮革及真皮制品的光泽。

（2）减少灰尘及污渍对制品的污染。

（3）具有各种芳香。

（4）使用后不会对涂面造成破坏。

（5）该类产品也称车内合成橡胶塑胶光亮剂。

2. 使用方法

（1）均匀地喷涂于物体表面。

（2）以洁净软布轻拭。

3. 适用范围

主要适用于汽车内外各类合成橡胶、塑胶、真皮等制品，如车门、仪表台、皮衣、皮包等。

4. 注意事项

（1）该类产品多为易燃品，不可接触明火或置于易燃处。

（2）不可喷涂在驾驶转向盘、座椅支撑处等部位。

二、多功能清洁柔顺剂类

1. 主要特性

（1）能对汽车内室及行李箱各部位进行清洗翻新。

（2）去污力强，尤其对丝绒及地毯表面可起到清洁、柔顺、还原着色、杀菌等功效。

（3）低泡清洁剂适用于喷抽机使用（因高泡会损坏真空泵），也可手工使用。

2. 使用方法

（1）用喷抽机或手工喷洒适量清洁剂至需要清洗部位。

（2）用软布轻轻擦拭。

（3）用干布擦净清洗部位。

3. 注意事项

高泡清洁剂不得利用喷抽机喷洒。

三、全能泡沫清洁剂类

1. 主要特性

（1）泡沫丰富，去污能力强。

（2）能迅速分解油污，并能迅速清除油渍污物。

2. 使用方法

该类产品适用于手工清洗、擦拭。

3. 适用范围

适于车内室皮革、绒毛表面、仪表台、转向盘、车内侧等部位。

四、真皮保护剂类

1. 主要特性

（1）使发硬的皮革制品表面变得柔软光滑。

（2）延缓皮革老化，提高光亮度。

（3）伴有令人愉快的香味。

2. 使用方法

喷洒于皮革表面，稍待片刻后再用软布轻轻擦拭即可。

3. 适用范围

所有汽车皮革制品。

五、皮革塑料上光护理剂类

1. 主要特性

本品含有能滋润皮革、塑胶的聚合物，可在皮塑表面形成一层保护膜，从而起到翻新、增光、抗老化的功效。

2. 适用范围

可用于皮革座椅、仪表台、车门内侧和保险杠等部位。

六、仪表台护理剂类

1. 主要特性

用于乙烯基表面的护理和翻新，能即时光亮和润滑通道孔、电器开关等表面，并形成一层有效的保护膜，并可长久保持柔和的光泽。

2. 适用范围

汽车仪表台、转向盘等。

七、汽车玻璃护理剂类

1. 风挡玻璃清洗液（又名雨刷精）

(1) 主要特性

1) 界面离子浓缩剂，不伤害车身钢板及涂面，快速清除污渍。

2) 不产生伤害眼睛的折射光。

3) 延长刮水器使用寿命。

4) 一罐 25 mL 的风挡玻璃清洗液，可与 2.5~3 L 的水稀释，仍有效果。

(2) 使用方法。打开易拉罐，注入刮水器喷水箱。

(3) 适用范围。任何车种。

(4) 注意事项。以清水进行稀释。

2. 防雾剂

(1) 主要特性

1) 可达到清洁、防雾、清澈的效果。

2) 不伤害涂面及刮水器，不污染环境。

(2) 使用方法。打开易拉罐，倒入喷雾罐内即可使用。

(3) 适用范围。汽车内、外风挡玻璃。

(4) 注意事项。本剂为易燃物。

3. 玻璃与金属粘接剂

(1) 主要特性

1) 有瞬间粘接效果。如果粘接时间为 24 h，可永久性粘接。

2) 有效温度可达 120℃。

(2) 使用方法

1) 使用前以万用清洁剂洗净物体表面。

2) 将活性剂涂在玻璃表面，等待数秒钟后蒸发。

3) 将粘接剂涂在金属表面，两者粘接 30 s 后即可。

(3) 适用范围。可牢固粘接玻璃与金属。

八、空气清新剂类

1. 主要特性

（1）质量优良的空气清新剂多由天然香料制成，对人体无害。

（2）属喷雾剂型，伴有自然花香，兼具杀菌功能，喷后扩散快，香气保留时间长。

2. 适用范围

汽车内室的清洁护理。

学习单元 2　汽车内室的清洗

学习目标

熟悉汽车内室污渍的种类及成因

能够熟练从事汽车内室去污作业

能够熟练从事内饰件的恢复性美容作业

知识要求

汽车内室包括驾驶室和车厢，是驾乘人员在汽车运行中的生活空间。汽车内饰件大多数由塑料、皮革、纤维等材料制成。汽车在使用过程中，内室的各部件会逐渐附着一层烟尘、油污及其他污渍，使篷壁、仪表台、座椅、门板等处发霉、变硬、褪色甚至龟裂，丝绒材料则会收缩和脱落，并滋长细菌。长期积垢还会使冷暖风口堵塞，并产生难闻的异味，影响到车内空气的洁净。常见的情况有：仪表台等塑件在风吹日晒的情况下会氧化龟裂而失去光泽；橡胶部件和皮件的磨损、褪色和老化变质；纤维被尘埃脏物污染及氧化褪色；地毯和座椅积垢，冷暖风口堵塞，座椅滑轨阻塞或因部分物件生锈而影响正常操作等。一般来说，这些情况的发生多为平时缺乏对汽车内室的护理所致。内室清洗是汽车内室护理中最基础和最常见的作业，其对象主要为：车内篷壁、地板、木质装饰、座椅垫、后视镜、安全带、车内空调出风口等部位。

在一般情况下，汽车内室的污渍主要是以各类油污为主，同时根据不同情况还伴有如灰尘、血迹、墨汁、糖果汁、水果汁、口香糖残渣等其他污渍。

本书所涉及的汽车内室清洗范围主要是指对汽车内室以电镀及铝件、塑料件、橡胶件、皮革、纤维纺织品、木材等各种材料制成的车内顶篷（车门内饰板）、仪表台、转向盘、地毯、冷暖出风口、音响、车门框、置物盒、排挡区、丝绒、皮件、座套等车辆内部各部（饰）件的表面使用专用的清洁用品、清洗工具和设备进行清洗的操作过程。

一、汽车内室污渍的种类及成因

1. 污渍的种类

（1）水溶性污垢。主要有糖浆、果汁中的有机酸、盐、血液及黏附性的液体等。

（2）非水溶性固体污垢。主要有泥、沙、金属粉末、铁锈、霉菌及虱虫等。

（3）油脂性污垢。主要有矿物油、漆类产品、油彩、沥青及植物油等。

2. 污渍的形成过程

（1）黏附。平时，污渍会在重力作用下滞留或黏附在某些物件的表面。一旦有压力或摩擦力作用于污渍上时，它们就会渗透进物件的表层，变得难以去除。如汽车玻璃及仪表台上的污渍就属于黏附物。

（2）渗透。饮料或污水很容易渗入物件的表面，被物件所吸收，以致很难清除。如车门内饰板、后挡台、脚垫上的饮料或血渍等就属于该种情况。

（3）凝结。当黏性污渍干燥凝固以后，会紧紧粘贴在物件表面，如汽车内饰丝绒脚垫或地毯表面的轻油类污渍。

二、常用的汽车内室去污方法

在一般情况下，有如下四个因素对汽车内室的清洁效果具有较大的影响。

1. 高温蒸汽

高温蒸汽可以去除一些比较顽固的污渍，在清洗之前先用高温蒸汽使污渍软化，再结合手工清洁，可有效除去汽车内室部件上一些较难清除的污渍。

2. 水

以水为媒介，可以去除许多水溶性污渍，但水不能去除油脂性污垢，而且也难以清洁触及不到的内饰部件上的水溶性污渍。

3. 清洁剂

能去除轻油脂及重油脂等各油脂类污渍，并能帮助水分渗入丝绒、化纤和皮革等制品。

4. 动力

适当采用拍打、刷洗、挤压等纯物理方法，也有助于清除丝绒、化纤和皮革等制品上的一些附着不太牢固的污渍。

三、部分车内饰件的恢复性美容

1. 地毯破损的修补

汽车内饰地毯常见的破损形式为烧痕及裂口。在进行这类破损处理时，先将损坏部分的毛边切除，另找一块地毯（或在座椅下不显眼处切下一块）作补片，用胶将补片沿损坏部位毛边切除处粘接上，再用工具理顺接缝即可。对于有些由烟蒂烧灼而引起的破损，可用一个直径约 20 mm 的空心冲，将损坏处切下，再从其他不显眼处切一块旧地毯，涂上胶水嵌入待修复处，待干透后，再用工具理顺接缝，这一修复方式往往能获得意想不到的效果。

2. 人造革裂口的修理

人造革在内饰中应用比较普遍，如座椅、门边内衬等处在使用过程中，难免会意外被刮伤，甚至出现裂口，对于这类破损，可采取两种方法进行修补。

（1）先用电吹风将裂口两边吹热，再将一块纤维布衬在裂口下面，并精心将裂口两边对齐，然后压平，最后将人造革修复液涂在修理部位上，待其完全干燥后即可。

（2）沿人造革裂纹周边涂一种特殊化合物，选一张与人造革花纹相近的木纹纸贴在裂口上（木纹纸花纹应朝下），再用电熨斗隔着棉布熨烫修复部位 60 s 即可。

3. 塑料件的涂装翻新

汽车内室塑料件在使用过程中易出现老化、失光、划伤、腐蚀等缺陷，不但影响车室整洁美观，同时还会影响这些零件的使用寿命、使用安全和便捷程度，因此，若有上述缺陷发生，最好能及时进行涂装翻新。

（1）目前市售的一些塑料上光剂能使清洁上光作业一次完成。它们专用于保险杠，仪表台等车用塑料件表面，具有清洁上光翻功能，可使用塑料表面光亮如新，并可防止塑胶老化。使用时可喷涂也可擦涂。

（2）塑料件涂装翻新。当车用塑料件已出现严重老化、失光、划伤、腐蚀，仅靠普通的清洁上光已无法达到翻新的目的，则需要进行塑料件涂装翻新。

4. 镀铬件的翻新

镀铬件的翻新作业按零件的镀层状况可划分为上光保护翻新和维护翻新两种。

（1）上光保护翻新。当镀铬件在日常使用过程中发生大面积甚至全部失光时，须对其进行上光保护翻新。翻新时，首要对翻新处进行彻底清洗。待翻新表面干燥后，喷施专用镀铬件上光翻新剂，浸润 3～5 min 后，再用小块无纺布擦拭，直至镀铬件表面重现光泽。

（2）维护翻新。维护翻新一般均由修理厂进行，这里只作一简单介绍。当镀铬件表面失光通过上光无法恢复原有光泽时，须进行维护翻新施工。有时，当镀铬件表面出现深达基层的划痕时，也应及时进行维护翻新。翻新时，可采用电镀方法重新镀铬翻新。此方法适合于大面积失光镀件，且镀前需进行必要的表面打磨及其他处理。也可采用电刷镀方法对局部失光或破损处进行翻新施工。施工前也应对作业表面进行必要处理。对于局部的深度划伤，也可进行喷涂施工，进行局部修补作业。

技能要求

汽车内室清洁

汽车内室美容是一项系统的清洁护理施工作业，因此，既要明确施工项目的内容，又要遵循严格的合乎规范的施工程序，只有这样才能有效地组织施工，提高工效，节省时间，保证作业质量，提高企业服务水平。随着科学技术的不断发展和进步，各类清洁护理用新产品也层出不穷，因此，汽车内室的清洗也变得相对容易。但和汽车外部清洗一样，在操作时也应遵循两个原则。首先，在选用护理用品时要遵循"取稳避躁"的原则，即：做不好没关系，最多不收服务费，但千万别做坏了，挑选用品时应从最柔和的产品试起，哪个好使用哪个。其次，在操作时要遵循"自上而下，自前往后"的原则，以提高工作效率和工作质量。

操作步骤

步骤1　取出脚垫及车内杂物

（1）检查车内有无贵重物品，若有，则应先小心取出交给顾客另行保管。

（2）先将车厢内的杂物及大型垃圾取出，包括脚踏板、坐垫、椅背、腰背靠垫、碟片、钱币、转向盘锁等。

（3）倒掉烟灰缸内的烟灰及杂物。

（4）铺上自备的工作脚垫，以免弄脏或损坏顾客车内的地毯。

步骤2　清洗脚垫

（1）以敲击法去除附在脚垫内的沙粒、碎屑，并用空气清洁枪吹去灰尘。用高压水枪或水柱清洗脚垫污秽面并风干，如果脚垫两面都一起浸洗过，可用脱水机脱干后再风干。

（2）脚垫的材料总体说来可分为两大类：一类属有机物制成品；另一类属纤维制成品。有机物制品的脚垫可以用水洗，洗净后甩干即可铺设。而纤维制品的脚垫因吸水后不易干燥，只可以用湿毛刷蘸清水刷干净后铺入车内，如果要清洗则不能当即使用。

步骤3　取下座套

（1）如顾客的座套需要清洗，则取下座椅上的座套另外进行清洗。

（2）铺上自备工作座套或大浴巾，以免弄脏顾客座椅或座套。

步骤 4　清洁车内顶篷

车内顶篷因位置特殊，污渍构成不同于汽车的其他部位，其原因主要是由于绒布所特有的吸污性，故其污染大多为吸附的烟雾、粉尘及人体的头部油脂等。

（1）绒布顶篷的清洁

1）卸下顶篷扶手。

2）用吸尘器吸除车内顶篷上的浮灰。

3）用干净湿布擦拭，如遇有较重污渍处，可使用专用的清洁剂清洁。

4）清洗汽车几个立柱部分，由于立柱是乘员上下车且距离坐车人较近的部位，一般情况下这一部位特别容易脏，故应使用浓度高一些的中性洗涤液进行清洗为好。

5）清洁时，可从污渍边缘逐渐向中心擦拭。

6）清洁时应注意对边角之处污渍的清除。

7）污渍严重时，可多次重复以上操作。

8）污渍清除干净后，用另一块干净的棉布顺着车顶的绒毛方向抹平，使其恢复原样。

9）由于汽车顶篷内的填充物是由隔热吸音材料组成，吸收水分的能力较强，故清洁时抹布一定不能太湿，否则，清洗后短时间内很难干燥。

10）装复顶篷扶手。

（2）皮革顶篷的清洁

1）卸下顶篷扶手。

2）用软布将皮革表面擦拭干净，除去上面的尘土、水汽。

3）将皮革清洁剂喷到皮革车顶表面，稍停片刻，用干净毛巾仔细擦拭，直至污渍被清除。

4）如污渍严重，可配合使用小毛刷仔细刷洗，并擦拭干净。

5）将皮革上光保护剂均匀地喷敷于皮革表面，并用干净毛巾反复擦拭，直至光亮。

6）装复顶篷扶手。

步骤 5　清洁前风挡内面

玻璃的清洁不能用水，因为玻璃内侧常吸有烟雾薄膜，清水难以除去。外表则与涂面一样，会存在交通薄膜。用水擦洗玻璃不但费力费时，而且清洁不彻底，会留下烟膜和交通膜的花纹。

（1）先将上面黏附的污斑、昆虫和沥青用塑料或橡皮刮刀除去（千万不可用刀片等铁质材料刮削玻璃），然后才可以用专门的玻璃清洁剂进行清洁。

（2）用吸尘器清除前风挡玻璃槽内的污物。

（3）用干净软布清洁遮阳板与上面的仪容镜。

（4）将专用玻璃清洁剂按产品使用说明喷涂于玻璃表面，再用软布轻轻擦拭直至光亮。此时最好能在前风挡玻璃内侧涂风挡玻璃防雾剂，在外侧涂风挡玻璃防雨剂，涂时应均匀，待干后擦净，前风挡玻璃即可透明光亮，并具有防雾防水的功能。

（5）用干净软布轻轻擦拭后视镜。

（6）清洁汽车内室风挡玻璃时，工艺与汽车外部清洗时基本相近，都要用软毛刷慢慢清洗，不允许用硬质工具剔除污点，擦拭时要用软绒布。所不同的是内室风挡玻璃清洁时一般不用水冲而使用专用的玻璃清洁剂，按照产品的使用说明进行操作。

（7）清洁玻璃时应注意对玻璃与车体接缝处灰尘的清除。

（8）车内的夜间照明灯具，也要用软布蘸上洗涤剂擦拭，并用干燥的布吸干净。

（9）清洁完后视镜后一定不要忘记复位。

步骤6　清洁仪表台及排挡区等处

仪表台、转向盘、排挡区、置物箱等处多为塑料制品，外表存在较多细条纹，其污渍构成多为较易清除的灰尘，但擦拭时要特别注意条纹、褶皱、边角处。

（1）检查点火开关钥匙是否已经拔下，发动机是否已经完全熄火。

（2）用吸尘器除去置物箱及汽车收音机周边的污渍，并擦拭干净。

（3）用干净布及棉签（主要用作清除细小条纹处）清除仪表台面、表盘、转向盘、音响、排挡区等处的污渍。

（4）用软刷与吸尘器清洁空调的风道口，以保证车内环境和空气的洁净。

（5）将专用仪表台清洁剂喷于软布，并轻轻擦拭仪表台各处。

（6）再使用清洁剂处理仪表台的剩余部分。

（7）仪表台由于结构复杂、边角多，加之上面布满了各种类型的开关仪表等部件，因而仅仅使用抹布和海绵很难对这些部位进行清洁。在这种情况下，除了使用棉签之外，也可以利用各种不同厚度的木片或塑料片，将其头部打磨成斜三角、矩形或尖形等不同样式，然后再包上一块干净的抹布来清扫仪表台上的各道沟沟坎坎，这样既提高了清洁效果，同时又不会对各部件造成损伤。

（8）清洁汽车内的转向盘和变速器、排挡、驻车制动杆等部件时，可用小牙刷或蘸有洗涤液的抹布刷洗。对于离合器踏板、制动踏板、加速踏板等部分要认真清扫，特别是制动踏板，若表面胶垫的凹槽内塞满沙石、泥土，下雨天时很容易打滑，妨碍行车安全，一定要仔细去除。清洁时还应留意清除挡头和驻车制动上面的人体油脂类污渍，这对开车时防滑有很大好处。

（9）各处踏板的支点部位必要时应喷涂清洁除锈剂进行清洁，擦抹干净后再涂上润滑油脂。这些部位长期不维护会发出"吱呀吱呀"的声响，听起来很不舒服。

（10）在清洁仪表台时，切忌不要触动和变换上面的开关及手柄，以免造成事故。

（11）在处理仪表台的过程中，为防止仪表台受阳光照射而变质，可用遮阳片加以保护。

步骤 7　清洁安全带

（1）安全带也是特别容易被弄脏的部件，积聚在安全扣上的污渍会影响安全带的回收能力，清洁时不必将其拆下，可用直接用牙刷蘸淡肥皂水擦洗。

（2）安全带清洗完毕后，必须要待其完全干透再卷带，以免发生霉变。

（3）使用其他化学物质擦洗安全带时，一定要慎重选择，特别对于一些带有腐蚀性的液体，更要注意避免，以防安全带因提前老化而造成安全隐患。

步骤 8　清洁后风挡内面

（1）用吸尘器清除后风挡玻璃槽内的污物。

（2）将专用玻璃清洁剂按产品使用说明喷涂于玻璃表面，再用软布轻轻擦拭直至光亮。

（3）后风挡玻璃因内侧有防雾除霜栅格，不能用风挡玻璃抛光剂处理。同时，清洁后风挡玻璃时要非常小心，以免破坏防雾除霜栅格。清洁时只能用软布配合玻璃清洁剂仔细处理。如果不慎破坏了防雾除霜栅格，可用修复工具将断了的地方用导电涂料粘接起来。

（4）玻璃贴有太阳膜的一面也不能使用玻璃抛光剂，而只能用玻璃清洁剂来进行处理，以防止划伤膜面而影响采光度。玻璃外侧和后视镜要采用风挡玻璃抛光剂处理，效果会更加理想。

步骤 9　清洁后置物台

（1）吸除后风挡玻璃下方及后椅背板上的污物，如面纸屑或蚊虫尸体等。

（2）清洁后空调出风口。

（3）使用专用清洁剂，清洁后置物台。

（4）清洁高位制动信号灯。

步骤 10　取回自备座套

从车内取回自备座套，准备清洁车内座椅。

步骤 11　清洁座椅（以皮革座椅为例）

（1）将后座底座拆下，双手伸入后背垫下方再往外翻。

（2）脱离座椅下的固定钩。

（3）拉起后椅背的拉钮。

（4）拆下后椅背上的固定螺钉。

（5）如果不拆下后椅座，可使用长毛刷子和吸尘器配合，一边刷座椅表面一边用吸尘器的吸口把里面的灰尘及沙粒清除干净。如遇后排座椅中有活动扶手的车型时，应先将其翻上，待清洁完毕后再复位。

(6) 用吸尘器清洁坐垫上的灰尘。

(7) 将皮革表面用软布擦拭干净。

(8) 将皮革清洁剂均匀地喷敷于皮革表面。稍停片刻，用干净毛巾或软刷子仔细擦拭，直至污渍全部清除。

(9) 清洁时应注意对椅缝处灰尘及污渍的清除。

(10) 应提醒顾客，平时在车内吃东西时一定要注意，不能让食物的残渣掉落在车座上，以免滋生螨虫或其他微生物并产生怪味。

(11) 如不更换座套则装复座椅。

步骤12 清洁行李箱

(1) 用吸尘器清洁行李箱内的灰尘。

(2) 使用专用清洁剂清除行李箱内的污渍。

步骤13 取回自备地毯

取回自备地毯，准备清洁车内地毯。

步骤14 清洁地毯

(1) 在地毯的接缝处用透明胶布做底以隔绝沙粒、灰尘沉入地毯中，且使日后清理更为方便。

(2) 用吸尘器吸除前室底板灰尘及沙粒。

(3) 用吸尘器吸除后座底板及座椅下灰尘及沙粒。

(4) 用刷子及湿布并使用专用清洁剂进行清洗。

(5) 如地毯上的污渍太重，就得取出到车外再作清洁处理。清洁时首先用吸尘器吸除一些浮动的污渍，然后使用专用的地毯清洁剂按每次清洗约 $0.1\ m^2$ 的面积，逐渐地将整块地毯全部清洗干净。

(6) 在对地毯全部进行洗刷后，再用吸尘器吸除地毯上部分的残留余渣，而后用压缩空气吹松地毯的绒毛，以加快地毯干燥速度，等地毯晾干后，便可将其装回车内。

(7) 需要注意的是地毯不能完全放入水中浸泡刷洗，这样做一方面会破坏地毯内部几层不同材质的粘接；另一方面会使地毯在很长时间内不能干透而影响使用效果，引起车内潮湿。

(8) 清洁地毯或座位污渍时，可在刷子上缠一块干净的小毛巾，使用这个工具刷洗有助于吸收水分和灰尘。

步骤15 清洁车门内侧

(1) 用吸尘器吸除车门内侧及内侧板下置物槽内的污物。

（2）用干净湿布擦拭，如遇有较重污渍处，可使用专用的清洁剂清洁。

（3）清洁时要注意门边、门兜等处，不留死角。

（4）用润滑剂润滑门轴。

（5）汽车在使用过程中，在车内加挂窗帘也能保持门及门饰板清洁，这样就可减少门饰板的清洁处理次数。

（6）清洁踏板、门襟条。车门周围镶嵌的防水胶条及门框边胶条，很容易偏斜、松脱，作业中应注意观察在外部清洗过程中，用洗车高压水冲洗时是否发生渗漏。如有损坏之处，要及时做相应维修，发现有开裂时可用专用粘接剂重新粘接。

步骤 16　座椅复位

（1）如已将脏座套撤下的，则换上干净座套。

（2）将座椅复位。在交车前，在征得顾客同意之后，还可向车内喷洒些香水或空气清新剂。

汽车清洗的验车标准为：外部饰件应无尘土、无污渍、无水痕；玻璃光亮如新，无划痕；内饰部件无灰尘、室内无异味，坐垫及脚垫摆放整齐有序。检查的要点是擦净后的涂面光亮如新，各边角处均不能留下泥、水迹，暗缝处要用压缩空气吹出暗藏的水迹后再用麂皮擦干。

注意事项

在汽车内室清洁的过程中，无论是清洗何种材料，均须注意如下几个问题：

1. 有针对性地选用清洁剂

清洁汽车内室不同材质的内饰部件时，最好选用专门针对该材料所生产的专用清洁剂。例如使用玻璃清洁剂来清洗门窗、镜面；用化纤制品清洁剂来清洗丝绒纤维制成的座套、地毯等。

2. 按产品说明准确使用清洁剂

在使用时不能随意混合或加温使用内饰清洁用品，不同清洁用品随意混合使用后，其中某些化学成分相互反应可能会释放出有毒气体或产生有害物质。有些清洁剂被加热到一定的温度（如放入蒸汽清洗机内使用），也会产生有害气体。因此，除非产品包装上特别注明需混合使用或配合机械的使用方法，否则切勿随意混合或加热使用，以免发生化学反应，产生有害物质。

3. 不熟悉的产品应先测试再使用

使用不熟悉的产品前应先进行测试，对于首次使用的清洁剂，应先在待清洗部件的不显眼处进行测试。例如在使用皮革清洁剂清洗内饰皮革时，可先在不显眼的地方小面积试用，如座椅底部或背面等，以防造成褪色或有其他损害。

4. 不要随意在车内使用清洁剂

千万不要在车内材料上使用以下物质,以免造成损害:汽油、苯、石脑油、四氯化碳、丙酮、油漆稀释剂、松节油、清喷漆稀释剂。只有当用户手册特别建议时才可使用酒精、洗衣皂和漂白剂。

5. 使用溶剂去污用量要少

如果需要使用溶剂类去污剂,要确保良好的通风状况,且使用量越少越好,用得太多,难闻的气味会长时间停留在汽车内部。

6. 清洗时防止水分过多

清洁地毯和布面时常犯的错误是用水过多,过度的潮气需要很长时间才能散去,并且会存留在织物中,引起霉变、产生霉味并缩短其使用寿命。

7. 车钥匙统一存放

为防止车匙被反锁在车内,进行美容作业时,最好能将车钥匙统一存放在专用的保管箱内。确有需要时,可将驾驶室车门玻璃降下一部分,因为有些车辆自备或所安装的车用防盗器具有自动锁定功能。

8. 防止物品遗失

汽车内室在清洁时大多需打开车门进行,作业时,应注意防止车内存放的票据和文件等物品丢失。

9. 作业时必须关闭车内照明

清洁汽车内室时必须将车内照明灯关闭,否则可能因长时间作业导致电池亏电而不能启动。

10. 仪表台开关必须复位

清洁仪表台时,仪表指示灯亮度调节旋钮可能会意外地被旋转到最暗的位置,故需在室内美容作业完毕后,打开汽车小灯,检查仪表指示灯的亮度是否合适。

11. 正确保存清洁用品

应按产品说明正确地保存清洁剂,这样既能避免产品浪费,又有助于防止产品过早变质。在一般情况下有如下几方面需要注意:

(1) 正确开启产品包装。

(2) 使用后应注意封好包装,避免产品泄漏或因挥发而失去应有功效。

(3) 任何清洁剂均应存储于阴凉、干燥处,并注意放在儿童不易触及的地方。

(4) 清洁剂要远离明火,以免发生意外。

(5) 气雾型清洁剂除非有特殊要求,一般不能存放于电冰箱内,否则很容易造成事故。

汽车内室纤维织物的清洁

在汽车内室中,纤维织物覆盖面所占的比例一般都较大,少则20%～30%,多则60%～70%,这些材料被广泛应用于顶篷、座椅、地毯等处。因而,这些纤维织物的处理是汽车内室清洁的一项重要工作。纤维织物的清洁应注意3个问题:首先是恢复其本来面貌,除去表面及渗入内部的各类沾染物和油垢;其次要保持或恢复纤维性材料本身的柔顺性,为此必须采用专用的清洁剂进行处理;最后要求清洁剂不能影响纤维材料的颜色,防止清洁后出现颜色不一的败色情况。

操作步骤

步骤1 擦洗面料表面污渍

(1) 使用合成去污剂,先将去污剂加到温水中调成适当比例的溶液,然后将干净的抹布蘸湿,轻轻涂在装饰表面上稍加涂抹,重复数次,每次仅用抹布或海绵干净的一面。然后再将一块干净的抹布浸到没有加去污剂的清洁温水中,用它擦去表面多余的去污剂,随后用一块洁净的干抹布吸干,使装饰表面不致太潮湿。最后让纺织品自行干燥,如果清洗不完全,可以重复以上工作程序,直到完全清洗干净为止。

(2) 清洗作业的程序首先是清除或擦掉面料上所有松动的污渍脏物,然后将干净的布块蘸上少许清洁剂,采用圆形运动的方式轻轻揉擦沾有污渍的部位。擦拭时应注意先从污渍的四周擦起,逐渐擦向中心,直到全部被擦到为止。如果手中的抹布擦脏了,应立即换一块干净的。

(3) 每次擦拭完毕后,应稍停几分钟,等待装饰材料上的清洁剂大部分挥发后,再继续擦拭。清洁剂使用不能过多以及擦拭后需要暂停的原因主要是为了避免清洁剂渗入到装饰面下边的衬垫里。如此反复擦拭,直至污渍完全被清除为止。

步骤2 重复擦拭污渍周围的环形痕迹

如在清洗污染面时,在它的周围出现环形痕迹,则应重复进行擦洗,方法仍然是从环形痕迹的外围擦起,逐步擦向中心。

注意事项

1. 使用挥发性清洁剂清洁纺织品时,作业人员一般要在车门外进行,因为此类清洁剂在挥发时或多或少都存在着一些影响人体健康的物质。清洁用品中的挥发气体应避免过量吸入人体内,并且不要与皮肤长时间地接触,尤其要小心的是不能溅入眼睛内或口中。

2. 严禁清洁剂接触明火。一些清洁剂属易燃物品,故清洗时用量不必太多,以避免由于不慎而发生危险,同时也有利于降低作业成本。使用时最好是用干净的布蘸湿后进行清洗。而且应牢记,此类清洁剂在清除油污所造成的污渍时,是先将其溶解后再清除,因此当布料蘸湿以后，只能轻轻地揉搓。

3. 清洁剂喷施后，应停留浸润 1~2 min，再进行擦洗，以有利于污渍的充分溶解和松化。

4. 在清洁纤维品时，千万不能使用稀释剂、汽油、风挡玻璃清洗液等有机溶剂及漂白粉。

5. 在清洁纤维织物时，严禁使用碱性较强的洗衣粉或洗洁精，因为这些碱性物质在一般清洁结束后很难彻底洗净，仍将会有部分残留在织物内部，这部分碱性物质极易使纤维织物发黄、腐蚀、变脆。

6. 清洁作业要充分考虑纤维制品纹理的变化和规律，一般顺着纤维制品纹理的方向清洁效果较好。

皮革制品及合成革的清洗

操作步骤

步骤1　处理污渍较轻的部位

采用真皮或者合成革、尼龙布做成的车内装饰物品，包括聚乙烯合成革制成的顶篷等上面较轻的污渍，在一般情况下，只需用干净抹布擦拭即可。

步骤2　处理污渍较重的部位

(1) 当制品上的污渍较重时，可以用干净的布块，蘸上专用清洁剂，对脏污表面重点擦拭。擦拭方法仍是从四周向中间擦揉。

(2) 待污渍消除后用一块蘸满清水的抹布仔细擦掉所有的痕迹，最后再用干抹布擦干。需要提醒的是，不到万不得已，最好不要使用烘烤等方法来加快制品的干燥。

步骤3　清洁后的处理

待皮革干燥后，喷上专用皮革蜡，再用干布擦亮即可。

注意事项

皮革制品及合成革的共同特点就是其表面有许多细纹，在这些细纹内很容易吸附许多污渍，较难彻底清除干净。对于人造革和真皮切不可用水清洗，否则不但影响其美观，而且还会产生细微裂缝而影响使用寿命。因此，清洁这类制品必须要用专门的清洁用品，专门的皮革清洁美容护理用品不但能迅速清洁上光，更能有效去除静电，增强保护功能。对于较脏的皮革座椅，建议首先用丝绒清洁剂进行预处理。因为有些污渍可能硬结在皮革表面，使用丝绒清洁剂能有效润湿和充分分解油污，以便于下一步用保护剂进行最后的上光处理。

橡塑制品的清洁

操作步骤

步骤1　表面清洁

将专用清洁剂直接喷洒在待清洁物体的表面，然后再用抹布擦拭干净。

步骤2　清洁后的处理

在清洁后的物体表面喷涂一层塑料或橡胶保护剂，以防止其过早产生老化。

特别提示

轿车内部的某些污渍和脏垢，如血迹，墨汁、口香糖残渣等必须特别注意清除。

1. 口香糖残渣的清洁

当装饰材料上沾有口香糖残渣时，先用冰块使口香糖硬化，然后用刀片轻轻刮除残渣硬粒。如果用此方法还不能全部清除口香糖残渣污渍时，可使用挥发性清洁剂将其润湿，趁口香糖仍是潮湿状态用钝刀片将它轻轻刮离纺织品表面。

2. 糖果汁的清洁

糖果汁造成的污点，除了含有巧克力成分的外，通常可用干净抹布蘸温水擦除。如果污点不能完全被清洗，应等污渍表面干了以后，用抹布蘸专用清洁剂擦拭。污渍经过这样的处理一般都可以被清除。如果污渍是由于沾到巧克力而造成的，那么可用抹布蘸温热的肥皂水，包在钝的刀片上轻轻擦拭，然后再用抹布蘸冷水擦洗干净。

3. 血迹的清洁

对于血迹污点，不能用肥皂水清洗。因为经过如此擦洗，血迹会更加深入，变得更加难以清除。正确的方法是用干净的抹布浸水擦拭，直到血迹看不到为止。如果这样处理后仍无法清除所有的血迹污点，可以用刷子或抹布蘸上少许氨水涂到血迹污点上，稍待片刻后再用洁净的软布浸清水擦拭干净。

4. 润滑脂及机油的清洁

装饰材料受到润滑脂、机油等油脂类物品沾污后，如是润滑脂，可先用钝刀或刮刀尽量将润滑脂积垢刮除，剩下的润滑脂油渍及机油油渍，可以用抹布蘸少量专用清洁剂轻轻地擦洗。需特别注意的是，擦拭的动作是由油渍外缘擦向中心位置，否则可能会使得油渍越擦越大。

5. 霉点的清洁

当车内饰件受到污染并未能及时清洁时，会导致霉变。对此，可用温热的肥皂水进行清洗。当霉变严重而该部件又能较为容易地拆下时，可将其卸下后用冷水漂洗干净，再浸泡在盐水中，然后使用专用清洁剂清洗并擦干。

学习单元3　汽车内室的美容

学习目标

能够熟练护理皮革制品
能够熟练护理橡塑制品
能够熟练从事车内静电预防的操作

知识要求

汽车内室的饰件除了应经常保持清洁外，还应和外观部分一样，经常进行美容护理，以最大限度地延长其使用寿命，并营造一个清新的车内环境。

一、皮革制品的护理

天然皮革，是对生皮、原皮进行一系列化学和机械处理，使其成为一种不易腐烂、不易变质、柔软、坚韧且具有良好卫生性能，能够满足消费者需要的有一定使用价值的材料。而人造革则是聚氨酯和一些添加剂混合，经机械化学处理复合而制成的一种塑料布，其透水透气性和卫生性能均较天然皮革差。一般真皮座椅的材料多采用黄牛皮和水牛皮制作。真皮座椅也有采用羊皮作原料的，因羊皮薄、柔韧性优于牛皮，毛孔排列均匀细腻，质感柔润，效果颇佳。但羊皮材料成型面积小，材料浪费比较大，另外由于天然羊皮在强光照射下和天气热时，散发的气味（腥味）比较大，在生产过程中，必须采用特殊工艺处理除去异味，故制作成本较高，一般用于豪华高档轿车。

1. 常见皮革护理用品

皮革制品最常见的损坏就是老化、龟裂和褪色问题。

以前所生产的上光剂仅有单一的上光作用，它们只能使皮革制品在短期内保持光亮，起不了真正的保护作用，而且极易沾染灰尘。而近年来所生产的新一代上光剂除了具有增光作用外，同时还兼有阻隔紫外线、清洁修复等功能。它们一般还添加有防腐剂，不含磷酸盐、可生物降解、效果持久、不沾灰尘，易于二次清理，可有效地防止皮革制品的龟裂、硬化和退色。在这些用品中有专用的皮革清洁上光护理用品，如去污剂、洁面剂、脱色剂、打磨用细水砂、软化剂、打底剂、固定剂、手感剂、各种色浆等。以及用于使皮面光滑细润的抛光剂、光亮剂、柔润剂等。上述清洁护理品多用于皮革翻新施工，但要达到预期的作业效果，还要专业人员进行操作。在汽车内室美容的皮革制品护理作业中，主要是用清洁上光用品对皮革进行翻新护理。

2. 皮革制品的上光护理

在皮革制品上光护理前,应先使用吸尘器吸去制品上的浮灰,然后再喷施专用的皮革清洁柔顺剂,浸润 1~2 min 后再用干净软布轻轻擦拭并擦干。待皮革表面干燥后,再喷施专用的皮革上光保护剂,浸润 1~2 min,最后根据不同产品的使用说明,决定是否进行擦拭处理;皮革上光后要进行必要干燥处理,如风干或烘干等。具体操作可参照皮革上光用品的详细使用说明。

二、橡塑制品的护理

对于车内不同部位的橡塑制品,可根据其材质,有针对性地使用不同的专用护理用品。目前市售的一些橡塑护理用品均可以有效清洁抛光汽车塑料部件表面的细微刮痕、瑕疵面、雾面及污垢。但在清洁仪表台时,为了防止因光的漫射而对驾驶员产生的干扰,应使用不会发出耀眼亮斑的增亮剂。

三、玻璃制品的护理

在对车内玻璃制品进行护理时,可选择专用的玻璃护理液。目前,市售的玻璃护理液品种很多,各种功能均很齐全,可根据各自的需要合理选购,并按使用说明进行操作即可。

四、注意事项

1. 喷蜡时不要污染激光头

在汽车内室对一些部件进行喷蜡操作时,最好不要直接向仪表台,特别是 CD 音响处进行喷施,因为所喷出的蜡有可能会污染 CD 唱机的激光头,从而影响 CD 唱机的使用。

2. 不要将蜡喷涂到皮革座椅上

切忌将仪表台喷蜡涂到皮革座椅及靠背上,以免驾乘人员的毛料或化纤衣裤与皮革制品上的喷蜡摩擦而引起衣裤发亮。

3. 杂物摆放要有序

有些驾驶员习惯把防盗锁和电筒等杂物放在驾驶员座椅边或座椅底下。遇到这种情况,从业人员应告知车主:这种做法很危险,一定要改正。因为上述地方如有杂物,在车辆急转弯、遇大颠簸或紧急制动等情况时,杂物有可能会前冲而碰到加速踏板,有时甚至还会卡住制动踏板,从而发生意外。

学习单元4　汽车内室的杀菌消毒与熏香

学习目标

掌握汽车内室的杀菌消毒方法

掌握汽车内室异味的消除与熏香方法

知识要求

一、汽车内室的杀菌消毒

汽车内室杀菌消毒是内室护理中的一项重要工作，特别在"非典"过后，对汽车内室的消毒更为广大车主所重视。

1. 高温蒸汽杀菌消毒

高温蒸汽杀菌消毒是采用高温蒸汽发生器所产生的140℃的高温蒸汽，喷施于需进行杀菌消毒的车内各部件以达到杀菌消毒的目的。

2. 化学杀菌消毒

采用化学方法进行杀毒消毒，主要是通过使用一些消毒剂对汽车进行喷洒和擦拭，以实现杀菌消毒的一种操作工艺。目前市场上常用的消毒液及使用方法如下：

(1) 过氧乙酸。消毒时，用0.5%的过氧乙酸溶液均匀地喷洒于待消毒部位，在汽车内室使用过氧乙酸进行消毒后，应通风30 min以上，以使其彻底挥发。此外，由于过氧乙酸具有一定的腐蚀性和漂白性，所以车内一些衣物等物品最好事先取出，且消毒后对所有接触过的金属部件均要进行仔细擦拭。

(2) 来苏水。这是一种甲酚和肥皂的复方制剂，易溶于水，可杀灭细菌繁殖体和某些亲脂病毒。当进行汽车内室消毒时，可采用1%～3%的溶液对车内进行擦拭或喷洒。当用于手的消毒时，可用2%溶液浸泡2 min，然后用清水洗净。需注意的是，当来苏水与肥皂和洗衣粉一起使用时，将会影响其杀菌效果。

(3) 84消毒液。通常这种消毒剂含氯量为5%，使用时必须加200倍的水进行稀释，如果不按比例稀释会有一定腐蚀性。专家认为，84消毒液不具挥发性，对肝炎等病毒可通过浸泡起效，但对空中飘浮的飞沫没有什么作用。

由于消毒剂关系到车主及从业人员的健康，故在选择时要认清包装上是否印有卫生行政部门消毒产品的批准文号（卫消准字）、有效期和厂名厂址，以保证产品的消毒效果和安全性。

3. 臭氧杀菌消毒

臭氧消毒法是采用一个能迅速产生大量臭氧的汽车专用消毒机来进行消毒的。臭氧是一种具有广泛性的高效快速杀菌剂，它可以杀灭使人和动物致病的多种病菌、病毒及微生物。它的消毒原理是：通过在较短的时间内破坏细菌、病毒和其他微生物的结构，使之失去生存能力。医学专家认为，由于车厢是一个密封且较为狭小的空间，空气的污染情况要比一般的室外要严重得多。再加之车内的座椅、顶篷、仪表台、地毯、脚垫、门板等多为皮料、塑料、橡胶、纤维等制作，长期使用后极易藏污纳垢。对于车内的各种细菌、病毒等，普通的洗车只能去除其中极少的一部分，而使用消毒液又容易对汽车的金属部件产生一定的腐蚀，所以臭氧消毒法受到了越来越多业内人士的欢迎。

臭氧消毒法与化学消毒法不同。臭氧杀菌消毒后不会残存任何有害物质，不会对汽车造成二次污染。因为臭氧在杀菌消毒后很快就会分解成氧气，而氧气是对人体有益的气体。臭氧消毒法操作起来也较为简单，只需将一根连接着汽车专用消毒机的胶管伸入车厢内，打开汽车专用消毒机，消毒机就会把通过高压放电产生的高浓度臭氧送到车内的每个角落。这一操作过程，只需几分钟即可完成。臭氧消毒虽然时间较短，但杀灭病菌最为彻底。需要提醒的是，消毒后车厢里会留有一股淡淡的臭氧味，不过这些残存的臭氧很快就可以分解为无色无味的氧气，所以只需将车窗打开一会儿，臭氧味就会彻底消失。

4. 其他杀菌消毒法

还有一种较为简便的杀菌消毒法，就是选择专用的空调清新剂。在消毒前，将车内的食品、纸巾等取出，避免吸附异味。使用专用的消毒熏罐，将空调内循环开至最大风量，打开熏罐置于副驾驶座位脚下处，关闭门窗即可进行内室的杀菌消毒。待 10～15 min 后，取出熏罐并打开门窗通风。

二、汽车内室异味的消除与熏香

汽车内室的异味一直是困扰车主及乘客的重要问题，根据室内环境专家多年检测分析，新车内装饰材料中所含的有毒气体是最大的污染源，其他如汽车的内饰、空调、座椅皮套以及汽车在运行过程中所使用的燃油与润滑油的蒸气等都可能会散发出令人烦恼的异味。而其中有些如苯、二甲苯、甲醛、丙酮等物质所产生异味还含有有毒物质，长时间处于这种环境里，有可能会导致人体免疫力下降，严重的甚至还有可能致癌。因而采用科学方法消除汽车内室的异味，并进行消毒与熏香，是现代汽车美容作业的一项重要工作。

1. 汽车内室的异味来源

一般情况下，汽车内室的通风条件较差，因而比较容易在车厢内产生异味，而车内异味的主要来源有：

（1）新车的皮革、塑料、纤维等材料制作的内饰材料及黏结剂所发出的有害气体。

（2）车内的霉菌产生的异味。如不小心掉在车厢角落的水果、甜品腐烂发霉；洒落的饮料或因漏雨而被淋湿的座椅、地毯等所滋生的霉菌；还有尾厢内久置不用的鞋子、衣服等等，都会散发出难闻的异味。每当空调打开时，这些异味就会随着气流在车厢内循环流动、蔓延。

特别是在仪表台内部、空调蒸发器周围等阴暗潮湿的环境里，很难有干燥的时候，于是这些地方便成为霉菌的集聚地。时间长了以后，只要一开空调，便有源源不断的霉味冲出，有时还让人误以为是空调内出了问题。

（3）烟灰缸的焦油味，也是污染源之一，这些焦油味混杂在车厢和蒸发器内，时间一长异味会变得更怪，更令人难以忍受。

（4）机油。在车厢内出现了烧机油的臭味，原因很可能是车厢内或车厢附近有机油在燃烧。此时，很可能是某处出现了机油泄漏，而最有可能发生这一情况的是在排气管一侧。因为发动机排气管侧温度较高，一旦有机油泄漏，就容易燃烧，气味随着汽车迎风进入到驾驶室，使得车厢内气味难闻。如果此前是刚刚更换过新机油，则很可能是溢出的机油滴落到了排气管上，机油被高温的排气管烧烤，一般情况下，只要少量的机油就能发出很大的气味。正因如此，在添加新机油的时候，一定要注意不要把机油滴洒在发动机上，如万一不小心产生滴落，也应及时擦拭干净，否则就有可能在车厢内产生机油臭味。如车厢内一旦出现了机油燃烧的臭味，可把空调器设定到空气内循环位置，打开空调后稍等片刻，就能把臭味去掉。

2. 汽车内室异味的消除

要消除汽车内室的异味，就需要对内室做彻底的清扫、整理，而仪表台和空调蒸发器的周围更是特别应引起重视的地方。在清除异味过程中所做的工作一般可以分为三个部分，即：清理、清洗和烘干。

（1）清理。清理指的是对车厢内和行李箱等部位进行检查和清理，尽量不要将鞋，衣服、脏抹布等长期放在车内。杂物箱、烟灰缸等要经常清洁，车厢内吸烟时要关闭空调并打开车窗。此外，到了夏季，如果将汽车停在太阳底下，车厢内的温度将可能高达60℃左右，所以食物、水果不要长时间放在车内。只要在平时养成了及时清理的好习惯，车厢内异味发生的可能性就会大大降低。

（2）清洗。主要指车内的地毯或绒布座椅面罩等处，一旦沾有泥水、饮料或雨水时必须及时清洗干净，因为这类材质较难干燥，很容易滋生霉菌并很快扩散，而等到它们变得干燥没有霉味时，异味可能早就已经转到了空调蒸发器。一旦座椅内部进水变得潮湿时，最好能整个拆下来，放在太阳底下晒干后再装复使用。只要缺少了潮湿环境，霉菌就无法滋生，而及时清洗可消灭异味传染源。

（3）烘干。主要指利用汽车空调的制热功能，一边利用空调的循环气流冲洗空调蒸发器，一边用空调热风烘干。这样就能在不拆卸仪表台和空调系统的情况下，达到除异味的目的。用循环气流冲洗蒸发器时，必须使用空调内循环，将除臭剂喷入车厢内进风口处，也就是乘客侧搁脚处的上方，除臭剂便会随气流进入蒸发器的周围进行清洗。

除新车外，在一般情下，汽车内室异味的产生离不开潮湿和脏乱，平时只要注意经常清理、清洗和干燥车厢内部，就可以最大限度地消除汽车内室的异味。

3. 车用香品的功能

车用香品可以清除车内异味、杀灭细菌，从而起到净化车内空气的重要作用。它还能够在狭小的车内空间营造出一种清馨可人的氛围，以保持驾乘人员头脑清醒和镇静，从而有利于减少行车事故的发生。车用香品还是很好的车内装饰小件，能起到活跃车内气氛、增添车内雅趣的作用。

（1）净化车内空气。车用香品能清除车内异味、杀灭细菌，从而使车内空气得到净化。

（2）营造温馨环境。车内配置了一种优质的香品后，其怡人的芳香营造了温馨、舒适的车内环境，增添了车内浪漫情趣。

（3）利于行车安全。车用香品使车内空气清新，具有清醒头脑、消除抑郁和使人镇定等功效，从而减少行车事故的发生。

（4）兼作车内饰品。车用香品的容器造型各异，绚丽多彩，可与车内饰品相媲美，如选用安装得当，具有独特的装饰效果，给人以赏心悦目之感。

4. 车用香品的种类

现今市场上的车用香品种类繁多，常用的如按形态来划分主要有气雾型、液体型和固体型三种。如按使用方式来划分主要有喷雾式、泼洒式和自然挥发式等。

（1）气雾型。气雾型车用香品主要由香精、溶剂和喷射剂组成，可分为干雾型、湿雾型等多个品种。这种香水可以覆盖车内某些特殊异味，比如行李箱味、烟草味、鱼腥味和小动物体味等。

（2）液体型。液体型车用香品较为常见，一直被广泛使用。它是由香精与挥发性溶剂混合而成，盛放在各种做成一定艺术造型的容器中。它具有气味浓郁、使用便利等特点，但使用周期短，需要不断补充。

（3）固体型。固体型车用香品主要是将香精与一些材料混合，然后加压成型。此外，还有一些利用芳香材料制成的车内用品，比如用香味织物制成的香花，用香味陶瓷制成的艺术台座等。固体型车用香品具有香味清淡、使用周期长、无须补充等特点，也是车内使用较多的香品。

5. **车用香品的配制**

香精是根据车用香品应具备使人愉悦、净化空气、杀菌等性能的要求，利用化学合成和天然香料，经反复实验调配而成。化学合成的香精气味非常浓烈，具有盖住车内异味的作用，而天然香料则是一种理想的香品原料，如薄荷、樟脑、檀木等，香气宜人，但价格一般较为昂贵。不同的香精按一定比例加入到基料中，可使车用香品散发出各种奇妙的香气。在香品中往往还配有一种叫酵素的化学原料，它能使香气缓慢释放，并具有氧化作用，可分解臭气和杀菌，使香品中释放出来的香气具有抗异味、醒脑、镇定等功效。车用香品的香型和颜色是相互关联的，如黄色为柠檬香、草绿色为青苹果香、粉红色为草莓香、嫩绿色为松木香、紫色为葡萄香、乳白为茉莉香、淡蓝或淡绿色为薄荷香、橘红为樱桃香。

6. **车用香品的选用**

从业人员在为客户推荐车用香品的时候，应根据车辆、季节及车主性别、性格、爱好等因素合理选用。

（1）注意车辆特点。选用香品首先要看其颜色及包装品的造型是否与汽车外观、造型、车饰等相和谐。如香品的外形与车辆仪表台要相符。如果是一辆外形野味十足的越野汽车，可以推荐一些外形像轮胎或像金属圈的香水瓶。如果是一辆漂亮的小型轿车，可以推荐一款卡通外形的香味盒。香品选用适当，会构成内室的整体美；如选用不当，会令人感到很不和谐。

（2）注意不同季节。不同的季节应选用不同的香品。在冬夏季节，如果车内经常开空调，应选用具有较强挥发性的车用香品，以便有效地去除空调机的异味；而在冷暖适宜的春秋，可以挑选各自所喜爱的挥发性香型。

（3）车主的性别与爱好。车主的性别及爱好不同所选用的香品会有很大差异。大多数女性对各种清甜的水果香、淡雅的花香比较欢迎。另外，动物造型的车用香品，因其活泼可爱、风趣等特点，也受到很多成熟女性的喜爱。大多数男性车主喜欢车用香品外观造型简单、古朴，如果造型过于夸张、色彩过于艳丽，会令人感到不适，一般选用淡雅的古龙香、琉璃香、龙涎香等车用香品比较适合，在外观上，木纹、皮革等样式比较适宜。另外，还可根据车主的不同性格来选用不同的香品。对于性格暴躁的车主，为使驾车时保持平静的心态，应选用具有镇静功效的车用香品，如清凉的药草香型、宁静的琥珀香型等。

对于喜欢开快车的驾驶员，应选用凝胶型等固体香品。对于习惯吸烟的车主，应选用浓郁的药草香、清新的绿茶香、甜润的苹果香等，可以有效地去除烟草中的刺激气味。

（4）注意香水原料。选择香水时最好能挑选使用天然原料制作的产品，因为化学制剂或多或少可能会对人体健康造成一定的负面影响。好产品不仅制作精美、香味持久，还能杀灭细菌、清除异味。而劣质品很快就会闻不到香味。目前市场上一些价格低廉的劣质汽车香水多含有大量甲醇，用久了会影响人的视力。

（5）注意安放位置。车用香品在安放时要选择合适的位置，因为香水的位置安放不当，有可能会给车辆驾驶造成不安全因素。

（6）注意产品质量。香品选购时，应仔细阅读产品说明书，检查产品质量，察看密闭性的好坏。注意产品的生产日期，有的芳香材料制成的车用香品在超过使用期限后不但起不到应有的作用，反而还有可能成为污染源。

7. 常见车用香品

目前，汽车美容行业使用的车用香品主要来自日本和我国的台湾省。最近，欧美国家的一些产品也开始进入了中国市场。如目前在欧美国家颇为流行的空调出风口型香水，它采用了人体香水的原材料，且打破了一般液体型香水依靠自然挥发的模式，将香水设计为安装在空调出风口的形式，通过排风系统来均匀散发香气。该款香水还具有调校装置，使车主能根据自己的喜好，随意调节香味的浓淡，香味可长达四五十天。传统的香水容器通过强力胶固定在仪表台上而经常会发生液体溢漏，腐蚀仪表台，尤其在制动时，由于基座的固定不稳会造成产品移动。而空调出风口型香水独特的安装形式克服了上述弊病，因而具有更好的使用性能。

空调出风口型香水如图3—5所示。

图3—5 空调出风口型香水

思 考 题

1. 常见的汽车外部清洁用品有哪些?
2. 常见的汽车清洗方式有哪几种?
3. 简述各种节水型汽车清洗方式的特点。
4. 常见的汽车内室美容用品有哪些?
5. 汽车内室美容时有哪些注意事项?

第4章

车辆美容

第1节 车体上蜡

学习单元1 常用车蜡简介

学习目标

掌握各种车蜡的特性及使用方法

知识要求

一、去污蜡

1. 主要特性

(1) 具有去污、除锈、防垢、保持光亮的功能。

(2) 恢复涂面及金属面的鲜艳色泽。

2. 使用方法

在不洁器具表面涂抹。

3. 适用范围

汽车车身。

4. 注意事项

不可在车身温热时使用。

二、亮光蜡

1. 主要特性

(1) 光亮持久,品质稳定。

(2) 在涂面形成保护膜,防止氧化、酸蚀、雨水的侵蚀。

(3) 使涂面不沾灰尘。

(4) 内含色彩鲜艳剂。

(5) 如涂面黏着污渍,可用去污蜡除渍后,再涂抹本品。

2. 使用方法

涂抹车身表面。

3. 适用范围

汽车车身、各种金属制品。

4. 注意事项

不可在车身温热时使用。

三、保护蜡

1. 主要特性

(1) 以蜡为基础。

(2) 除去油污、沥青。

(3) 防止生锈。

(4) 产生稳定、防水的保护膜。

2. 使用方法

(1) 洗净汽车。

(2) 完全干燥。

(3) 使用前摇动罐子。

(4) 均匀喷涂即可。

3. 适用范围

汽车的表面及沟槽。

4. 注意事项

(1) 不可使用在以桐油为基础的涂面上。

(2) 本剂为易燃物。

四、汽车底盘保护蜡

1. 主要特性

(1) 适用于涂面、橡胶、塑胶及PVC烤漆。可长久防止底盘腐蚀及碎石的碰击。

(2) 可预防表面颜色的改变,达到隔音防锈的效果。

2. 使用方法

使用前先将底盘洗净,并用钢刷除锈,直到完全清洁并无锈情况下才可喷涂本剂。使用本剂前需用力摇动罐子,使内部化学剂能充分混合。

3. 注意事项

(1) 本剂为易燃物。

(2) 使用时需注意保护眼睛、皮肤及呼吸系统。

(3) 不可使用在排气装置、制动器及弹簧上。

(4) 本剂使用时必须用酒精稀释。

五、黄金镜面蜡

1. 主要特性

(1) 本品是一种高性能的护理型天然蜡,含有巴西棕榈蜡和聚碳酸酯。

(2) 对涂面渗透力极强,光泽如镜,保持长久,能有效护理汽车涂面。

2. 使用方法

涂抹于车身涂面。

3. 适用范围

适于新车及旧车抛光翻新后的涂面护理。

4. 注意事项

手工打蜡或机器打蜡均可。

六、抗静电蜡

1. 主要特性

(1) 本品是一种喷雾型上光护理蜡。

(2) 能防止涂面静电的产生,最大限度地减少静电对灰尘、油污的吸附。

2. 使用方法

涂抹于车身涂面。

3. 适用范围

适用于汽车涂面、皮革、塑料和镀铬件表面的护理。

七、彩色蜡

1. 主要特性

(1) 分为红、蓝、绿、灰、黑五种颜色,即打即抛,省时省力。

（2）不同颜色的车使用相应颜色的蜡，对涂面起到修饰作用，可掩盖轻微细小划痕。

2. 使用方法

涂抹车身表面。

3. 适用范围

适用于各种汽车涂面。

学习单元2　车体上蜡服务及操作

学习目标

掌握为车体上蜡的质量标准

能够熟练从事车体上蜡的操作

知识要求

汽车上蜡的主要目的是保持车身涂面靓丽整洁，保护车身涂面。现代轿车越来越广泛地采用金属漆，金属漆的涂装系统是色漆（基漆）+清罩漆。其基本涂层结构中光线射入后经清罩漆层折射到基漆，日久天长，基漆的颜色将会产生退色，进而影响汽车外观，同时还会使全车产生色差。而车蜡可将部分入射光反射回去，以保持清罩漆能在较长的时间内不变色。

早期的车蜡主要是为了美化车身，并不起保护作用，而且很容易被雨水冲掉，不易保持光亮，加之早期的上光蜡多为硬膏状，其成分以石油蒸馏物为主要原料，涂上蜡后要等很长时间才可以打光，费时费力，光泽保持期短。近年来车蜡的品质有了迅猛的发展，向着纯天然性改变，使车蜡不仅具有明显的上光作用，而且还具有抗腐，抗氧化，去划痕，增加透明度，牢固，持久等综合效果。

技能要求

车体上蜡

操作准备

1. 着装

操作人员穿好打蜡时专用的围裙。

2. 工具及材料

将所需要的蜡品、牙刷、毛刷、水桶、泡沫剂、表板蜡、刀片、打蜡海绵、擦蜡毛巾、湿毛巾等放入工具箱内。

3. 车蜡的选用

正确地选用汽车涂面美容蜡是打蜡美容成败的关键。目前市场上车蜡种类繁多，从形态上看有固体和液体之分；从价格上看有高、中、低档之分；从功能上看既有去污用的，也有补色用的；从产地来看有国产和进口之分。由于各种车蜡的性能不同，其产生的作用和效果也不一样。所以在选择时必须慎重，选择不当不仅不能保护车体，反而会对车身表面产生不良影响，严重的还会令涂面退色或变色。所以要求从业人员根据汽车涂面的实际情况进行正确选择。

（1）车蜡的选用原则

1）根据车蜡作用选择。由于不同车辆经常所处的运行环境千差万别，有的在城市，有的在乡村，有的在山区，有的在干旱地区，而有的在多雨地区等。在这些不同的环境及气候条件的作用下，汽车涂面所要承受的外界刺激就各不相同。因此，应该有针对性地为车辆选择具有最佳保护效果的车蜡。

2）根据涂面质量选择。对于中高档轿车，由于其车身涂面的质量较高，宜选择高档车蜡；对于普通轿车或其他车辆，则可选用珍珠色或金属漆系列的车蜡。

3）根据涂面新旧选择。新车或新喷涂车辆，应选用上光蜡，以保持车身的光泽和颜色；对于旧车或涂面有漫射光痕的车辆，可选用研磨蜡对其进行抛光处理。

4）根据季节不同选择。夏季一般光照较强，宜选用防高温、防紫外线能力强的车蜡。

5）根据车辆行驶环境选择。当汽车经常行驶的环境较差时，应选用保护作用较强的硅酮树脂类车蜡。

（2）车蜡选用的方法

1）分清涂面性质。风干漆与烤漆都可做抛光处理，但所用的抛光蜡各不相同，用错后会造成涂膜变软、裂口及变色。

2）分清涂面颜色。浅颜色涂面与深颜色涂面所用的抛光蜡不能混用。浅颜色涂面若用了深颜色涂面的抛光蜡会使涂膜颜色变深，令车身涂面颜色发花。反之，涂膜颜色会变淡，出现雾影，严重影响外观。因此，在选用车蜡时，一般深颜色的涂面选用黑色、红色或绿色车蜡，浅颜色的涂面则选用银色、白色或珍珠色系列的车蜡。

3）分清机蜡与手蜡。机蜡配合专用抛光机使用，手蜡直接用手涂擦抛光。使用机蜡进行手工抛光费工费时且效果不佳，使用手蜡进行机器抛光则会造成浪费。

4）分清车蜡品种。素色漆与金属漆的抛光蜡应区分使用。金属漆使用专用的抛光蜡后不但可增加涂面光泽，而且能使金属（或珍珠）的闪光效果更清澈，更富立体感。

5）分清增光蜡与镜面处理蜡。镜面处理蜡是对涂面进行增光处理的专用蜡，其保护作用不如保护增光蜡。保护增光蜡含有许多成分，可在涂面上形成一层保护膜，抵御外界紫外线、酸雨、静电、粉尘、水渍等的侵害。

6）注意车蜡成分。含硅产品与不含硅产品在使用范围上应分清。含硅产品在进行涂面处理前应尽量避免使用，因为涂膜一旦沾有硅质，涂面修补就很难进行。

7）分清粗抛蜡与细抛蜡。粗抛蜡在抛光时一定要先用，在涂膜抛亮后再换用细抛蜡，颠倒使用不但浪费抛光蜡，而且达不到应有的抛光效果。

8）尽量不用砂蜡。一般的砂蜡均对涂面有较强的研磨作用，处理不好极易将涂膜磨穿而造成不必要的损失。因此在一般性美容中，尽量不采用砂蜡。

9）选用正规产品。选择正规厂商生产的产品，因为自20世纪80年代起欧美地区，特别是美国，已开始淘汰传统汽车涂料的生产工艺，车蜡的生产商也在20世纪90年代基本上淘汰了传统蜡，新一代的车蜡对车身涂面具有更强的保护作用。

10）认清使用说明。使用前要看清生产厂商的使用说明。正规厂商的产品都会明确标示使用范围。适用于现代汽车涂面的车蜡一般会有"适用于透明漆""适用于所有车漆"等说明。

11）不用三无产品。没有中文标识说明、生产日期、注意事项、抛光液成分及抛光方法的抛光液绝对不用，以免出现不必要的麻烦。

（3）普通车蜡与高级车蜡。普通保护性车蜡是由蜡、硅、油脂等成分混合而成，属于油性物质，它可在涂面形成一层油膜而发出光泽。但由于油膜与涂面的结合力差，保护时间较短，且这种车蜡常常会因下雨或冲洗等因素流失，有时甚至还会附着在风挡玻璃上而形成油垢。另外，存留在车蜡上的水滴一般呈半球状（只不过比未上过蜡的略为扁平），但仍会产生透镜作用，聚焦太阳光以致灼伤涂面。

高级美容蜡含有特殊材料成分，一般用水冲洗较难流失，光泽保持时间也较长。施工后车蜡表面水滴呈扁平状，透镜作用不明显，能有效地保护涂面。此外，此类车蜡除了具有一般保养蜡功能外，它还含有一种活性非常强的渗透剂，能使车蜡迅速渗透于涂层内，它特殊的分子结构，可以和涂面之间产生牢固的结合力，上蜡后的涂面看起来浑然一体，效果较普通车蜡要好很多。目前，市场上可见到名为帕坦汀和车泊的两种车蜡，其主要功能和特点是清洁、上光、保固、修复划痕、激活色彩、防静电、防紫外线、抗高温、耐清洗。同时适用于各种颜色的金属漆、水基丙酸漆。帕坦汀在清洁、上光时的效果明显，比较适用于新车、展车以及日常的养护。而车泊在保固、修复划痕时的效果明显，比较适用于使用了一段时间的汽车、经常停放在户外的汽车。这些产品也属于第五代新颖的高科技汽车专业养护用品，各种养护功能完善，只需一次维护，即可同时完成多种功效。

(4) 选择蜡品

1) 比较脏且有轻微氧化层的涂面选择去污蜡操作。

2) 颜色涂面选择上光蜡或水晶蜡操作。

3) 比较光亮无氧化层的涂面选择防水增光效果比较好的蜡品操作。

4. 上蜡的时机

由于车辆行驶的环境（如沿海地区）和停放的场地（如露天停放）不同以及气候的（高温或严寒）影响，打蜡的时间间隔也有所不同，车主或驾驶员应掌握好打蜡的频率。一般一个月一次或两个月三次为宜，上蜡间隔最好不要超过两个月。在实际操作中，当用手背触摸车身感觉不光滑时，就需进行打蜡了。

操作步骤

步骤1 车身清洗

为了保证打蜡效果，打蜡前必须先要除去车身上的浮尘与污渍，对车辆进行彻底清洗。

步骤2 去沥青、虫尸、树脂等污渍

(1) 先将车身清洗干净，即可看出沥青颗粒。但如果为深色车则不易发现。

(2) 在干净毛巾上蘸上柴油或煤油，并轻抹在沥青处。也可将柴油或煤油装在喷涂容器内喷洒在沥青处。

(3) 等待车身上的沥青溶解。

(4) 擦拭溶解后的沥青，如果仍未能完全溶解，可再多加些柴油或煤油使其溶解。

(5) 擦拭干净后，立即用清水清洗该处并擦拭干燥。

步骤3 车身上蜡

上蜡可分为手工上蜡和机械上蜡两种，手工上蜡简单易行，机械上蜡效率高。无论是手工还是机械上蜡，都要保证涂面涂抹均匀。

上蜡应遵循"先上后下"的原则。具体顺序为：车顶→右翼子板→右前门→右后门→右后部→行李箱盖→左后部→左后门→左前门→左翼子板→发动机罩。

将发动机罩放在最后处理的原因是：汽车在运行后该区域温度较高（特别在夏天），而过高的温度会影响上蜡效果，将发动机罩留待最后处理，是为了尽可能延长该部位的冷却时间。

(1) 将适量的车蜡涂抹在专用的打蜡海绵上，然后按上述顺序往复直线涂抹，每道涂抹应与上道涂抹区域有 1/5～1/4 的重合度，防止漏涂及保证涂抹均匀。机械上蜡时将车蜡涂在打蜡机海绵上，具体涂抹过程和手工基本相同。

(2) 上蜡时，手的力度要均匀，用大拇指和小指夹住上蜡的海绵，以手掌和其余3个手指按住海绵，再按直线方式进行涂抹。

（3）在涂抹车蜡时，应注意车身的边、角、棱处，不要超出涂面。特别不要将蜡涂抹到车身饰条上。

（4）在保险杠上涂蜡（如是镀铬的则参看镀铬件的翻新）。

（5）使用干净棉球将抹过的去污蜡磨光。

（6）在上蜡时用右方的海绵垫，磨蜡时用左方的海棉球，用直线的方法推打。

（7）在反光镜和小灯处及其四周打蜡。

（8）在上、下扰流板处打蜡清洁。

（9）在车上再涂抹细蜡，用清洁棉球将细蜡擦拭均匀。

（10）如上完一层，车身上仍有少许污垢的话，可再进一步上蜡，重复打蜡。

（11）检查车身部分，每一地方须仔细、彻底的美容。

（12）再使用美容蜡，将车身全部擦拭一次。

（13）用清洁棉球将美容蜡打光。

（14）最后均匀喷洒亮光蜡在后视镜上，使之光亮。

（15）在整理风挡玻璃的边塞框时可用报纸将玻璃及雨刷遮住，以免受损。

（16）要使用海绵推打后视镜背，因为此处常因会车而擦伤，所以需要保养。

（17）保险杠及饰板美容的基本程序如下：

1）用亮光蜡整理门饰条及门槛。

2）用亮光蜡整理风挡玻璃下方的塑胶板。

3）最后再用亮光蜡在保险杠上喷上一层美观的保护蜡。

步骤4 车身抛光

根据不同车蜡的使用说明（一般在上蜡后 5～10 min），待蜡干透后，用擦蜡毛巾擦拭。

（1）打蜡后彻底清洁玻璃、保险杠、饰条、轮胎、钢圈等，顺序与涂抹蜡一样。用纯棉毛巾把蜡擦掉并用合成麂皮摩擦涂面，直到涂面的倒影清晰可见为佳。

（2）用牙刷将边角处及缝隙处残留的余蜡清理干净，并用汽车专用尘拂将蜡尘扫干净，再用麂皮进行全车护理。

（3）彻底清洁玻璃、保险杠、胶边、轮胎及门边等即可进行抛光。

（4）重点擦蜡位置：车前中网位置、刮水器下部位置、后视镜位置、车门内侧边缘位置、车门拉手、车门锁位置、车牌照框位置、车身标志。

（5）抛光时应遵循先上蜡后抛光的原则，以确保抛光后的车体不受污染，抛光作业通常使用无纺布毛巾往复直线运动，并施以适当的压力，以清除剩余车蜡。

步骤5 上光

外部塑胶部件、橡胶部件、仪表台的上光护理，顺序与涂抹蜡一样。注意尽量不要涂抹到涂面上和玻璃上，特别是玻璃上，因为塑料胶边色泽还原剂是一种油性很强的液体，清理起来比较困难。

步骤6 自检

对车辆各打蜡部位仔细检查，检查无误后请质检人员对车辆打蜡结果进行检查。

步骤7 质检

（1）全车无沥青、虫尸、树脂等污渍痕迹。

（2）全车涂面干净整洁，车身光亮、手感光滑。

（3）车蜡均匀，车表没有残蜡。

（4）塑料胶边色泽还原、色泽靓丽。

（5）车辆室内外干净、整洁。

步骤8 清理现场

工具、材料要注意归位，垃圾要迅速处理，清洗脏的海绵球、牙刷；其中，毛巾和合成麂皮最好在下班的时候才清洗因为擦蜡和上光并不会使毛巾弄脏。

注意事项

1. 正确选用车蜡

选用车蜡不当，也会对汽车造成损坏。一些从业人员喜欢选用硬质蜡，特别是一些价格便宜的劣质硬蜡进行涂面护理。这些蜡由于采用了低档原料，使用后经紫外线长时间的照射会透蚀涂面，留下点点黑斑。特别是车蜡中含有的研磨颗粒，会在光亮的涂面上留下道道细痕。此外，不同颜色的汽车对车蜡的颜色也有一定的要求，特别是对使用了金属漆的汽车，更不能错用车蜡。

2. 正确清洗车辆

打蜡前一定要将车身彻底清洗干净，有些车因未做去污处理，所以在前风挡和发动机罩上会留有未能洗净的附着物。在打蜡之前，应首先对这些地方做局部去污处理，之后再进行打蜡操作，以保证上蜡的效果。

3. 环境温度不可过高

打蜡时应将汽车停放在阴凉处，以保证车体不致过热；特别在夏天，更不可将车停在太阳光下，边晒边打蜡，因为随着温度的升高，车蜡会氧化变硬，使附着性变差，影响打蜡效果。

4. 保持上蜡的方向性与蜡膜的均匀性

一些从业人员给车身打蜡时都习惯性地以画圆圈的方式进行。这样操作会在涂面产生许多类似光环的同心圆,是非常错误的方法。正确的打蜡应是以直线和横线交替的方式进行,最后再按汽车行驶的方向(纵向)完成最后一道。无论是手工上蜡还是机械上蜡,操作时的共同要求是保持上蜡的方向性和蜡膜的均匀性。

5. 操作应连续进行

当车身被均匀涂抹蜡层后,要在蜡层半干不干,相隔约 5~10 min 尚未干燥白化时(以不黏手为度)即可用干净柔软的干毛巾进行擦拭。因此,上蜡的操作必须顺着车体钣金一片一片地进行,切不可贪图方便,先将车体全部上好后,再一次擦掉,这会使涂面的色泽深浅不一,非常难看。一些快速水蜡可以边涂边擦,而抛光蜡则需专业抛光机进行抛光处理。

6. 打蜡和研磨、抛光的区别

打蜡和研磨、抛光不同,研磨、抛光是使产品对涂面切割和平整。打蜡是在涂面形成保护层,要求有适量车蜡留在车表。打蜡时只要将车蜡在涂面上涂即可,不需要力量,也不需在涂面重复来回。

7. 机器抛光要小心

使用机器对车体进行抛光时,如非专业人员,千万不可用力过大,否则会损坏原车的涂面。

8. 抛光要及时进行

抛光作业要在上蜡完成后按产品说明中规定的时间内进行,且抛光运动也应是直线往复。未及时抛光的车辆绝不允许上路行驶,否则再进行抛光时,很容易对涂面造成损伤。

9. 注意海绵颜色

打蜡时,若海绵上出现与车身涂面相同的颜色,可能是车身涂面已经破损。此时操作要小心,力度要轻,并提醒车主,在征得车主同意后可先进行修补处理。

10. 橡塑件避免涂蜡

橡胶保险杠、车身饰条、车窗防雨密封条等塑胶件避免涂蜡,若涂到马上用干净毛巾擦净,原因是车蜡在橡胶表面干后呈白色,难以擦去。

11. 打蜡后及时清除蜡垢

车身打蜡后,在车灯、车牌、车门和行李箱等处的缝隙中会残留一些车蜡,使车身显得很不美观。这些地方的蜡垢若不及时擦干净,很容易造成灰尘、沙土及一些有害物质的聚集,天长日久,就会在这些部位产生锈蚀。因此,打完蜡后一定要将蜡垢彻底清除干净,这样才能取得完美的打蜡效果。

12. 去污剂随用随喷

禁止先在车身上喷去污剂,应除到哪就喷到哪,以免伤人。

13. 保持打蜡海绵干净

打蜡海绵使用前必须干净,每次用完后必须清洗干净,放在阴凉处风干。

14. 避免穿着服饰伤及车身

打蜡时切勿穿着有纽扣等较硬物品外露的衣裤,以免刮伤车身。

第 2 节 车身涂面的镜面处理

学习单元 1 常见涂面处理用品简介

学习目标

熟悉抛光剂类涂面处理用品的性能与用法

熟悉除锈、防锈剂类用品的性能与用法

知识要求

一、抛光剂类

1. 强力抛光剂

(1) 主要特性

1) 本品是比研磨剂颗粒更细的一种新型研磨材料。

2) 能去除涂面较厚氧化层、划痕及喷涂时出现的"麻点""垂流"等。

3) 不含硅和蜡,安全用于喷涂车间和美容店。

(2) 使用方法。均匀涂抹于汽车涂面。

(3) 注意事项。正式用前先小面积试用为好,配合抛光机使用。

2. 涂面还原抛光剂

(1) 主要特性

1) 本品比强力抛光剂的研磨颗粒更细一些,能去除涂面中度氧化层和轻度划痕。

2) 不含硅和蜡,可安全用于喷涂车间,是汽车涂面翻新的主要用品。

3) 本品所含油分在涂面抛光的同时还能渗入涂层内,补充失去的油分,起到护理增亮作用。

(2) 使用方法。配合抛光机涂抹于汽车涂面。

(3) 适用范围。汽车涂面。

3. 快速抛光剂

（1）主要特性

1）本品比中度抛光剂的研磨颗粒更细一些，具有去除轻微氧化层和上蜡护理的双重功效。

2）作为抛光的最后一道工序，可用手工来完成，以弥补机器抛光不匀、产生光环等现象，有增艳效果，又称增艳剂。

（2）使用方法。手工均匀涂抹于汽车涂面。

4. 玻璃抛光剂

（1）主要特性。能去除玻璃表面上沾染的沥青、油脂、昆虫尸体、污渍和发乌的氧化层等难以清洗掉的污渍。

（2）适用范围。常用于风挡玻璃、后视镜等部位。

5. 多功能抛光剂

（1）主要特性

1）去除金属电镀表面、玻璃等硬质表面发乌的氧化层，使其恢复原有的光泽，并形成一层极光亮的保护膜。

2）也可用在汽车涂面，使用快捷，特别适合新车售前准备。

（2）适用范围。各类金属电镀表面、玻璃等硬质表面及汽车涂面。

二、除锈、防锈剂类

1. 汽车底盘隔音防锈剂

（1）主要特性

1）以橡胶为基本材料的一种防锈剂。

2）用于汽车底盘的隔音、防锈处理。

3）具有防腐蚀、隔音的效果。

4）可喷涂在垂直方向的表面而不滴流。

（2）使用方法

1）喷涂汽车底盘表面。

2）如果汽车老旧，需先用钢刷除锈。

（3）适用范围。汽车底盘及前后挡泥板。

（4）注意事项

1）不可使用在汽车变速装置、油箱、转向轴、差速器轴、弹簧通气导管、制动器及任何可转动的部分。

2）本剂为易燃物。

3）避免接触身体。

2. 透明保护防锈树脂

(1) 主要特性

1）保护金属品，使其免于生锈、腐蚀。

2）保持原有的外观。

(2) 使用方法

1）使用前摇动罐子，使产品均匀混合。

2）将小塑胶管插入车体的间隙处。

3）喷涂时，不断将罐子往复移动。

4）在喷涂过程中，如果不慎溅到涂面，可用汽油擦净。

5）用毕后，倒置罐子，放出罐内气体，保持喷嘴干净。

(3) 适用范围。汽车门槛、头灯框、车门内部槽沟。

(4) 注意事项

1）在常温下硬化时间需 1 h。

2）本剂为易燃物。

3. 二硫化钼防锈剂

(1) 主要特性

1）除去强烈的铁锈及污渍。

2）洗涤及榨出胶质和树脂污渍。

3）在金属表面形成二硫化钼的保护膜，防止碾轧声，达到除锈、防锈、润滑的效果。

(2) 使用方法。将本剂对准需要除锈、防锈的物体喷涂。

(3) 适用范围

1）任何需除锈、防锈的物体。

2）门铰链、铰环。

(4) 注意事项。本剂为易燃物。

4. 特级防锈剂

(1) 主要特性

1）润滑油脂的防锈剂。

2）防止点火线圈漏电，迅速恢复本来的特性。

3）防止形成铁锈。

4）除去强烈湿气。

5) 保护表面，使新的污染无法形成。

(2) 使用方法。将本剂对准需要防锈的表面喷涂。

(3) 适用范围。任何需防锈的物体。

(4) 注意事项。本剂为易燃物。

5. 干性防锈剂

(1) 主要特性

1) 干性的防锈剂。

2) 除去腐蚀。

3) 可与生锈部分产生氧化，使其永不再生锈。

4) 长时间停留在物体表面而不消退。

5) 耐温达300℃。

(2) 使用方法

1) 先除去生锈、污垢、涂料。

2) 涂抹本剂。

3) 涂抹三层可永不生锈。

(3) 适用范围。欲使任何已生锈的金属物体不再生锈时使用，尤以车身为佳。

(4) 注意事项

1) 本剂为易燃物。

2) 本剂含二氯甲烷，避免吸入肺部及触及皮肤、眼睛。

学习单元2 涂面研磨、抛光的准备

学习目标

熟悉汽车涂面研磨、抛光等镜面处理与普通车身涂面抛光处理的区别

知识要求

由于阳光（紫外线）、雨水和空气中杂质的存在，车身涂面在使用一段时间后（一般在6个月左右）会逐渐出现氧化层，开始时肉眼看不见，但是用手抚摸车体时会感觉到表面开始有些粗糙，严重时会引起车体失光，即使再给涂面打蜡也会无济于事。此时，如采用涂面研磨的方法则可消除这一缺陷。

一、研磨剂简介

1. 普通漆研磨剂

主要是指在透明漆出现前所生产的研磨剂，一般研磨剂中都含有坚硬的浮岩作摩擦材料。根据颗粒的大小，分为深切、中切和微切三类，主要是用于治理普通漆不同程度的氧化、划痕、退色等。浮岩颗粒的主要特点是坚硬，研磨速度快。但因为这些颗粒一般不会在研磨中产生质变，所以用于透明漆时很快就会把透明涂层打掉。因此它们不适用于透明漆的研磨。

2. 透明漆研磨剂（通用型）

透明漆研磨剂中的摩擦材料有了很大的革新，微晶物和合成磨料或陶土替代了浮岩，它们的切割功能依旧存在，但不像浮岩那样坚硬不碎。在一定的温度下新型摩擦材料可通过化学反应变小或消失。

这些新型研磨剂不仅适用于透明漆，它们同样适用于普通漆。在国外，许多汽车护理人员已完全抛弃了传统的研磨材料。但修理厂还在较广泛地使用传统的研磨材料，因为他们接触更多的是车的金属层、原子灰层和底涂层。在处理这些涂层时，透明漆研磨剂在速度上比传统研磨剂就大为逊色。

二、汽车涂面的鉴别

由于使用材质不同，导致不同的汽车涂面性能迥异。新车采用高温烘烤，其涂膜光亮、坚硬，性能最佳。其次是双组分低温烤漆，最差的要数挥发性单组分涂料，其涂面短则1周（如硝基漆），长则不过1个月就要抛光1次才能具有光泽鉴人的效果。

不同汽车涂面对其日常接触的物质，如汽油、有机溶剂、硅油、机油等的敏感程度也有所不同。总之，涂面性能将直接影响抛光材料的选用，并影响到车身抛光的效果。因此，从业人员必须正确掌握涂面鉴别方法。

在进行涂面修补前，首先要了解旧涂膜所用的涂料是什么类型，其劣化的状态如何等，这是进行美容作业的一个重要环节。正确区分旧涂膜，有针对性地挑选修补材料，以及正确安排作业工艺可最大限度地提高作业效率与质量。旧涂膜的辨别方法一般有如下几种：

1. 溶剂法

取白碎布蘸满喷涂用的稀释剂后，擦拭涂膜，检视布团是否沾上溶解后的颜色来判断。有时外观上辨别出是烤漆涂膜，但由于烘干不良也会出现颜色溶解的现象，最好能确认一下。

2. 加热法

用 P1000～P1500 砂纸打磨旧涂膜，去除涂面光泽，然后加热到 80℃以上，观察涂膜是否会软化（呈现光泽）来判断。

3. 涂膜硬度法

将铅笔芯削至 3 mm 长左右（不要削尖），将其成 45°推压涂面，当某一硬度的铅笔刚好能使涂膜受损时，涂膜的硬度则相应下降一级。

4. 硝化棉检定液法

用 JIS 规格的硝化棉检定液（二苯胺 1 g＋浓硫酸 100 mL）滴 1 滴在旧涂膜上，观察是否会变色。由于检定液中含有硫酸，具有危险性，市场上没有销售，自行配制时应特别小心。

旧涂膜的辨别方法见表 4—1。

表 4—1　　　　　　　　　　旧涂膜的辨别方法汇总表

旧涂膜　　　辨别法	外观法	溶剂法	加热法	涂膜硬度法	硝化棉检定液法
氨基醇酸系	橘皮面	不溶	无变化	H—2H	无变化
聚丙烯酸酯系	橘皮面	不溶	变化	H—2H	无变化
喷漆系	抛光后的表面状态	溶	稍软化	F—H	变青紫色
NC 变性丙烯酸酯喷漆系	抛光后的表面状态	溶	稍软化	F—H	变青紫色
CAB 变性丙烯酸酯喷漆系	抛光后的表面状态	溶	软化	F—H	无变化
双组分丙烯酸酯喷漆系	抛光后的表面状态	难溶	无变化	H—2H	稍变青紫色

学习单元 3　涂面研磨、抛光操作

学习目标

掌握汽车涂面研磨、抛光等镜面处理的操作流程
掌握涂面镜面处理的服务质量标准
能够对汽车涂面进行研磨抛光

知识要求

一、涂面研磨

研磨操作类似于汽车打蜡。用柔软湿巾或海绵蘸少许产品后按顺序在涂面擦抹，手部

力量要适中，遇到涂面氧化程度较重或划痕较多处可反复擦拭，然后用毛巾清理干净。

由于研磨剂有不同的功力，主要分强力型（深切）研磨剂，中切型研磨剂和微切型研磨剂，因此在使用中要根据车体的氧化程度来选择产品。特别要注意正确分辨汽车涂料，以选用不同功能的研磨剂进行处理。例如对烘喷漆，应选用强力研磨较为合理；对金属漆宜选用中切型；对玻璃漆而言，由于涂面亮泽透明，漆色丰润，在处理中宜采用微切型研磨剂反复擦拭效果更佳，反之则可能造成无谓的损坏。

如是采用多道研磨的工艺，则在进行细研磨之前，要用水彻底清除前道研磨程序中所使用粗研磨膏的残液。

二、涂面抛光

以往对汽车涂面的抛光一般都使用砂纸与粗蜡来进行打磨，但这些处理方法，很难使汽车涂面达到镜面效果。为了提高汽车涂面抛光的质量，目前一般采用的是原子灰和抛光剂。

其实，抛光剂从实质上来说只不过是一种含颗粒更细的摩擦材料的研磨剂。抛光剂按摩擦材料颗粒或功效的大小分为微抛、中抛和深抛三种。微抛用于去除极轻微的涂面损伤，一般指刚刚发生的（几天内）环境污染及酸性侵蚀（鸟粪、落叶等），但这类的轻微损伤目前可使用含抛光剂的蜡来取代微抛；中抛和深抛主要是用来处理不同程度的发丝划痕。另外，中抛对透明漆的效果更好些，而深抛则对普通漆见效更快。

一般来说，就所含的摩擦材料来看，抛光剂与还原剂是同一类别的材料，但两者的主要区别是：还原剂含上光材料（上光剂或蜡），而抛光剂不含上光材料。含不含上光材料，对汽车涂面产生"镜面效果"是非常重要的。

使汽车涂面的光泽度提高，以达到"镜面效果"而进行抛光的途径主要有：

1. 靠研磨和摩擦材料的力量，硬性地把细微划痕去掉。
2. 靠蜡的功效，即抛光到一定程度后依靠蜡的光泽来弥补抛光的缺陷。
3. 靠化学反应，即依靠调整抛光机的转速使抛光剂与车身涂面产生化学反应，让涂面显示出本身的光泽，达到镜面效果。

前两种方法初学者使用得较多。主要原因是初学者对抛光机的转速、抛光头的材料（全毛材料、混纺材料、海绵材料及全棉材料等）、涂层结构及对抛光剂的功效之间的关系了解不够，经验不足，因此对抛光的要求也不高。因为即使操作不到位也没有关系，涂上蜡后就会显得非常光亮。但这种光是虚光。它达不到最终的"镜面效果"，光泽也没有深度。而且它的保持时间很短，因为它的光泽不是来自涂面，而是蜡。再好的蜡充其量也只能保持两三个月的光泽，蜡的光泽没有了，车身涂面的光泽也就消失了。

所以，真正能产生良好"镜面效果"的方法是第3种，即用抛光机转动产生的热量使车身涂面与抛光剂之间产生一种化学反应，来消除细微划痕，让车身涂面显示出应有的光泽，然后再施以上光蜡或其他材料进一步完善抛光效果。

车身涂面越亮，蜡的光泽也就保持得越长。但这种方法要求操作者能根据不同的涂料和抛光机选用合适的抛光头，并相应调整抛光机的转速、压力及抛光时来回运动的次数等。这都需要不断地试验与实践，才能真正掌握车身涂面的镜面处理工艺与技巧，实现理想的"镜面效果"。

技能要求

涂面研磨抛光

操作准备

1. 工具及产品

准备好研磨/抛光机、海绵研磨盘、羊毛研磨盘、封边胶布、大毛巾、喷壶、纯棉毛巾；轻度研磨剂、中度研磨剂、重度研磨剂、万用清洁剂。

2. 岗前准备

（1）穿戴整洁的工作服，工作服的拉链、纽扣不应外露，防止擦伤车身涂面。

（2）不得佩戴戒指、手表、手链等饰品。

（3）衣服口袋中不得装有坚硬、锋利的物品。

（4）指甲不应太长。

（5）抛光和做镜面时必须围上专用围裙，佩戴手套口罩。

3. 验车

检查车身是否有深度划痕，了解涂面是否翻过新，有没有坑凹、掉漆等情况，涂面是否干燥，是否有补漆接口，胶条是否老化等。

4. 清洁车身

车身洗净、无尘无水、置于工作车间。

5. 确定涂面状况

用手通过对汽车正面触摸，判断涂面的氧化状况来判定用什么样的研磨材料。

6. 去除残蜡和油污

将万用清洁剂按1∶20的比例稀释，用喷壶喷于车表，洗净擦干。

7. 封边

用胶带把所有的装饰条、门把手、后视镜、玻璃胶条、标志、转向灯、天线、天窗胶条封好，避免将不必要打磨的地方损坏。

8. 确定研磨材料

为了确定使用研磨剂的种类，需对涂面问题进行判断。在不明显处的小块面积上试用研磨剂。优先选用轻度研磨剂，如果涂面缺陷严重，再考虑选用中度或重度研磨剂。

操作步骤

步骤 1　研磨

（1）操作顺序。研磨作业时的操作顺序如图 4—1 所示

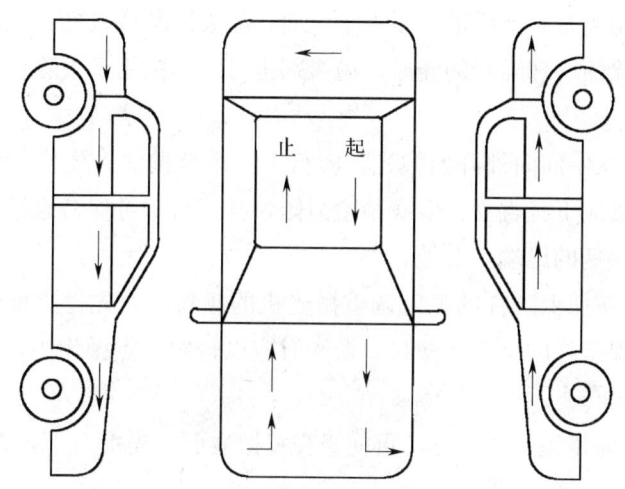

图 4—1　轿车抛光作业操作顺序示意图

按照"左车顶→左发动机罩→左前翼子板→左前车门→左后车门→左后部→行李箱盖左→行李箱盖右→右后部→右后车门→右前车门→右前翼子板→右发动机罩→右车顶"的顺序对汽车进行研磨操作。抛光车顶时，可打开车门，在车门边垫上毛巾，站在门边上操作。

需要注意的是，上述研磨程序并不是唯一的，有的从业人员根据自己的习惯，也有按从右往左的程序进行操作的。但无论程序如何，有一个原则是必须强调的，那就是要有利于提高工作质量和工作效率。

（2）操作过程

1）将海绵研磨盘浸湿，安装在研磨机上，空转 5 s，将多余的水分甩净。

2）把研磨剂摇匀，倒少许在海绵研磨盘上，用研磨盘在涂面上均匀涂抹，并喷上少许水。

3）调整研磨机转速到 1 400～1 800 r/min，启动研磨机，沿车身方向直线来回移动，研磨盘经过的长条轨迹之间要相互覆盖 1/3 左右，不要遗漏大面积的涂面。

4) 在研磨时应保持研磨盘和涂面处于常温状态，当涂面温度升幅超过20℃时要对研磨的涂面喷水降温。

5) 对于车身边角等不宜使用研磨机的位置，应采用手工方法，即用干毛巾蘸研磨剂研磨。把整个车身有涂面的地方全部研磨完毕，包括喷涂的保险杠，注意此处温度不宜过高。同时在边角、棱角的地方不要用力研磨。

步骤2　抛光

抛光是研磨之后的一道工序，和研磨的作用不同。研磨是把涂面打平，除去条纹、氧化层等深层污染；抛光是研磨后进一步平整涂面，除去研磨残余的条纹。抛光剂中的滋润成分深入涂面，使涂面展现柔和的光泽。抛光剂也可以单独用于去除轻微氧化和污垢。

（1）操作顺序

1) 发动机罩。从中间向外开始抛光，实行2/3重叠抛法，先横后竖抛光，直至达到施工标准。操作人员应下身直立，上身稍微前倾，身体与车身保持合适距离，不能接触车身，手握住抛光机手柄的尾端1/3处。

2) 前保险杠。按照保险杠的弧度调整抛光机的倾斜度，先抛立面，再抛倾斜面，最后抛边角。由于前保险杠的材质是塑料，抛光时应以轻抛、点抛为主，以免抛漏。操作人员应下身半蹲。

3) 前翼子板。先横抛上边部分，再横竖交替抛立面，先上后下，直至达到施工标准。操作人员应先站立后半蹲。

4) 车顶。站在专用增高阶上，从前往后平抛，禁止打开车门。若无特殊要求，不抛天窗玻璃。

5) 前车门。按顺序从上往下，先轻抛窗框和立柱，平抛车门（门把手以上、门把手与防撞条之间、防擦条与脚踏板之间、脚踏板以下）。

6) 后车门。顺序同前车门。

7) 后翼子板。顺序同前翼子板。

8) 行李箱盖。顺序同前机盖。

9) 后保险杠。顺序同前保险杠。注意避开倒车雷达探头。

（2）抛光的用时用量。在整个抛光过程中，单车抛光研磨剂的用量一般不超过250 mL。两个比较熟练的操作人员，一般在3 h内完成。

第3节　封　釉

封釉就是经过多道工序处理以后，在汽车涂面形成一层类似陶瓷制品外表涂层的保护膜，具有隔紫外线、防氧化、抵御高温和酸雨的功能。新车的车身涂面的"毛细孔"是干净的，没有受到污染，在没有形成氧化层和划痕的情况下，封釉有助于阻挡紫外线和空气中的氧化物对车身涂面的氧化，延缓氧化层形成时间，保持汽车持久光亮。如能对旧车封釉其效果就更明显，因为其中的一道工序可使氧化退色的车身涂面还原增艳，颇有翻新的效果。

学习单元 1　常用封釉产品简介

学习目标

了解汽车封釉的原理和作用

掌握对封釉产品的鉴别方法

知识要求

釉是附着于陶瓷坯体表面的一种连续的玻璃质层，或者是一种玻璃体与晶体的混合层。一般釉的厚度只有坯体厚度的 1‰～3‰，但经过窑火焙烧后，就紧紧附着在瓷胎上，使瓷器致密化、光泽柔和，又不透水气，给人明亮如镜的感觉。同时可以提高使用强度，起到防止污染，便于清洗等作用。

一、汽车封釉的含义

汽车封釉是经过多道工序处理后，将高分子釉振入涂面的毛孔中，形成一种牢固的类似陶瓷制品外表涂层的网状保护层，附在车身涂面的表面，从而达到保护涂面的目的，而且釉表面不黏、不附着，具有隔紫外线、防氧化、抵御高温和酸雨的功能。可以有效地抵御恶劣环境对车身涂面造成的影响。

二、汽车封釉的作用

汽车因每天都暴露在户外，严酷的自然环境对车身涂面会产生严重的侵蚀，日积月累就会使其逐渐失去光泽，出现划伤、氧化层、退色等情况。为避免车身涂面的损伤，保持靓丽的色泽，就要进行抛光打蜡或封釉操作。因封釉产品性能稳定，保护持久，车身涂面封釉后可以防氧化、防退色、防静电、避免沾灰尘，在汽车涂面形成完整的密封层，具有抗紫外线、防雨酸、耐高温、耐摩擦、光亮度达到镜面的效果等特点，能够有效防止沥青、风沙、树胶、鸟粪、废气、油烟等有害物质对车身涂面的侵害，且非常易于清洁，对涂面形成完整的，长期的保护。但是弱点是由于其主要成分是有机物（酸化物）很容易被酸化、氧化，对涂面造成二次污染。因此汽车要定期进行封釉，一般 2~3 个月封釉一次为最佳。

三、对封釉产品的鉴别

1. 耐高温、抗老化实验

实验者先在汽车涂面封上一层或镀上一层封釉产品，通过点燃喷洒在汽车涂面的汽油来检验产品是否具有耐高温、抗老化的性能。质量好的封釉产品，封到涂面上后是可以耐高温、抗老化的，能起到保护车身涂面，防止高温损坏的作用。

2. 溶水性实验

溶水性实验指的是把选好的封釉产品分别倒入装有水的透明杯中，倒一滴即可，然后用玻璃棒（筷子）搅拌，质量好的封釉产品不仅不溶于水，还会悬浮于水的表面，如沉于水下，则说明釉的颗粒过大，渗透性不好，质量较差。如能溶于水，则说明该产品的保持时间短，洗车时容易被洗掉，下雨时也会被雨水冲掉。

3. 渗透性实验

渗透性实验指的是把选好的封釉产品分别倒在事先准备好的一张牛皮纸上，倒一滴即可。然后看牛皮纸背面的变化。质量好的封釉产品很快就会渗透到另一侧，而且向周围扩展；而质量差的，则不会渗透到另一侧，即使有渗透，速度也很慢。

学习单元 2　车体封釉服务及操作

学习目标

熟悉封釉和打蜡、镀膜的区别
掌握封釉的操作程序及质量标准
能够熟练进行车身封釉操作

知识要求

汽车涂面的釉是一层无色透明的保护亮层，其美容的效果不像补漆、贴膜那么直观，一般很难识别真假，但可以通过观察整个施工过程，从操作步骤、使用的产品和处理时间等方面来加以识别。

一、封釉和打蜡的区别

汽车打蜡是汽车美容的传统项目，而今随着汽车美容业的发展，汽车涂面封釉也正在被越来越多的人所接受。总的说来，封釉和打蜡主要有如下几个区别：

1. 所含成分不同

车蜡的主要成分是聚乙烯乳液或硅酮类高分子化合物，多数蜡还含有油脂成分，使用后能提高涂面的靓度，缺点是遇水容易分解、使用寿命短、硬度低、不耐磨，所以一般车辆每年需打蜡近20次。但频繁的打蜡、研磨又会加快涂面磨损并使其失去光泽。而釉则不同，市场上自称为釉的产品很多，现以最早进入国内市场的某种釉为例。该釉产自于美国，含有利用特殊工艺提炼出的"Tempera-Flex"专利材料，具有不溶于水、不怕火、耐酸的特性，因此封釉后的车身涂面可以耐高温、耐水洗、耐摩擦、不易沾灰、不怕酸雨、抗氧化、抗紫外线，可长期保护涂面。

2. 操作工艺不同

封釉是一项专业性非常强的工作，它对场地、工具、技术及药剂的要求都非常严格。首先，封釉美容必须在室内进行，以防沙粒沾上涂面造成浅划痕。汽车使用过一段时间后，会形成一层老化的漆皮。在封釉前，一定要把涂面的这层老化的附着物抛掉，以避免氧化层在涂面和釉面之间形成隔离，影响封釉效果。封釉美容的基本原理是依靠振抛技术将釉剂反复深入压进涂面纹理中，形成一层独特的网状保护膜，有了这层釉膜就可大大提高原车涂面的硬度和光泽度，使涂面能更好地抵抗酸雨、沙尘的侵袭，有效减少划痕，保持涂面亮度，因此，非常适合一些污染较为严重的地区。

如果一辆汽车从新车开蜡后就采用封釉护理，则能够大大延长涂面的使用寿命。

二、封釉和镀膜的区别

"镀膜"是在总结了打蜡及封釉的优点及不足后，以新的环保原料和新的涂面养护理念制造的涂面养护产品，它和封釉的不同之处如下：

1. 选用原料的不同

"釉"与蜡都是从石油中提炼出来，再加上一些辅助原料所制成的。由于受到原料的限制，它们容易氧化，且不能持久。而新的保护膜（镀膜）则采用植物及硅等稳定性好且能符合环保要求的原料来提炼合成，避免了在涂面造成"连带氧化"的问题，并可长期保持良好的效果。

2. 养护理念的不同

封釉与打蜡的养护理念是将"釉"或"蜡"加压后封入到涂面的空隙之中，使之与涂面结合到一起。优点是与涂面融为一体，增亮效果明显。不过由于它们长期暴露在空气中，因此时间一长，也会被氧化，同时还会连带周围的涂面共同氧化，使涂面发乌，失去光泽。为避免这个缺陷，保护膜镀膜采取了两个措施：

(1) 采用不氧化原料及稳定的合成方式（氟碳树脂）。

(2) 变结合为"覆盖"。以透明的"膜"的形式附着在涂面，避免涂面受外界损伤，同时也避免了保护剂本身对涂面的影响，使用后能长期保持涂面的原厂色泽。而且由于膜本身结构的紧密，很难遭到破坏，使得它可以大幅度降低外力对涂面所造成的损伤。

3. 操作工艺的不同

"釉"和"蜡"因为要与涂面充分结合，所以附着方式要用高转速的研磨机把药剂加压封入涂面（所以称封釉）。但这种压力同时也会作用在涂面上，因此可能会造成涂面损伤。而保护膜则采用了温和的涂抹及擦拭的附着方式：靠膜本身的分子结合力附着在涂面上，以避免涂面受损。

以上几种不同还造成了两种养护法对车身划痕处理上的区别：为了便于"釉"的附着，封釉店需要对划痕采取以研磨为主的工艺，即用高速电动机把划痕磨平；镀膜操作则以填充为主，即以低速电动机配合海绵轮，将透明的填充剂填入划痕中，再抹平。因而在处理划痕时，后者可大大降低对涂面的损耗。

但由于种种原因，像涂面上蜡一样，车身封釉仍是当前许多车主所乐意选择的一种汽车涂面护理工艺。

技能要求

车身封釉

操作准备

合成麂皮、牙刷、毛巾、液体釉、抛光机，专用振荡抛光机等。

操作步骤

一次完整的封釉美容工序有 5 道，整个作业过程需要 4~5 h。

步骤 1　中性清洗

在封釉前，要对车体进行一次完整的清洗。清洁剂一定要使用中性的，因为碱性的清洁剂不仅会腐蚀涂面，而且一旦残存在车体缝隙中，则造成的危害就更大。在清洗后还必须将涂面彻底进行干燥，因为水分会影响到封釉层和涂面的附着力。

步骤 2　黏土打磨

由于长期积存的尘土、胶质、飞漆等脏污很难靠清洗来去除，因此经过清洗的涂面仍然是毛糙不平的，这就需要用一种从细腻的火山灰中提取的"去污黏土"对涂面进行全面的打磨处理。

步骤 3　深度清理

就像人皮肤上的毛孔需要清理一样,车身涂面的毛孔也需要清洁。使用静电抛光轮,配以增艳剂,在旋转的同时产生静电,将毛孔内的脏物吸出。同时,增艳剂渗透到涂面内部,发生还原反应,可以达到增艳如新的效果。抛磨的另外一个功效是可将涂面细小的软道划痕磨平。

步骤 4　振抛封釉

这是封釉美容的关键步骤。在专用振抛机的挤压下,类似釉的保护剂被深深压入涂面的毛孔之内,形成牢固的网状保护层,并附着在涂面。保护剂中富含 UV 紫外线防护剂,可以大大降低日晒辐射,并可抵御酸碱等化学成分的侵蚀。

(1) 封釉的顺序。封釉的顺序是发动机罩→前灯→前翼子板→车顶→前门→后门→后翼子板→行李箱盖→后灯。

(2) 第一遍封釉。将产品充分摇动均匀,直接将产品倒在车身上,常温工作,不要在阳光直射下,待车身(发动机罩)降温后最佳。用干净的软布,轻快而有力地"划圈",直到产品被涂面完全吸收并出现光泽(手压力越大,去污渍力越强,涂面氧化层去得越清,涂面就越光泽,附着力越强)。这一步可选择封釉机上釉,效果最佳。

质量标准。视觉上没有深层次的倒影和看上去没有一层薄膜的感觉,手感极度光滑。

(3) 第二遍封釉。重复第一遍,10~20 min 干燥后,将其擦掉,封釉效果立即呈现。

质量标准。视觉上有深层次的倒影和看上去有一层薄膜的感觉,手感极度光滑。

步骤 5　无尘打磨

最后用无尘纸打磨一遍车身,就可使涂面如镜面一般的光亮。

一辆汽车经封釉美容后,即使停放在烈日底下,也不用担心涂面会退色、爆皮。最后,还需特别注意的是:由于空气污染,特别是北方风沙大,酸雨重,最好在进行封釉美容后,每隔 3~4 个月再做一次护理,就可以长期保持涂面的颜色和光亮。

步骤 6　釉面抛光

车身封釉后为了消除涂面的漫反射现象,以达到镜面效果,还需要对涂面进行一次全面的抛光处理。

(1) 研磨工具的选用。抛光操作除了使用抛光机、抛光盘、抛光剂以外,其他需要准备的物品还有:移动电源、工作围裙、防滑绝缘工作鞋、纯棉毛巾、喷壶等。

(2) 抛光操作。在整个抛光操作过程中还应随时注意观察涂面温度和抛光效果。在涂面抛光完成以后,还要将车身外部全部用清水洗净擦干,彻底去除残留的抛光剂。

注意事项

1. 封釉施工对温度、相对湿度等环境因素有较高要求。当相对湿度大于 90% 时不能施工，因釉难以干燥及难以渗透，达不到预期效果。温度过高也不宜工作，一定要在全车降低温度后再施工，否则，产品未渗透前已固化成"釉"。

2. 执行涂面抛光的施工技术标准。

3. 封釉时，涂面应干净干燥。

4. 封釉应分块进行，当镜面釉在涂面上似干未干时就要进行振抛。

5. 不得在全车涂面涂抹后再进行振抛。

6. 封釉后，涂面上应明显感觉有硬膜的效果。

7. 全车封釉后，擦净车表和边角缝里的釉。

第4节 镀 膜

学习目标

了解汽车镀膜的基本知识

掌握汽车涂面镀膜技术的操作程序及质量标准

能够熟练对车身进行镀膜操作

知识要求

一、常用镀膜产品简介

镀膜产品主要是由二氧化硅、有机硅、延展剂及快速成膜剂经过乳化而成。它将二氧化硅的抗氧化作用、增亮作用、光滑作用和有机硅的交联作用有机地结合在一起。10 μm 的微粒决定了它有着较强的渗透力，并使其能够填充所有的漆孔（漆孔常常是微米级的），将汽车涂面变成一个连续的表面。随着整体涂面密度的增加，同时也带来了良好的叠加性能，即使多次叠加也不会产生"起皮"现象。当产品在涂面上使用后，在自然环境里，分子结构在有机硅的作用下产生了较大的变化，由链状结构转化成分子链与链之间交叉连接的网状结构，犹如为涂面穿上了一件隐形毛衣。这样，不仅能将涂面有效地保护起来，而且还提升了产品的物理、化学及机械性能，使车表出现光亮持久、手感如丝、雍容华贵的理想效果。

二、镀膜服务及操作

汽车涂面镀膜技术的核心技术是运用硅素高分子聚合体、氟素高分子聚合体和高纯水等非石油环保材料,通过严格规范的作业流程,在车身涂面形成一层不易氧化的保护膜,这就好比给涂面穿上了一件"玻璃素保护外衣",使涂面能保持新车般的光亮效果。同时,该类产品具有较高的稳定性,一般在汽车正常使用和保养的情况下可使涂面保持光亮达1年以上。这一层保护膜的工作原理是使玻璃纤维分子同车漆发生化学反应后紧密地结合于车身涂面,将涂面和外界完全隔离起来,其厚度虽然只有 2 μm,但却具有很高的强度和耐候性(其硬度可达 9H),可有效防止灰尘、酸雨、鸟粪、花粉及不良洗车液所含酸碱物质对涂面的侵蚀,较好地解决了涂面因氧化而导致的色彩陈旧、光泽暗淡等问题。同时,"玻璃素"保护膜还能使涂面光洁度达 95 度以上,而一般新车出厂时的光洁度仅有 70~80 度。涂面镀膜工艺的全过程需经过清洁、研磨、抛光、镀膜等工序,全车作业每辆车平均需要 3~5 h。

汽车美容店在进行汽车涂面镀膜的施工中,一般要经过如下几个过程:检查车况→清洗轮胎→洗车→过黏土→贴保护条→抛光及形成基础膜→镀展着剂(F4)→镀保护膜→烤膜→室内卫生、清洗、上光、轮胎上光→总体检查→交车并询问意见。

技能要求

车身镀膜

操作准备

抛光机、专用羊毛抛光盘、专用海绵盘、封边纸胶带、干净柔软的毛巾、专用镀膜海绵、专用涂装巾、镀膜专用硬质海绵、镀膜剂、专用镀膜器、红外线烤膜器、装有清水的水桶、展着剂、保护膜等工具材料。

操作步骤

步骤1 检查车况

(1) 检查车辆的每一个部位,在登记后让车主鉴定,同时当面点清车内物品。

(2) 检查涂面,预测施工时间。如果涂面过于陈旧、全部失去光泽或已基本被氧化的涂面不能施工。遇到这类受损严重的涂面,保护膜会渗入到涂面内部,起不到应有的效果,这一点操作人员在施工前需向车主解释清楚。

步骤2 清洗轮胎

(1) 准备好专用刷子、水管、分别装有弱碱性及弱酸性清洁剂的喷壶、高能轮胎清洁剂等工具材料。

(2) 用清水冲洗轮胎,使温度降到体温(37℃)以下,以手感不热为准。

(3) 用装有弱碱性专用清洁剂的喷壶将四个轮胎喷洒一遍,再用鬃毛刷将轮胎边喷边

(4) 将弱酸性专用清洁剂，用喷壶喷洒至轮辋上，喷一个刷洗一个，喷完后要立即将药液冲洗干净。

(5) 要提请注意的是，清洗剂必须及时冲洗干净。若轮胎上有残留药液，遇高温时会导致轮胎光泽发生变化。

(6) 如果轮胎上的沥青过多，可用沥青清洁剂加以清除。

(7) 在使用专用弱碱性清洁剂清洗轮辋时，可同时刷洗翼子板边缘和挡泥板。

(8) 在使用专用弱酸性清洁剂清洗轮辋时，不可喷至胎面和涂面。

(9) 清洗轮胎时所用的水与抹布不可同时用于清洗汽车涂面，因为轮胎沙粒较多，同时清洗容易使沙粒混入清洗用具中损伤涂面。

步骤3　车辆清洗

(1) 按"汽车美容装潢工（五级）"的标准对车辆进行全面清洗。

1) 清洗车身并去沥青或蜡层等（用除蜡水除蜡）。

2) 用专业洗车液洗净车上残渍与残蜡。

(2) 特别要注意的是，镀膜前的洗车应慎用清洁剂。因为清洁剂内含有表面活性剂，用后会影响镀膜时物质结构的形成。

步骤4　过黏土

这一工序主要是为了去掉涂面上的一些细微毛刺，以利于下道工序的操作。

(1) 准备好黏土、清水、喷壶、麂皮等工具材料。

(2) 用喷壶将清水喷至涂面，湿润后用黏土对涂面分块进行擦拭操作，擦拭的面积掌握在大约35 cm×35 cm，由发动机罩起从上往下按一般抛光作业的标准进行施工。

(3) 过黏土操作一般不必使用任何清洁剂（必要时可用经充分稀释后的专用弱碱性清洁剂配合清洗，但过后必须用清水将药液冲洗干净），若涂面有残留的药液会影响保护膜的效果。

(4) 每次过黏土的面积仍宜在35 cm×35 cm范围内，同时还要彻底除去所有污渍斑点，如涂面留有污渍会影响下一道工序的操作及镀膜质量。

(5) 对于全车玻璃及边角、边缝和塑料部分，抛不到或不好抛的地方也必须清洁干净以方便下道工序的操作。

(6) 在过黏土时应不断用手指去触摸加工面，如涂面有光滑感表示已清洁干净，如有涩滞感则表示涂面还留有污渍。

(7) 全车清洗完毕后，用清水由上至下将车体冲洗干净。

(8) 用软毛刷配合弱碱性的专用清洗液进行边缝清理。

步骤 5　贴保护条

（1）准备好风枪、麂皮、胶纸等工具材料。

（2）先用麂皮把车体水分擦干，然后用风枪把边缝内残留的水分吹干。

（3）吹水时应从前往后顺着一个方向吹，不要来回吹，以节省时间加快速度。

（4）对不需进行镀膜施工处用胶纸进行遮蔽。在包胶纸时，边缝、边角凸出障碍物要包严，边角处应包住 1 mm 左右。同时，包胶纸时不要拉得太长，撕胶纸时不要太快以防胶纸粘在涂面上或粘掉涂面。

步骤 6　抛光形成基础膜

抛光作业的具体操作详见本教材第 4 章第 2 节第 3 单元涂面研磨、抛光操作。

步骤 7　镀展着剂（F4）

镀展着剂的作用是为了使汽车原有涂面能与下道工序所镀的保护膜结合得更好。

（1）准备好专用海绵、水管、展着剂、清水、麂皮等工具材料。

（2）使用干净的专用海绵在经抛光后的涂面上涂擦展着剂。

（3）涂擦 F4 之前要用麂皮配合水管将涂面冲洗干净，然后向涂面喷水以始终保持涂面湿润方可镀展着剂。

（4）在涂擦展着剂之前必须将边缝清洗干净。

（5）涂擦展着剂应在阴凉的环境下进行，禁止在高温和直射的阳光下施工。

（6）将展着剂摇晃均匀后对涂面分块进行涂擦，每部车的用量约为 20 mL。

（7）防止抛光后的涂面受到污染，在使用水管进行冲洗时，应将水管扛在肩上。

（8）展着剂必须适量涂抹到每个部位，涂抹后应用清水冲洗干净。若涂面有残留药液存在，会影响保护膜的形成。

（9）冲洗后涂面残留的水分可用麂皮擦拭干净，并用压缩空气吹干边缝中的水分。

步骤 8　镀保护膜

（1）镀保护膜应遵循先上后下的原则。具体顺序为：车顶→右翼子板→右前门→右后门→右后部→行李箱盖→左后部→左后门→左前门→左翼子板→发动机罩。

（2）检查镀膜器及涂面是否干净、无水分。

（3）将专用镀膜巾对折包在镀膜专用硬海绵上，轻轻地将镀膜剂倒少许在专用镀膜巾上，使专用镀膜巾蘸湿镀膜剂，然后用专用镀膜巾在汽车涂面先横向（车体垂直方向）后纵向（沿车体方向）的均匀涂抹，横竖交叉涂抹为一次，尽量形成薄薄的一层。镀膜时要分块施工，每次宜在 35 cm×35 cm 左右范围内进行，逐步完成整车的操作。

（4）膜液涂抹后，在似干未干时（切勿等待膜液完全干燥），需要用干净柔软的毛巾擦拭已涂抹膜液的车身。将车身涂面擦拭干净，擦出亮光，完成本次膜液的涂装。

(5) 第一遍涂抹完成后，等待 1~2 min，在液体完全干燥前在同一个区域继续按第 (2)~(4) 步要求再涂抹 1 次，同一个区域内最多涂抹两次。

(6) 待全车两边膜液涂抹完毕后，放置 1~2 min，将拨水促进剂充分摇动均匀，轻轻地倒少许在专用镀膜海绵上，在快要干燥的镀膜剂上先横向（车体垂直方向）后纵向（沿车体方向）地均匀涂抹，尽量形成薄薄的一层。

(7) 涂抹完毕后放置 2~3 min，在液体完全干燥以前用干净柔软的毛巾擦拭已涂抹膜液的车身。将车身涂面擦拭干净，擦出亮光，此部位镀膜施工完成。

(8) 如保护膜遇到低温冻结时，应先将其解冻后方可施工，解冻温度掌握在 30℃ 左右即可。

(9) 在上述作业过程中，必须把每道工序完成后所残留的保护膜及其涂面上的杂质成分彻底擦除干净，否则会影响涂面保护膜的完整形成。对于这一点，在镀膜作业时必须慎重对待。

步骤 9　烤膜

(1) 准备好烤膜器、专用干毛巾等工具材料。

(2) 检查烤膜器是否能正常工作。

(3) 将烤膜器与待烤涂面的距离保持在 30 cm 左右，对涂面进行烘烤。当涂面温度达到 50~80℃ 时，再在距离涂面 40~50 cm 处用烤膜器保温 3~5 min 即可。按此操作工序逐步完成全车的烘烤工作。

(4) 待烘烤后的涂面完全凉透后再用干毛巾仔细将镀过膜的地方擦拭一遍。

(5) 烤膜时应保持涂面干净，不可沾有水分、脏污等。对于塑料部分要适当减轻烘烤强度，以防不当损坏。

注意事项

1. 不要一次性将镀膜剂擦遍全车后再用毛巾擦拭，那样可能会导致最早擦拭镀膜剂的车身涂面硬化，损害镀膜的效果。施工时应视天气状况将全车分成几个部分操作，如发动机罩可分两个区域操作为宜。

2. 发动机罩、车厢上部、行李箱盖上部最后一次涂抹应纵向涂抹（沿车尾至车头的方向），两侧涂抹时应上下涂抹。

3. 涂抹要均匀，不要太厚，尽量形成薄薄的膜层。

第5节　汽车涂面小伤的恢复性美容

学习单元1　汽车修补涂料简介

学习目标

了解汽车修补涂料的相关知识

知识要求

一、汽车修补涂料的组成

使用修补涂料对汽车涂面进行修补，原则上属汽车美容装潢工（四级）的作业范畴，但当遇到涂面伤痕较深，但部位却很小的情况时，作为五级工的操作人员也应当能进行修补，故这里对汽车修补涂料与调色做一简单介绍。汽车修补涂料，顾名思义是指对汽车车身原装涂面进行重新修补用的涂料。修补涂料必须具备两种功能：保护功能和美观功能。这两种功能不能由单个产品独立完成。因此，高质量的修补涂料品牌一般都由系列产品组合而成，主要有：

1. **腻子类**

用于填补钣金缺陷。

2. **底涂层类**

用于防锈，促进涂层之间黏合力及增高涂膜厚度。

3. **面涂层类**

用于改善表面质量及增加耐候性，汽车车身美容的作业对象大部分是针对汽车的面涂层而言。目前，大多数面涂层是采用双层涂料，即金属层或珍珠层再外罩清漆，其余基本上为双组分纯色漆。双组分漆是在20世纪60年代由阿克苏诺贝尔公司率先推出的，它的基本机理是利用含羟基官能团—OH的丙烯基链与氰酸酯中的—NCO基团反应而固化成网状结构的聚氨酯聚合物。这种双组分聚氨酯漆兼有硝基漆和醇酸漆的优点，涂膜快干、光泽和丰满度好，涂1～2道就能达到40 μm以上的厚度，耐候性、耐化学性、耐湿热性优异，很快被各涂装厂家所采用。金属漆、珍珠漆是采用改性乙酸丁酸纤维素树脂为载体，再罩上一层透明的双组分清漆。

二、汽车修补涂料与原厂涂料

汽车原厂使用的涂料，与一般汽车修补涂料有所不同，汽车原厂涂料是汽车出厂前统一涂装所用涂料。汽车厂对其整车所用涂料有专门要求，所以大多数汽车厂与涂料生产公司制定了特殊的供货协议。而未经加工的金属车身，因没有其他塑料附件，加上喷涂作业在涂装生产线上温控环境下进行，故一般选用高温烘漆。

而汽车修补涂料是为解决汽车的外表涂层因事故损伤或使用多年老化（如涂层开裂、变色、失光、粉化等），需要针对各种复杂情况进行修补或重新涂装，俗称补漆。具体地讲，它与一般工厂的涂装生产线不同，无单一的作业，被涂的车型、形状、颜色都各不相同，多数不能按规定的工序进行作业。而且烘烤温度最高不能超过60℃，否则会破坏塑料附件。

汽车修补涂装按修补的工作量，可分为局部修补涂装和整车修补涂装。前者仅对涂层损坏的部分或被事故损坏的，经钣金工修复的部分进行修补；后者是因涂层老化或需改色进行整车重新涂装。本教材所讨论的是对汽车涂面局部小伤的涂装作业。

汽车修补涂装的工艺要求是多变的，它要求操作人员有较高的涂装作业技艺。尤其在局部修补涂装时的调色，要使修补面与原涂层的外观、光泽、颜色基本达到一致。除了要考虑到汽车的颜色、面涂层的质地和状况，还有不少的潜在因素会引起颜色变化，其中有一些是从业人员在一般情况下无法控制的。所以操作者更须有丰富的实践经验和很高的操作技术。

三、汽车修补涂料颜色标定

影响汽车外观的主要因素有3个：汽车的颜色、面涂层的质地和状况。特别是颜色，是判别质量优劣的依据。

1. 影响车身涂面色彩的因素

对颜色进行定义和描述主要有亮度、色调、色度3个概念：亮度是指颜色的明暗程度；色调即人的眼睛看到的颜色；色度指颜色的强度浓度，包括强度、浓度、饱和度、灰度等。

事实上，在不同光源的照射下，对涂料会造成不同的效果，会使涂料的颜色发生变化。其原因是光源中各种彩色光线的含量不同。

2. 原厂涂料的识别

配色的第一步，就是要根据汽车生产厂家的漆码获得原色，以减少修补涂料配方与原汽车生产厂家所用的涂料配方的差异。几乎所有品牌汽车的漆码都可以在各种汽车牌号漆码位置图上找到。此外，市上也可以买到汽车修补颜色汇编的资料，这类资料包括了几乎所有品牌和车型的汽车色卡和颜料资料。使用时，首先找到汽车生产厂家的漆码，而色卡就在漆码边上。为了稳妥起见，最好把色卡与汽车本身的颜色对比一下，因为有的汽车也许已经重新涂装了其他颜色的涂料。

轿车漆码位置的标示如图 4—2 所示。

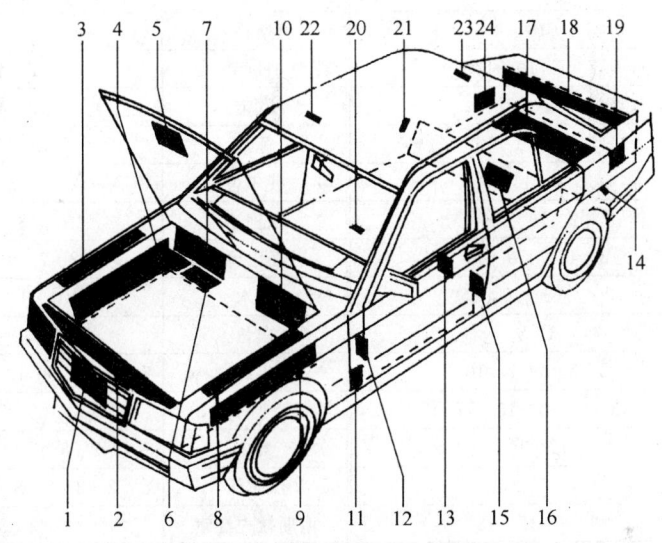

图 4—2　轿车漆码位置标示图

不同车厂（车牌）的名称和漆码位置见表 4—2。

表 4—2　　　　　　　　车厂名称和漆码位置表

车厂（车牌）名　称	漆码位置	车厂（车牌）名　称	漆码位置
阿库拉	15　22	迷你	22
奥迪	14　17　18	依维柯	5
宝马	2　3　4　7　8	美洲豹	2　4　5　15
克莱斯勒	2　4　5　8　9　10	起亚	15
雪铁龙	2　3　4　7　8　10	拉达	4　5　8　17　18　19
大宇	2	勃基尼	18
达夫	12	兰西亚	4　5　18
大发	2　7　10　20　22	兰德罗孚	2　3　7　10　15　17
托马斯	15　18	凌志	3　7　10　15
法拉利	5　18	莲花	3　8
菲亚特	4　5　14　18	马萨拉蒂	5
马自达	7　10　15	欧洲福特	2　3　7　8　15　18
五十铃	2　7　10　13　15	阿尔法·罗密欧	5　8　14　17　18

239

续表

车厂（车牌）名称	漆码位置	车厂（车牌）名称	漆码位置
福特	15	奔驰	2 3 8 10 12 15 24
波罗乃茨	7 10	三菱	2 3 4 5 7 8 10 15
沃尔沃	18	莫斯科人	14
通用	2 7 10 12	日产	2 4 7 10
本田	15 22	欧宝	2 3 4 7 8 10
现代	2 7 10 15	标致	2 3 8
无限	7 10	疲尔舍	2 7 8 10 12 15
伯罗顿	2 7 10	斯柯达	8 10 17
利拉特	3 4 7 9 10	斯巴鲁	2 7 8 10 11 15
雷诺	3 7 8 10 15	铃木	7 10 11 17 20 23 24
劳斯莱斯	3 5	白鱼	2 3 4 7 8 9
罗孚	2 3 5 7 10	丰田	3 4 7 8 10 11 12 15 17 23
萨伯	3 8 10 15 17	伏克斯 豪尔	2 8 9 10
双龙	12 15	大众	1 2 3 7 8 14 17 18 19
土星	19	沃尔沃	2 3 7 8 10 11 12 15
西特	3 8 17 18	南斯拉夫红旗	2 3 5 18

3. 计算机调漆

随着汽车工业的不断发展，汽车涂料的颜色种类及色彩特性也层出不穷，人们不可能把每一种颜色都做成涂料并储存起来以备随时使用。而满足汽车色彩多样性有如下3种途径：其一是提高调色人员的配色技能，其二是提高调色设备与工具的性能，其三是提高调色原材料的使用性能。在后两个方面，有着200多年历史的杜邦公司做出了一定的贡献。首先，他们开发了一套完整而实用的计算机调漆设备及工具，主要包括：调漆机（包括不同的型号，有不同数量的搅拌头）、阅读机（用于阅读配方微缩胶片）、电子秤（特殊型号的电子秤可与计算机相连配套使用）、汽车涂料专用索引（包括轿车和货车两类）、配方微缩胶片（包括色母添加过程中所用到的相关信息）、色卡类、调色指南、计算机测色系统等一系列的调色设备与工具。这些专业化工具增加了准确匹配颜色的方便性，还大大提高了操作人员的工作效率。此外，他们还向用户提供了一套先达利万用色母（基本色素），利用这套色母，按照一定的用量比例（颜色配方）进行调配，就能组成19万多种不同的颜色，以满足汽车工业的需要。

（1）计算机调漆的基本原理。在计算机调漆的工作中，计算机实际上就是一个大型的色漆配方资料库，存储了各种色漆的标准配方。各种色漆均由数码进行标记，不仅复色漆由数码标记，而且单色漆也由数码标记。各类色漆品种数量达千种规格，完全能满足汽车制造和轿车维修的需要。轿车车身在一定的部位均涂有数码标号，如果手头有同样标号的色漆，就可以直接选用；若没有时，就可将此标号输入计算机。在显示器上就可显示出此种标号复色漆中各单色漆的组成及质量。只要按其组分和质量进行调配，就可得出所需要标号的色漆了。

（2）计算机调漆的操作过程。首先是确认所修轿车车身涂料的漆色品种。现代轿车的涂面一般都有漆号标志，或可从维修手册上找到其使用材料和品种规格；若都无记载，就用色标卡进行测定。色标卡是一种专门印制的涂料颜色卡片，是按其颜色的品种和同一品种的不同色度而制定的标准颜色卡片。在卡片上标注其数码编号，每一个色卡编号就是一种色漆的标志。色卡的每一个方块色中间有一个圆孔，在认定汽车车身涂料颜色时，首先目测出近似轿车车身涂料的色卡，然后将色卡平铺在车身表面，从色卡方块的圆孔中露出轿车车身涂料本色，找出与色卡最近似甚至一样的那个方块，这就测出轿车的车身涂料就是那个方块的数码所代表的色漆。假若测定的轿车车身涂料数码为301A5，而库存中又无现成的这种色漆，则将此编码输入到计算机中，从显示器上即显示出301A5的配方：956为179.9 g；744为1.5 g；957为71.8 g；666为81.5 g；333为153.4 g。根据以上配方，用电子秤按比例量出各组分的质量，放入一定的调配容器中，用手工或机械搅拌均匀，按施工要求调到所需浓度，色漆的调配就完成了。使用计算机调漆，可使对轿车车身涂料调配工作简便而准确。但要保证计算机调漆的良好效果，采购各种数码的色漆时必须要严格保证其质量。

学习单元2　汽车涂面小伤的处理

学习目标

了解汽车涂面不同划痕的分类与处理原则
掌握汽车涂面小伤处理的程序及质量标准
能够对轻度划痕、中度小伤和深度小划痕进行处理

知识要求

一、汽车涂面处理的作用

汽车涂面除了遭受自然因素而导致的损坏外，还有许多人为因素，如行车中不留意与其他物体或车辆发生刮擦、有些人会恶作剧地划伤停放在路边或生活区的车辆等，这些都会给汽车涂面造成很大伤害。通过涂面处理施工完全可以使车身恢复应有的面貌。具体来

说,汽车涂面处理可起到如下作用:

1. 保持汽车使用价值

当汽车涂面出现失光、划痕及破损时,由于这些缺陷有的超出了涂层范围,已经伤及金属基材。此时如不及时进行涂面处理,则会使基材金属产生腐蚀,并导致涂面破损恶化,进而影响汽车钣金的使用寿命。

2. 美化环境

随着社会的不断进步,人们对自己的生存环境日益重视,除对传统的物理、化学污染治理外,国内许多城市已加大了对环境美化的力度。汽车作为城市形象的移动广告,对城市环境的美化起着至关重要的作用。

二、涂面小伤处理的范围

1. 涂面划痕的分类

根据涂面划伤的不同程度可分为发丝划痕、浅度划痕、中度划痕和深度划痕。

(1)发丝划痕一般是不正确地洗车、擦车或轻微摩擦而产生的细划痕,一般手摸无感觉。

(2)浅度划痕是面涂层被破坏,没有露出底涂层的划痕。

(3)中度划痕是面涂层被破坏,露出了底涂层的划痕。

(4)深度划痕是露出了汽车铁板的划痕。

2. 涂面浅划痕(含发丝划痕)处理

由于使用中摩擦及日常护理不当,久而久之,会在涂面上出现轻微划痕,这种划痕在阳光下尤其明显。在汽车美容作业中一般采用抛光研磨的方法去除。

3. 涂面深划痕处理

汽车涂面深划痕多为硬性划伤所致,用手抚摸划痕表面,会有明显的刮手感觉。目前汽车美容行业中,在深划痕处理工艺上虽然称谓命名各不相同,但从实质上来看,仍采用涂布施工来完成。

4. 涂面失光处理

汽车在使用过程中,不免要受到各种物理化学的损伤,致使涂面逐渐失去原有光泽。在汽车美容作业中采用特殊处理工艺与方法,配合专门的护理品,可以有效地去除失光,再现涂面亮丽色彩。

5. 喷涂

喷涂是汽车美容作业中要求最为严格,技术含量最高的施工项目。当汽车涂面出现划伤、破损及严重腐蚀失光等现象时,即可采用喷涂工艺来恢复汽车原有的色彩。

技能要求

涂面轻度划痕的处理

操作准备

各种级别水砂纸、研磨/抛光机、海绵/羊毛抛光盘、喷壶、纯棉毛巾、轻度研磨剂、中度研磨剂、重度研磨剂。

操作步骤

只要经检查发现未伤及色漆本色的划痕可称为轻度划痕,具体处理工艺如下:

步骤1　清洗

(1) 确认车体涂面没有受到严重的刮伤,然后对车身表面用清洁液彻底清洗。

(2) 清洗时首先要将涂面表层的上光蜡薄膜层、油膜及其他异物除掉,方法是采用脱蜡清洁剂对刮伤部位进行清洗,然后晾干。

步骤2　研磨

(1) 根据刮痕的大小和深度,选用适当的打磨材料,如 P1500 磨石,9 μm 的磨片或美容泥对刮伤的表面层进行打磨。

(2) 当使用研磨机进行研磨时,应采用 1 200~1 500 r/min 转速挡,按与划痕成垂直方向左右移动逐渐向前推进,通过研磨将涂面的氧化膜除掉后用快干清洁剂清洁。

(3) 打磨时要注意不能磨穿涂面层,如果涂面层被磨穿,透出中涂层,必须喷涂涂面进行补救。

步骤3　调整纹理

(1) 经打磨抛光的涂面已基本清除浅度划痕,对打磨抛光作业中残留的一些发丝划痕、旋印等,可通过涂面还原进行处理。其方法是:用一小块无纺布将还原剂均匀涂抹于涂面,然后抛光至涂面层与原来的涂层颜色完全一致为止。

(2) 也可将水溶性抛光粗蜡涂于海绵球表面,将抛光机的转速调至 1 600 r/min 左右,再将研磨范围扩大至处理部位以外研磨一遍,以调整涂膜纹理。

步骤4　上蜡

涂面还原后还应进行上蜡处理。其方法是:先将固体抛光蜡捣碎放入汽油中热融后备用,修补部位用洁净的棉纱先蘸汽油润湿,再蘸蜡涂满后进行擦拭,要反复多次擦拭至涂面平整光亮为止。在上蜡时,也可将汽车整个表面同时打蜡抛光一遍。方法是:用洁净的棉纱将蜡质全部擦净后,再涂上光蜡,至涂面清晰光泽醒目为准。最后用绒布擦拭一遍即可。

步骤5　质检

上述工序完成后，对修补表面外观质量要进行检查，检查的重点是涂层的色泽必须与原涂面完全一样，若有差异说明表面清理和打蜡抛光没有完全按照要求操作，必要时应进行返工。

涂面中度小伤的处理

当面涂层已被刮透，但未伤及底涂层时，称为涂面中度损伤。从严格意义上讲，对于汽车涂面的护理，要真正做到与原表面完全一致是很困难的，只能做到尽量一致。对面涂层稍有刮伤的轿车，当初次外观检查时，由于撞击或刮伤物的油泥污物附着在被刮处的表面，似乎很严重，但经仔细检查会发现只轻微刮伤了表层涂面，而未刮透面涂层。对于这类面积稍大，但伤及程度较浅的涂面中度小伤就可采用最简便的涂装维修工艺进行修复，具体处理工艺如下：

操作步骤

步骤1　打磨

（1）检查底涂层是否附着完好。

（2）对中涂层及面涂层的刮伤部分进行打磨，使之平整、光滑。

（3）对损伤部位的边缘进行修整，使其边缘看不见刮伤的涂层为止，必要时可适当扩大打磨面积。

步骤2　清洗、干燥

（1）用专用清洁剂去除打磨表面的油污、石蜡及其他异物。

（2）用烘干设备使清洗表面干燥。

步骤3　中涂层涂装

（1）确定施工工艺参数。根据不同的涂料确定施工黏度、雾化压力、涂装距离、干燥温度、干燥时间等参数。

（2）遮盖。对不喷涂的部位进行遮盖。

（3）中涂层涂料干燥。若修补面积不大，可采用室温自然干燥，但时间较长；一般常用远红外线干燥灯或干燥箱（反射式）进行局部干燥。

（4）中涂层涂面打磨清洁。中涂层涂面干燥后的打磨方法分为干式打磨和湿式打磨两种。干打磨时，用P320砂纸对补涂的涂面进行轻轻打磨，使之光滑平整，用手触摸无粗糙感为准。然后，用压缩空气吹净打磨部位，再用清洁的黏性抹布把浮灰等彻底擦净。湿打磨时，用P320的水磨砂纸对修补的中涂层进行表面打磨，同样打磨到用手触摸无粗糙感为止，再用水冲洗干净，将水擦净、晾干或用压缩空气吹干。为提高质量，尽可能使用远红外线灯箱烘干。

步骤 4　涂面涂装

（1）第一道涂面

1）喷涂。将已选定的涂面，按施工条件的要求，调整到工艺条件允许范围内，再进行喷涂。

2）烘干。一般采用特制的远红外线干燥灯或干燥箱进行局部烘干。烘烤的温度和时间按现场的实际状况而定，但必须要达到实际干燥的质量要求，可用棉球法测定。

3）打磨。用 P320 砂纸进行涂面打磨，使涂面涂层表面平整光滑，并用抹布、压缩空气边吹边擦，最后用带黏性的抹布将表面彻底擦净。

（2）第二道涂面

1）喷涂、烘干与第一道相同。

2）打磨。此次涂面打磨是直接影响到涂层表面质量的最后打磨工序，应特别注意打磨质量。采用 P500—P600 砂纸轻轻湿打磨，消除涂膜缺陷，然后再烘干。

步骤 5　罩光漆涂装

第二道涂面喷涂打磨干燥后，应再喷涂一层氨基罩光漆。

（1）施工条件。以罩光漆 KH—24 为例，采用专用稀释剂 KH—24；稀释率 14%～16%；稀释黏度 24～25 s；施工固体质量分数 46%；稳定性静置 48 h。

（2）涂装方法。喷涂 5～6 次，目标厚度 35～40 μm。每次喷涂之间流平 3～5 min；最后一次流平时间 7～10 min。

（3）干燥。干燥温度 140℃，干燥时间 30 min。若在干燥室内采用保持式干燥，则时间为 20 min。若是局部小范围的干燥，采用远红外线加热器进行烘烧，时间以实际干透为准。

步骤 6　抛光上蜡

（1）先用棉布、呢绒、海绵等浸润抛光剂，进行抛光，然后擦净。

（2）再涂上光蜡、并抛光泽。

步骤 7　质量检查

经上述处理后的涂装表面，一般均能符合要求。此时，外观质量，特别是表面色泽与原装相差无几，用肉眼几乎无法分辨。因此，只要保证了表面清理和打蜡抛光的质量，修复效果一般还是比较令人满意。

涂面深度小划痕的处理

深度划痕是汽车因碰撞、剐擦等原因造成车身局部损坏、板面变形、破裂等创伤，涂层严重损坏。划痕深浅是由划伤部位是否露出底涂层来区分的，凡露出底涂层即称为深划痕，否则称为浅划痕。若出现深划痕，其金属裸露处很快会产生锈蚀并向划痕边缘扩展，会大大增加处理的难度。对深度划痕首先应清除损伤板面的旧涂层，用钣金或焊装等方法，修复好已损伤车身的板面，以达到与原来的形状尺寸轮廓相等，然后再进行修补涂装。小面积涂面深度划痕的具体处理工艺如下。

操作步骤

步骤1　表面处理

（1）用铲刀、钢丝刷等清除表面涂层、铁锈、焊渣，焊口较大处用砂轮打磨平整，用P600—P800砂纸打磨，清除底层表面锈蚀和杂物。

（2）用溶剂将划痕处洗净，晾干。

（3）涂上一层薄薄的底漆。

（4）在底涂层上涂一层防锈涂料。

步骤2　刮涂腻子

（1）将速干原子灰覆盖在金属层上。

（2）原子灰干燥后，用P400干砂纸将原子灰打平。

（3）用脱蜡清洁剂将划痕处擦净。

步骤3　喷涂中涂层

（1）将待修复处以外的地方用专用胶纸加以遮盖。

（2）先用喷枪轻轻地喷上两道底漆，然后再喷第二层较厚的底漆，并使其干燥。

（3）用P600砂纸将底涂层磨平。

（4）如果划痕处仍低于涂面，可再喷涂3～5层底漆，并重复清洁步骤。

（5）用P1500—P2000砂纸将周围部分打平，再用溶剂擦净。

步骤4　喷涂车身涂料

（1）喷涂。选用与原车色漆配套的车身涂料，按原车颜色调配，并调至符合施工要求的黏度，经过滤后再进行喷涂施工。每喷涂一遍之后，应给予涂膜一定的流平时间，然后再一遍一遍地进行喷涂。使涂层达到30～40 μm 厚度。涂料在涂覆后应有足够的晾干时间，常温干燥一般2 h以上。

（2）湿磨。用P280—P320水磨砂纸在喷涂四层的涂膜基础上将涂膜打磨平整光滑，并用抹布、压缩空气边吹边擦净，使之表面干燥。干燥可采用加热干燥，也可自然晾干。但自然晾干时，时间较长，应注意防止粉尘污染涂膜表面。

（3）罩光。在原有车身涂料内，加清漆，比例不超过20%，再适当加入稀释剂混合使用，以增加光洁度，其黏度以15s/250c为宜，经过滤后再喷涂。喷涂后流平性要好，以便第二天的抛光打蜡,且总厚度为 80～110 μm。

步骤 5　抛光上蜡

(1) 喷涂完毕并干燥后,拆除车身上的遮盖物。

(2) 用 P400—P500 水磨砂纸带水将车身表面打磨至涂膜表面光滑平整为止。打磨长度来回在 100 mm 以内。

(3) 先用抹布将涂层表面擦净,再用呢绒、海绵等浸润抛光剂对修复处进行抛光。

(4) 抛光之后再用上光蜡抛出光泽,使其表面光亮如新。

注意事项

1. 涂层处理的注意事项

(1) 在处理涂面深度小划痕时,首先要将待处理部位清洁干净。

(2) 喷涂一定要量小层多,操作细致,薄涂一层待其彻底干燥后再涂第二层,直至与周边涂面平齐。

(3) 修补后要等涂面干透硬化后才能洗车上蜡。

(4) 汽车在做涂层修补时,需要用专门的红外线干燥灯对腻子和涂料进行干燥。红外线干燥灯与其他灯泡的不同之处就是它会从里往外烘烤,从而使腻子或涂料快干。但一些操作人员为降低成本往往使用普通灯泡进行干燥,这种情况下,腻子的表面看似干了,但里面的水汽(溶剂)根本没干透,太阳一晒,随着水汽(溶剂)的蒸发膨胀,就会拱出泡来,让人看起来好像车身长满了"疙瘩"。

2. 研磨抛光的注意事项

(1) 研磨、抛光一遍后若无成效,可进行第二遍或第三遍,直至抛光剂成干末状。

(2) 抛光后,如能用红外线干燥灯对涂面微微烘烤后再抛光一次,则效果会更佳。

(3) 在施工中应加以注意的是,要正确分辨汽车涂料,选用不同功力的研磨剂进行处理。例如烘喷漆选用强力研磨较为合理,金属漆则选用中切型较好,而玻璃漆由于涂面亮泽透明,漆色丰润,在处理中采用微切型研磨剂反复擦拭效果为佳,反之则可能造成损害。

3. 应由修理厂处理的涂面损伤

当汽车涂面出现以下情况时,应由汽车修理厂进行喷涂处理:

(1) 涂面严重老化,无法采用抛光还原工艺解决时。

(2) 涂面氧化层较厚,出现局部腐蚀,无法抛光还原时。

(3) 涂面出现较大面积的深度划伤时。

(4) 涂面出现局部或大部分破损时。

第6节　汽车其他部位的美容及保养

学习单元1　轮胎美容及保养

学习目标

能够熟练进行金属轮辋和轮胎的美容及保养

知识要求

一、金属轮辋美容及保养

1. 轮辋结焦的美容

在汽车美容时，有时会发现前轮辋特别容易变黑，仅用一般方法很难洗净。其主要原因是制动器在制动过程中，制动片与制动盘相互摩擦所磨下来的炭粉覆盖在铝合金轮辋的表面。铝合金轮辋在运行过程中所散发的热量会使炭粉在铝合金轮辋表面结焦，时间一久，就变成了一层深咖啡色的坚硬表层，这层外表一般很难洗净。

由于汽车在制动时、车辆重心前移，所有的重量都往车头集中，造成前制动器负担较重，因此所磨下来的炭粉要比后轮多得多，所以轮辋结焦现象一般容易发生在前轮处。在清洁轮辋上这一层硬硬的深咖啡色结焦时，应使用更强力的轮辋清洁剂。在清除结焦时要有一定的耐性，当喷上专用清洁剂之后，必须稍等 5 min 左右，让溶剂软化结焦之后，以海绵或粗布刷掉，然后再用清水冲洗。要特别注意的是，在清洗时不可心急，有些严重的结焦需要多遍清洁后才能完全去除。

2. 金属轮辋的保养

要避免金属轮辋产生结焦的现象，当车辆在还是新的时候就要勤于冲洗轮辋，天天都在使用的车辆至少每个星期要洗刷一次轮辋，先用清水冲湿之后，再用清洁剂以海绵刷洗，然后再用大量清水冲净。

二、轮胎的美容

1. 轮胎美容的必要性

汽车轮胎在使用过程中由于直接与各种条件的路面接触，容易黏附路面上各种污物，这些污物有的会在浸入轮胎橡胶表面后，造成轮胎橡胶失光。此时被污物侵蚀后的轮胎将失去原有纯正的黑色,而呈现灰黑色,影响汽车的视觉效果,且这种失光现象仅凭清洗是无法解决的。受污物浸入的时间一长,又因污物中的化学成分复杂,受到浸蚀的橡胶极易老化、变硬,失去原有的弹性及耐磨性。因此,汽车轮胎要定期进行翻新美容处理。

2. 常用轮胎美容用品

轮胎美容(漆黑)工艺是近年来发展起来的一种新工艺,汽车经过全车清洗之后,本身柔和闪亮,光泽鲜艳,唯有轮胎因经过长时间道路上各种摩擦而显露出光泽的不协调,因此需要做轮胎漆黑工艺。轮胎漆黑美容的主要用品是轮胎清洁增黑剂。轮胎清洁增黑剂一般为乳白色液体,适合于黑色橡胶制品,特别适于清洁保养轮胎,它能迅速渗透于橡胶内,分解浸入的有害物质,延缓轮胎橡胶老化,且具有增黑增亮的功能。

3. 轮胎美容操作

首先在轮胎清洗擦干后风干 10~15 min,或用压缩空气进一步吹干,以去除表面潮气。再使用汽车专用的轮胎增黑剂,可喷涂也可直接用无纺布、软毛巾涂抹,均匀擦拭,晾干后轮胎就会显出其黑亮的本色。当使用喷雾式的轮胎保护剂,喷上之后,短时间会在胎壁形成白色泡沫,几分钟之后就会自行消失,轮胎变得又黑又亮。

三、轮胎的保养

轮胎不仅承载汽车的全部质量,还要推动汽车前进,同时起到缓和地面冲击的作用。运输车辆上装用的轮胎要占全车价值的 15%~20%,在使用中轮胎消耗费用约占运输成本的 16%~22%。因此,正确使用轮胎,对节约运行成本显得十分重要。一般好轮胎的平均使用寿命约为 50 000 km,但使用保养的状况会对其使用寿命产生很大的影响。一般情况下,人们都通过观察轮胎的磨损程度来决定更换轮胎的时机,因轮胎胎面上有磨损程度的指示标志。

1. 保持胎压

轮胎胎压往往容易被忽视。最初轮胎里面充上空气是为了更好地减振。而现在的轮胎技术已经把轮胎结构与胎压紧密地联系在一起。只有充入适当的空气使胎压达到标准值,轮胎的优良性能才得以充分发挥出来,胎压过高或过低都不利于轮胎的使用。实验表明,如果轮胎气压偏高 25%,轮胎使用寿命将会降低 15%~20%。其原因是,若胎压过高,虽然滚动阻力减小,但胎体帘线要承受极大的拉伸力,轮胎接地面积缩小,往往会造成胎冠中部很快磨损。胎压过高,胎面张力也随之增大,受外力冲击时易产生外伤,还容易造成胎面脱层、沟底龟裂,另外也会降低车辆行驶的制动性与舒适性。

有人认为爆胎是由于胎压过高而引起的,而胎压低一点问题不大,其实这是一种十分片面的理解。有关实验表明,如轮胎气压偏低 25%,使用寿命将会缩短 30% 左右。其原因是一般轿车的行驶速度很快，轮胎的形状处于一种高频交变状态，若胎压过低，轮胎径向变形增大，帘线伸张变形大，胎面磨损不均匀，往往造成胎冠及两肩严重磨损。此时胎体因无法抵御地面的压力而扭曲变形，使得滚动阻力增大，油耗也随之增加。同时也易使胎温升高，进而使胎面或帘布层脱层，胎面沟槽及胎肩龟裂，帘线断裂。另外胎唇与轮辋之间摩擦过大，也会引起胎唇损伤或轮胎与轮辋脱离，严重时将产生爆胎。

因此，要养成定期检查胎压的习惯，并按厂家要求保持轮胎的标准气压，包括备胎气压。胎压可自行用胎压计测量，不过必须在轮胎常温以及一定载荷的状态下测量，热胎测量结果不准确。标准的轮胎气压一般都标在油箱盖的内侧或车门的侧面。汽车使用手册上推荐的轮胎压力一般是针对冷却的轮胎而言的，这表示检查轮胎压力应该在早上驾车前进行。另外，虽然前后胎的推荐充气量可能并不相同，但左右两边轮胎的压力却要保持一致，否则，当胎压相差在 0.2 MPa 以上就会造成车辆的跑偏。

2. 注意胎温

在汽车行驶中，轮胎快速反复变形，由轮胎内摩擦产生摩擦热，同时外胎与内胎间、轮胎与轮辋间，以及轮胎与路面间因摩擦也要生热，使轮胎温度上升，高温会使轮胎材料的力学性能下降，从而加速胎面磨损，也容易造成帘线松散、折断和帘布脱层，甚至引起爆胎。例如：当温度从 0℃升高到 100℃时，橡胶强度及与帘线的黏附力大约降低 50%。

在炎热的夏季，胎温升高较快，同时胎压也会升高，当轮胎发热量与散热量平衡时，胎温将不再升高。此时切勿放气降压或泼冷水降温，否则会对轮胎造成伤害。长时间高速行驶后胎温很高，应降低车速或停车降温，且要尽量避免强烈的阳光直射轮胎。若经常使轮胎在胎温很高的环境下工作、轮胎的使用寿命将会大大缩短。

3. 保持平衡

在轮辋边缘通常会看到装有一块或多块小铅块，这些看起来不起眼的小东西，它们对轮胎的平衡起着不可或缺的作用。通过调节这些小铅块的质量及其位置分布，可弥补车轮整体上质量分布的不均，从而达到平衡车轮的目的。轮胎平衡包括静平衡和动平衡。若动态不平衡，车辆行驶时会导致车轮摇摆，从而引起不均匀的波浪型磨损，而静态不平衡会产生颠簸和跳动，从而使轮胎产生平斑现象。轮胎一旦出现不平衡状况，应尽快查明原因。不过也应定期做轮胎的动、静平衡检查并加以调整，这样不仅可延长轮胎使用寿命，而且还能提高汽车行驶时的稳定性，避免在高速行驶时因轮胎摆动、跳动失去控制而造成交通事故。

4. 准确定位

四轮定位是大家比较熟悉的，其中主要的"三倾一束"，即前轮外倾角、主销后倾角、主销内倾角和前轮前束是前轮定位的主要参数。如果前、后车轮受到较大的碰撞或其他外力，车轮定位可能受到破坏，于是就会出现车辆跑偏或颠簸，以及轮胎胎冠的不均匀磨损。若出现上述现象就应立即做车轮四轮定位检查，确保车辆的正常行驶。

5. 定时换位

由于一般汽车发动机设置在车辆的前部，前桥与后桥的分配负荷不同，驱动轮与从动轮的不同以及路面状况差异，再加上汽车在制动过程中由于惯性作用，前轮的负荷通常占汽车全部负荷的 70%～80%，4 个胎上的载荷既然不均等，就必然造成前轮胎磨损较大。为缓解这一现象，获得最佳的轮胎磨损状况，轮胎定期换位是一种很好的解决办法。在汽车制造商提供的汽车使用手册中会明确指导轮胎的换位。新车轮胎换位间隔一般为 15 000 km，以后每行驶 10 000 km 进行一次轮胎换位。通常采用交叉换位法和循环换位法。交叉换位法就是简单地将前后对角线上的轮胎加以调换；而循环换位法就是把左前胎调往右后方，而右后胎调往右前，右前胎调往左后，左后胎则作后备胎，后备胎又调往左前，这样为一个循环。必须注意的是一侧的车轮换位到另一侧，必须将轮胎相对轮辋换一个面，使轮胎的旋转保持原来的方向。交叉换位法适用于经常在拱形较大路面上行驶的轿车，循环换位法适用于经常在平坦道路上行驶的轿车。此外，每次对调轮胎后，应到相应的维修店进行一次车轮平衡和四轮定位测试调校，这样才不至于在高速行车时，出现振动现象。

子午线轮胎应该保持在车辆的同一侧使用，即保持相同的旋转方向。子午线轮胎的换位走向是固定的，如果旋转方向装反了，会使车辆失去操纵稳定性，使车辆行驶不顺并产生振动。子午线轮胎和斜交轮胎千万不要混用，否则将可能导致故障的发生。

6. 非全尺寸轮胎的应用

为了使汽车转向轻便以及无论直行还是转弯时，轮胎都是纯滚动以防磨损。汽车的前轮或四个车轮相对车架和地面都设有一定的角度，通常称为四轮定位。由于车桥变形、转向机构松旷或者其他原因引起轮胎边滚边滑而发生偏磨，传统的做法是轮胎换位。另外有一种情况：假如左侧有一个车轮坏了，换了备胎，坏胎修好后当做备胎，右侧一个车轮又坏了，又换上备胎等情况都说明左右车轮有互换的可能，这对于排量大、车速高的汽车是非常危险的。

我们知道轮胎的构造除了橡胶、尼龙帘布层等以外，还有一层钢丝帘布层。这层钢丝帘布是承载负荷的主要支柱，在轮胎出厂时是没有经过预紧的。一旦车辆使用后，则随着车轮滚动，右轮的钢丝向右越绞越紧，左轮的钢丝向左越绞越紧，车速越高变形越大。一旦向右绞紧的钢丝帘布层换到左旋，钢丝会反方向松开，轮胎强度急剧下降而引起爆胎，其后果的严重性是可想而知的。另外，汽车使用了一段时间后，四个轮胎无论是否有偏磨，它们与地面接触的面积基本是相等的。假如将偏磨状态不一样的轮胎互换位置则与地面接触的面积就有了差异。轮胎与地面的摩擦力也随之产生差异,在高速行驶的情况下紧急制动会产生跑偏,同样是极其危险的。

经常看到在高速公路上的"爆胎",其成色是新的,气压是正常的,路面也是平坦的,究其原因大多数是由于左右车轮曾经互换。为此,很多车型出现了用非全尺寸轮胎作备胎。例如别克、本田等备胎的直径,宝马、奔驰等备胎的断面宽度都比另外四个轮胎小得多,如图4—3所示。换上备胎后,只能低速行驶,迫使你将坏胎修好后换回原处。非全尺寸轮胎的作用其实只是作为一个"记号"。由此可见,轮胎从装车后直至更新,其安装的位置将是固定的,避免换位带来的不良后果。有些车主为了图方便,将非全尺寸轮胎换成全尺寸轮胎是错误的,会留下"爆胎"的隐患。

图4—3 别克车备胎与正常轮胎比较图

防止轮胎偏磨的最有效办法是保持车辆良好的技术状况,国家标准GB 7258—1977《机动车运行安全技术条件》和GB/T 18344—2001《汽车维护、检测、诊断技术规范》都明确了转向轮定位及与之相关部件定期检测的规定。

7. 保持规格

有些车主喜欢又高又宽的轮胎,于是自己动手进行轮胎规格上的升级,换上宽胎面低扁平率的轮胎。虽然这些又宽又扁的轮胎看起来野性十足,增强了抓地性能,但值得注意的是,轮胎的规格尺寸与车辆的动力性、制动性、各电子辅助系统(ABS及TCS等)、油耗及车速和里程显示等方面都是密切相关的,切不可随意更换,一旦升级不当就会造成车辆机械方面的不协调而导致一系列的问题。ETITO(欧洲轮胎轮辋协会)建议升级规格后的轿车轮胎总直径加大后不能超过1.5%,降低后不能超过2%。为便于查询,某些轮胎专业机构综合各方面的要求后挑选出可互换的一些轮胎规格并将其列成表格,但国内还没有适合中国国情的互换标准。

8. 清除异物

由于轮胎总是"走"在最下面,它受到伤害的机会也是最多的。在胎冠及胎侧往往会出现割伤、扎伤、裂缝和鼓包,由于胎侧是轮胎最薄弱的地方,这些情况极易发生。平时应经常注意清理胎体内的钉子、碎玻璃、铁片等杂物,如不及时清除,杂物将会一步步插入胎体内部,造成帘线强度降低,进而引起脱层,甚至造成爆胎。轮胎若出现扎伤,先不要急于拔出扎入物,应首先检查其是否漏气,否则可能会使漏气加速。高速行驶时,轮胎可能撞击坑洞及其他外界异物,从而导致轮胎在冲击物与轮辋凸缘之间产生严重的挤压变形,造成帘子布断纱,轮胎内部的空气则从断纱处顶起形成鼓包,出现鼓包的轮胎不能再继续使用,因其随时都有可能爆裂,是车辆行驶的事故隐患。

9. 换胎

换轮胎最好要两个两个对称地换,而且要使用同一品牌、同一型号。同一辆车不能混装两种不同规格的轮胎,如果将两种不同规格的轮胎装在同一轴上,就会造成转向过度或不足,或容易造成侧滑。轻者影响汽车的操纵灵活性,重者会造成车祸。新胎装上之后,应对车轮做一次平衡,因为哪怕只有20~30 g的误差也会导致高速行驶时车辆严重抖动。如果是四个轮子一起更换,那么要顾及到轮胎的磨合期,前2 000 km尽量将车速保持在100 km/h以下,否则将会缩短轮胎的使用寿命。

此外,轮胎上的花纹是轮胎性能的集中体现,其设计根据需求面的不同会有不同取向。简单来说,面积越大的胎块会有不错的抓地力,但行驶噪声会大些;胎面花纹细小、繁密、有众多的排水线的设计,在湿地表现较好而且行驶噪声小些,但抓地力也会略打折扣。

10. 保持清洁

应经常对轮胎进行清洗。轮胎的主要成分是橡胶,因此要防止阳光暴晒,并尽量避免与类似油、酸、冷冻液、电解液和碳氢化合物等物质的接触,因为它们会渗透到轮胎表面的组成物中,改变其物理、化学性质,使之加速老化。此外,在停车时应避开有汽油、润滑油的路面。轮胎应存储在冷却、干燥和黑暗的室内,避免水分聚集在胎内,当增压后,水分可能会通过内部气密层而进入胎体层,导致轮胎损坏。

11. 避免超载

车辆负载不能过大,小轿车如果长期超员行驶,会使轮胎过度发热、橡胶老化、轮胎使用寿命缩短。试验表明:轮胎超载10%~12%,轮胎的行驶里程就会下降20%~40%。

12. 谨慎驾驶

好的驾驶习惯也有助于保持轮胎良好的使用状态。最高时速不要超过轮胎速度级别的限制，行驶过程中尽量避免急加速、急制动和急转向，这不但对汽车本身机械性能造成损害，对轮胎的使用寿命也有很大影响。如果反复进行急加速、急制动和急转向等不正常行驶，会引起轮胎急剧变形，胎冠不均衡磨损，纵向沟纹撕裂，轮胎内部温度上升，使之处于容易爆裂的状态，尤其是子午线无内胎轮胎。当车辆面临无法避开的碎玻璃、碎石块和坑洞等障碍物时应减速通过，因为汽车在高速行驶时，即使胎压正常，轮胎遇到道路障碍物伤害而导致损坏的概率仍要比低速行驶时高。特别当遇到碎玻璃和碎石块时，千万不要紧急制动，因为紧急制动使压强增大，玻璃碎片更容易扎入轮胎。在冬季严寒地区，由于气温低，轮胎的橡胶脆性变大，弹性下降，在起步时应慢抬离合器踏板，平稳起步，在最初的 20～30 km 中应控制车速，待胎温上升后再正常行驶。若车辆在冰雪地面上停驶了一段时间，接地部位可能会被冻结，起步时须格外小心，防止胎面被撕裂。

13. 小心停车

驾驶员在停车时应注意避免将车辆停放在有粗大、尖锐或锋利石子的路面上。车辆不要停放在靠近或接触有石油产品、酸类物质及其他会引起橡胶变质的物质的地方，不要在停车后再转动转向盘。

14. 紧急补胎剂的使用

紧急补胎剂这种应急产品可随身携带备用。补胎剂品牌很多，可靠的产品其成分除橡胶外应该有阻燃剂、防爆剂和充气剂。其工作原理是产品中的橡胶通过接触嵌入轮胎穿孔内产生瞬时硫化，将胎冠上 6 mm 以下的刺孔永久封补并瞬间充气。这种产品不单能及时修复轮胎穿孔，还能将无气的轮胎充气至标准气压的 70% 左右。当出现穿胎时，只需将补胎易软管上的螺母与穿胎的气门嘴拧紧，轻轻一按，将补胎剂灌入车胎内，2～3 min 内就能安全、轻松地解决修补轮胎与同时充气的难题。

15. 轮胎充氮气的作用

轮胎问题是公路交通事故中的头号杀手，尤其是在夏天。据统计，高速公路上 46% 的交通事故是由于轮胎发生故障引起的，其中爆胎一项就占轮胎事故总量的 70%。俗话说：气压是轮胎的生命，高温是轮胎的主要杀手。爆胎主要是由于轮胎气压过低或过高，在高速行驶中产生的高温导致轮胎橡胶老化，疲劳强度下降，胎面磨损剧烈等造成的。所以保持胎压正常稳定是防止爆胎，保证安全行驶的关键。由于一般轮胎充气使用的是压缩空气，其内含水分、油分，结合空气中的氧气对轮胎产生氧化作用，加速轮胎的老化和钢圈的腐蚀，导致气嘴漏气和轮胎渗气，造成胎压不稳。在航空航天、军事和赛车上，应用氮气充填轮胎已有 20 年的历史了。与普通充气相比，用压缩氮气替代压缩空气充轮胎有如下好处：

(1) 氮气干燥洁净，不含水，不含油。

(2) 氮气是惰性气体，不会对轮胎产生氧化作用，不会对钢圈产生腐蚀，延长轮胎使用寿命。

(3) 氮气在轮胎中的渗透率低，可长期保持胎压稳定，减少爆胎概率，增加车辆行驶的安全性，还能减少车辆行驶中的阻力，降低油耗，降低轮胎的磨损程度。

(4) 凹凸路面减少振动，行驶平稳，音量传导率低，减少噪声。

汽车轮胎改充氮气后，对行驶稳定性和振动在直觉上都有明显的改善，普遍受到欢迎，越来越多的汽车美容店都装备了氮气机。

学习单元 2　车门饰板的漏水处理

学习目标

能够熟练从事车门饰板漏水处理的操作

知识要求

车门饰板漏水的位置，通常发生在扶手、升降机摇柄、车门内把手盖螺孔、门饰板下方等处。大部分漏水都是因为车门饰板内侧的防水塑胶片破损或防水塑胶片与车门的胶合不良所致。

一部分汽车的车内在雨天会出现积水或渗水的情况，这将导致车身被锈蚀，影响车辆正常工作并缩短车辆使用寿命。

一般的侧车门均装有可滑动开闭的车窗，车窗玻璃与车门外侧钣金件之间有一条橡胶条，它的作用一是防水，二是保持车窗玻璃的位置，这是车门漏水的一个源。另一个源是活动门把手、钥匙孔，但没有橡胶条那么严重。由于橡胶条与玻璃间会漏水，车门体底部就设计成一个槽子，把水接住，再从槽子两侧的排水孔将漏进车门体内腔的水排出车门外，几乎所有的车门都是这样设计的，且排水孔一定在下角两边，否则车身前后俯仰的时候水就有可能排不出去。车门体内侧有些是整体式的，有些是大开孔加挡水膜，再内侧则是内饰板。

车门漏水的原因有以下两种情况。

1. 排水孔堵塞，槽子内的水积存过多，由挡水膜的破损处、缝隙处或内饰板卡件的间隙（对于没有挡水膜的整体式车门体而言）处渗入车门体内侧，进而流入车内。

2. 当车身侧倾至一定角度停放时（例如一侧车轮停在便道上），这时漏入车门体内腔的水会直接滴溅在挡水膜或内饰板卡件上，如果挡水膜有破损、卡件间隙过大，结果就跟上一种情况一样了。

排除忘关车窗、车门体老化锈穿、接缝开焊这一类问题，车门体一般在上述两种情况下会漏水。

车辆防漏水的保养经常被忽视。在雨季来临前，应该对车辆各处可能出现渗漏的地方进行详细检查，更换一些老化的密封件，防患于未然才能保证在雨天里有一个干燥的车内环境。

技能要求

车门饰板的漏水处理

操作步骤

步骤1　拆卸

（1）使用改锥拆下扶手固定螺钉。

（2）用布条将升降机卡环拆下。

（3）使用改锥拆下车门内把手。

（4）小心地拆下门饰板，注意门饰板与车门四周是用塑胶扣相接合，所以用力不可太大，否则会破坏其接合效果。

步骤2　处理

（1）拆下门饰板后，即可看到防水塑胶片。如有破损可用透明胶带补好，若破损严重则最好更新，但也可自己利用宽型塑胶带按原形状裁一个来使用，效果是相同的。

（2）如果不是上述原因所造成的渗水，请注意防水塑胶片的四周黏结剂的粘接情况。如有部分未完全黏结则可用硅胶补上。

步骤3　装复

依与拆卸的相反顺序逐项安装复原即可。

学习单元3　汽车玻璃美容及保养

学习目标

能够熟练从事汽车玻璃护理的操作

能够熟练从事汽车风挡玻璃的漏水的处理

能够熟练从事汽车玻璃裂缝的修补

知识要求

有些车主只顾着给一些大的零部件进行保养，却很容易忘记眼前的玻璃，汽车风挡玻璃决定着驾驶者的视线清晰与否。夏季和冬季由于气候条件复杂，风挡玻璃容易出现镜面模糊或者镜面杂乱反光等问题，驾驶者在夜间或者天气不太好的情况下驾车很容易混淆视线，影响行驶的安全性。夏季雨水多的情况下，玻璃表面会留有很多虫尸或雨水留下的痕迹。冬天，雨雪天气很容易使镜面发生结霜，这些问题看似简单，可是处理起来却并不容易。对汽车玻璃的护理一般有：

1. 去除玻璃上的氧化物、污垢、油垢等，使之保持清洁光亮。
2. 冬季对玻璃防冰冻、防雾养护。

技能要求

汽车玻璃的护理

操作步骤

步骤1　清洗

使用玻璃清洁剂去除玻璃表面上沾染的沥青、油脂、昆虫尸体、污渍和发乌的氧化层等较为顽固的污渍。其操作方法是将玻璃清洁剂喷涂到玻璃制品表面，然后进行擦拭，最后用水清洗并擦干即可。

步骤2　处理

(1) 防雨处理。将少量玻璃防雨剂倒在抛光巾上，按逆时针画圈的方式涂拭于玻璃表面，晾2～3 min后，用干净的抛光巾抛光后，再按上述方法重复一遍，即可完成玻璃的防雨护理。

(2) 防雾处理。将玻璃防雾剂倒在抛光巾上，按逆时针画圈的方式涂拭于玻璃表面，晾5 min后，即可抛光。为加强效果，可再按上述方法重复一遍。

(3) 除冰处理。冬季行车时，风挡玻璃上积有冰雪，会影响驾驶员视线。此时，可选用风挡玻璃除冰剂进行除冰雪处理。该产品能使玻璃表面上的积雪、冰层、浓霜等很快融化，还能去除聚乙烯和镀铬制品表面上的油雾、沙石和尘垢。该产品能保证在0℃以下进行喷洒，对汽车无损害。使用时，只需将它直接喷洒到待处理表面上，待冰融化后擦拭干净即可。

汽车风挡玻璃漏水的处理

操作步骤

无论是前风挡玻璃或后风挡玻璃,使用时间长或更换玻璃后常常会发现有渗水现象,这些渗水一般都发生在风挡玻璃的四周胶垫接合处。造成渗水的主要原因是胶垫老化或更换时清除不良,如污物、碎玻璃仍留于接合处,造成缝隙。所以下雨时雨水就很容易渗入,如不及时处理,那么风挡玻璃安装处的钣金部分很快就会生锈腐蚀。风挡玻璃渗水处理的方法如下:

步骤1　填充材料的选用

最好不要用腻子或原子灰等来填充空隙,因为这些材料经日晒后时间一久容易产生龟裂。

步骤2　拆卸

如果是前风挡玻璃的下方渗水进入车内时,须先将刮水器的刮臂、通风罩拆下,用清洁器具清理接合处后,用压缩空气喷枪将其吹干净,再用硅胶注入接合缝处即可。

步骤3　填充

如果渗水位置是在风挡玻璃的上方或后风挡玻璃的四周时,可用硅胶直接注在外层表面即可,或使用旋具撬起胶垫再注入硅胶,效果会更好。

汽车玻璃裂缝的修补

车辆在高速行驶时,当风挡玻璃遇到前车弹起的石子或其他硬物时,往往会产生裂缝。此时,如果为了一个小裂痕就换掉整块玻璃,不仅不经济,而且也不符合环保理念。但如置之不理,风压、振动以及玻璃本身的应力又会使裂缝逐渐扩大,最终导致整块玻璃损坏。此时,采用汽车玻璃修补工艺将是较为理想的解决办法。汽车玻璃是一种双层胶合玻璃,当受到外力的撞击时,如果外力不足以使其破碎而只产生裂痕,中间的胶合层就会因空气进入和大气压力的作用而产生分离,如果继续行驶,裂缝面积会越来越大,影响视线及行车安全。汽车玻璃修补是使用特殊的修补液针对玻璃裂缝或小伤口进行处理的一种简单有效的工艺,它操作时间短,且不会影响日常用车。

汽车风挡玻璃破损后,形状各异,但一般可以归为五大类形状:牛眼状、星形状、裂缝状、复合形状和浅坑。

操作步骤

步骤1　清洁破损点

对破损点进行清洁,如破损点有水蒸气则要用吹风机烘干,如图4—4、图4—5所示。

如果是一条裂缝，则必须在裂缝的两端各打一个止裂孔，以防裂缝进一步延伸。

步骤2　安装支架

将三爪吸盘清洁干净并均匀地喷上一层清水用于更好的密封和移动调整时的润滑（见图4—6），将吸盘安装在玻璃上面，吸盘不要垂直于破损点防止吸盘里的水流到玻璃破损点影响修复效果（见图4—7），支架的中心孔对准撞击点（如果修复玻璃的边角可以用支架上端的中心孔对准撞击点），如果未对准可以推动支架做相应调整。

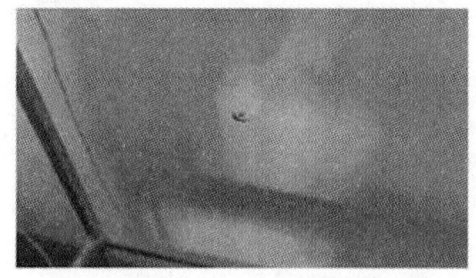

图4—4　玻璃修复1

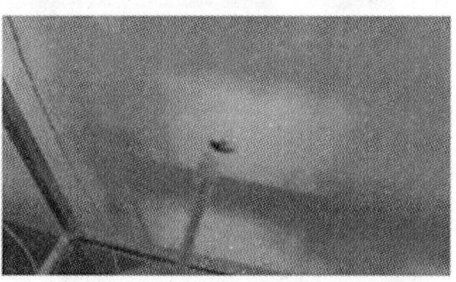

图4—5　玻璃修复2

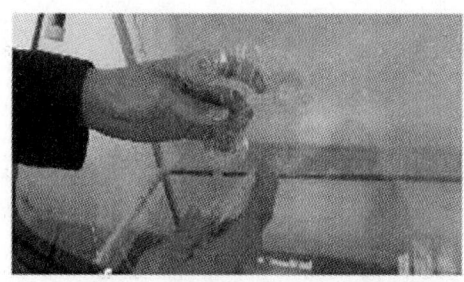

图4—6　玻璃修复3

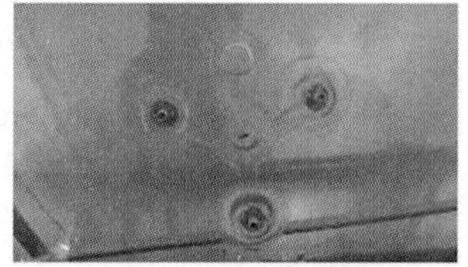

图4—7　玻璃修复4

步骤3　安装注液嘴

（1）抽取适量的修复剂点一滴在注液嘴的密封垫上涂匀起密封作用（见图4—8）。

（2）将注液嘴安装到三角支架上，旋下注液嘴靠近玻璃（并不接触玻璃），通过注液嘴中的小孔观察，将小孔对准撞击点（见图4—9）。如小孔与撞击点未对准，则可推动支架做相应调整。

（3）旋紧注液嘴（接触到玻璃拧1.5圈）并锁紧注液嘴上面的锁片。

（4）如玻璃破损过大已形成牛眼，导致注液嘴无法覆盖，可在牛眼上面贴上透明胶带，在撞击点位置用刀片挖一个小孔，小孔与注液嘴小孔对准，再按照以上步骤操作。

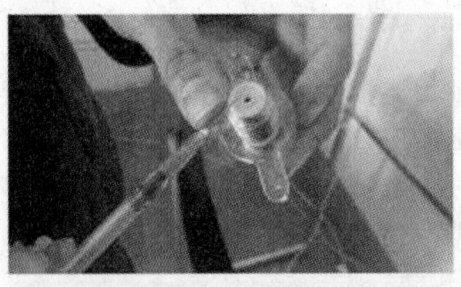 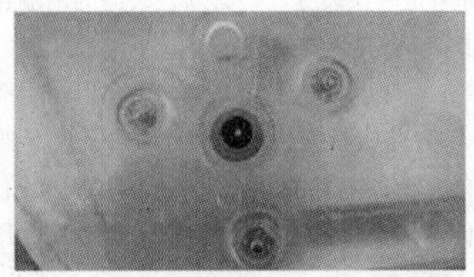

图4—8　玻璃修复5　　　　　　图4—9　玻璃修复6

步骤4　注液

(1) 将注射器针头穿过注液嘴的中心孔,将适量修复剂注到玻璃破损点上,同时检查注液嘴内的黑色密封垫是否完好(见图4—10)。

(2) 检查真空修复器下面的放气螺钉是否旋紧,将拉杆抽到三分之一处松开拉杆迅速回弹说明修复器处于良好状态(见图4—11)。

(3) 将拉杆内的凹槽对准黑色锁紧螺钉并旋下锁紧螺钉。

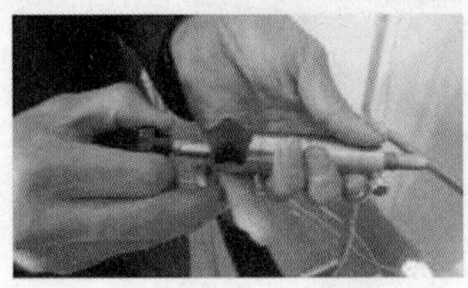 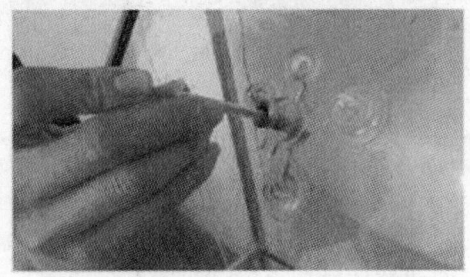

图4—10　玻璃修复7　　　　　　图4—11　玻璃修复8

步骤5　安装修复器

(1) 将修复器安装到注液嘴上。安装时一只手捏紧注液嘴另一只手旋紧修复器(见图4—12)。

(2) 安装好修复器后一只手托住注射器另一只手抽出拉杆并顺时针旋转(见图4—13)。

(3) 整体操作不能使下面吸盘移位及注液嘴产生晃动,抽出拉杆后松开手时确认修复器拉杆已被锁紧螺钉卡住,否则拉杆回弹会击碎玻璃。

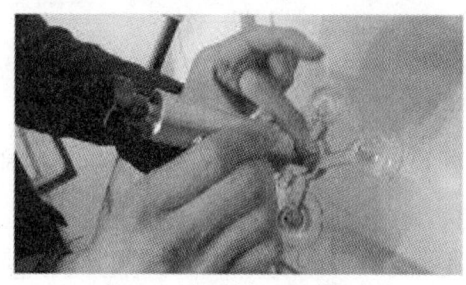

图4—12 玻璃修复9

图4—13 玻璃修复10

步骤6 加热

(1) 从玻璃里面用吹风机对破损点加热,加热温度不能超过45℃(见图4—14),同时观察有气泡在流动。

(2) 抽空时间大约5 min,等到没有气泡流动,玻璃已经冷却时拧松修复器下面的金属放气螺钉进行放气(见图4—15)。

(3) 用打火机加热时要贴近玻璃用蓝色火焰加热不会损伤前挡车膜。

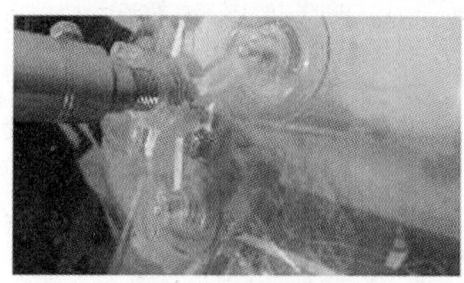

图4—14 玻璃修复11

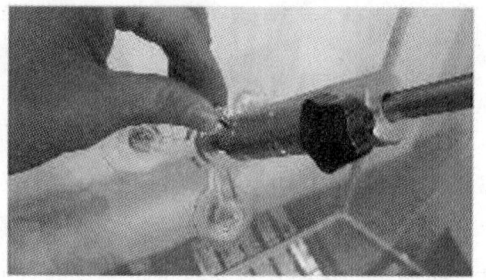

图4—15 玻璃修复12

步骤7 修复器调整

(1) 约10 s后拧紧修复器的放气螺钉(见图4—16)。

(2) 旋松修复器上端的黑色锁紧螺钉(见图4—17),操作时修复器不能产生抖动。

图4—16 玻璃修复13

图4—17 玻璃修复14

步骤 8　保压

(1) 将修复器拉杆推下,接近末端时有轻微的压力感同时旋紧修复器上端的黑色锁紧螺钉进行保压(见图 4—18)。

(2) 从玻璃里面进行加热,加热温度不能超过 45℃,观察并确保没有裂痕及破损的痕迹。

(3) 等待 5 min 待玻璃冷却,如图 4—19 所示,推下修复器拉杆时在旋紧螺钉前确认拉杆凹槽不要对准锁紧螺钉,若发现有气泡存在则重复第 5、6、7、8 步骤。

图 4—18　玻璃修复 15

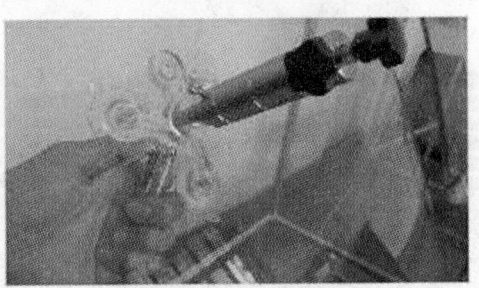
图 4—19　玻璃修复 16

步骤 9　拆下吸盘

(1) 确认破损点无明显痕迹及气泡后,再一手托住修复器另一手揭下吸盘,将设备及吸盘整体拆下(见图 4—20)。

(2) 及时在破损点上滴上一滴修复剂并贴上固化片(见图 4—21)。应注意不能有气泡存在,也不能用手挤压固化片。

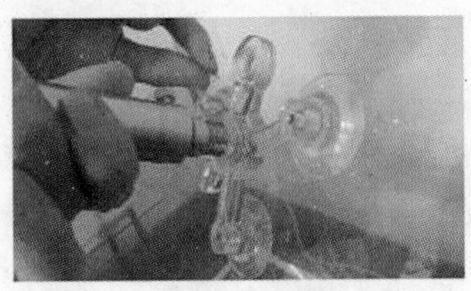
图 4—20　玻璃修复 17

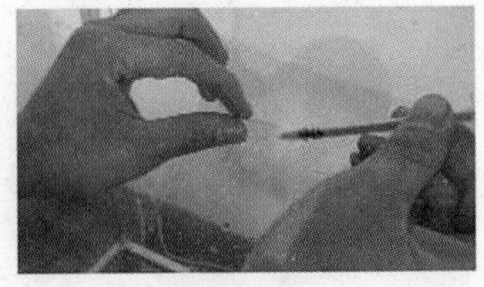
图 4—21　玻璃修复 18

步骤 10　固化

(1) 将固化灯用不干胶条固定在修复点的中心,固化时间 5 min(见图 4—22)。

(2) 揭下固化片(见图 4—23)。

图4—22 玻璃修复19

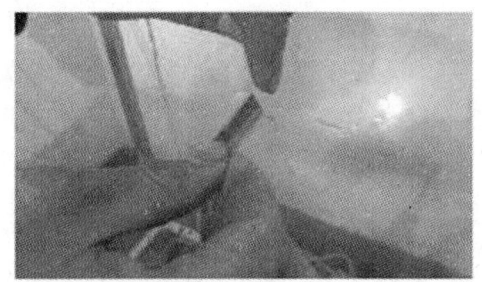
图4—23 玻璃修复20

步骤11 清洁

(1) 使刀片与玻璃成90°，将多余的半固态修复剂刮平（见图4—24）。

(2) 用干净的抹布对玻璃进行清洁（见图4—25）。

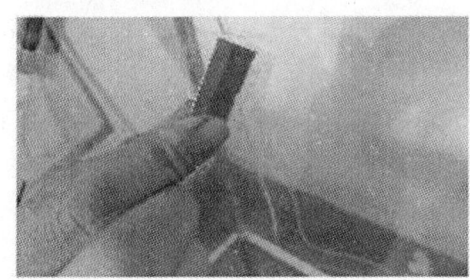
图4—24 玻璃修复21

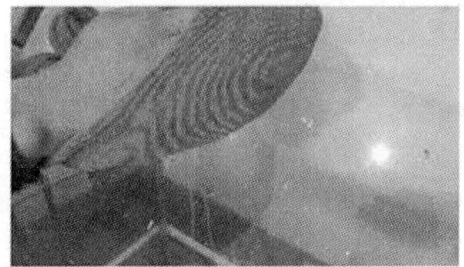
图4—25 玻璃修复22

步骤12 细节处理

(1) 如小白点过大，点一滴修复剂在小白点处，贴上固化片后修复剂和小白点大小一致，固化后不用刀片刮平即成透明状态。

(2) 处理时不要用手或硬物碰触，需要等阳光照射后才能达到最大强度。修复后效果如图4—26所示。

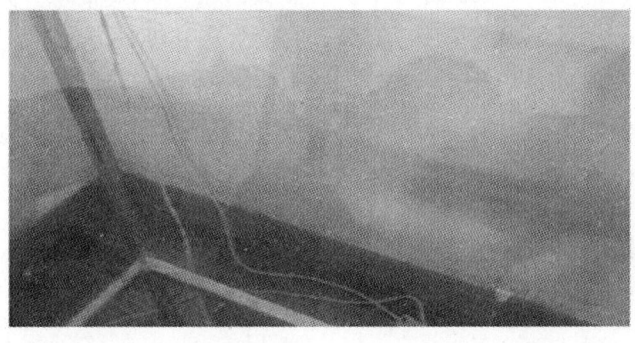
图4—26 玻璃修复23

注意事项

1. 玻璃修补不是在任何情况下都适宜做的。当玻璃已经断裂分离，或是破成碎片时，就不能再采用修补的办法。

2. 若裂痕太大，可能修补费用会相当于重新换一块玻璃，再加上修复之处还会留下疤痕，因此也不适宜采用玻璃修补。

学习单元4　灯具美容及保养

学习目标

能够熟练进行汽车灯具的使用、保养和更换

知识要求

汽车灯具不仅影响到行车的舒适性，而且还直接关系到行车的安全性。通常在得到他人提醒之前，车主很难会意识到前大灯、尾灯、转向灯或驻车灯已经不能正常进行工作。更多情况下，车灯的故障绝不仅限于灯泡烧坏、插座锈蚀或插头损坏这一类的小问题，往往需要采取专业的诊断技术来分析故障发生的根本原因。即使是那些低价位的汽车，其内部和外部灯具也是由微处理器芯片进行控制的；而那些豪华汽车，仅其前大灯就需由3组芯片进行控制。

一、汽车灯具的发展

自1887年第一个汽车前大灯诞生至今，汽车灯具的发展经历了四个时代，即：煤油灯、乙炔灯时代，白炽灯、卤素灯时代，氙气灯时代和LED灯时代。LED灯具有亮度高、颜色种类丰富、能耗低、使用寿命长的特点，因此被广泛应用于汽车领域。

初期的LED车灯一般只作为配光灯和装饰灯两种。配光灯使用于指示灯背光显示、前后转灯、制动信号指示灯、倒车灯、雾灯、阅读灯等功能性方面。装饰灯主要用于汽车灯光色彩变换，起车内外美化作用。LED车灯作为第四代汽车光源，现阶段已为众多汽车制造商所运用，并制造出美轮美奂的车灯款式。奥迪是第一家认识到LED照明技术的潜力并将它应用到汽车开发过程的汽车厂商。

二、汽车灯具的种类

1. 外部车灯

外部车灯有前照灯、雾灯、牌照灯、制动灯、转向灯、警示灯和日行灯。外部灯具光色一般采用白色、橙黄色和红色。

2. 内部灯具

内部灯具有顶灯、阅读灯、行李箱灯、门灯、踏步灯、仪表照明灯、工作灯、仪表板指示灯等。

三、汽车灯具护理及保养

对于汽车灯具的使用保养，除了要对前大灯进行检查外，还应经常检查其他灯系，如转向灯、车牌照明灯、示宽灯、倒车灯及制动信号灯等。另外，许多车辆还将雾灯作为标准装备或流行的选装件，雾灯一般安装在汽车上较低的位置，因此极易受到石块的损伤，在对其进行维护时，除了检查照明系统本身外，车灯镜头的裂纹也不应该被忽视。

四、汽车灯具的更换

1. 前照灯灯泡的更换

大多数轿车的前照灯都使用卤素灯泡。更换前照灯灯泡的方法如下：

打开发动机罩，用手拔下前照灯后端的接线插座，然后拆下防尘罩和灯泡之间的卡簧，用手指捏着灯泡的金属底座，直接把灯泡拉出来，拆下旧灯泡，再换上相同功率的新灯泡。更换灯泡时必须戴手套，这一点十分重要，切莫忘记。除此之外，防尘罩上有排水孔，在安装防尘罩时，必须把排水孔朝下。

2. 信号灯泡的更换

信号灯灯泡一旦损坏，也应及时更换。在绝大多数的汽车上，为了更换信号灯的灯泡，都必须把信号灯的灯罩拆下来，然后把灯罩上的插座和灯泡一起卸下，检查一下插座上的O形橡胶环，如果发现有老化和裂纹，应该及时更换新品，再检查一下新灯泡的功率，然后将新灯泡插到插座中，向右拧45°，把灯泡牢靠地固定在插座上。

3. 后组合灯灯泡的更换

在后组合灯的灯罩下面有许多种信号灯，例如尾灯、闪光信号灯、停车灯、倒车灯。为了使车身外形更美观，又不让灰尘和雨水侵入到灯具中，灯罩的固定螺钉大都十分隐蔽。一般只要打开汽车的行李箱盖，在靠近后组合灯方向的侧壁周围仔细查找一下，大都能找到两三个灯罩的固定螺钉。

在某些轿车上，不必查找后组合灯灯罩的固定螺钉，也不必拆开灯罩，只要打开行李箱，拆掉行李箱侧壁的盖板，就能把后组合灯的灯具板取出来。在更换灯泡时，千万要注意灯泡的功率。灯泡外形尺寸可能相同，但不同位置的灯泡功率不同。

此外，在更换灯泡时，注意不要把插座上的O形橡胶环漏掉。如果不装O形橡胶环，雨水很容易侵入到灯罩内，从而造成接触不良。组装完毕之后，操纵开关使后组合灯打开，检查一下安装是否正确。

4. 牌照灯灯泡的更换

汽车不同，牌照灯的灯泡更换方法也不相同。最常见的是从行李箱盖下面更换灯泡。除此以外，也可以拆掉灯罩，从外面更换灯泡。

在大多数轿车上，都使用没有金属卡座的灯泡。在拆装这种灯泡时，如果像拆装闪光信号灯灯泡一样用力拧，很容易把灯泡拧碎。因此安装时一定要谨慎小心。此外，牌照灯的灯泡很小，安装时可不戴手套。

> **特别提示**
>
> 1. 在接触灯泡时，尽量不要直接用手触摸灯泡玻璃，以免人手本身分泌的油脂沾在玻璃管上，留下指纹、油膜，使灯泡点亮后受热不匀，造成玻璃表面膨胀不同而导致破碎。如果不慎让脏物沾在玻璃管上，应该用酒精仔细将污渍等擦干净后方可使用。
>
> 2. 更换灯泡应在干燥的室内进行，请勿在阴雨天室外换灯泡。并且注意灯罩防水衬套严密装回，以避免水汽进入，影响灯泡的使用寿命。
>
> 3. 与所有电器一样，更换灯泡前，应先把电源关掉。灯泡刚熄灭时，千万不能接触，以免烫伤。
>
> 4. 灯泡的玻璃部分非常薄，而且内注压力气体，因此应注意不可将废灯泡到处乱扔，造成危险性的玻璃四散。

学习单元 5　保险杠的护理

学习目标

了解保险杠的损伤特点

能够熟练从事保险杠的美容护理

知识要求

一、保险杠的损伤特点

1. 容易出现划痕

保险杠大部分都是用塑料制成的，安装在车的前端和后端的下部，是车身前后最突出的部位。在行车中，容易受到刮碰和沙粒的冲击，从而使保险杠的外部出现不同程度的划痕损伤。

2. 与车身涂膜不一致

保险杠等塑料件上喷涂的涂料，一般与车身涂料不同，在损伤后修补时要使用相同的塑料件涂料。在局部修补时，容易出现涂料色泽的差异。为消除这一现象，往往采用把保险杠全部重新喷涂一遍的方法，以使色泽保持一致。

对包括保险杠在内的汽车塑料件进行维修美容或翻新美容时，必须根据塑料件的种类、涂层、涂料性质，采用相应的措施进行。

二、保险杠的美容护理

1. 清洗

选用"万用清洁剂"对保险杠的涂膜行清洗。其方法是将清洁剂直接喷涂在保险杠表面上，使泡沫停留约 1 min，然后再用干净的抹布将其擦拭干净。

2. 亮光蜡护理

亮光蜡能在涂膜上形成保护膜，可有效防止氧化、酸雨和雨水的侵蚀，且光亮持久，品质稳定，还能使涂膜不沾土。其操作方法是将亮光蜡直接均匀地喷涂在清洁而干燥的保险杠涂膜上，即可达到保险杠护理美容的目的。

3. 维修翻新美容

当保险杠的涂膜在使用中受到了损伤，甚至穿透底涂层，但尚未使保险杠塑料件断裂时（塑料件断裂，可采用塑料焊接或粘接法进行修复），可根据保险杠的材质，采用相应的涂膜修复工艺进行修复，然后进行美容护理。具体方法如下：

（1）聚丙烯保险杠涂膜修复的喷涂工艺过程。打磨涂层损伤部位，使其形成薄边→喷涂聚丙烯底漆并干燥（整个保险杠）→涂敷环氧树脂黏性填充剂并干燥（损坏部位）→打磨修理损坏的部位→喷涂聚丙烯底漆并干燥（修理部位）→喷涂车身涂料→喷涂清漆并干燥→打磨抛光。

修复后的保险杠，应进行擦洗并干燥，然后选用亮光蜡进行美容护理。

（2）尿烷保险杠涂膜的修复喷涂工艺过程。清洗（用硅溶剂清洗需要修理的部位）→打磨形成薄边→去油污清洗→喷涂腻子并干燥→打磨腻子使之平整→去污清洗→喷涂车身涂料并干燥→打磨平滑→清洗并干燥→喷涂清漆层并干燥→打磨抛光并清洗、干燥。

学习单元6 车身镀铬件的护理

学习目标

能够熟练从事车身镀铬件护理的操作

知识要求

很多轿车的保险杠或车灯框、装饰条是在金属或塑料表面镀铬，使零件表面具有光泽且能起到防锈的作用。但镀铬件也会由于时间过久而降低其防锈的功能。为防止镀铬件的锈蚀，平时应注意对其进行保养护理。具体步骤如下：

第一，清除镀铬件表面的污垢和水分。因为电镀表面存在许多微小的孔洞，当电镀表面受水侵蚀时，水分就会由这些微小孔洞渗入，引起镀层下的金属生锈。由于锈层夹在金属与电镀层之间，使电镀层剥落、开裂。

第二，镀铬件表面洗净擦干后，将镀铬清洁剂涂到污垢表面，然后用柔软干净的抹布将斑痕或黏附物拭净，并全面均匀地用镀铬防护剂涂在镀铬表面。在没有镀铬清洁剂的情况下，可用蘸了汽油的抹布清洁污垢，然后用浸水的抹布擦净，最后用柔软的抹布把表面擦干。

第三，对于塑料制品的镀铬件，不存在生锈的可能，但是为了清除镀层表面的油污、氧化层，也可使用镀铬清洁剂进行护理。但应注意，由于电镀层与塑料之间的接合能力差，因而在擦拭时不要用力过大，以免造成电镀层剥落。

第四，发现在镀铬层损伤处有锈痕，可小心地将去污粉或牙膏撒在柔软的法兰绒上，再蘸上氨水或松节油将其拭去，然后用透明漆涂覆，以防锈蚀进一步扩展。

第五，冬季使用或存放汽车时，在镀铬件上可涂上工业凡士林，经过3～4个月之后再重新涂一遍。

思 考 题

1. 简述车体打蜡服务的操作程序。
2. 车身涂面的镜面处理与普通抛光有哪些不同？
3. 简述车体封釉服务的操作程序。
4. 简述车体镀膜服务的操作程序。
5. 车体涂面在什么情况下需要交修理厂处理？

第5章

设备保养与劳动安全

第1节 清洗设备的使用保养

学习单元1 手工清洗设备的使用保养

学习目标

掌握高压清洗机的使用保养方法
掌握泡沫清洗机的使用保养方法
掌握空气压缩机的使用保养方法

知识要求

一、高压清洗机的使用保养

高压清洗机用于汽车外表、发动机、底盘、车轮等的清洗，使用普通的自来水为水源，通过其内的电动泵再加压，输出的水流压力在 0.2~1.2 MPa 范围内，并可以按需要进行调节。压力大时，能将黏附于底盘上的泥土冲洗下来，而冲洗风挡玻璃和钣金部分时，水压可按要求调小一点，以免造成损伤。

二、泡沫清洗机的使用保养

泡沫清洗机是利用机体内高压空气（一般通过外界注入），将其中的清洗液经过连接的管道压出，并喷射到待清洗物体的表面。泡沫清洗机一般由气动装置、泡沫发生器、喷射阀等组成，安装在轻便的小车上。

泡沫清洗机的使用与保养要注意以下几个方面：

1. 打开加水阀和排气阀，按水柱标高加入一定量的清水，然后再按比例加入清洁剂。

2. 将加水阀和排气阀关闭，然后把气管快速接头接上空气压缩机，再将工作气压调至 0.2～0.4 MPa（压力开关顺时针转为调大压力，逆时针转为调小压力）。

3. 使用完毕要及时将内部液体排掉，以免生锈。

三、空气压缩机的使用保养

1. 空气压缩机的类型

空气压缩机一般用于为泡沫清洗机加压或带动风动工具。空气压缩机是由压缩机、储气罐和电动机、气压调节器、油水分离器等组成。目前使用的空气压缩机根据机械运动方式的不同基本分为隔膜式、活塞式、螺杆式三种。其中，隔膜式空气压缩机适用于为小型喷枪或设备供气，因不适合为消耗较大气量和较高气压的设备供气，所以使用较少；螺杆式空气压缩机通过两个凹凸不平转子的高速运动产生压力，此类空气压缩机风压、风量恒定，且噪声较小，气量大，是新一代空气压缩机，具有美观、高效、低速、低噪声、节能、自动化程度高等优点。

2. 压缩空气控制装置

空气压缩机中的油水分离器主要起过滤空气的作用。油水分离器的类型一般有两种：圆柱形气筒油水分离器和叶片旋风式油水分离器。空气压缩机中的冷冻干燥机起净化空气作用。冷冻干燥机有多种类型，最常用的有冷冻式、化学式和除湿剂式。

压缩空气经过油水分离器和冷冻干燥机后，还有部分尘埃、油污、硅化物等杂质，精密油水过滤器能有效清除上述成分，过滤精度能达到 0.01 μm。压缩空气经过一系列净化的流程后，能消除 0.01 μm 大小的颗粒，水滴净化率可达 100%，油污净化率可达 99.99%，压缩空气的洁净度达到了 99.998%。

3. 空气压缩机的保养与安全使用

（1）供气系统的维护。必须严格按照生产厂家提供的使用手册中的具体保养方案进行日常维护保养。一般而言，所有的供气系统都需要进行如下的定期保养：

1）日保养

①放掉储气罐、油水分离器、气压调节器以及转换器内的冷凝水，特别在空气湿度较大时，每天要多放几次。

②检查曲轴箱内的润滑油面。尽量使油位保持在刻度线上，过低不利于机器的润滑，过高则会导致机油消耗过多。

③润滑油使用不当，会造成设备的故障，并缩短使用寿命，故应严格按产品说明使用润滑油。

2）周保养

①拉动安全阀上的拉环，使其打开。如果该阀工作正常，就会按如下方式排气：若安全阀装在储气罐或单向阀上，则在罐内存有高压气时排气；若安全阀装在压缩机内置冷却器上，则在压缩机工作时排气。然后用手指将拉出来的杆推回去。当安全阀不能正常工作时，应立即维修或更换。

②清洗油水分离器。毛毡和海绵等过滤件用防爆溶剂清洗干净后，晾干后重新装好。如果分离器太脏，就会降低压缩机的效率，并增加机油的消耗。

③清洗或吹掉气缸、气缸头、内冷器、后冷器及其他容易聚集灰尘或脏东西的压缩机部件及其附属设备部件上的小颗粒。干净的压缩机工作时的温度较低，使用寿命长。

3) 月保养

①添加或更换曲轴箱内的机油。当设备处于较为干净的工作环境时，机油应每 500 工作小时或每 6 个月换一次。如果工作环境不够干净，就应提高更换的频率。

②检查调节压力开关的自动起停设定点。

③调节带轮以使其正常工作。如果传动带松弛，压缩机皮带容易打滑，会加剧磨损。而当传动带上得过紧时，就会使电动机负载过重，从而导致电动机和压缩机的轴承磨损加快。

④取下传动带防护罩的前半部分，使用皮带张力计，检查并调整压缩机皮带的张紧度。

⑤上紧压缩机上所有的阀芯或气缸盖，确保每个气缸不会松动，以免损坏气缸或活塞。

⑥检查压缩机附件和供气管道系统有无空气泄漏。

⑦关闭储气罐排气阀，检查泵气时间是否正常。

⑧检查是否有异常的噪声出现。

⑨检查并纠正机油泄漏的现象。

⑩另外还应执行前面介绍的周保养的内容。

(2) 供气系统的安全性。空气压缩机系统的操作一般是非常安全的，很少发生危险。但在极少数的情况下会由于人为失误而发生危险。为了减少人为失误的可能性，必须牢记如下安全事项：

1) 仔细阅读操作说明。通过仔细阅读厂家提供的用户操作手册，了解压缩机各部件的工作情况。

2) 每次发动机器前应做必要的检查。工作前，应仔细检查管路、接头、各控制件，以及整套系统的外部状态，有问题时禁止使用。

3) 使用合适的电源控制开关。使用接触不良的电源控制开关会导致电气部分损坏。

单相空气压缩机必须使用接地良好的三头插座。

4）压缩机应安放在干燥、干净、有流动空气的地方，避免灰尘、污物和洗车水飞溅到压缩机的表面上。

5）大多数压缩机都能自动起停。对设备进行维修时，必须切断电源。此外，下班后或较长时间不使用压缩机时，亦应切断电源。

6）高速转动的机件易伤及人体，压缩机工作时应注意把手移开，不要穿宽松的衣服，以防被高速转动的机件绞住。压缩机工作时温度非常高，千万不要去触摸机身。

7）不要拆掉传动带的防护罩。对所有安全防护装置应注意保持它们良好的工作状态。

8）释放高压气时应小心操作。高速气流会吹起灰尘和其他异物，必须引起注意。使用高压气时应使用气压调节器降低气压，以满足不同气动工具的使用要求。

9）避免输气管打结。注意不要让输气管、电源线和外接线打结，或者触及尖锐的物体、溢出的化学物质、机油以及潮湿的地面，不要让汽车轮子压伤电线及输气管。所有这些都会导致危险。

10）卸掉储气罐的压力。移动输气管或更换气动工具时，应确保调压器仪表的读数值为零。注意释放高压气时不要过快，否则会导致危险。

技能要求

高压清洗机的使用

操作准备

1. 按产品说明对清洗机进行组装，并仔细检查零部件有无损坏，检查润滑油是否到刻线。

2. 拉出水管，不要扭结。高压水管最长为20 m，或者将2条10 m的水管接在一起。将高压水管连接到机器和喷枪上。

3. 机器可以和内含60℃热水的加压管线相连。当从外部水源吸水时，应确认水源是干净的。保持水管畅通，过滤器应始终保持清洁。

4. 为保证操作安全，设备必须妥善接地。

操作步骤

步骤1 保持清洗机安放的位置水平。

步骤2 把高压水管连接到喷枪上。

步骤3 连接到合适的水源。

步骤4 开、关喷枪若干次，以排出泵内的空气。

步骤 5 接通电源。

步骤 6 打开喷枪，发动机器，调节水压及合适的出水形状，开始清洗。

步骤 7 完成清洗后，将吸水管脱离水源，打开电机和喷枪约 20 s，以彻底排干水泵里的积水。这在冬季尤为重要。

注意事项

1. 检查油位，并注入足够的润滑油，以始终保持油位线。
2. 水泵曲轴箱内的润滑油每运转 200 h 后需要更换一次。
3. 曲轴箱内如不慎混入了其他液体，则应及时更换润滑油。
4. 如高压管打结或扭曲，不能用力拉扯。
5. 不要使高压管拉过锐利物体的边缘或受到汽车碾压。

> **特别提示**
>
> 长期存放时，应注意如下几点：
> 1. 彻底清除水泵内的积水。
> 2. 将机器放在干燥处，切勿与带有腐蚀性的化学品接触。

学习单元 2　全自动清洗设备的使用保养

学习目标

了解全自动洗车机的种类及清洗原理

掌握往复式与隧道式洗车机的使用保养方法

知识要求

一、全自动洗车机简介

全自动洗车机是利用计算机控制毛刷和高压水来清洗汽车的一种机器，主要由控制系统、电路、气路、水路和机械结构构成。

全自动洗车是用大量的流动水冲洗车身，洗完后还会经过机器自动风干程序，可以把存留在车身所有缝隙里的水流全部吹出，起到了保护汽车内部部件的作用。同时，完全避免了泥沙划伤车漆的现象。全自动洗车机技术先进，造型美观，有多种全自动洗车程序可供选择。它通过光电系统检测，经计算机分析计算出各种动作的最佳位置和力度，达到最佳的洗车效果。全自动洗车能自动闪避后视镜、旗杆等，确保汽车安全。洗净力强、含水量大、不伤车，对车身涂面的磨损程度为手工洗车的30%以下。全自动洗车刷压力均匀，洗车速度及方向稳定。

二、全自动洗车种类

全自动洗车机按其工作方式可分为隧道式和往复式两种。

隧道式——洗车机不动，汽车在机器的拖动下，缓慢通过洗车机的工作区域。洗车机按照相应的指令程序达到清洗汽车的工作方式。如：隧道式连续洗车机；大型隧道式（无轨电车、大巴、地铁、旅客列车）清洗机。

往复式——汽车不动，洗车机按照一定的程序在导轨上往复移动，同时执行洗车指令的工作方式。如：龙门往复式洗车机、大（中小）型移动式洗车机等。

三、洗车机原理及洗车流程

1. 往复式洗车机

在国外发达国家是没有往复式洗车机的。往复式洗车机在国内的出现，是国内生产厂家为了适应早年国内市场的观念、经济状况、实际市场定位，而专门从隧道式洗车机标准版的基础上，重新设计的一种"降低标准的简化版"。

往复式全自动洗车机主要洗车原理为：车辆进入洗车机后，拉紧手刹，机器在较短时间内，往复行走，完成洗车、冲洗底盘、打蜡、风干等工作程序。

洗车速度：清洗一台车一般约需要3~4 min。

电源要求：380 V，20 kW。

机器占地：长11 m，宽3.66 m，高2.8 m。

洗车流程：喷淋冲洗→小刷去泥→底盘冲洗→泡沫喷淋→刷毛清洗→清水洗车→水蜡喷淋→强力风干→完成洗车。

现在，国内的经济与当初相比，发生了根本的变化，人们的消费观念、经营理念、生活习惯，都与当初大相径庭。往复式洗车机已经基本退出了首选的行列。但是它对于场地受限制，资金有困难，相对较小的县城、城镇仍然有着较大的吸引力。

2. 隧道式洗车机

隧道式洗车机是一条非常美观的玻璃幕墙包裹的洗车通道，其外形可以处理成非常抢眼的、很醒目的色彩，一般情况下，经营者会把它安装在街道边，让它起到广告和吸引来往车辆的作用，以达到加强经营效果的目的。

隧道式全自动洗车机主要洗车原理为车辆由输送机带动前进，在车辆经过隧道的很短时间内，完成洗车、冲洗底盘、打蜡、风干等工作程序。

洗车速度：清洗一台车约 90 s。

电源要求：380 V，24~42 kW。

机器占地：长 24 m，宽 4.5 m，高 3.5 m。

占地要求：需要有出口。

洗车流程：高压冲洗→小刷去泥→底盘冲洗→泡沫喷淋→刷毛清洗→清水洗车→水蜡喷淋→强力风干→完成洗车。

隧道式洗车机在洗车流程上可依用户的喜好及场地的大小增加一些清洗功能，如：升降式水刀、固定式水刀、移动式轮刷、滚动式擦干、摆动式擦干、全不锈钢机件等。

现如今，隧道式全自动洗车机正在慢慢取代往复式洗车机，重新恢复其在国内外市场上的应有定位，成了目前占有市场主导地位的主流机型。

四、全自动洗车机的保养

为提高经济效益并延长洗车机的使用寿命，从日常保养和操作管理等方面应注意以下几点：

1. 每日检查、维护项目

（1）开机后，将空压机的水排出并检查压力。

（2）检查感应器。

（3）检查蜡水及清洁剂桶内的液位高低。

（4）确保电源和水源正常，无事故隐患。

（5）链带清理检查。

（6）保持设备外观亮洁和机内整洁。

（7）场内保持清洁，物品摆设有序。

2. 每周检查、维护项目

（1）将光电开关及接近开关擦拭干净。

（2）清洁机台及打蜡。

（3）润滑所有齿轮和轴承。

（4）喷水口清洁检查。

（5）沉淀池及污水回收池清理。

（6）检查各部件螺钉是否松动。

3. 每月检查、维护项目

（1）吹风部件清洁、检查及保养。

（2）空压系统清洁、检查及保养。

(3) 操纵面板功能指示灯检查。

(4) 水路系统检查。

(5) 沉淀池检查。

4. 要求操作人员保持高度的责任感，严格执行操作规程，安全洗车，汽车进出洗车机要稳，并杜绝发生各种事故。

5. 建立"洗车工作日志"和"洗车机保养维护记录"，健全档案。

学习单元3　洗车污水循环设备的使用保养

学习目标

了解洗车污水与环境的关系

了解污水处理的一般模式

了解污水循环水处理设备的工作原理

知识要求

一、洗车污水概况

天然水体中通常含有三大类物质，即悬浮物质、胶体物质和溶解物质。在地球亿万年的进化过程中，自然界的水体本身具有净化作用，因而在自然状态下，水体一般均能保持自身的平衡与洁净。水体污染主要指由于人类的各种活动而排放的污染物进入河流、湖泊、海洋或地下水等水体中，使水和水体的物理、化学性质发生变化，从而降低了水体的使用价值。水体污染会严重危害人体健康，据世界卫生组织报道，全世界75%左右的疾病与水有关。常见的伤寒、霍乱、胃炎、痢疾和传染性肝炎等疾病的发生与传播都和直接饮用污染水有关。

2003年，联合国的一项名为"综合评估世界淡水资源"的研究报告指出：目前，世界上约有1/3的人生活在淡水资源缺乏的环境中，若人们继续像现在这样不节制用水的话，则30年后贫水人口数将可能达到2/3。我国人均水资源占有量仅为2 300 m^3，不足世界人均量的1/4，而且呈南涝北旱状态，时空分布很不均匀。

随着人民生活水平的提高，单位和家庭拥有的汽车数量也越来越多，这势必带来洗车水的大量消耗。据统计，清洗1辆小型汽车需用水0.06 m^3，1座大中城市每年用于洗车的水量可供6万人口使用1年，洗车用水的消耗由此可见一斑。

此外，由于许多城市对洗车业的管理还欠规范，洗车水的随意排放造成污水横流，严重影响市容和市民的生活环境。洗车污水中含有油类、有机物、阴离子合成洗涤剂类等大量污染物质，如不经处理就直接排放，势必对水体造成污染。

二、洗车污水的分类

1. 按清洗的车辆类型不同分类

（1）清洗小型车辆的洗车污水。由于此类车辆多跑短途，车辆上沾染的灰尘和泥沙较多，而油类物质相对较少。因此，这类污水污染物较为单一，主要是泥沙类物质、清洗汽车时耗用的洗涤剂类物质和少量的油。

（2）清洗运输类大型车辆的洗车污水。这类车辆大多跑远途，车辆上沾染的煤焦油或燃料油较多；且承载的物品也会给车体带来污染，此类污水污染物较为复杂，需设有除油的处理单元。

2. 按洗车行功能不同分类

按照洗车行功能的不同，可以分为单纯洗车行的洗车污水和兼具有修车功能洗车行的洗车污水。前者的洗车污水水质中泥沙、洗涤剂类物质较多，油类物质相对较少，而后者由于在修车时采用润滑油类物质，使水中的含油量大大增加，同时水中其他污染物质的浓度也明显增加。

3. 按清洗方式不同分类

按清洗方式的不同，分为机洗的洗车污水和人工清洗的洗车污水。一些发达国家较多采用机械洗车，洗车时所采用的石油类产品比较多，因此含油量较高；我国多采用人工高压水冲洗洗车，洗车污水中含有的洗涤剂类物质相对较多。

4. 按主要污染物特征分类

从上述分析可知，油类是洗车污水中的主要污染物质。洗车污水根据含油量的不同，可分为两种典型水质：第一类是含油量少，含泥沙、洗涤剂较多的洗车污水；第二类是含油量、泥沙、洗涤剂类物质均较高的洗车污水，这类污水的处理工艺相对复杂。

三、污水处理常用工艺

由于目前许多从业人员在车辆清洗时采用粗放型作业，造成大量宝贵的水资源被浪费。在洗车污水中，水量大且相对稳定，污水中的非水物质与其他污水相比要简单得多，污水中绝大部分成分是可以再次利用的水。洗车污水易于收集，再生处理的成本要比其他污水处理的成本要低得多，处理技术也比较成熟，当前，常用的污水处理工艺有：

1. 首先生化法（如生物膜技术等），再物化法（如沉淀、加药、絮凝、沉淀、过滤），再消毒。

2. 首先物化法（如沉淀、加药、絮凝、沉淀、过滤），再消毒。

3. 首先物理法（如沉淀、过滤），再消毒。

针对我国洗车污水的主要构成与特点，北京市节水办曾邀请有关专家学者专门对洗车污水的处理模式进行了一次研讨，最后专家们一致认为：洗车污水中多含有大量泥沙及少量油污，属无机废水。因此，采用物（理）化（学）方法是当前我国处理洗车污水的最佳工艺。

四、洗车污水循环回用设备简介

目前市场上洗车污水循环回用设备有许多种，图 5—1 所示为上海某公司生产的"LF 型洗车污水循环回用装置"，现以该装置为例，简单介绍基本工作原理。

图 5—1 LF 型洗车污水循环回用装置

LF 型洗车污水循环回用装置工作原理如图 5—2 所示。

洗车污水经经集水池 25 流入粗过滤池 3 隔油后进入沉淀池 5 对泥沙进行沉淀，由污水提升水泵 6 将经过沉淀的污水输送至管道混合器 12 并加药，加药后的污水经混合和絮凝反应流入斜板沉淀池 18，经沉淀后的水通过精密过滤器 19 进行过滤后再流入清水储存罐 24。此时，经过上述处理后的水已完全达到了国家规定的标准，可放心地用于机动车清洗了。

LF 系统通过污水电控浮球 7、清水电控浮球 22、电源自动控制箱 13 及自来水自控浮球 23 等对整个水处理的过程进行全程控制，从而使补水、加药、液位控制等环节全部实现了自动化。

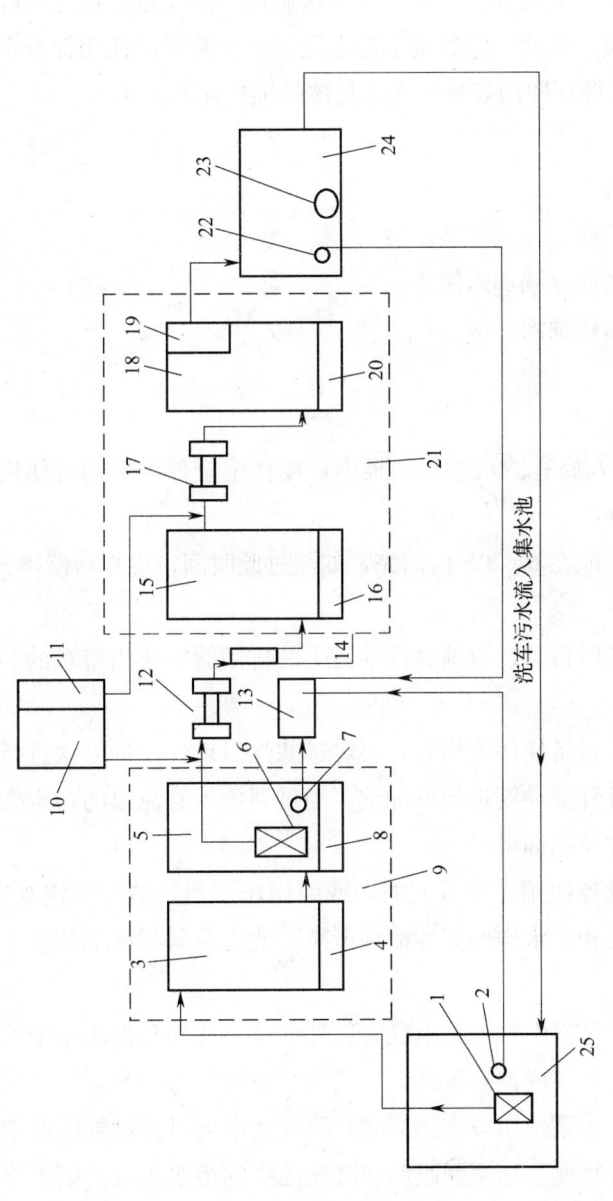

图 5-2 LF 型洗车污水循环回用装置工作原理图

1,6—提升水泵 2,7—污水电控浮球 3—粗过滤池 4,8,16,20—污泥脱水槽 5—沉淀池 9—设备箱Ⅰ 10—加药桶Ⅰ 11—加药桶Ⅱ 12,17—管道混合器 13—电源自动控制箱 14—流量计 15—絮凝反应池 18—斜板沉淀池 19—精密过滤器 21—设备箱Ⅱ 22—清水电控浮球 23—自来水自控浮球 24—清水储存罐 25—集水池

五、设备的日常使用和维护保养

洗车污水循环回用设备因为专为水冲淋洗车场地度身定制，考虑到从业人员平时忙于业务，一般无暇顾及外围设施设备的保养。故洗车污水循环回用装置在设计时除了技术指标外，首先考虑的是使用简便。因此，多数洗车污水循环回用装置的使用保养都相对比较简单。以上述 LF 型洗车污水循环回用装置为例，具体的维护保养要求为：

1. 设备的日常使用

（1）检查排污阀是否关闭。

（2）检查水泵是否安放平稳。

（3）向斜板沉淀池、清水储存罐加入清水。

（4）配制净水剂，兑入加药桶内。

（5）检测自动控制系统。

2. 净水剂的配制及使用方法

（1）将净水剂 150 g，倒入放有清水的加药桶内，搅拌至全部溶解即可使用。净水剂与水的推荐质量比例为 1∶100。

（2）新配制的药液应尽可能在 6~8 h 内用完，如超过此时间，应重新搅拌。

3. 设备的维护保养

（1）排污。每天早晨，同时打开反应池和沉淀池上的排污阀，排出集存的污水，见到清水即可关闭。

（2）过滤池的清洗。每天设备使用完毕后，要对过滤池以反冲洗的方法进行清洗，清洗方法是关闭过滤阀，缓缓打开反冲阀进行反冲洗，当见到排污管流出的污水变清后即可关反冲闭阀，同时重新打开过滤阀即可。

（3）水的更换及清泥。设备使用 1 个月左右，或因操作不当，造成系统水质变坏时，应将水全部放尽。把各池池底和集水沟的泥沙清理干净，池壁及斜板区等冲洗干净，注入清水后再继续使用。

洗车污水循环回用设备的易损件首先是电气零部件部分，特别是控制箱中的继电器以及水泵的浮球开关，这两类部件都应留有备件，以便随时更换。另一易损件是污水泵，只有经常清污，才能保证和延长水泵使用寿命。同时，沉淀池中的过滤网要随时清洗，若不能及时清洗，沉淀物中的黏着物就会堵塞网眼而使沉淀池中的污水外溢。以上这些都要形成科学的保养制度来规范设备保养，以保证设备的正常运转。

第2节　常用辅助工具的使用保养

学习单元1　常用机械辅助工具的使用保养

学习目标

掌握常用机械辅助工具的使用与保养方法

知识要求

一、抛光机

抛光机也称为研磨机，常用做机械式研磨、抛光用。其工作原理是电动机带动安装在抛光机上的兔毛盘或羊毛抛光盘高速旋转。由于抛光盘和抛光剂共同作用并与待抛表面进行摩擦，进而达到去除漆面污染、氧化层、浅痕的目的。

1. **抛光机的种类**

抛光机一般有以下两种：

（1）高速立式抛光机。抛光盘的转速一般在 4 500 r/min，此种抛光机施工时不可调整转速。它相对于卧式抛光机来说比较轻，用起来灵活自如，但要求使用者技术必须熟练。

（2）低速卧式抛光机。转速 1 200～2 800 r/min，此种机型的转速可以调节。此机比较笨重，约 2～3 kg，使用起来很费劲，效果也不是很明显。专业汽车美容护理人员一般不使用此类机型。

2. **抛光盘的分类**

抛光机的主要附件是抛光盘。抛光盘安装在抛光机上与研磨剂或抛光剂共同作用完成研磨、抛光作业。

（1）按抛光盘与抛光机的连接方式分

1）螺母盘。适用于带有螺栓接头的抛光机。

2）螺栓盘。适用于带有螺母接头的抛光机。

3）吸盘。适用于带有吸盘的抛光机。即抛光机的机头用螺钉固定有一个硬质（硬塑料聚酯）底盘（也叫托盘），底盘的工作面可粘住带有尼龙易粘平面的物体，这样就可以根据需要选择各种吸盘式的抛光盘，只需将抛光盘贴在托盘上即可，使用起来极为方便。

（2）按抛光盘的材料分

1) 羊毛抛光盘。羊毛为传统式切割材料,研磨能力强、功效大,研磨后会留下旋纹,一般用于普通漆的研磨和抛光,用于透明漆时要谨慎。羊毛抛光盘一般分白色和黄色两种,一般白色羊毛抛光盘切削力强,能去除漆面严重瑕疵,配合较粗的蜡打磨以达到快速去除"橘皮"或修饰研磨痕;黄色羊毛抛光盘切削力较白色羊毛抛光盘弱,一般配合细蜡做抛光漆面、去除漆面粗蜡抛光痕及轻微擦伤痕,但是一般只能在低转速下使用。

2) 兔毛抛光盘。兔毛抛光盘比羊毛抛光盘软得多,但是它可以配合 4 500 r/min 的高速抛光机使用,具有相当好的效果。

3) 海绵抛光盘。海绵抛光盘切削力较羊毛抛光盘弱,不会像羊毛盘留下旋纹,能有效去除中度漆面的瑕疵,底背有自动粘贴,可快速转换抛光盘,可用于车身普通漆和透明漆的研磨和抛光,一般用于羊毛抛光盘之后的抛光、打蜡之用。建议抛光机转速 1 500~2 500 r/min,不要超过 3 000 r/min。

3. 使用与维护

在使用前必须仔细检查电线是否有破裂,插头是否完好,外壳有无破损,绝缘是否完好,旋转件紧固螺栓有无松动。使用时应按需要选择转速,不应超负荷运行,一旦有过热现象或者运转有异响,必须立即停机检查。运转时在散势窗内可见到少量的电火花,如果火花很多,则说明整流子表面脏或者炭刷已磨损过多,应该停机修复,检查炭刷磨损到小于 5 mm 时应该更换,清洁整流子表面应同时进行。

二、打蜡机

1. 打蜡机概述

打蜡机也称轨道抛光机,打蜡机工作时是以椭圆形的轨迹旋转,它的托盘直径比抛光盘的大,它的机体比抛光机轻很多,而且它的双手扶把紧贴机体的中心立轴,但专业人员已不再用它来做研磨或抛光,因为它的重量、速度和椭圆形的旋转方式使其产生不了足够热能让抛光剂与车漆进行化学反应。

打蜡机用于打蜡效果很好,主要的优点在于此机重量轻、做工细且光盘面积大,比人工打蜡省时省力,而且打蜡时不易产生漆面划痕。打蜡机空载转速可达 3 200 r/min。

2. 打蜡机的主要附件

打蜡机使用的是固定打蜡托盘,因此其相应的配套件是指和打蜡托盘配套的各种盘套。

打蜡盘套是一种衬有皮革底(防渗)的毛巾套,其作用是把蜡均匀地涂覆到车身上。打蜡盘套的材料有三种:全棉(毛巾)的盘套、全毛(或混纺)的盘套和海绵的盘套。各种汽车打蜡机盘套有各种规格,目前最广泛使用的是全棉(毛巾)的盘套。

全棉盘套应选择针织密集的、线绒较多的、具有柔软感的盘套,越柔软就越能减少发丝划痕,也能把蜡的光泽和深度抛出来。全棉盘套使用时应注意不能反复使用,最好一辆车更换一个新的。即使不更换新的,旧的也一定要洗干净。清洗时要使用柔顺剂,以免晒干后盘套发硬。

3. 打蜡机的保养

打蜡机的保养方法参照抛光机。

三、吸尘器

车身内经常积聚有大量的灰尘,特别是座椅缝隙和一些角落部位的灰尘极难清除。吸尘器是汽车美容车间必备的工具。

常见的吸尘器主要有便携型、家用型和专业型三种,又分干式和湿式两类。一般来说,专业型的吸尘器效果最好,使用较多,它具有较好的防水性,集吸尘、吸水、风干于一体,配有适合于内饰结构的专用吸嘴,操作简单,其内置的真空泵能产生很大的真空度,再配上形状不一的各种吸头,能很方便地伸进各个角落部位,快速地吸去附着的灰尘。

1. 吸尘器使用注意事项

(1) 每次使用前,应先将集尘袋清理干净。

(2) 有灰尘指示器的吸尘器,不能在满刻度的情况下工作。当发现指示器接近满刻度时,要立即停机清灰。

(3) 不要用吸尘器吸集金属碎屑,以防电动机损坏。

(4) 吸尘器在清理尘埃时,不要将手放在吸入口附近,以免发生危险。

(5) 吸尘器电线的绝缘保护层要保护好,以免发生触电事故。

(6) 吸尘器必须有可靠的接地线,以防漏电伤人。

2. 吸尘器的维护

(1) 使用后,应将吸尘器及其附件用湿布擦拭干净,然后再晾干收好。

(2) 清灰后的集尘袋可用微温水洗涤干净并晒干。

(3) 吸尘器的刷子上黏附的毛发、线头要及时清除干净,刷子磨损偏大时要及时更换新品。

(4) 紧固件如有松动,要立即紧固好。

(5) 电动机和电刷如有故障,要及时维修。

学习单元2 常用手工辅助工具的使用保养

学习目标

掌握常用手工辅助工具的使用与保养方法

知识要求

在汽车清洗作业中，由于其待处理表面各部位材料的质地、外观形状各不相同，因此在操作时也必须选用相应的工具和用品，以保证清洗质量。常用洗车手工辅助工具有：海绵、毛巾、麂皮、板刷、刮涂工具、防锈工具、打磨（抛光）工具等。

一、海绵

由于海绵具有柔软的质地、良好的弹性和吸水能力等特点，在车辆清洗作业中有利于保护被清洗车辆的涂面并提高作业效率，因而常被用于擦拭车身。但汽车美容装潢作业对所使用的海绵还有一定的特殊要求，这种海绵一般应具有较好的藏土藏尘能力，能使沙粒或尘土很容易深藏于海绵的气孔之内，这样就可以避免因擦洗工具太硬或不能包容泥沙而给涂面造成损伤。此外，作为洗车专用的海绵还应具有一定的韧性、抗拉强度和耐磨性。使用时，要先让海绵吸入适量已经配好的洗车液，这样就可用于清除涂面上附着力较强的污渍。

二、毛巾

毛巾是人工清洗和擦拭汽车时不可缺少的工具，也是洗车作业中损耗率较高的用品。毛巾的主要作用是擦拭车身，为保证清洗效果，要求其在擦拭过程中不应有细小纤维的脱落，如用一般的毛巾就难以满足这一要求。所以在洗车作业中使用的毛巾最好选用无纺布制品。此外，根据汽车的不同部位，在正规车辆美容作业中一般都要同时使用多种毛巾。

1. 外饰用半湿性大毛巾

使用这种用清水浸湿后拧干的大毛巾，可以提高擦车速度，节省擦车时间，一般多用于麂皮擦车前的预处理。

2. 外饰用半湿性小毛巾

主要用于擦洗门边污渍和车身底部的泥沙。

3. 外饰用干性小毛巾

未经清水浸湿过的干性小毛巾，一般用于擦拭汽车的门边和车身底部经外饰用半湿性

4. 内饰用半湿性小毛巾

这种用清水浸湿后经过拧干的小毛巾，主要用于擦洗汽车内饰部件以及窗玻璃等。

5. 内饰用干性小毛巾

未经清水浸湿过的干性小毛巾，主要用于去除窗玻璃上经内饰用小毛巾擦洗以后所残留的水痕。

三、麂皮

在汽车清洗过程中，麂皮是一种较好的擦洗材料。麂是一种像鹿，但比鹿小，毛皮呈黄黑色的动物，它的皮可做鞋面、手套等，但在一般汽车美容装潢市场上所能买到的擦车用"麂皮"，多是特为车辆清洗而设计制造的合成制品。麂皮在洗车作业中使用广泛，主要用于擦干车表。它之所以有这样的使用市场，不仅因为它质地柔软，材料结实，不掉毛，有利于涂面的保护，更重要的是它具有良好的吸水能力，尤其是对车身表面及玻璃水膜的清除效果极佳。当遇到一些较为顽固的污渍时，除了选用合适的清洁剂外，麂皮在操作中也能起到很好的辅助作用，但在洗车作业中宜先用毛巾对车表擦干后，再用麂皮做进一步擦拭，以利于延长麂皮的使用寿命。另外，在选用麂皮时，尽可能选择较厚的，因为这种材料皮质韧性好，耐磨性强。

四、车巾

车巾是将无纺布通过浸润于由蜡、树脂以及去离子水乳化混合后的液料中制成的。一般的清洁剂都呈酸性或碱性，其去污原理是通过与污渍发生化学中和反应，以达到清洁效果。这样做的缺点是，清洁剂不能把同种特性的污垢去掉，若清洁剂呈酸性，则不能去除酸性污渍，反之，则不能去除碱性污渍。而且，酸碱性过强，对作用对象的表面会造成损伤，并刺激人的皮肤。车巾的去污机理是通过其特有的乳化液与被擦洗汽车表面的污渍相融合，使之软化，松脱后除去。由于乳化液显中性（pH值为7），故无论是酸性或碱性的污渍均能去除，且不会损伤涂面和刺激人的皮肤，被称为绿色环保产品。

车巾液料中包括清洁剂、润滑剂和保护釉三大类物质。当使用车巾擦洗物体表面时，污渍软化后便被吸附到无纺布上。车巾中的润滑剂能起到润滑无纺布与被擦表面的作用，保护了被擦洗的涂面。同时，无纺布涂上保护釉，还能起到遮盖涂面磨损痕迹，提高被擦表面的光洁程度的作用。

除对物体表面去污上光外，车巾还具有以下功能：

1. 抗静电

车辆、家用电器、计算机、电子仪器等一般都带有静电，极易沾染灰尘，由于车巾内的液体含有抗静电剂，擦洗后不易沾染灰尘，即使沾上灰尘，也比较容易清除。

2. 除锈防锈

汽车表面的涂料脱落处经车巾擦拭后可达到除锈和防锈效果。

3. 防雾防水

经车巾擦拭过的玻璃、镜子在一段时间内不易结雾，中、小雨天行车不用开刮水器。

4. 吸污功能

当使用车巾擦拭物体表面后，其污渍便会被吸附于无纺布上，只要无纺布保持有一定的湿度，就仍可继续使用，不会因此而产生重复污染。

五、刷子

刷子有各种形状，主要用于清除轮胎、挡泥板等处附着的泥土与尘垢，由于上述部位泥土附着较厚，不易冲洗干净，所以在洗车时应有针对性地进行刷洗。刷子选用时以鬃毛制作的为佳，因为鬃毛刷不但具有较好的韧性和耐磨性，而且还可以减轻刷洗作业对橡胶、塑料件等制品的磨损。一般情况下，车辆美容作业不提倡使用塑料纤维制作的刷子。

六、刮涂工具

在汽车美容过程中，有时车身的局部外表受损较为严重，划痕较深，从业人员还需用腻子将其填补磨平。填补腻子的常用刮涂工具有硬刮具和软刮具两种。硬刮具有牛角刮刀、层压胶板刮刀、环氧板刮刀以及钢皮刮刀等，通常用于平面及大面积凹坑（划痕修补时一般不用），软刮具一般用于涂刮小的凹坑，刮出的腻子表面较平滑，遗留孔隙较小。

七、除锈工具

除锈工具包括铲刀、钢丝刷、手用电动钢丝磨头等。

1. 铲刀

常被用于铲除旧涂膜和旧腻子。

2. 钢丝刷

一般用来清除汽车金属表面上的浮锈以及附着的污物。

3. 手用电动及风动钢丝磨头

其作用与钢丝刷基本相同，但它比钢丝刷效率高。

八、打磨、抛光工具

1. 砂纸

砂纸是采用黏合剂将磨料粘贴在特制的纸或布上制成的。砂纸用磨料的粒度以数字来表示,数字越小,磨料越粗。磨料粒度不同,其用途也各不相同。

2. 磨石、橡皮块

磨石主要用于磨平第一道和第二道腻子之用,使用磨石可提高工作效率,节约砂纸。车辆美容中一般采用人造磨石,它的规格有:46 粒(粗)、66 粒(中粗)、80 粒(中细)、100 粒(细)、120 粒(极细)。橡皮块一般是用平整的硬质橡胶板自制。一般将 18～20 mm 厚的橡胶块制成长 150～200 mm、宽 50～60 mm 的垫块,操作时将其垫于砂纸背后用来打磨腻子,垫上橡皮块后,能在打磨掉物体凸出处的腻子的同时,保留凹处的腻子。

九、刷涂工具

刷涂工具主要有漆刷、毛笔、画笔等。

1. 漆刷

漆刷有很多种类,按形状可分为圆形、扁形和斜形三种;按制作材料可分为硬毛刷和软毛刷两类。硬毛刷主要用猪鬃、马鬃等材料制作,而软毛刷主要用狼毫、猫毛、绵羊毛、山羊毛等制作。

2. 毛笔与画笔

毛笔和画笔在汽车美容中常用于描字、划线以及涂刷不易涂到的部位和局部补漆。常用的画笔主要有长杆画笔,毛笔一般选用狼毫为好。

第 3 节　环保与劳动安全

学习单元 1　车辆美容装潢作业中的环境保护

学习目标

了解车辆美容装潢作业可能造成的环境污染

熟悉车辆美容装潢作业应采取的环境保护措施

知识要求

随着人们生活水平的提高，我国汽车的拥有量呈快速增长，汽车美容服务的业务量也不断增加，随之而产生的环境问题也逐渐为人们所重视。一般情况下，汽车美容装潢作业可能对环境产生的影响有：

一、车辆清洗作业中对水资源的浪费

以目前最常用的手工水冲淋洗车作业为例，平均每清洗一辆轿车需用水约 0.06 m^3，以一个流动车辆为 100 万辆的城市为例，假设平均每周清洗一次车辆，一年所耗用的自来水就达 300 多万吨。这一统计还不包括全自动洗车和大型车辆清洗时所增加的水资源耗用量。

二、车辆清洗作业过程中对环境的污染

据对洗车场的调研后统计，平均每清洗一辆机动车（一般指中、小型车辆），会产生含油的半干状污泥约 0.4 kg。仍以一个流动车辆为 100 万辆的城市、平均每周清洗一次车辆为例，每年会产生 2 万多吨的含油污泥。这些污泥如未经处理就直接被冲入下水道，会附着在下水道的管壁上，不易随着污水被冲走，会造成城市下水道的堵塞。我国前些年一些大城市在夏季暴雨时造成部分地段积水，经当地的水务部门事后查看，发现是由于大量洗车污泥淤塞所致，于是就引发了有关部门的大规模整治。

三、作业中各种污染物的排放

除洗车污水外，在汽车美容装潢作业时，还有一些排放物也容易对周边环境造成危害。这些排放物主要有：

1. 抛光打磨时所飞溅出来的各种化学物质。
2. 喷漆时随着压缩空气而飘散出来的漆尘。
3. 使用完毕的各种汽车美容用品的空桶、空罐，及这些桶、罐中的残留物质。
4. 保养洗车机、空气压缩机过程中所产生的各种润滑油等废弃物。
5. 作业过程中，车辆转移时产生的行车、刹车以及洗车机、空气压缩机等设备所产生的噪声。

针对车辆美容装潢作业对环境的影响，我国很多城市对从事车辆美容服务的企业要求进行环境影响评价，并通过相应的环评审批。为此，作为从业人员，一定要时刻关注环境影响与可持续发展，严格按照环保要求进行各道作业程序的操作。

学习单元 2　防火防爆安全知识

学习目标

熟悉防火防爆安全知识
掌握消防器材的使用保养方法

知识要求

一、易燃性溶剂的危险性

在汽车美容业中产生爆炸和火灾危险事故的主要原因是汽车美容装潢作业场所存在的易燃易爆的有机溶剂和作业粉尘。火灾危险性随溶剂的种类及其在涂料中的含量不同而异。衡量溶剂的爆炸危险性和易燃性可以从它们的闪点、着火点、自燃点、爆炸范围、蒸气密度等溶剂特性来加以判断。

1. 闪点和着火点

可燃性液体蒸气在液体表面附近和使用的容器中会与空气形成可燃性的混合体，一旦遇火而引起闪电式燃烧。这种现象称为闪燃。引起闪燃的最低温度称为闪点。如果温度比闪点高，就引起燃烧。当其发生的火焰持续燃烧不少于 5 s 时的温度称为该可燃性液体的着火点。可燃性液体的闪点和着火点表明其发生爆炸或火灾可能性的大小。因此常用闪点来划分涂料和溶剂与火灾的危险等级。其危险等级一般分为以下三级：

一级火灾危险品，闪点在 21℃ 以下，极易燃；
二级火灾危险品，闪点在 21～70℃，一般；
三级火灾危险品，闪点在 70℃ 以上，难燃。

2. 自燃点

不需借助点火源，仅加热达到自发着火燃烧的最低温度称为自燃点，它较闪点高得多。

3. 爆炸范围

当溶剂蒸气与空气混合达到一定比例，一遇火源（不一定是明火）即发生爆炸。这种混合气体随可燃性气体、蒸气的种类不同，各自有不同的比例。产生爆炸的最低浓度（用体积百分数表示）称为爆炸下限，最高浓度称为爆炸上限。在上限和下限之间都能产生爆炸，称为爆炸范围。爆炸范围越宽，爆炸下限越低，危险性越大。混合气体里可燃气体过少时（低于爆炸下限），由于过剩空气可吸收爆炸放出的热，使爆炸的热不再扩散到其他部分而引起燃烧和爆炸；可燃气体过多时（高于爆炸上限），混合气体内含氧不足，也不会引起爆炸。所以常用爆炸界限（下限至上限）来衡量溶剂的危险等级。常见涂料用溶剂的闪点及爆炸界限为：200号溶剂汽油为1.1%～6.0%，苯、甲苯和二甲苯为1.0%～7.0%不等。

4. 蒸气密度

蒸气密度用同容积的蒸气与空气质量比表示。易燃性溶剂的蒸气密度一般都比空气大，有积聚在地面或低处的倾向，因此，仅在顶部或屋顶等上部设置自然换气装置效果不好，换气口必须设置于接近地面处。

除上述诸特性外，在考虑危险性时尚需注意挥发性、沸点和扩散性。

二、燃烧与防（灭）火

燃烧就是可燃物质在一定条件下，与氧化合而产生光和热的化学过程。燃烧的发生必须具备三个条件：一要有可燃物，二要有助燃物质——氧气，三要达到一定的温度。可燃物在受热遇火发生燃烧时的最低温度称为该物质的燃点。燃点越低，起火的危险性越大。以上三个条件是发生燃烧的必要条件，缺一不可，故称为燃烧的三要素。只要将三要素中的任何一个要素除去，即可达到防（灭）火的目的。一切消防器材和消防措施都是根据燃烧三要素的原理而设计的，通过降温或使燃烧物表面和空气隔绝而达到灭火的目的。例如，大部分灭火器的灭火原理是利用二氧化碳气体的密度比空气大的性质，通过将二氧化碳覆盖在可燃物表面，起到隔绝空气的作用，从而达到灭火的目的。此外，二氧化碳也具有降温作用。

1. 防火安全注意事项

（1）汽车美容装潢作业场地的所有结构件都应采用耐火材料制作。

（2）使用易燃涂料的作业场所是属于火灾危险区，应采取相应的消防措施，一般应布置在厂房的一边，并用防火墙与其他区域隔开。

（3）所有的门均应开设在最近的位于外出口处，而且门要朝外开。一般要求最远的工位到外出口或楼梯口的距离在一层楼房中不大于30 m，在多层楼房中不大于25 m。通向安全门的通道要保持畅通无阻。

（4）厂房式场地每立方米空间体积对应的窗户或易打开的顶盖面积不小于0.05 m^2。

（5）厂房式的场地应有两个出口（或称安全门），其中一个出口应朝外，场地面积在100 m^2以内的可设置一个出口。

（6）厂房式场地内每30 m^2应保证有下列消防工具：两个灭火机，0.3～0.5 m^3容积的沙箱和一把铁铲。

(7) 所用的各种电气设备和照明灯、电动机、电气开关等都应有防爆装置，电源应设在防火区域以外。

(8) 场地中的所有金属设备都应可靠接地，防止静电积聚和静电放电。

(9) 擦过溶剂和涂料的棉纱、破布等应放在专用的带盖铁箱中，并且要求定时处理，特殊情况滞留量大时应及时处理。

(10) 严禁向下水道倾倒易燃溶剂和涂料。

(11) 作业场所应符合防火安全技术要求。

2. 火灾类型及灭火方法

灭火的方法是多种多样的，但其基本方法不外乎如下三个：

(1) 移去或隔离已燃烧物的火源，使之熄火。

(2) 隔绝空气，切断氧气，使之窒息或将不燃烧气体（如二氧化碳等）喷射到燃烧物体上，使空气中氧气的体积分数降低到16%以下，就能熄灭火势。

(3) 用冷却法使被燃物质的温度降低到着火点以下，即可灭火。

常用的灭火机类型及适用范围见表5—1。

表5—1　　　　　常用灭火机类型、药液化学组分和适用失火类型表

序号	灭火机类型	药液化学组成	适用失火类型
1	酸碱式	H_2SO_4，$NaHCO_3$	用于非油类及电器失火引起的一般火灾
2	泡沫式 高倍数泡沫	$Al_2(SO_4)_3$，$NaHCO_3$，脂肪醇，硫酸钠加稳定剂，抗燃烧剂	适用于液体溶剂、涂料类失火，适用于火源集中、泡沫容易堆积等场合的火灾，大型油池、室内仓库、涂料类、木材纤维等
3	二氧化碳	液体 CO_2	适用于电器失火
4	干粉灭火（以二氧化碳为喷射动力）	$NaHCO_3$ 等盐类，并加有适量润滑剂和防潮剂	用于扑救涂料类、可燃气体、电气设备、精密仪器、文件等物品的初期起火

火灾类型及灭火方法见表5—2。

汽车美容装潢从业人员除应熟知防火安全技术知识、火灾类型及其扑灭方法外，还应掌握使用各种消防器具的方法。一旦发生火警，尤其在电器附近着火时，应立即切断电源，以防火灾蔓延和产生电击事故。当工作服上着火时切勿惊慌奔跑，应就地打滚将火扑灭。当粉尘（如粉末涂料、铝粉颜料等）着火时，不能使用水流灭火，以避免扩大火灾面积。

表 5—2　　　　　　　　　　　　火灾类型及灭火方法简介

序号	燃烧物	火灾初起时的灭火法	原理
1	有机纤维类普通燃烧材料（例如擦漆用的废纱头和破布之类）	1）用河沙扑灭 2）用水或酸、碱泡沫灭火器	起冷却降温、隔绝空气作用
2	有机溶剂、涂料类不溶于水的燃烧性液体（例如稀释剂、清油、清漆、色漆之类）	1）用二氧化碳灭火器扑灭 2）用泡沫灭火器和石棉毯压盖	隔绝空气、窒息氧气
3	有机溶剂（醇和醚类溶于水的燃烧性液体，如酒精、乙醚等）	1）干粉灭火器 2）卤代烷灭火器	冲淡溶液以灭火或将容器盖严以隔绝空气
4	在电气设备、仪器上或附近燃烧（如空气压缩机、输漆泵、静电设备等仪器仪表）	3）二氧化碳灭火器，但扑灭电气火灾不得选用装有金属喇叭喷筒的二氧化碳灭火器	
5	电动机燃烧（如各种开口或封闭式电机）	用溴甲烷或二氧化碳灭火器	蒸气比空气密度大，可在物体上形成隔绝空气的气体并冲淡氧气作用，但因蒸气有毒，只能用于通风之处

三、消防器材的使用与保养

消防器材是否保养得当，将直接影响到它的使用和寿命。如保养得好，一旦发生问题，就可以随时取用，扑灭初起火灾，减少财产损失。如果保养失当，一旦发生问题，就可能延误火灾扑救时机，酿成大祸。

因此，平时必须加强对消防器材的保养和管理，做到"四定"，即："定人管理、定时检查、定时养护、定期换药"，保证完好有效，并做好保暖工作。同时，每位员工都必须要了解器材的品名、性能、使用方法，做到正确使用、正确操作。

学习单元 3　劳动卫生与安全防护

学习目标

掌握汽车美容装潢作业过程中所应采取的安全防护措施

知识要求

一、汽车美容装潢作业中的安全防护

在汽车美容装潢作业中部分原料及产品是有毒的，对人体的毒害作用也是多方面的，其中在涂料中对人体毒害比较大的物质有如下几类：

1. 有机溶剂

大部分美容用品有机溶剂不仅对皮肤有侵蚀作用，而且对人体中枢神经系统、造血器官和呼吸系统等也有刺激和破坏作用，可引起头痛、恶心、胸闷等。长期接触而又不注意预防，则有可能引起各种疾病。例如苯、甲苯等芳香烃溶剂对造血器官有毒害作用，长期接触及在高浓度环境中可能因急性中毒而发生休克；慢性中毒将出现血小板和白细胞减少，并引起相应症状。甲醇和甲醛等对神经系统有毒害作用，长期接触及在高浓度环境中可能急性中毒而发生休克，视力衰退直至失明；慢性中毒将引起呼吸道黏膜炎、头痛、肝功能衰退、视力衰退等。

2. 合成树脂单体

其毒害作用和部分有机溶剂相似。另外随单体品种的不同还有一些特殊的毒害作用。例如，异氰酸酯的蒸气刺激眼黏膜，具有强烈的催泪作用，吸入后刺激呼吸系统，引起干咳、喉痛。长期吸入甲苯二异氰酸酯蒸气将损伤肺部，引起头痛、支气管炎和哮喘症状，严重者将引起呼吸困难。

3. 重金属颜料

在长期接触红丹、铬黄等含铅颜料后，可能引起铅中毒症状。

4. 作业粉尘

汽车美容装潢作业经常使用研磨膏、抛光蜡等物质，这些物质在抛光机高速抛甩下，弥漫在作业场所，如不注意劳动保护而过多吸入，亦可能引起对身体的伤害，长期接触则可能导致肺沉着病。

二、卫生安全防护措施

为保障操作人员的身体健康，作业车间应有切实的卫生安全措施，并对操作人员经常进行卫生教育和训练，使操作人员具有必要的卫生安全知识。

1. 在涂装车间内应保持温度不低于15℃，相对湿度为50%～60%，清洁无灰尘。
2. 在使用暖风的情况下，一般不采用循环风。在有害气体浓度不超标的场合才允许部分采用循环风。

3. 产生有害蒸气、气体和粉尘的工位应安设有排风装置,使用有害气体(或粉尘)含量不超过卫生许可浓度。

4. 换气风口和排废气点之间距离在水平方向不小于 10 m。

5. 在带轮、打磨抛光机的转盘等转动部位应设有保护罩。

6. 涂装人员在操作时,应穿戴好各种防护用具如专用工作服、手套、面具、口罩、眼镜和鞋帽等。

7. 清洗喷枪、刷子等涂装工具时,应在带盖溶剂桶内进行,不使用时可自动密闭。

8. 使用强酸和强碱时,操作人员应穿戴专用工作服和眼镜。

9. 不允许在涂装现场吃零食,以免误食而中毒。

10. 工作完毕后要淋浴,施工人员要定期进行体格检查。

三、日常个人安全规章

以下介绍汽车美容装潢从业人员在整个工作过程中(从决定进行哪一步骤,使用哪种产品开始到关闭设备,准备下班为止)应采取的保护措施。

1. 了解有关事项,阅读产品标签和生产厂家提供的说明书上的注意事项。如果想要了解更多的信息,可到销售单位索要有关特殊产品的"材料安全资料表",以便详细了解有害物质的成分和应采取的保护措施。

2. 机械打磨抛光时,空气中会飞扬大量粉尘和污物。如果不采取适当的保护措施,它们就会飞进眼睛,或被吸入肺部,或落到头上。操作时应该戴安全镜或护目镜保护眼睛(但手工打磨或湿磨时不必戴眼镜),戴头罩保护脸部和头发,戴防粉尘型呼吸保护器(口罩)以防吸入粉尘和有害微粒(使用保护器前应检查和脸部贴合是否良好)。

3. 使用压缩空气清理车身时,使用空气清洁枪清理车门侧柱和其他不易够着的地方时,必须戴上护目镜和防尘面具。

4. 混合和调制涂料时,混合和倾倒涂料操作应在通风良好,且远离存储或喷涂场所的地方进行。开启漆罐或混合涂料时有可能发生飞溅的现象,为防止溅入眼内,应戴上护目镜或其他眼部保护装置。

5. 进行抛光作业时,应防止被高速旋转的抛光机磨头损伤,如使用电动抛光机时,还应确保接地线良好,并安装漏电保护开关,以防触电。

6. 存储汽车美容用品时,所有的用料都应小心存放在远离实际操作的场地。放在工作场地的涂料不应超过一天的用量。每天要及时清理用空的涂料罐。所有用了一半的材料罐在下班前都应该收集起来,并放到用专用的(应能防火)存储柜内。

7. 下班前需换下个人保护用品并关闭设备。因为溶剂、化学物质和其他材料会沾染到衣服或皮肤上，下班后若不换洗干净会对生活环境造成污染，影响自身和家人健康。

8. 平时应多饮开水及奶制品，对有毒物质的排解具有很大的作用。

总之，在汽车美容装潢作业中虽然要使用各种有毒有害物质，但只要严格遵守各项工艺操作规程，采取前述各项安全防护措施，职业性中毒是完全可以预防的。

学习单元 4　其他劳动安全防护知识

学习目标

掌握电动工具使用过程中所应采取的安全防护措施
掌握使用延接线时所应采取的安全防护措施
掌握防静电和避雷措施

知识要求

一、电动工具的安全

为防止操作者触电，大多数电动工具均设有接地系统，即将电动工具的外壳与电源插座的第三脚相接，而该第三脚又与地线相接，地线就能将工具泄漏的电流传送到车间的接地总线，从而避免操作工触电。对于大多数现代电子设备，应使用三脚插头与三脚插座相配合，以保证可靠的接地。

一些新型电动工具设置成自绝缘式，不需要接地。这些工具的插头只有两个脚，因为其电动机外壳是不可接触式的。为防止触电事故的发生，工作场所严禁使用三脚转换插头。

由于汽车美容装潢作业环境较为潮湿，在车辆清洗作业中又要使用大量的水，使操作者和使用的电动工具经常处于潮湿状态，导致绝缘系数降低，这就加大了操作者触电的危险。所以，在使用电动工具的场所，要安装漏电保护装置。工作时如需手灯进行照明，则应使用电压为36 V的安全照明灯。

二、延接线

如果使用延接线，应使其长度尽可能的短。电线太长或规格不够都会导致工作电压降低，压降过大，不仅会降低工作效率，并有可能造成电动机的损坏。因此，只有在万不得已的情况下才使用延接线。使用三脚插头的电动工具，其延接线也必须与正确接地的三脚插座相接。此外，使用延接线时还必须牢记下列安全事项：

1. 应先连接工具与延接线，再连接延接线与转换插座。而分离工具与延接线之前，应先分离延接线与转换插座。

2. 延接线应有足够长，以免造成过度拉伸、变形和磨损。

3. 要确保外接线没有和尖锐的物体、热表面或化学物质相接触。电线不允许受到扭折和碾压，不能浸入或溅到机油、润滑脂。

4. 使用延接线前应先检查电线有无裸露、松弛，以及绝缘层有无损坏。如有损伤之处，就必须更换。本建议也适用于工具电源线。

5. 使用延接线时应经常检查有无不正常的过热现象。任何电线的绝缘层表面温度如果用手触摸时感觉明显发热，就应立即停机检查是否过载。

6. 注意延接线的位置，以防绊人或脱开。

三、防静电和避雷

1. 防静电

除水性涂料、含导电颜料的涂料或用大量醇和酯类作为稀释剂的涂料外，其他溶剂型涂料和粉末涂料都具有较大的绝缘性，当它们流动、搅拌、过滤、分散、喷射时，涂料与器壁、涂料中的颜料和液体、液体分子（或粉末粒子）相互之间产生剧烈摩擦、分裂、细分后均会产生静电荷。当释放不完全时，电荷就慢慢蓄积，最终可能引起电火花和电击事故。

静电放电是引起涂装作业火灾的主要原因之一。即使不发生火灾，由于人体接触静电后会受到电击，使操作者受惊，从而易引起二次受伤。为防止人体带电作业，还要考虑鞋的导电性、作业衣服的纤维编织条件和设备、地面等的导电性，还应防止由于静电在被处理物面上出现尘埃吸附的现象。

2. 避雷

雷击灾是在雷云通过的地方产生的，雷击能击毁房屋或引起火灾，甚至发生人身事故。为此，必须在作业工场、仓库等设置避雷装置，以将雷云的电流引入地下，使雷击时电流能安全分散。目前常用的避雷装置有散电式、天线式和网式三种。

思 考 题

1. 简述手工清洗设备的使用保养方法。
2. 全自动洗车机有哪几种类型？它们是如何工作的？
3. 如何安全使用抛光机？
4. 汽车美容装潢常用的辅助工具有哪些？它们各有什么作用？
5. 常用的灭火器有哪几种？各有什么特点？
6. 如何安全使用电源延接线？